21世纪建筑工程管理系列教材

房地产营销策划

第2版

主　编　祖立厂　王召东
副主编　任凤辉　毛振福　刘　薇
参　编　杨　洋　徐[illegible]　曹安亮　谢子星
主　审　刘长滨

机 械 工 业 出 版 社

本书以市场营销学和策划学的基本理论为基础，密切结合房地产市场的特点，以房地产项目的全程营销策划为主线，以房地产项目投资，营销策划分析，市场定位，主题概念定位和宣传推广、活动推广以及销售策略等为主要内容，逐步递进，层次分明。既系统阐述了房地产营销策划中的基本理论、基本规律，又有具体的操作程序和实务，同时配合有大量的案例。

在本书编写过程中，编者充分考虑了建筑类、房地产类读者的基础和专业需要，重视理论性，突出可操作性。本书不仅可以作为本科院校、高等职业院校、高等专科院校、成人教育等的建筑类、房地产类、工程管理类专业方向或相关学科的专业教材；也可作为建筑企业、房地产企业、营销策划公司或中介代理公司人员的参考或培训用书。

图书在版编目（CIP）数据

房地产营销策划/祖立厂，王召东主编．—2版．—北京：机械工业出版社，2011.5（2026.1重印）

21世纪建筑工程管理系列教材

ISBN 978-7-111-34470-4

Ⅰ.①房…　Ⅱ.①祖…②王…　Ⅲ.①房地产－市场营销学－教材　Ⅳ.①F293.35

中国版本图书馆CIP数据核字（2011）第083826号

机械工业出版社（北京市百万庄大街22号　邮政编码100037）

策划编辑：李俊玲　李　莉　责任编辑：李　莉　版式设计：霍永明

责任校对：赵　蕊　　封面设计：马精明　责任印制：邓　博

北京中科印刷有限公司印刷

2026年1月第2版第11次印刷

184mm×260mm·20.75印张·499千字

标准书号：ISBN 978-7-111-34470-4

定价：49.50元

电话服务　　网络服务

客服电话：010-88361066　　机　工　官　网：www.cmpbook.com

010-88379833　　机　工　官　博：weibo.com/cmp1952

010-68326294　　金　　书　　网：www.golden-book.com

封底无防伪标均为盗版　　机工教育服务网：www.cmpedu.com

前　言

本书自2004年第1版问世后，承蒙读者厚爱，印刷多次，在深感欣慰之余，编者深感社会责任的重大。随着我国房地产业的发展，尤其是2008到2009年始于美国房地产次级抵押贷款市场的癣疥之疾最后所酿成的全球性的金融危机，使得我国房地产市场发生了很大变化，教材部分内容有些老化，需要更新。为此，编者通过多种渠道了解相关信息，关注读者的反馈以及市场的变化。在出版社和广大读者的支持下，编者从2009年开始，就着手该书的再版修订工作，编写过程中对教材体系和内容进行了几次讨论，尽可能使教材适应市场的变化和读者的需要。

本书第2版在坚持第1版特色的基本框架下，体现了：①观点更新。进一步强化本书的体系创新和对基本理论的侧重，将创新思维贯穿于教材建设之中。②内容更新，案例及数据都是近几年的，更接近于市场。③增删考虑合理。在保持教材基本原貌的前提下，对教材内容进行了整合，逻辑性更强。④增设栏目。每一章章首增加了关键词，章尾增加了实践、讨论题，以强化读者的实际操作能力。⑤教材风格趣味性强。增加了补充知识、小观点、示例等内容排版形式，更适宜读者掌握其知识点、重点和难点。⑥可操作性强。近几年，本书主编和部分编者先后兼任若干项目的策划总监和操盘手，指导项目策划运作，因此，编者不仅具有一定的理论水平，还具有较强的实际操盘能力。同时，就该书的结构、内容及案例向房地产商征求意见，力使该书可操作性强。

第2版教材层次更分明、逻辑性更强、内容上逐步递进，既系统阐述了房地产营销策划中的基本理论、基本规律，在大量案例配合支撑下，侧重于具体的操作程序和实务。其教材体系主要有以下变化：第一章导论中，增加了“房地产策划人应具备的知识和能力”内容；第三章房地产投资策划，包括原第三章部分内容，同时增加了“房地产投资概述，房地产项目规划设计、景观设计与户型设计，房地产项目的可行性研究”等内容；第四章房地产营销策划分析，增加了“房地产项目的SWOT分析、房地产消费者心理及其差异”等内容；第五章房地产目标市场定位策划，增加了“房地产项目客户定位”内容；第六章房地产项目主题概念设计与整体形象，增加了“楼盘（小区）命名集萃”内容；第八章房地产营销渠道策划，增加了“房地产项目代理程序与要点”内容；第九章楼盘（小区）形象包装策划，专列一章，是基于市场实际运作的需要，充实了“施工场地形象包装策略”内容，增加了“售楼部形象包装策略、看楼通道与样板房形象包装策略”等内容；第十章房地产促销组合与销售推广策划，是原第七、九章内容整合而成；第十一章房地产宣传推广策划是在整合了原第八章的基础上，增加了“房地产宣传推广策划要诀、房地产广告语集锦”等内容；同时基于市场运作的需要，增加了“第十二章房地产活动推广策划”内容；第十三章是整合了原第十一章内容，增加了“房地产销售控制”内容；第十四章是整合了原第十二章内容，删掉了“房地产销售有关法律”内容。

本书由祖立厂、王召东任主编，负责全书大纲的制定、策划和初稿的审阅；任凤辉、毛振福、刘薇任副主编。具体分工如下：第一章，第十章第一～四节、第六节由祖立厂编写；第二章由杨洋编写；第三章第一～三节、第五～六节，第十二章由王召东编写；第四章由曹宏亮编写；第五章第一～二节及案例2，第十三章、第十四章由刘薇编写；第五章第三～四节及案例1由谢子星编写；第六章、第八章由毛振福编写；第七章，第十一章第一～三节、第五节由任凤辉编写；第九章，第三章第四节，第十章第五节，第十一章第四、六节及案例由徐明升编写；最后全书由祖立厂总纂、增删修改和定稿。

衷心感谢北京建筑工程学院管理系主任、博士生导师刘长滨教授，他为本书的修改审定提出了很多宝贵意见；感谢广州市海言创新企业顾问有限公司，周帆房地产研究中心总裁周帆先生和副总经理陈海军先生，感谢深圳天驷行投资策划有限公司，感谢河南洛阳辉腾房地产营销策划有限公司董事长刘志新先生和副经理冉占峰先生，感谢山东济南智盟时代营销策划有限公司总经理郑振飞先生，他们为本书提供了很多经典案例；感谢机械工业出版社、河南城建学院、长春工程学院、吉林建筑工程学院、湖南第一师范学院、湖南城市学院、深圳天驷行投资策划有限公司、洛阳辉腾房地产营销策划有限公司等单位的大力支持和帮助；感谢河南城建学院刘庆华老师、王连志与祖亚楠同学，他们在校稿方面给予了很大帮助。

再版《房地产营销策划》参考了大量的著作，这里特向这些著作的作者表示由衷的感谢！

尽管书稿经过多次修改，但由于编者水平有限，书中难免有欠妥和不成熟之处，恳请读者和有关专家提出批评意见，以便我们以后改正。

编　者

目　录

前言

第一章　房地产营销策划导论 ………… 1

第一节　策划与房地产营销策划 ………… 1

第二节　房地产营销策划的原理与主题 …… 7

第三节　房地产营销策划的模式与指导思想 ………… 11

第四节　房地产营销策划组织与程序 …… 15

第五节　房地产策划人应具备的知识和能力 ………… 17

复习思考题 ………… 18

实践、讨论题 ………… 18

第二章　房地产市场调查策划 ………… 19

第一节　房地产市场调查的概念、类型与内容 ………… 19

第二节　房地产市场调查方法与问卷设计 ………… 23

第三节　房地产市场调查的组织安排 …… 28

第四节　撰写房地产市场调查报告 ……… 32

复习思考题 ………… 40

实践、讨论题 ………… 40

第三章　房地产投资策划 ………… 41

第一节　房地产投资概述 ………… 41

第二节　房地产投资方向的分析与选择 … 43

第三节　房地产投资场地的选择 ………… 49

第四节　房地产投资风险分析 ………… 55

第五节　房地产项目规划设计、景观设计与户型设计 ………… 59

第六节　房地产项目的可行性研究 ……… 64

复习思考题 ………… 68

实践、讨论题 ………… 68

第四章　房地产营销策划分析 ………… 69

第一节　房地产项目的 SWOT 分析 ……… 69

第二节　竞争者分析 ………… 75

第三节　房地产消费者心理及其差异 …… 78

第四节　房地产消费者购买行为分析 …… 80

复习思考题 ………… 88

实践、讨论题 ………… 88

第五章　房地产目标市场定位策划 ……… 89

第一节　房地产市场细分 ………… 89

第二节　房地产目标市场选择 ………… 95

第三节　房地产项目客户定位 ………… 98

第四节　房地产产品定位 ………… 100

复习思考题 ………… 112

实践、讨论题 ………… 112

第六章　房地产项目主题概念设计与整体形象 ………… 113

第一节　房地产项目的主题概念设计 …… 113

第二节　房地产项目主题概念的演绎与项目整体形象 ………… 116

第三节　楼盘（小区）的命名 ………… 119

第四节　楼盘（小区）命名集萃………… 124

复习思考题 ………… 129

实践、讨论题 ………… 129

第七章　房地产价格策划 ………… 130

第一节　房地产价格分析 ………… 130

第二节　房地产定价方法 ………… 136

第三节　房地产定价策略 ………… 139

第四节　垂直价差和水平价差的确定 …… 146

第五节　房地产价格调整策略………… 149

复习思考题 ………… 155

实践、讨论题 ………… 155

第八章　房地产营销渠道策划 ………… 156
第一节　房地产营销渠道的类型与特征 …………………… 156
第二节　房地产营销渠道设计与管理 …… 159
第三节　房地产中介代理 ……………… 165
第四节　房地产项目代理程序与要点 …… 171
复习思考题 ……………………………… 178
实践、讨论题 …………………………… 178
第九章　楼盘（小区）形象包装策划 ……………………………… 179
第一节　楼盘（小区）形象包装概述 …… 179
第二节　施工场地形象包装策略 ………… 185
第三节　售楼部形象包装策略 …………… 186
第四节　看楼通道与样板房形象包装策略 ……………………………… 187
复习思考题 ……………………………… 192
实践、讨论题 …………………………… 192
第十章　房地产促销组合与销售推广策划 ……………………………… 193
第一节　房地产促销的本质与作用 ……… 193
第二节　房地产促销组合 ……………… 194
第三节　房地产促销策划 ……………… 199
第四节　房地产销售推广策划 ………… 202
第五节　楼盘的销售推广方式 ………… 207
第六节　尾楼与滞销楼盘的促销策划 …… 213
复习思考题 ……………………………… 222
实践、讨论题 …………………………… 222
第十一章　房地产宣传推广策划 ……… 223
第一节　房地产卖点与买点 …………… 223
第二节　房地产广告策划 ……………… 226
第三节　房地产广告预算与广告效果测定 ……………………………… 233
第四节　房地产宣传推广策划要诀 ……… 237
第五节　房地产广告文案写作与广告布局设计 ……………………… 249
第六节　房地产广告语集锦 …………… 252
复习思考题 ……………………………… 263
实践、讨论题 …………………………… 263
第十二章　房地产活动推广策划 ……… 264
第一节　房地产活动推广与借势营销 …… 264
第二节　开盘前的市场预热与内部认购活动 …………………………… 266
第三节　开盘庆典活动与新闻发布会 …… 268
第四节　房地产形象代言人的选择 ……… 270
第五节　公关活动与入伙答谢 ………… 272
复习思考题 ……………………………… 276
实践、讨论题 …………………………… 276
第十三章　房地产销售策略与技巧 …… 277
第一节　销售人员的素质和能力 ……… 277
第二节　房地产销售程序与销售策略 …… 280
第三节　房地产销售技巧 ……………… 284
第四节　房地产销售常见问题及对策 …… 289
第五节　房地产销售控制 ……………… 294
复习思考题 ……………………………… 295
实践、讨论题 …………………………… 295
第十四章　房地产销售相关知识 ……… 296
第一节　购房签约 ……………………… 296
第二节　住房抵押贷款 ………………… 300
第三节　房地产产权登记 ……………… 306
第四节　房地产纠纷的解决 …………… 308
复习思考题 ……………………………… 309
实践、讨论题 …………………………… 309
附录　星海知音人家前期营销策划方案 ………………………………… 310
参考文献 ……………………………… 325

第一章

房地产营销策划导论

【学习目标】

通过本章的学习，了解策划与房地产营销策划的概念与分类；明确房地产营销策划的指导思想；掌握房地产营销策划的基本原理和程序。

【关键词】

房地产　策划原理　指导思想

策划一词，最早应用于军事领域，在现今社会的各种场合与媒体中，策划一词已被广泛运用，并向政治、经济、文化、体育、教育和外交等领域扩展。房地产营销策划是策划的一个分支，是指导企业进行项目开发经营不可忽视的重要环节。从实践上看，房地产企业丰富的营销实践奠定了营销策划的理论基础；从理论上看，房地产营销策划要成为一门相对独立的学科，需更多地吸收哲学、行为科学、策划学、心理学、社会学、广告学、计算机科学等学科的研究成果，以丰富和完善房地产营销策划理论体系。

第一节　策划与房地产营销策划

一、策划的含义与类型

（一）策划的含义

“策划”一词古亦有之，在中国最早出现于汉代，西汉刘安的《淮南鸿烈·要略》中有“擘画人事终始者也”，南朝《后汉书·隗嚣传》中有“是以功名终申，策画复得”，这里“画”同“划”，其中“擘画”、“策画”与“策划”同义，均有打算、筹谋、计谋、安排等意，与现在使用的策划语义相通。

策划活动也可以从传统的企业经营中找到源头。《词·大雅·灵台》中有“经始灵台，经之营之”的表述，“经之营之”即有精心营造、谋划、筹划、拓展之意，策划活动寓于其中。

关于“策划”的含义，根据1988年12月版《汉语大字典》、1978年10月版《中华大字典》、1980年8月版《辞海》，“策划”一词总共有51个义项的解释，“策”，最重要的、用的最多的意项是“谋略”的意思，名词性较强；“划”，“筹谋”的意思较重，动词性较强；“策”与“划”联系起来，其最根本的含义是“出谋划策”，意思接近于英文“Plan”、“Plot”、“Engineer”。

比较策划的古今含义可以发现，古代策划的名词性较强，与现代的计划、计谋、谋略、对策的意思较接近；而现代策划的动词性含义增强，点子、谋略、创意等要素为其内核。

随着社会经济的发展，人们对策划的认识逐步深化并赋予了现代意识更详尽的诠释。日本策划家和田创认为：策划是通过实践活动获取更佳成果的智慧或智慧创造行为。美国哈佛企业管理丛书编委会的定义为：“策划是一种程序，其本质是一种运用脑力的理性行为”，“策划是找出事物的因果关系，衡量未来可采取之途径，作为目前决策之依据，即策划是预先决定做什么、何时做、如何做、谁来做”。

综上所述，“策划”一词最根本的含义就是“出谋划策”；就其广义而言，策划是社会组织或个人为实现特定的目标，收集并运用企业或个人现有有效的资源信息，对未来活动进行的计划、打算、筹划、谋划，是制订出具体实施计划方案的思维及创意实施活动的过程，或者说策划是对某一项活动或行动的方向、目标、内容、程序等进行全面和周详的预先安排和设计。

为了更全面地理解策划的含义，我们还可以从以下几个方面进一步把握策划的一些特性。

1）策划是一门具有创意思维的科学。它要求策划者对策划对象定位准确、审时度势、把握主观和客观，辩证地、发散地、动态地整合和把握各种信息资源。

2）策划是一门设计的科学。它要求策划者对策划对象（如某项活动）进行全面和周详的预先安排和设计。衡量一个项目的策划是否成功，就是看其结果是否“出品牌、出效益、出成果”。

3）策划是一门监理的科学。它要求策划者在事先设计好的前提下对企业或项目营运过程实施监督和管理。

4）策划具有艺术性。策划赖以建立的“社会基础”是人类的生产斗争、经济竞争、军事斗争等斗争实践。没有竞争，无所谓策划；没有实践，再好的策划也是纸上谈兵，更无所谓艺术性了。

5）策划包含三个要素。从经济、管理的角度来看，策划包含：新的创意；与企业目标一致的明确方向；人、财、物资源实现的可能性三个要素。

因此，策划，既是科学又是艺术，既是技术又是文化，可以说，它是一门涉及多学科的综合性的科学和艺术。

（二）策划的类型

1. 按策划的层面分类

策划按其层面可分为：“点”状策划、“线”状策划、“面”状策划和“体”状策划。

（1）“点”状策划　是以出点子为主。严格来说，点子不能成为策划，很不规范。策划是系统科学不能被简化为“点子”，策划的作用更不能被神化为“点石成金”。

（2）“线”状策划　是以“炒作新闻”为主，由一系列新闻包装和形象推广构成的策划，它反映出策划的过程性和程序性。

（3）“面”状策划　又称“企业诊断”，是以“全面诊断”为主，优势在于系统性，是从系统的角度来思考企业的发展，如“CIS 导入”、“CI 策划”、“战略研究”、“品牌咨询”等。

(4)“体”状策划　即“战略联盟”，包括组织之间的结盟（如企业与咨询策划公司签订长期合作协议，甚至相互参股、股权置换）、组织与个人之间的结盟（如常年顾问、独立董事等形式）。

策划作为思想与谋略是随人类的发展而发展的，其在计划经济时代已经存在，如工程咨询、技术咨询等。上述这种分类，也是我国咨询策划业发展的四个阶段。“点”、“线”、“面”策划阶段并没有显著的时间顺序，几乎在20世纪90年代初同步启动，只是逻辑顺序上的差异。但“体”状策划则明显滞后，出现在20世纪90年代末，这与我国市场理性化、市场竞争越来越深入和细致有关。

2. 按策划的内容与重要性分类

按策划的内容与重要性可分为：战略咨询策划、投资咨询策划、管理与企业文化咨询策划、人力资源咨询策划、营销咨询策划等。

(1) 战略咨询策划　是企业与政府在战略选择与布局上的谋划，是整个策划体系中较为宏观的方面，包括企业使命、市场机会、主要手段、竞争手段、重要行动步骤等内容。

示例

上海的南京路汇集了数百家现代化商厦，中华老字号及名特产品商店，曾是上海最热闹、最繁华的商业大街，被誉为“中华商业第一街”。但由于周边江苏、浙江经济的迅速发展，已经很少有人到上海集中采购了，这与淮海路、徐家汇、四川北路等定位于为本地人购物的场所相比，日显颓势与衰败。为此，上海市有关部门邀请麦肯锡进行战略咨询策划，将南京路战略方面从传统的购物街定位为集购物、旅游、商务、展示、文化五大功能的全天候步行街，被誉为“中华休闲第一街”，并于1999年9月19日举行开街仪式，由江泽民亲笔题写了“南京路步行街”街名。可以说上海南京路步行街是中国步行街发展的历史缩影。

(2) 投资咨询策划　指投资咨询公司受企业委托就企业发展战略或某一投资项目的可行性、经济性而作出的谋划安排。

示例

杉杉、雅戈尔都是我国的知名企业和上市公司，市场占有率和综合实力居全国服装行业前几位；但两家公司目前的发展方向有很大的不同。雅戈尔从1999年起建造了亚洲最大的服装基地，在中国开设了1000多家连锁专卖店，其连锁店一直延伸到了县和镇，从生产基地到营销终端全部进行强势控制。而杉杉将集团建成一个投资公司，控制核心价值。杉杉先把总部搬到了上海，把服装办成了一个事业部。在服装方面只是控制研发和品牌，所有的产品都由别人来做，自己只做终端，做高端。

(3) 管理与企业文化咨询策划　旨在建立企业可持续发展的内在后劲和高效运作、价值协同的组织团队而进行的咨询策划。

（4）人力资源咨询策划　是着力于建构人才招聘培训、考评、升迁以及薪酬体系计划方面的系统策划，以建立人才经营的框架体系。

（5）营销咨询策划　对企业进行全面营销诊断，并提出全新的营销体系改造思路，重组营销、重建市场体系是营销咨询策划的本义。

3. **其他方式分类**

策划按不同行业分类，可分为商业策划、事业策划、公益事业策划、军事策划等。

策划按策划业务分类，可分为新闻策划、促销策划、广告策划、形象策划、公关策划、产品策划等。

策划按范围分类，可分为个人（人生）策划、企业策划、地区策划、国家与民族策划等。

二、策划与点子、咨询、企划、计划的联系与区别

提起策划，人们常常将其与点子、咨询、企划、计划等混为一谈。严格来说，策划与点子、咨询、企划既有共性，又有区别。它们之间的共性是都需要创新思维（计划除外），都是智慧与信息服务，都有一定程序与规范。它们之间又有许多不同之处，现分述之。

（一）策划与点子的区别

1. **策划离不开点子，但点子不等于策划**

点子是创造思维的结晶，由思维者的灵感火花凝结而成；而策划不仅仅要有点子，还应有具体的实施。因此，点子不等于策划，将点子称为策划，很不规范，但策划离不开点子。

2. **二者的含义不同**

点子是创造思维的一种结果，是名词性的概念；而策划不仅是结果，还包括这一结果产生的动态过程，有动词的含义。

（二）“策划”与“咨询”的区别

不同的国家对策划的叫法不同。西方惯用“咨询”，东方习称“策划”，日本常用“企划”，在我国经常将这两个概念作等同更替。其实，它们之间有一定的差别。

1. **包容性不同**

“策划”概念比“咨询”大。西方“咨询”概念包容性小而准确，完全是收费的委托决策建议的专门职业；而东方“策划”概念的包容量较大，强调的是其谋略性，在职业化与市场化方面显得含糊。

企业内部可以成立策划部门，但企业内部不能成立咨询机构。因此，咨询必然是决策建议主体与决策行为主体的分离；而策划则可能分离也可能合一。甚至可以说，系统而有目的地思考并付诸行动都可以理解为策划，而咨询一定是受委托提供决策建议，咨询只是策划中的一部分。

2. **倾向性不同**

“咨询”倾向于职业化；“策划”则强调其谋略性。“咨询”在西方一直是伴随于特定职业产生和发展起来的，其职业倾向毋庸置疑；而“策划”可能是职业，也可能是一种单纯行为，强调的是与盲目行为相反的谋略性。

3. **运营机制不同**

“咨询”是一种收费的委托决策建议行为，本质上是商业化和市场化的行为；而“策划”

则是可能收费也可能不收费的智慧活动。如社会组织内部的策划部门，其所从事的全部工作都是智慧活动，但并不直接收取费用，运营机制属于组织内部职能部门的日常运作。

（三）“策划”与“计划”的区别

人们常常将计划与策划混为一谈，但二者之间有很大的差别。

1. 开创性和挑战性不同

策划必须有创意，策划的内容必须新颖、独特，使人产生新鲜、有趣的感觉，创意是策划的核心；而计划无需创意。

策划要灵活多变，具有开创性和挑战性；而计划一般是一成不变的，保守性大而挑战性小。

2. 起点不同

策划是预先决定做什么、何时做、如何做、谁来做，即策划要解决方向和程序，策划中的创意要有目的性，知道做什么，否则，再好的创意，如果没有明确的目标或方向，也不能称为策划。因此，目标是策划的起点，而计划是处理既定的程序与细节，确定怎样去做。

3. 对人的能力要求不同

策划人必须经过长期的专业训练才能提高策划能力，同时，它需要多方面的知识与较强的思维能力；而计划人通过短期训练即可具备计划能力。

三、房地产营销策划的概念与类型

（一）房地产营销策划的概念

房地产营销策划是在对房地产项目内外部环境予以准确分析，并有效运用经营资源的基础上，对一定时间内营销活动的行为方针、目标、战略以及实施方案进行设计和谋划。或者说，它是一个谋划达成房地产项目营销成功的先发设想及其思维的过程，也是一项计划活动、决策活动之前的构思、探索和设计的过程。显然，房地产营销策划不是策划的全部，而是房地产策划的一个分支。

房地产营销的实质是以消费者对产品的需求为起点和核心、终止于房地产产品售后服务的全程营销，而不是销售；是顾客、代理商、设计师、按揭银行、物业管理方等角度的多赢，而不是开发商自己的单赢。总之，房地产营销是一种人文化营销，企业只有实现经济效益、社会效益、生态环境效益的多赢，才是真正的赢。尽管房地产营销方式已从单一化趋向全面化，营销服务已从注重表面趋向追求内涵，营销推广已从杂乱无章趋向规范有序，但许多人还未从根本上认识房地产营销策划的合理内涵。

完整地理解房地产营销策划的内涵和外延，应把握以下几个要点：

1）创意是房地产营销策划的灵魂。营销策划是一种创新行为，要创新，就要把创意贯穿于营销策划的过程之中，创意成功与否是营销策划是否出新的关键。

2）房地产营销策划是房地产营销管理活动的核心。营销策划是将营销管理活动的每一个环节通过引入全新的构思与创新，形成一个整体方案，并以之作为营销执行的准绳，以及追踪、纠正、评定绩效等行动的依据。

3）房地产营销策划是一种全程开发中贯穿市场意识的行为方式。营销策划的市场意识有两个方面内涵：一是指结合市场，对楼盘的购买群体、消费层次、房型、价格定位进行决策，实行以销定产再建楼盘；二是指营销策划是一种长期行为，它不仅应注意现实消费区域的市场情况，而且还应从长远着眼，重视培育潜在客户区域市场，藉此产生楼盘客户市场的恒温效应。显然，第一个内涵是第二个内涵的前提和基础；而第二个内涵则是第一个内涵的巩固和创新。

4）房地产营销策划是连接产前产后市场的一座桥梁，是使营销过程顺利进行的创新思维，完成的是导演功能。由于房地产开发的长期性以及市场反馈的间接性和滞后性，使得产前产后市场不尽相同。因此，分析楼盘与市场的对接问题，就要结合所在楼盘，寻找一种如何把握楼盘市场推广的行为方式。

5）房地产营销策划是对营销方案的构思、实施到评价的规范程序和科学方法。其根本不是一本洋洋洒洒的策划方案文本，不是闭门造车，而是要体现市场的要求，体现物业特征、市场特性、顾客的消费习惯以及市场发展的要求。

6）房地产营销策划是一个系统工程。因此，它要更多地吸收哲学、行为科学、心理学、社会学、人类学、广告学、计算机科学等学科的研究成果，以丰富和完善房地产营销策划理论体系。

（二）房地产营销策划的类型

1. 按房地产开发阶段分类

房地产营销策划按房地产开发阶段分类可分为：开发前营销策划、开发阶段的营销策划、销售阶段的营销策划、物业管理阶段的营销策划。

（1）开发前营销策划阶段　重点是房地产项目营销机会威胁分析、投资方向选择、投资场地选择、营销风险分析、竞争者分析和开发项目定位等。

（2）开发阶段的营销策划　重点是供需分析、市场调查等，了解并引导消费者的消费观念。

（3）销售阶段的营销策划　重点是调查研究购房者的具体需求和购房动机、品牌策划、价格组合策略、楼盘资源组合策略（如开展配套促销）、促销策划等。

（4）物业管理阶段的营销策划　重点是物业管理的宣传、利用业主助销等。

2. 按房地产营销管理内容分类

按房地产营销管理内容来分，可将其分为：房地产市场调查策划、房地产市场定位策划、房地产产品策划、房地产价格策划、房地产营销渠道策划、房地产广告策划、房地产销售策划等。我们将在以后的章节中分别阐述。

四、房地产营销策划在项目运作中的地位

房地产营销与房地产开发关系密切。经过几年的探索，开发商、营销商已开始用理性的眼光看待营销的价值，越来越重视房地产营销策略，而房地产营销策划是房地产开发企业整个营销工作的纲领，在房地产项目运作中具有非常重要的地位与作用。

1. 它在项目运作过程中处于“战略性”地位

房地产营销策划既重视房地产市场宏观分析，从战略的、宏观的角度出发，指导房地产市场的发展方向；它又重视微观市场研究，即以顾客为中心，创造顾客需要的房地产产品。其目的

是致力于楼盘品牌和企业品牌的打造，实现企业、消费者和社会的多赢。房地产营销的根本就是房地产附加值的认知过程及形成过程，这个过程的提炼与实施，就是房地产营销策划的实施过程。

2. **它在房地产企业中充当“智囊团”、“思想库”的角色地位**

知识经济的一大特征是智力、智慧产业将得到进一步发展。房地产营销策划在知识经济时代属于智力产业，能为房地产企业创造社会价值和经济价值。另外，由于策划人和开发商的努力实践和勤奋耕耘，在他们创造出的许多营销成功的案例中，都有不少精彩独到的房地产理念、创意和策略，总结出富有创见的营销策划理论。

3. **它贯穿于房地产项目建设的全过程中，为项目开发成功保驾护航**

房地产项目开发建设要完成一个项目周期，需要经过市场调查、项目选址、机会威胁分析、规划设计、建筑施工、营销推广、物业服务等一系列过程，这些过程中的每个环节，策划活动都参与其中，它贯穿于房地产项目建设的全过程中，为项目开发成功保驾护航，其最终目标是为消费者提供需要的产品。

第二节 房地产营销策划的原理与主题

一、房地产营销策划的原理

原理指某种客观事物的实质及其运动的基本规律。房地产营销策划原理是指房地产营销策划活动中通过科学分析总结而形成的具有理性指导意义和行为规律性的基本知识，因而对一切房地产营销策划实践活动具有普遍的指导意义。

1. **创新性原理**

创新就是差异化、有个性。创新是房地产企业成功的关键，更是房地产营销策划成功的关键，要将创新理论运用到房地产营销策划中去，策划人就必须保持思维模式的弹性与更新，让自己成为“新思维的开创者”。

创新性首先表现在策划观念新。策划观念是否新，取决于策划人的基本素质。其次是概念新、主题新。主题概念是项目的灵魂，只有主题概念有了新意，项目才能凸现出个性，如山景房、海景房。再者是策划手段和方法新。方法手段虽有共性，但组合不同，策划出的效果就不一样。

示例

广州远洋明珠大厦位于珠江新城中央商务核心区，交通便捷，其区位具有唯一性、中心性、不可替代性等特点，因此拥有很好的区域外部环境，而且项目自身的建设也凸显了“远洋明珠”是一种高品位、高质素的楼盘，如南向户型60%均能望到江景、纯白清新脱俗的现代风格外立面、具有园林风格的架空会所等。即便如此，他们又在建好的楼宇中，推出十套主题样板间，以不同人的个性及生活方式进行延伸、发挥、组合，昭示了：我们居住的空间是那样舒适、优美，富有艺术性，增强了人们的购买欲。

2. **人本原理**

房地产是大宗产品，是人们赖以生存的基本生产和生活资料。人们购买住宅，不仅仅是购买居住的场所，更重要的是购买绿化、社会和文化等环境，购买的是一种生活方式。因此，服务于人是房地产营销策划的根本目的。

房地产营销策划以人文为灵魂，可以张扬建筑人本主义，构筑人居精神属性，缔造家园对人生的价值。如项目的主题概念就是人文的具体体现，所有这些使房地产营销策划拥有了深刻的内涵。

人本原理要求策划人要深刻领会我国人文精神的精髓，注重人文关怀、人文情感和人文历史，建立项目自己的个性，促进产品和企业品牌的形成。

同时，人本原理还崇尚“天人合一”的观念，即房地产营销策划要把企业发展、社会发展和生态发展统一起来，形成绿色营销策划的最高境界，以维护全球可持续发展这个全人类的根本利益。

3. **差异性原理**

策划的本质就是向日益细分的市场强调单个产品与众不同和度身定做的个性化特征。市场的细分决定了产品之间的不同之处，在每一个环节上照顾客户共同关心的产品要素，从客户出发，在整个营销过程中突出对客户有意义的、与其他产品不同的细节点，强调此产品与彼产品的差异性，就是策划的精髓所在。

小观点

许多地方的房地产项目争夺的都是同一类客户，它们的价位、楼型、户型、外立面、售楼处包装、营销模式、广告诉求等大都处于同一思维和操作模式的层面上，有些方面甚至惊人地一致，存在严重的“同质化”倾向，这势必加剧狭小市场范围内的竞争，加大单个项目的投资风险。如果其中某个项目崩盘或价格“跳水”，其他同类项目将同样遭到严重冲击。所以，策划必须坚持差异性，突出产品自身特征，强化产品的易识别性。

4. **整合原理**

策划讲求“创意”，而“创意”最容易表现为思维上的“灵机一动”。这反映在策划工作上往往可能是孤军突进，因此，策划上的灵感与创意一定要结合总的诉求主题。整合原理强调策划对象的优化组合，包括房地产产品功能组合、营销方式组合、项目资源组合、信息组合等。性价比是竞争胜出的关键，客户最终选择产品的诸如价格、环境、文化、规模、档次、品位、房型、面积等元素中，没有哪一个因素是至关重要的，就像没有哪一个因素可以被忽视，这就要求每个策划点要点线呼应、环环相扣、互相协调，坚持整合推广理念和立体营销。这样才能避免单一营销活动的结果反映平平，避免费时费钱又费力而贻误市场良机。

二、房地产营销策划的原则

原则指说话或行事所依据的法则或标准。房地产营销策划的本质是创新、灵活多变，尽管其不受任何思维模式的约束，但也必须依据一定的法则或章法，因此，房地产营销策划除了遵循其基本原理外，还必须遵循以下几个原则：

1. 全程营销策划原则

房地产营销策划不但要以消费者为起点（信息反馈、市场需要调研、购买行为研究等），而且还要以消费者为终点（为消费者提供售后跟踪配套服务）。策划程序上的末端工作就是销售策划，前期策划上的任一诉求点都将通过终端销售验证其效果，策划的最根本目的只有一个——促进项目成交，优化楼盘品牌。

营销策划关注的不仅仅是前期阶段，它实质上是全程参与，以确保产品附加值得以延伸。以前那种开发商在项目地块上挖个坑，竖一个广告效果图就可以按揭发售楼盘的现象，可以说是一去不复返了。因为产品终究是为市场服务的，营销策划的过程就是要熟悉市场，获得准确量化的情报，防止盲目并最大限度地控制可能出现的风险。

2. 客观性原则

顾客的利益是上帝。策划人不能以自己的价值认同、鉴赏品位去取代目标客户的审美情趣和利益关注点，而要使自己的主观意志自觉能动地符合策划对象的客观实际。特定的产品有特定的购买群体，他们的年龄、性格、家庭构成、文化程度、工作经历、婚姻情况、价值认可、个人爱好以及作为买家的特定心理，都有着他们自然存在的共性，而这些共性与策划人或卖家的相应体验与表现形式或诉求点有许多区别。唯有在搞好市场调查的基础上，从客户出发，策划的理念既符合实际，又有所超前，才能成功。

3. 可行性原则

贯彻房地产营销策划的可行性原则，可从以下几方面着手。

（1）策划方案具有可行性　在多种策划方案中选择最优秀、最可行的方案是项目成功的基础。有了可行的方案以后，还要对方案实施的可行性进行分析，使策划方案符合市场变化的具体要求。

（2）策划方案经济性要可行　方案的经济性是指以最小的经济投入达到最好的策划目标，这也是方案是否可行的基本要求；另外，投资方案的可行性分析也是一个不可忽视的重要因素。投资方案通过量的论证和分析，可以确定策划方案是否可行，为项目的顺利运作保驾护航。

（3）策划方案有效性是否可行　方案的有效性是指房地产营销策划方案实施过程中能合理有效地利用人力、物力、财力和时间，所冒的营销风险最小，方案的实施效果能达到甚至超过方案设计的具体要求，实现策划的预定目标。

总之，策划方案要可行、易于操作、容易实施，不能超出开发商的负担能力和承受能力。方案全过程的策划点都要有相应的媒体、行销工具、具体执行人、资源、表现方式，且在一定的时间段里不折不扣地表现出来。否则，如果策划脱离实际，再好的方案也是空谈。

4. 可持续性原则

房地产项目的周期长，有的项目甚至是分期开发的，而客户又具有易忘性，可持续原则就是要重视项目全程策划的持续性，保持项目各策划点的连贯性。因此，企业在欢庆一定时期的旺销时要警惕下一阶段的潜在风险。策划人在制订策划方案时，要明确策划的各个节点，使营销的各个阶段互相呼应、节奏明晰、每一阶段都有侧重，每一阶段的营销推广都汇流到同一个核心策划主题。这样，客户对项目的印象就会逐渐加强，项目的销售就不会时冷时热，而是一个逐步迭加拉高的良性过程。

5. 应变原则

所谓应变就是随机应变，它要求房地产营销策划要在动态变化的复杂环境中，及时准确地把握发展变化的目标、信息，预测事物可能发展变化的方向、轨迹，并以此为依据来调整策划目标和修改策划方案。

房地产营销策划的应变原则是完善策划方案的重要保证，它的具体要求是：

1）增强动态意识和随机应变观念。市场与信息的变化是永恒的，策划人对市场变化要有敏感性，增强动态意识和随机应变观念，掌握随机应变的主动性。

2）时刻掌握策划对象的变化信息。客户信息是营销策划的基础材料和客观依据，这个基础和依据变化了，策划也应该随之变化，否则，其策划就失去了准确性、科学性和有效性。必须不停地广泛了解、搜集和及时分析并加工处理这些信息，为策划提供具有真实性、时效性，并且可靠的信息资料。

3）及时调整策划目标，修正策划方案。当客观情况发生变化影响到策划目标的基本方面或主要方面时，要对策划目标作必要的调整，自然也就要对策划方案进行修正。

三、房地产营销策划的主题

房地产营销策划的主题是房地产营销策划活动的主要内容，是房地产营销策划文案所要表达的中心思想，是房地产企业进行项目营销策划的目标指向。

房地产营销策划主题不同于项目开发主题。项目开发主题是整个项目所表达的主题，可以是开发商的理念，更准确地说是消费者的理念。而房地产营销策划主题是多级、多层次的，它表达的可能是企业发展战略的大主题，也可能是企业实施某方面活动、推行某种营销策略和具体举措的小主题。一个综合性的大型策划活动所体现的主题可能是单一的，更多的则是多层次的。

房地产营销策划主题有战略主题和战术主题之分。

房地产营销策划战略主题指涉及企业或项目的发展战略的主题，包括：市场开发主题、市场拓展主题、产品开发主题、项目入市主题、项目形象或企业形象主题等。

房地产营销策划战术主题指涉及房地产营销策略的主题，包括：广告主题、产品延伸主题、品牌设计主题、项目形象包装主题、渠道选择主题、营销方式选择主题、产品定价调整主题等。

不论是项目战略性主题，还是营销策略性主题，最终都可归结为扩大市场占有率，降低营销成本，推动企业的成长发展，获取更大的经济效益和社会效益这一最终目的。

房地产营销策划文案对主题的表达必须集中、突出，不要多义。房地产营销策划文案要视其项目的具体营销目标来确定明确的主题，表达要有简明扼要的文字叙述，更重要的是通过营销创意和设计加以形象化的传递，来潜移默化地感染人。

第三节　房地产营销策划的模式与指导思想

一、房地产营销策划模式

伴随着我国住房制度的改革发展，房地产业从原来的短缺商品时代走到了目前的市场经济时代，房地产营销运用一般营销概念，已不能适应发展的需要。尤其是近几年来，大量的商品房空置与顾客需求不能满足的现象并存，使得房地产营销与策划愈来愈受到开发商的重视。近几年，出现了很多策划类型或模式，如房地产广告策划、公关策划、营销策划、项目全程策划等，不一而足，但将其归类、整理，大致可分为五种典型模式。这五种策划模式基本反映出房地产业的过去、现在和将来。

1. 概念策划模式

概念策划模式是指策划人选择楼盘的一个或一个以上的显著特征，向消费者加以强调和宣传，使消费者对楼盘建立起概念认识，引导消费者在众多楼盘的选择过程中，比较容易选择自己偏好的楼盘，从而达到促销目的的一种策划方式。

近年来，不管是在南方城市，还是在北方城市，先后出现了一些热销楼盘，这些热销楼盘，都有一个以上的显著特点。如有的强调物业管理、有的宣传环保的特征、有的突出保安系统技术先进、有的推荐智能化、有的楼盘则更注重环境设计等等。以上特别推荐的优点，对销售起到重要的引导作用，使购买者能够在众多楼盘选择过程中，比较容易地选择到自己偏好的东西，使人建立起概念认识，从而达到促销的目的。

通过观察可以发现，近几年的概念楼盘靠突出某个特征而实现销售，就像某餐厅靠某种有特色的招牌菜招揽生意一样。招牌菜对餐厅经营的好坏只能起到相对作用，而不是起到决定性的作用。楼盘的突显特点亦是如此。开发商靠某项优点而实现销售意图，只是解决了买家的识别选择，而未能达至理性选择之境地。

示例

北京SOHO现代城推出的“居家办公”（Small Office Home Office，SOHO）的概念，超越了该时期这一地区其他项目而取得成功。之后由圣馨大地家园提出的中国“H阶层”概念落户中国。它首先是个“范围”的概念——社会道德准则、行为规范、审美需求高度结合下的群体概念，其社会属性格外鲜明；其次是个性的概念——不是衣、食、住、行的好恶，更不是爱、恨、生、死的叹息，H阶层的个性在于其知识群体自身，幽然地解读世间万物的方式，其鲜明的个性特征源于他们的知识构成；更重要的是“心”的概念——H阶层是用心活着的一群人，用心捍卫生活主张的一群人，他们每个人在生命的道路上前行所付出的心血就是一本书，一本拿起来就难以放下的书。圣馨大地家园对H阶层的人的定位：Happy，自由快乐是他们的特点；High education，知识涵养是他们的财富；High Position，良好的社会地位是他们的收获；Humor，幽默风趣是他们的口味；Hard，倾心努力是他们的本色；Hope，他们是国家的希望所在，他们被称为H阶层。

2. **卖点群策划模式**

卖点群策划模式是指策划人为适应卖方市场和消费者理性选择，采用罗列众楼盘优点并将其集于一身的方法，向消费者作出承诺：能满足消费者所有要求，从而达到促销目的的一种策划方式。

随着房地产供应量的增加、需求相对减弱，买家在市场上有更多的选择余地。买家在“货比三家”的过程中，使得开发商必须快速适应购买者的挑剔。因而采取“人有我有”的经营策略。策划公司适其时，开始有意识地收集众生之长而集于一者，使得开发商不得不在短期之内对于购买者作出充足的承诺。策划公司在引导开发商力求尽善尽美之时，也尽其所能地向市场罗列无尽的卖点。每一个卖点，都凝聚着开发商的心机；每一个卖点的后面，都是智慧和成本的凝结；每一个卖点的成型，都似一根根钢筋对大厦起着更为牢固的支持。

卖点数量和质量的增加，使楼盘品质不断地得到提高。市场在接受这些卖点之时，使策划公司亦获得绵延不断的商业合约机会，但不少楼盘的“富贵病”亦随之产生，使许多楼盘成本处于高处不胜寒之境。

3. **等值策划模式**

等值策划模式是指策划人为避免楼盘成本攀升而并未获得同比的售价，或因售价提高造成楼盘空置率攀升的恶性循环，在众多的楼盘优势卖点中进行权衡取舍，或找到楼盘未发现的价值点，使楼盘成本与销售价格相适应，从而达到促销目的的一种策划方式。

等值策划要求策划人能对该项目的价值因素具有充分的认知能力，并能在多因素之中进行权重取舍，而且需具有驾驭和实现经营意图的综合能力。充分发挥土地的价值，进行等值策划，从而兑现其最大价值，可视为房地产策划的理想模式。

补充知识

等值策划大致分为四大块：

1）土地的环境价值。土地的环境价值包含自然环境、人文环境、商业环境、交通环境、城市区位环境等。

2）研究项目的开发价值。它主要指功能定位、容积率、规划方法、建筑风格、室内空间布局、景观设计、设备材料挑选等。

3）延伸价值。它主要指售后服务、品牌塑造、品质保障、文化艺术含量等。

4）机会价值。机会价值同样要细致分析，主要指入市时机、市场客户定位、价格适时性、政策背景利用等。

等值策划认为：优秀的策划≠卖点的集合，而在于“优势突出+个性鲜明+实现价值最大化”。因此，等值策划要求策划人能对该项目的价值因素具有充分的认知能力，并能在多因素之中进行权重取舍，而且需具有驾驭和实现经营意图的综合能力。

4. **增值策划**

增值策划是指策划人在项目立项时，即着手进行市场需求调研，正确确定目标市场的需求和欲望，应用等值策划的技术手段、利用差异化、避免竞争等营销理论，营造出既比竞争对手更有效地满足市场需求，又不可替代的楼盘，通过提高消费者可察觉的使用价值，提高楼盘相对销售价格——使楼盘增值，从而达到营销目的的一种策划方式。

增值策划的目的，就是要为开发商的楼盘创造最大的附加值，为楼盘的市场创造有效需求，即通过创新适应需求、引导需求、挖掘需求。

增值策划的结果是，真正确立了房地产策划在房地产开发项目中的位置，使以用户为核心，策划为主体功能，营销为主要功能成为房地产开发的主导模式。

5. **全程策划**

全程策划理论是指策划人在深刻了解潜在消费者深层次及未来需求的基础上，通过市场调研、需求论证、概念定位、目标、规划设计、建筑布局、工程控制、营销推广、售后服务等营销过程的分析、计划、组织和控制，为开发商规划出合理的建设取向，使产品及服务完全符合消费者的需要，从而形成产品的自我销售，并通过令消费者满意使开发商获得利益的过程。这种参与全过程的服务就是“全程策划”，“全程策划”实质上经历了等值策划模式与增值策划模式两个发展阶段，其内容包含了前几个模式。

二、房地产营销策划的指导思想

企业经营指导思想是企业营销活动的一种导向，一种观念，正确与否，对企业经营的成败，具有决定性的意义。随着房地产业从卖方市场过渡到买方市场，房地产企业的营销观念发生了很大变化，顺着房地产市场的发展脉络，房地产营销策划指导思想的发展，大体上有以下几种：

1. **房地产产品观念时代，其指导思想是找“感觉”**

“感觉”是客观事物个别特性通过感官在人脑中引起的反应。这种感觉是直观的，很少理性。

1992 年以后，我国房地产市场全面放开，房地产刚刚走向市场化，人们没有摆脱“国家盖房百姓住，理所当然”的消费观念。开发商手里有资金和土地，这时的策划往往依赖于企业领导或同几个专家在一起讨论，主观臆断色彩浓，不重视市场调研，凭着自己对市场的理解和感觉搞开发。结果是感觉找对了，项目也能获得成功；感觉找不对，房地产销售就有困难。

2. **房地产推销观念时代，其指导思想是找“卖点群”**

房地产营销运用一般营销概念，已不能适应发展的需要。此时的“策划”致力于产品推广和广告，销售已经建成的房地产，其最主要的特点是开发商和广告公司借助以往的销售推广经验，运用各种单项技术手段进行策划，寻找此项目和其他项目的差异点——卖点（如以地段定位、价格定位、房型设计和环境等为卖点），来进行宣传推广。如 1993 年 6 月，顺德碧桂园以“给你一个五星级的家”、“名牌的背后是文化”等理念作亮点，整合和调动新闻资源将这一思想传播出去，使碧桂园销售十分成功。

3. **房地产精准营销观念时代，其指导思想是找“概念”**

“概念”指反映客观事物根本属性的思维形式。房地产营销策划中的“概念”就是指人们认识房地产的一种思维形式。如以体育、文化为表现特征的“体育房地产”、“文化房地产”等。

随着房地产市场经济的来临，产品的同质性引发了房地产市场的“概念”之战，开发商开始关注消费者的潜在需求，关注市场的空白点，策划不再是卖点的杂烩，而是统一概念下的多个层次。环保住宅、绿色住宅、健康住宅、智能住宅等概念房地产名词应运而生，倡导“概念设计”或“理念设计”。具有一定代表性的房地产营销策划思想有王志刚的“概念地产”思想，很多项目都是先给出一个概念，这个概念被社会接受以后，这个概念所支持的硬件就能被消费对象所接受。

“概念设计”中的“概念”，贯穿于开发的全过程，是物业的灵魂，它因物业而生，又赋予物业新的生命，物业建设和市场推广的工作，就是概念的物化和系统化，是无形和有形的完美结合。因此，概念要有号召力，还要有语言的力量。如广州颐和山庄的主题概念是“绿色、空气、空间加文化”，其他手段则侧重自然环境策划（山顶公园），山庄文化策划（电影浪漫音乐会、科技记者学术交流会），人文活动策划（专家聚会评定楼盘、重阳节登高）。

4. 房地产营销观念时代，其指导思想是找“需求”

“需求”是由需要而产生的要求。正因为有需求才能形成需求市场，才有供给。只要有人类存在，就会有各种不同的需求，而且人类的需求欲望会随着社会的发展而不断提高，房地产也是如此。随着我国住房制度的深化改革，购房者理性的增强，市场竞争越来越激烈，开发商的指导思想转向了“发现欲望并满足它们”，重视顾客研究，“生产所能够出售的东西，而不是出售能够生产的东西”。这时的策划找“需求”，消费者注重什么，项目就倾向于什么。房地产营销中4C营销组合就是反映了顾客需求的本质。

此阶段房地产营销策划的主要特点是各项目根据自己的情况，以主题策划为主线，综合运用市场、投资、广告、营销等各种技术手段，使销售达到理想的效果。

示例

1999年7月，广州奥林匹克花园首期正式推出时，有不少顾客提前3天排队购房。该小区在整合运用房地产领域内各种营销策划手段的同时，吸收体育业的最新理念和手段，两者相互嫁接、复合，浑然一体，突出“运动就在家门口”的主题，体现“运动型、健康型”的生活方式，迎合顾客购房就是购买“健康”的消费心理，获得了成功。

5. 房地产社会营销观念时代，其指导思想是找“平衡”

“平衡”指对立的各方在数量或作用上相等或相抵。房地产营销更要学会找各种矛盾的平衡点。

由于营销观念回避了消费者需要、消费者利益和长期社会福利之间隐含的冲突，而社会营销观念则要求房地产营销者在以顾客为中心，以市场为导向的前提下，制订营销策略时要权衡四方面的利益，即消费者需要、消费者利益、公司利润和社会长远利益，正确处理它们之间的矛盾，做到统筹兼顾，实现多赢。

此阶段房地产项目的营销策划不但要研究目标市场，而是要纵观全局，在个体消费者和社会消费者之间，在楼盘与城市建设之间，在人类需求与自然环境之间，在消费者消费观念与社会文化之间找“平衡”，倡导“回归自然、天人合一”。这种“平衡”是消费者利益、企业利益和社会效益多赢格局的平衡；是人们消费心理的平衡；是人与生活方式的平衡；是人与自然、人与社会、人与文化的平衡；是社会可持续发展的平衡。

第四节　房地产营销策划组织与程序

一、房地产营销策划的组织构成

房地产营销策划是一个系统工程，其营销策划行为是一个集思广益、广纳贤才进行协作创意与设计的过程，因而营销策划组织必须在充分发挥主创人智慧的基础上形成团结合作的组织系统，这种机构组织一般由专门的营销策划代理机构与企业项目的营销策划人员组成（大型房地产企业都有自己的策划部）。图 1-1 表示了企业运营、项目运营和策划运营之间的关系。

图 1-1　房地产营销策划运营示意图

当然，这种组织机构只是临时性的，在从事项目营销策划与营销管理的过程中加以组织并行使职责，一旦项目营销任务完成，这个组织机构也就完成了其使命。

营销策划组织一般称作营销策划委员会或营销策划小组。该组织设主任或组长一名，副主任（或副组长）2~3 名，成员若干名，主要包括以下几类人员：

1. 策划总监

策划总监的职责和任务是负责领导、保证、监督营销策划委员会的全盘工作，协调和安排营销策划组织与企业或项目各部门、各方人士的关系，掌握工作进度和效率。

2. 主策划人

主策划人应是营销策划组织的业务中心，相当于文艺工作的编导。负责指挥各类策划人员的业务（包括调研），牵头组织业务人员的创意活动，并最后负责拟定营销策划文案。主策划人应有良好的业务素质和各方面的业务能力，要有市场观念、竞争观念、创新观念和时效观念，并要对企业营销行为比较熟悉，富有项目营销策划的成功经验和高度责任感。

3. 文案撰稿人

营销策划文案的撰稿不应只是主策划人的个人行为，而是在主策划人的领导下，要有若干撰稿人参与工作。这些撰稿人可能撰写文案中的某一部分内容，但他必须对营销策划的全程系统都非常熟悉，撰稿前的调研工作应该是全面和系统的，这样才能做到胸中有全局、脑中有创意、笔下有特色。对这类人员来说，文字表达的娴熟是最起码的要求，认识问题的深刻和富于创新思维则是衡量一个文案执笔者水平的主要标准。

4. 美术设计人员

营销策划中常涉及楼盘或小区的视觉形象、商标、广告、包装等方面，营销策划的过程也是对楼盘进行美化包装的过程，美术设计人员可依据美学原理对上述方面进行创新性设计，以增强营销策划方案的吸引力与感染力。

5. **电脑操作人员**

电脑操作不仅要起到收集资料、储存资料和随时输出资料的作用，而且还要进行适应多媒体需要的、能进行动态链接和形成互动效应的高难度操作，以备营销策划之需。

总之，营销策划组织是由多方人员组成的、富有创造性、开放性的机构。

二、房地产营销策划的基本程序

房地产营销策划具有一定的基本程序，主要包括：

1. **界定问题**

营销策划是面向营销过程应用的学问，是营销过程的策划设计。因此，首先应该运用营销学的理论，对项目进行分析研究，确定工作方向，有的放矢。在明确目标过程中，应注意两个问题：

（1）主题意识　营销策划工作多数情况下是在接受委托情况下开展的，策划人必须弄清委托者的本意、要求，即主题，把有限的时间、资源和精力投放到主题当中，切忌南辕北辙。

（2）辩证求解　营销策划是在企业与消费者之间求解，有人比喻为“导师＋医生”，即从开发理念、项目定位、地位选择、规划设计、项目建设到营销推广、市场销售、物业管理等，开发商需要提供顾问、策划服务。策划人应充分整合企业有限的资源和社会资源，通过改变企业的资源环境来实现目标，这是营销策划的使命所在。

2. **收集信息**

信息资源开发的水平，决定着策划的水平，而信息开发水平的高低又是由其工作过程中所采用的方法所决定的。运用科学的市场调查方法，收集信息资料。信息的收集必须满足可靠性和有效性两点要求。对收集的信息资料，运用科学化的推理方法，充分发挥策划人的智力创新功能，进行加工处理，透过现象，去粗取精、去伪存真，探索房地产市场的发展规律，预测其发展变化趋势。

3. **产生创意**

有组织的创意是营销策划的核心。策划与组织的重要区别之一就在于组织意识。组织意识就是要从思想上认识到，创意不仅仅是依靠个人的“灵感”，而且正如美国学者德鲁克所说：“创意是一种可以组织，并需要组织的系统性的工作”。因此，策划人须有丰富的信息量、思路清晰的系统概念、敏锐的关联性和想象力、很强的市场反应能力和悟性。

4. **撰写、推出房地产营销策划书**

经过创意一般可形成多种概要性方案的框架，对创意后形成的概要性方案进行充实、编辑，并用文字和图表简要表达出来，就形成了房地产营销策划书。

策划方案编写完毕后，通常要向委托人讲解、汇报，并动员有关部门和人员积极参与，从这个角度上说，策划人是导演。

5. **执行房地产营销策划**

一般而言，一项完整的房地产营销策划方案通常应该包含：市场调查、目标客户群的分析、价格定位、销售目标体系、进入市场的时机与姿态、确定销售方式、公关计划、推广成本预算、干扰因素分析、执行监控等内容。策划方案通过后，策划者不一定是执行者，若在执行过程中

"走样"，考虑再周全的方案、设计再完美的方案也会影响成效。另外，由于竞争激烈，市场风云变幻，策划方案设计时与执行时的客观环境、约束条件等都可能发生变化，因此，方案的实施，应是从构思到行动结束，不断检查调整、螺旋推进的过程。

第五节　房地产策划人应具备的知识和能力

近年来，我国的房地产策划行业直接和间接从业人员数以百万计，其中从事项目策划的各级管理人员约10万人，其执业范围涵盖了房地产开发、项目咨询、产品设计、建设规划、广告策划、房产销售、物业管理等领域。但要成为一个受人尊敬的策划人，就必须不断装备自己，提升自己。

一、房地产策划人职业生涯规划

（1）确立奋斗方向　对于准备进入或刚进入这个领域的人来说，确立奋斗方向非常重要。有志向和目标并努力追求，人生才过得充实、有意义。作一个适度而具体的发展规划，是实现自己人生梦想的最好途径。因此，准备进入或刚进入这个领域的人经常思考的问题是，怎样做才能既不浪费时间又能迅速接近最终目标。

（2）设计阶段目标　一般说来，人生的目标可以分为四类：职业、经济收入、个人成长和精神满足。这四类目标基本上涵盖了人生的各个方面。当目标逐渐明朗化后，要用心拓展自己的兴趣和知识结构，善于借助他人的力量，向资深同事学习、向社会学习，做一个有心人，经常思考自己的前途，永不放弃自己的追求。

（3）分享策划的快乐　对于刚刚参加工作的人来说，干好本职工作是自己的首要目标，因为工作是实现其他愿望的必经之路。可干了一段时间后可能会发现，自己整天处于惯性工作状态，变得懈怠且烦恼。自己的天赋、能力、兴趣以及工作的持久力在慢慢丧失。显然，锁定的目标不能一下子到达，但不妨一段一段地去耕耘。有耕耘就有收获，坚信"天道酬勤"。

二、房地产策划人所具备的素质

策划人不同于企业决策者和管理者，其所具有的素质具有自身鲜明的特点。

（1）高度的政治觉悟　认真贯彻执行党和国家的有关方针政策，遵守国家的各项法律法规，为公策划，自觉抵制各种为私策划和不健康的策划指令。

（2）高度的责任心和敬业精神　从社会方面讲，其责任感就是以报效国家、回报社会为己任；从职业方面讲，其责任感就是以搞好项目策划、完成企业目标为己任，达到企业、社会、消费者利益的多赢的格局。

（3）良好的思想素质和心理素质　保持自信、积极果断、坚韧不拔、处变不惊。同时策划人还要树立具有时代特征的思想观念，如市场观念、竞争观念、创新观念和时效观念等。

（4）奉献与团队协作精神　策划是一个系统工程，涉及方方面面，不是一个人所能完成的，因此，策划人要具有奉献与团队协作精神。

三、房地产策划人所具备的能力

策划人的能力应具有不同层次的智能结构。他应该具有以下基本能力：

（1）创新能力　主要表现为：观察能力、记忆和联想能力、思维能力、想象能力和灵感能力等的整合。其深厚的哲学底蕴表现为文笔流畅，逻辑思维能力强，这是创新的基础。

（2）策划能力　主要表现为：分析问题的能力、发现问题的能力、方案设计的能力（包括总体设计和具体设计能力）、评价论证能力等。

（3）组织能力和协调能力　由于策划不仅是方案的出台，更主要的是整个过程的执行，因此，对策划人的组织、协调、沟通和执行能力要求很高。

四、房地产策划人所具备的知识结构

知识是能力的基础，策划人必须具备广博的知识，主要有以下方面：

（1）一般基础知识　主要包括：社会学、心理学、哲学、思维科学、气象学、地理学等社会科学和自然科学方面的知识。

（2）专业基本知识　主要包括：经济学、管理学、美学、公共关系学、经济法、运筹学、广告学、传播学、新闻学、企业文化、金融、财务管理、建筑法规、物业管理法规等方面的知识。

（3）专业知识　主要包括：建筑识图基础知识，如建筑施工图、结构施工图、设备施工图的内容和用途、施工图中常用的符号；建筑材料基础知识，如建筑材料的分类、建筑材料的基本性质、混凝土及砂浆、建筑钢材与木材、防水、保温隔热及吸声材料、墙体材料、装饰材料；建筑结构基础知识，如砌体结构、现浇钢筋混凝土结构、框架结构、剪力墙结构；住宅小区规划设计基础知识，如居住小区的规划结构、主要规划指标、住宅智能化和综合布线等。房地产开发中的税费、房地产开发经营、房地产投资分析、建筑规划设计、小区规划布局、工程计价、工程招投标、项目管理、项目风险管理等方面的知识。

复习思考题

1. 策划与点子、咨询、企划、计划之间有哪些不同？
2. 如何理解房地产营销是一种人文化营销，房地产营销策划是全程营销策划？
3. 房地产市场营销策划的基本程序有哪些？

实践、讨论题

1. 如何将一个玻璃瓶子装在另一个玻璃瓶子里？（本小题的目的旨在培养和锻炼学生的思维方式、讨论决策时得与舍的心态。）

2. 观察本地一房地产项目的营销活动，有哪些活动运用了房地产营销策划理论指导其营销管理？

第 二 章

2

房地产市场调查策划

【学习目标】

通过本章的学习，了解房地产市场调查的内容，熟悉房地产市场调查的步骤，掌握房地产市场调查的具体方法，学会撰写房地产市场调查报告。

【关键词】

房地产　市场调查　调查报告

房地产市场调查是房地产营销策划的前提和基础，既是企业营销活动的起点，又贯穿于企业整体营销策划活动的全过程，是企业营销活动中必不可少的重要组成部分。房地产企业要想在激烈的市场竞争中提高产品的市场占有份额，就必须进行市场调查。实践证明，只有通过周密的市场调查与策划，才能制订出切实可行的营销战略，企业才能立于不败之地。

第一节　房地产市场调查的概念、类型与内容

一、房地产市场调查的概念

房地产市场调查，就是房地产企业为实现企业特定的经营目标，运用科学的理论和方法及现代化的调查技术手段，通过各种途径收集、整理、分析有关房地产市场的资料信息，进而对现有的和潜在的房地产市场进行研究与预测，正确判断和把握市场的现状以及发展趋势，并以此为依据作出经营决策，从而达到进入市场、占有市场并取得预期效果的目的。

房地产市场调查有广义与狭义之分。

狭义的市场调查指以科学方法收集消费者购买和使用商品的动机、事实、意见等有关资料，并予以研究。如住宅市场购买力的调查，只有通过对一定数量的各种年龄结构的人员进行抽样调查，才能分析消费者房地产购买力的情况。

广义的市场调查指对商品或劳务从生产者到达消费者这一过程中全部商业活动的资料、情报和数据作系统的收集、记录、整理和分析，以了解商品的现实市场和潜在市场。因此，

广义的市场调查不仅要研究购买者的心理或行为，而且要对营销活动中的所有阶段都加以研究。

小观点

近年来，房地产市场调查存在许多误区，主要表现在以下几个方面。

1）忽视市场调查。许多二级或三级城市中的开发商只是委托设计院把图纸设计出来，依样画葫芦地建起了楼房，结果是楼房滞销。

2）过分依赖市场调查。调查存在误差问题，而且调查的资料毕竟都是过去的资料，未来的市场趋势如何，需要进行分析和判断。

3）忽视试调查。正式调查前的试调查，可以检查调查问卷是否完善，如果省去而直接进行正式调查，一旦发现问卷有问题，则浪费大量的人力财力和物力。

4）街头随便发放问卷，缺乏调查对象抽样的科学性，导致调查结果缺乏科学性。

5）重视一手资料，忽视二手资料。或过于依赖问卷调查，不重视深度访谈，其结果是失去了对市场的指导作用。

二、房地产市场调查的类型

房地产市场调查类型有几十种，按调查目的和功能分类，主要有以下几种。

1. 探测性调查

当房地产企业对需要研究的问题和范围不明确，无法确定应该调查哪些内容时，可以采用探测性调查来找出症结所在，然后再作进一步研究。探测性调查主要是发现问题和提出问题，以便确定调查重点。

示例

如某房地产公司近几个月来销售量下降，公司一时弄不清楚原因，是由于产品定位失误造成的？是广告宣传的力度不够造成的？是由于竞争对手采取了新的营销策略？还是消费者偏好转变了？等等。由于影响房地产销售的因素很多，企业一时难以分辨。这时企业可以采用探测性调查。从中间商或消费者那里收集资料，以便找出最有可能的原因。

探测性调查只是收集一些有关资料，以确定问题所在。至于问题应如何解决，则有待于进一步调查研究。

2. 描述性调查

在研究者对问题有一定程度的了解时，使用描述性调查比较合适。描述性调查只是从外部联系上找出各种相关因素，并不回答因果关系问题。其调查的主要目的是用来描述某些群体的特征，估计某目标市场占总量的百分比，使用已有资料作出预测。

示例

如高端消费者对高档公寓房的需求，中低端消费者对经济适用房、普通住宅的购买数量；各类不同的消费者具有什么样的消费特征，他们的性格、生活理念和生活方式是怎样的，消费者对某市已开发的住宅小区、地段的偏好状况；各开发区高中低端住宅的市场占有率；明年某市房地产开发量的增长率。也就是说，描述性调查旨在说明是什么、何时、如何等问题，并不解释为何的问题。

与探测性调查比较，描述性调查必须占有大量的信息情报，调查前需要有详细的计划和提纲以保证获取的资料正确、可靠。问卷调查多属于这种调查方式。

3. **因果性调查**

因果性调查的目的是要找出问题的原因和结果，它是专门回答为什么的问题，并找出形成这类关系的原因。因果关系研究的目的在于了解以上这些自变量对某一因变量（如成本）的关系。同时，还应进一步弄清在许多变化因素中，何种是决定性的因素。

示例

如价格和销售之间的因果关系如何？广告与销售之间的因果关系如何？通常对于一个房地产公司经营范围来说，销售、成本、利润、市场占有率，皆为因变量。而自变量比较复杂，通常有两种情况：一类是企业自己本身可以加以控制的变量，又称内生变量，如价格、广告支出等；另一类是企业市场环境中不能加以控制的变量，也称外生变量，如政府的法律、法规、政策的调整，竞争者的广告支出与价格让利等。

4. **预测性调查**

预测性调查是通过收集、分析、研究过去和现在的各种市场资料，运用数学方法，估计未来一定时期内市场对某种产品的需求量及其变化趋势。由于市场复杂多变，不易准确发现问题和提出问题。因此，在确定研究目的的阶段，可以进行一些情况分析。如附近竞争楼盘的推出时间可以根据其工程进度进行预测。

预测性调查可以帮助企业制订有效的营销计划，规避市场风险以及可能带来的损失。

上述四种调查是相互联系、逐步深入的。探测性调查主要是发现问题和提出问题；描述性调查主要是说明问题；因果性调查主要是分析问题的原因；预测性调查主要是估计问题发展的趋势。

三、房地产市场调查的一般内容

由于影响房地产市场的因素是多方面的，因此进行市场调查的内容也是广泛的，房地产市场调查的一般内容包括以下几个方面。

1. 房地产市场环境调查

（1）政治法律环境调查　主要包括：国家法律、法规的健全与完善制度，国家政局的稳定程度；国家、省、市有关房地产开发经营的方针政策；有关房地产开发经营的法律规定；有关城市建设规划、城市发展战略等。

（2）经济环境调查　主要包括：项目所在地区的经济结构、人口及其就业状况、基础设施情况、居民收入水平、消费结构和消费水平；项目所在地区的对外开放程度和国际经济合作的情况等。

总之，对于不同的物业类型，所需调查的经济环境内容有很大的不同，须结合具体项目情况展开有针对性的调查。

（3）社区环境调查　主要包括：社区繁荣程度、购物条件、文化氛围、居民素质、交通和教育的便利、安全保障程度、卫生、空气和水源质量及景观等方面。

2. 房地产市场需求和消费行为调查

（1）房地产市场需求调查　主要包括：消费者对某类房地产的总需求量及其饱和点、房地产市场需求发展趋势；消费者的构成、分布及消费需求的层次状况，房地产市场需求影响因素；国家关于国民经济结构和房地产产业结构的调整和变化；消费者的构成、分布及消费需求的层次状况；消费者现实需求和潜在需求的情况；消费者的收入变化及其购买能力与投向等。

（2）需求动机调查　主要包括：购买意向，影响消费者购买动机的因素，消费者购买动机的类型等。

（3）消费行为调查　主要包括：不同消费者的购买行为、消费者的购买模式、影响消费者购买行为的社会因素及心理因素等。

3. 房地产产品调查

其内容主要包括：房地产市场现有产品的数量、质量、结构、性能、产品生命周期；现有房地产租售客户和业主对房地产的环境、功能、格局、售后服务的意见，以及消费者对某种房地产产品的接受程度；新技术、新工艺、新材料的出现及在现有房地产产品上的应用情况；本企业产品的销售潜力及市场占有率；建筑设计及施工企业的有关情况，等等。

4. 房地产价格调查

其内容主要包括：影响房地产价格变化的因素，特别是政府价格政策对房地产业定价的影响；市场供求情况的变化趋势；开发商各种不同价格策略和定价方法对房地产租售量的影响；相关房地产市场的价格；项目所在城市及街区房地产市场价格；价格变动后消费者和开发商的反应，等等。

5. 房地产促销调查

其内容主要包括：房地产广告的时空分布及广告效果测定，房地产广告媒体使用情况的调查，房地产广告预算与代理公司调查；人员促销的配备状况；各种公关活动对租售绩效的影响；各种营业推广活动的租售绩效。

6. 房地产营销渠道调查

其内容主要包括：房地产营销渠道的选择、控制与调整情况；营销方式的采用情况、发展趋势及其原因；租售代理商的数量、素质及其租售代理的情况；租售客户对租售代理商的评价。

7. **房地产市场竞争情况调查**

其内容主要包括：竞争者及潜在竞争者的实力和经营管理优劣势调查；对竞争者商品房价格的调查和定价情况的研究；对竞争者广告的监视和广告费用、广告策略的研究；对竞争情况与销售渠道使用情况的调查和分析；对未来竞争情况的分析与估计等；整个城市、尤其是同（类）街区同类型产品的供给量和在市场上的销售量，本企业和竞争者的市场占有率等。

第二节　房地产市场调查方法与问卷设计

一、房地产市场调查的方法

房地产市场调查的方法有很多种，市场调查人员可根据实际情况来选择调查方法。调查方法选择的合理与否，会直接影响到调查的结果，进而影响营销策划水平的高低。

（一）按调查对象总体范围的不同划分

房地产市场调查按调查对象总体范围的不同可分为：普查、重点调查、随机抽样调查和非随机抽样调查。

1. **普查**

普查指对调查对象总体所包含的全部个体都进行调查。普查的优点是：①对市场进行全面调查，能获得非常全面的数据；②能正确反映客观实际，效果明显。其缺点在于：①工作量大，耗费大量的人力、财力、物力。②调查周期长，一般适用于较小范围。

当然，有些资料可以借用国家机构的普查结果。如可借用全国人口普查所得到的有关数据等。

2. **重点调查**

重点调查指以总体中有代表性的单位或消费者作为调查对象，进而推断出一般结论。采用这种调查方式，由于被调查的对象数目不多，企业可以用较少的人力、物力、财力，在很短时间内完成。这些具有代表性的个体在总体中所占的数量可能很少，但却对总体的性质及其发展起着决定性作用。如调查高档住宅需求情况，可选择一些具有购买力的财团或成功人士作为调查对象。这些人群对住宅的需求量和对住宅功能的要求占整个高档商品需求量的比例甚大，可以此推断出整个市场对高档住宅的需求量。当然，由于所选对象并非全部，调查的结果难免有一定误差。

3. **随机抽样调查**

随机抽样调查指在总体中，随机任意抽取若干个体作为样本进行调查，根据样本推断出一定概率下总体的情况。随机抽样在市场调查中占有很重要的地位，在实际工作中应用很广泛。随机抽样最主要的特征是从母体中任意抽取样本，每一样本有相等机会，即事情发生的概率是相等的，这样可以比较准确地反映市场状况。根据样本抽取的情况它可以再分为：简单随机抽样调查、分层随机抽样调查、分群随机抽样调查三种。

4. **非随机抽样调查**

非随机抽样调查指根据调查人员的直观判断在选定的抽样范围内进行抽样的方法。这样每个样本被选择的机会并不是相等的。常用的非随机抽样调查方法有方便抽样调查、判断抽样调查、配额抽样调查三种。

(二)按调查对象所采用的具体方法划分

房地产市场调查的方法按收集市场信息的具体方法可分为：观察法、访问法、试验法。

1. 观察法

观察法指调查人员通过调查者的行为来收集信息资料或者通过调查者的行为痕迹来收集信息资料的方法。如在房地产交易会上调查消费者流量，消费者对住房地段、套型、面积、价位等的选择与态度。

观察法的优点主要有：①被调查者没有意识到自己正在接受调查，处于自然状态，因此结果比较客观；②可以获得那些被调查者不愿意以及言语无法提供的信息。观察法的缺点有：①调查人员只能观察消费者的外在行为，不能提问或让消费者回答问题；②由于不能提问，只能观察，对被调查者的感情、态度、行为和动机等信息仍无法得到。

要提高观察法获取信息资料的准确性，关键在于调查人员自身素质的高低。因此，它不仅要求调查人员要具有敏锐的观察力、良好的记忆力、应用现代设备的能力，还要求调查人员掌握好消费心理学，避免在观察过程中作出片面、错误的判断。

2. 访问法

访问法是通过调查人员向消费者提问的沟通方式来收集信息。这是最常用、最基本的一种调查方法。科学设计调查问卷，有效地运用个人访问技巧是此方法成功的关键。

调查法根据调查人员与被调查者之间接触方式的不同，又可分为以下几种形式。

(1) 面谈访问　就是调查人员采取与被调查者面对面交谈来获取信息资料的方法。面谈访问过程中调查人员可以按照调查表问题的顺序发问，也可以自由交谈；可以采取个人访问，也可以采取集体面谈；可以安排一次面谈，也可以进行多次面谈。

面谈访问调查的优点是：①调查的对象、时间、人数、形式由调查人员掌握，较为灵活；②调查了解的问题回收率高，可提高调查结果的可信度。其缺点是费用大、时间长、对调查人员的要求高。

(2) 邮寄询问　指调查人员把事先拟订好的调查表邮寄给被调查者，请被调查者按照要求填写调查表，而后再寄回给调查人员的调查方法。采用此法，也要讲究调查内容的询问方式。

邮寄询问的优点是：①调查区域广阔，调查成本较低，被调查者有充分的时间考虑；②不受调查者的影响，能充分表达个人意见；③不要求被调查者署名，收集到的意见、资料较为客观、真实，调查结果可靠性高。邮寄询问的缺点是：①试卷的回收率较低、回收时间较长；②被调查者有可能误解调查表的含义，出现模糊答案时无法当面澄清；③调查者难以控制回答过程。

(3) 电话访问　指调查人员通过电话向被调查者询问、了解有关问题的一种调查方法。

电话访问的优点是：①取得信息的速度快、省时间；②成本也比较低，回答率高。③可以统一询问格式，整理归类比较容易。其缺点是：①不能看到对方的表情、姿态等非语言交流信息，交谈时间不宜太长；②不能询问较为重要的问题，不宜收集深层信息。

采用此法调查，可以电话用户（通过电话簿）为基础，进行随机抽样，为不使通话时间过长，大多采用二次选择法向被调查者进行询问。

(4) 留置访问　指调查人员将调查表送给被调查者自行填写，而后由调查人员定期回收调查表的一种调查方法。

留置访问的优点是：①调查表回收率高，被调查者的意见可以不受调查人员的影响；②可以避免由于被调查者误解调查内容而产生的误差。其缺点是：①此法虽适用于集体的有组织的调查对象，但由于调查对象过于集中，调查范围偏窄，导致被调查者之间互相影响而使回答失真；②可能出现请人代答的现象，增大了人为误差，无法了解其真实想法。

(5) 在线访问调查　属于网络调查方式，是通过 E-mail 来进行的，它基本上是传统邮寄调查的电子化。调查样本框的来源可以是购买的 E-mail 名单，调查问卷可以是纯文本格式或是HTML格式，也可以是一个专门的问卷调查软件，作为 E-mail 的附件发送。

E-mail 调查的准确性取决于选作样本框的 E-mail 清单是否具有代表性和问卷的回收率。通过调查前的 E-mail 通知和调查后的跟进 E-mail 调查可以提高回收率。

在线访问调查的优点是：①通过网络传输信息速度快，大大缩短了调查所需时间；②通过网络传输信息的费用十分低廉，从而降低了调查成本；③计算机的信息表达能力强于传统的纸张问卷。采用精心设计的网络安全协议，网络调查可具备一些传统调查所无法实现的功能。在线访问也有缺陷，其缺点同电话访问一样。

3. **试验法**

试验法指将调查范围缩小到一个比较小的规模上，进行试验后取得一定结果，然后再推断出总体可能的结果。

试验法是牵涉到对变量进行控制与操纵的信息资料收集的方法。在小规模实验时，能将一些不必要的因素加以排除，可直接探讨变量间的因果关系。但是，试验环境在现实中难以创造，往往与真实环境相差较大。

示例

如对商品房的建筑外形、设计、功能、价格、主题概念、广告、环境绿化、小区娱乐设施、健身设施等因素改变时，可以先在小范围内做一个小规模实验，初步调查消费者购买行为的变化以及对改变的要素的评价意见，尤其是对影响他们购买行为因素的评价意见，然后对试验结果进行分析总结，以决定是否大规模推广或根据消费者的心理变化如何继续推广。试销会、房展会，各种促销活动等均可采取这种调查方法。

这种方法的优点是：科学，显示灵敏，结果比较准确。其缺点是：试验时间较长，成本较高。

二、问卷设计

(一) 问卷设计的步骤

设计调查问卷的目的是为了更好地收集满足调查者需要的信息资料。因此，问卷设计过程中，首先要把握调查的目的和要求，同时要取得调查对象的充分合作，保证提供准确有效的信息。问卷设计具体可分为以下几个步骤：

1. 根据研究的目的，列出所需收集的信息

在问卷设计之前，调查人员必须确定在调查过程中，需要了解哪些方面的信息资料，才能较好地说明所要调查的问题，实现调查目的。要求调查人员对所要了解的信息资料进行归类，列出具体的调查项目清单。如对开发商来说，它需要得到消费者购房的目的、兴趣、消费者的收入以及购房的承受能力等。

2. 问题的设计与选择

在确定了所要收集的信息后，问卷设计者就可以着手具体问题的设计了。设计者应按照所要收集的信息清单，并确定其应包括什么类型的问题，问题如何提出，有些信息一个问题不足以答复，可考虑设计一组问题，以确保获得全面的信息。但是，问题的设计并不是越多越好，因为问卷的空间有限，一份问卷中问题太多，会使调查对象感到厌烦而拒绝合作；而且太多的问题也会增加调查的成本、时间。

3. 确定问题的顺序

在设计好各项单独问题以后，应按照问题的类型、难易程度、选择题型（单项填充、多项填充、是非判断、多项选择）并安排好询问问题的次序。问卷中问题的排列顺序同样会对调查的结果产生影响，因此，问题的排列要合乎逻辑，使调查对象在回答问题时有循序渐进的感觉，同时能引起调查对象回答问题的兴趣。

4. 问卷的初步测试与修改

在问卷用于实地调查前，应选择一些调查对象来进行试调查，在实际环境中检验每个问题的提法能否使调查对象明确了解，有些问题对问卷设计者来说是很容易回答的，但对调查对象有时却无从回答，或答非所问。

经过试调查后，可以发现问卷的缺点，按照测试结果，再对调查表作必要修改，最后制订出正式调查表。

（二）问卷的一般构成

调查问卷一般由三部分构成：目的说明、问卷主题和被调查者的基本情况。

1. 目的说明

目的说明主要包括向被调查者说明调查的目的、填表须知、问卷编号等。一般在问卷开头的地方用亲切、诚恳、有礼貌的语言说明调查的目的、调查者身份、保密原则，以便尽快让填表人了解调查的目的和内容，消除被调查者的疑虑，激发他们的参与意识。填表说明主要在于规范和帮助受访者对问卷的回答。问卷编号主要用于识别问卷、访问员、被访者地址等，可用于检查访问员的工作，防止舞弊行为，便于校对检查、更正错误。

2. 问卷主题

问卷主题即调查内容，是问卷中最主要的部分，主要由一个个问题和相应的选项组成，以提问的形式呈现给被调查者。如调查潜在的消费者对住房的面积、式样、套型、功能的要求，对卧室、客厅、起居室、书房、厨厕的规格、功能、大小的偏好，对价格、配套设施、环境、服务等的要求或偏好，对本公司与其他公司开发的商品住宅的对比，要求调查者选出能表达自己看法或态度的答案。

3. **调查者的基本情况**

在调查表的最后，要求被调查者提供一些个人资料。如性别、年龄、文化程度、职业、收入等。这些资料对分析不同消费者的消费倾向和偏好有很好的参考价值。由于要提供个人资料，往往比较敏感，为了避免被调查者排斥或谎报，通常放在问卷的最后部分，并且采用不记名方式。

此外，有的问卷最后还设计有结束语，主要是对被调查者的合作表示感谢，同时也可以征询一下被调查者对问卷设计本身的看法和感受。结束语要求简短明了。

（三）问题设计技术

问题设计是问卷设计的核心。在设计问卷时，对问题的表述、问题的类型、问题的排列顺序和选择都必须认真推敲。

1. **设置问题的形式**

设置问题的形式一般可以分为两类：开放式和封闭式。

（1）开放式问题　也称为自由回答式问题，指对问题的回答方式没有具体的要求，由调查者针对所提的问题自由表达自己的看法。

开放式问题，形式灵活，可单纯提一个问题，也可以借助于其他工具，如图片、画面等。这类问题在问卷上不提供具体的答案，被调查者可以针对所提问题自由回答，没有任何限制。

开放式问题的优点是：①答案没有具体的限制，得到的信息比较分散。②得到的信息量较大。其缺点是：对信息的分析处理比较困难。

（2）封闭式问题　指问题的答案已经确定，由调查者按指定的要求回答的问题。

封闭式问题的优点是：①答案有限，易表格化，便于被调查者回答。②得到的信息相对集中，且比较标准化。③容易整理、分析方便。其缺点是：①答案较少，获得的信息量少。②易受设置问题的人的思维限制。③被调查者失去回答的自由性。

封闭式问题相对固定，但其具体的提问方式也分为多种。常见的封闭式问题有如下几种：

1）两项选择。只提供两种答案的问题，如“您家是否购买了商品住宅？A. 是；B. 否”。

2）多项选择。由调查者列出多种答案，由被调查者从中选择一个或数个答案。如“您对××公司开发的住宅哪些方面较满意？A. 价格；B. 面积；C. 位置；D. 功能；E. 式样”。

此外，多项选择问题答案的选择，可要求被调查者按对各因素的关注程度进行排序；也可以用作表示人们意见、态度、感情的等级或程度来定序。

封闭式问题和开放式问题由于提问的形式不同，所收集到的信息也不同。二者各有优缺点。一般情况下，在研究的问题定义明确、研究目的集中的情况下，所提的问题多用封闭式。如果想通过一个问题获得较多的信息，或所提的问题界定不是非常明确，则采用开放式问题提问。当然，在调查问卷中两类也可同时使用。

2. **设计调查表应注意的事项**

调查是否成功，调查表的设计非常关键，因此，设计调查表时应注意以下事项：

（1）问题的用词要通俗、文字要简短　因为较长的问题容易被调查者混淆。

（2）每个问题只能包含一项内容　问题内容要具体，每一个问题只能包含一项内容，避免把两个或两个以上的问题合在一起问。如“您的亲友喜欢这种房型设计吗?”对于这样的问题，被调查者是很难作出回答的。

(3) 问题中不要使用专门术语　如“您认为该小区的绿地率应达到何种水平?”这类问题。有些人不知道绿地率的概念，不知如何回答。因此，容积率、框架结构、剪力墙结构等专门术语应少用。

(4) 问题答案不宜过多　问题的含义不要模棱两可，用词必须意思准确、直接、简单，便于理解，以不致使被调查者产生误解。

(5) 要注意提出问题的方式　有时直接问问题并不见得是最好的，而采用间接方法反而会得到更好的答案。如最近房地产公司为了销售某一处商品房做了不少广告，调查员想知道、想了解这些广告效果时，与其直截询问被调查者的看法如何，还不如采用迂回方式去了解有多少人知道该处房地产的情况。

(6) 确定好问题的排列顺序　这是问卷设计的一个重要的问题。它可以使问题有序化，便于对资料进行归纳整理和分析。

补充知识

问卷设计中问题的编排，一般应遵循以下顺序：

1) 按问题的复杂程度，先易后难，由浅入深进行排列。问卷开始的问题应引起被调查者的兴趣和注意，难度较大的问题和敏感性问题应尽量往后放。

2) 问题的排列要有逻辑性，同类性质的问题应尽量安排在一起，问题次序安排方面，可运用“漏斗法”，即先问范围较广的问题；然后把范围逐渐缩小，问一般性问题；最后是具体的专门性问题。

3) 开放性问题应放在问卷的最后，在编排问题顺序的同时，问卷设计者还应注意把一些无关紧要、脱离实际或被调查者难以回答的问题予以剔除，以保证问卷设计的客观性、科学性和可行性。

第三节　房地产市场调查的组织安排

一、房地产市场调查的步骤

房地产市场调查不论采用哪一种形式，调查哪一方面的内容，都是一次有组织、有计划的行动，都应该经过一定的程序和步骤，才能达到预期目标。其步骤一般有市场调查准备、市场调查实施、市场分析、撰写和提交调查报告四个阶段，见图2-1。

1. 市场调查准备阶段

(1) 确定调查目标　这是进行市场调查应首先明确的问题。目标确定以后，市场调查就有了方向，不至于出现太大的过失。因此，调查人员应明确为什么要进行市场调查，通过调查要解决哪些问题，有关调查结果对于企业来说有什么作用。如果开始抓的问题就不够准，就会使以后一系列市场调查工作成为浪费，造成损失。一般来说，确定调查目的要有一个过程，一下子是确定不下来的。

(2) 初步情况分析　目标确定后，调查人员根据企业内部和外部各种信息资料，作出初步分析，并拟定出一些假设，进行假设推断及提出可能解决的办法，从而找出产生问题的原因或线索，缩小正式调查的范围。

(3) 拟订调查计划　在调查前必须拟订详细、周密的调查计划。调查计划是一种行动纲领，其内容主要包括：调查对象的确定，即向哪些人进行调查；调查方法和信息收集范围的确定；调查日期和调查作业进度的安排；调查经费的预算；调查人员的挑选及培训安排等。

(4) 非正式调查　又称试探调查，指调查人员根据初步情况分析，在小范围内做一些试探性的调查。

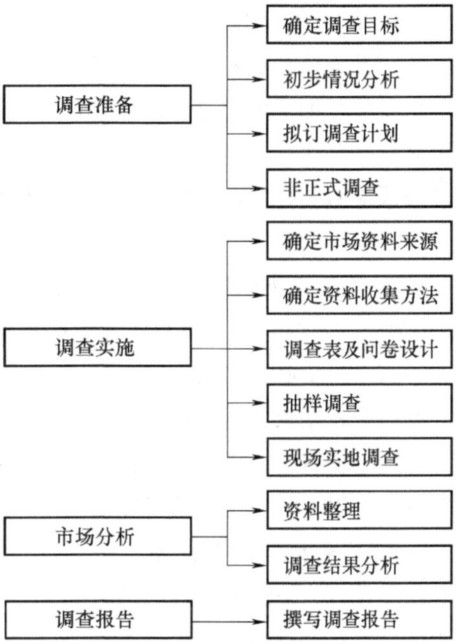

图 2-1　市场调查程序图

2. **市场调查实施阶段**

(1) 确定市场资料来源　市场资料来源可分为两大类，即原始资料（或第一手资料）和次级资料（或二手资料）。原始资料是调查人员通过对现场实地调查所收集的资料，次级资料是指由他人搜集并经过整理的资料。

一般来说，收集有用的次级资料，可节省时间及成本。如果次级资料能解决问题，则不必收集原始资料；否则，则必须收集原始资料。

(2) 确定资料收集方法　对原始信息资料进行收集的方法，通常有观察法、调查法、试验法。调查人员可根据要求和调查费用的多少，来选择不同的调查方法。此外，次级资料也要明确采用何种收集方法。

(3) 调查表及问卷设计　是整个调查工作的核心，其设计的好坏将直接影响调查结果，因此，设计既要有科学性又要有艺术性。

(4) 抽样设计　在实地调查前，调查人员应该设计决定抽查的对象、方法和样本的大小。一旦明确下来，参加实地调查人员必须严格按照抽样调查设计的要求工作，以保证调查质量。

(5) 现场实地调查　指组织调查人员采用选定的调查方法，根据所设计的调查问卷对被调查者进行调查，以获取第一手原始资料的方式。现场调查工作的好坏，直接影响调查结果的正确性。因此，必须重视现场实地调查人员的选拔和培训工作，确保调查人员能够按规定进度和方法索取所需资料。在调查过程中，注意掌握和控制好调查的进度，以保证调查的质量。

3. **市场分析阶段**

这一阶段的工作是对房地产市场调查所获得的各项资料及时整理、编辑加工，以总结出相应的调查结论，主要包括以下几方面的工作。

（1）资料编辑整理　主要指将所收集到的各种资料进行归纳和分类，使之成为能够反映市场经济活动本质特征和适合企业需求的资料。

信息资料加工前，首先要对获得的资料进行评定，提出误差因素，保证信息资料的真实性和可靠性。其次，要进行分类编码，将那些符合标准的信息资料编入适当的类别，并输入计算机转换成能做统计处理的数据。最后，将已经分类的资料进行统计计算，系统地制成各种计算表、统计表、统计图。

（2）调查结果的综合分析　运用统计表、统计图（如直方图、饼状图等）、统计特征数字（如均值、方差等）等对资料中的数据和事实进行比较分析，得出一些可以说明有关问题的统计数据，直至得出必要的结论。

获得分析结果之后，还要求调查人员与决策研究人员共同对分析的结果进行综合分析，特别是在问卷调查中开放式问题较多，而且不能用计算机进行统计分析时，必须对统计结果进行补充分析，以得出更可靠的研究结果。

4. 撰写和提交调查报告

市场调查人员根据整理归纳后的调查资料，进行分析论证得出调查结论，然后撰写市场调查报告，并在调查报告中提出若干建议方案，供领导在决策时参考。

调查报告反映了调查工作的最终结果，要十分重视调查报告的撰写，并按时提交调查报告。

上述市场调查程序不是僵死不变的，实际运用时，可根据调查内容、环境条件及要求的轻重缓急，灵活使用。有的程序可以省略，有的可以加强。

二、市场调查队伍的组建

组织高效、灵敏的市场调查工作是一门重要的经营艺术，其首要条件是需要配备一支高素质的市场调查人员队伍。

目前我国的房地产开发企业市场调查队伍的组建主要有两种形式：一是组建专门的市场调查部，二是临时组建市场调查小组，大家各司其职，以保证整个调查过程的完整性。

1. 组建专门的市场调查部

企业规模庞大，开发项目集中或者有着较多的土地储备，在短期内有足够的项目可供开发时，集团公司或股份公司为了降低风险，也为了不过多地依赖专业的市场调查公司和营销代理公司，同时也为了打造房地产链条，锻炼出一支职业化队伍，企业应该用足够的时间和资金来培育自己的市场调查部门。

2. 临时组建市场调查小组

一些房地产开发企业和销售代理公司由于项目开发量有限，市场区域狭小，不需要经常性地了解市场，可以临时抽调人员胜任该工作，节省大量资金。

以下一些情况可组建临时市场调查小组。

（1）房地产企业异地开发时，一般不会组建专门的市调队伍　对于已经运作多年的房地产集团而言，一般都有自己的营销中心和销售公司，配备独立的市场调查部门。因此，房地产企业异地开发时，一般不会组建专门的市场调查队伍。如果异地的各个分公司再组建市场调查部门的话，就会产生机构重叠，造成大量人力、财力的浪费。该种类型的企业如果需要市场调查，往往由集团的市场调查部门人员异地出差来完成。

此方法的优点是：①人员面孔生疏，避免加深与竞争者的矛盾，做完一轮市场调查就走人；②调查人员心理障碍少，工作起来放得开手脚，可以采用一些超常规的市场调查手法。其弊端是：①市场调查时间短，多则半个月，少则两三天，了解的问题可能不够深入，因此，他们还得需要异地开发公司销售人员提供平时“实时收集”的市场变化资料；②时效性差，短期费用高，市场调查人员工作量大。

（2）刚成立的房地产企业，一般组建临时市场调查小组　“资金有限，公司不养闲人”是一部分企业常说的一句话。这部分企业因为刚刚成立，机构设置不久，人员较少，处在磨合期，流动资金相对紧张，项目属于短平快，因此，他们不可能组建专门的市场调查队伍，而组建临时的市场调查小组。

（3）一些项目公司，一般组建临时市场调查小组　有的企业，政治和经济背景有限，属于典型的项目公司，期待楼盘早出手，早获利，因此，他们也不可能组建专门的市场调查队伍，而组建临时的市场调查小组。

三、调查人员的基本要求

调查人员经常要接触大量的国外、国内及本地区的各种信息，经常要收集、整理、分析和处理大量有关的调查资料，处理资料工作好坏对于市场调查工作的效果会产生直接的影响。一个良好的市场调查工作人员不可能懂得一切或知道一切，但应该知道在什么地方或通过什么途径可以获得所需要的资料，如果能够及时找到有关的资料，提供给企业管理部门或有关负责人员决策参考，就起到了良好的“参谋”作用。房地产市场调查人员要具备以下基本素质要求。

1. 创新能力

市场竞争常常是以新制胜，谁首先认识和顺应了新的消费动向，谁就有可能占据有利的市场地位。因而要求调查者对房地产开发、交易、消费和服务诸环节有深刻认识，具有较强的职业责任感、观察市场的敏锐性和勇担风险的胆略。只有这样，才能在市场调查工作中，不断开拓丰富的信息资源，使房地产市场调查工作走上健康发展的新路。

2. 良好的知识结构

把握房地产信息是一种知识性劳动，要求调查者具备渊博的知识和经验，要掌握房地产的有关法律政策、开发经营、行政管理、城市规划、市场竞争、建筑施工、综合开发战略等方面的知识，还要学习经济学、管理学、广告学、消费者心理学等知识，善于融会贯通各种资料和信息。因此，调查者需要具备良好的知识结构，才能胜任市场调查工作。

3. 市场信息分析能力

调查人员的工作决不是简单的提供调查资料，因为把大量的市场信息推给决策者，并不会降低决策的难度。调查人员应对所收集的信息作适当评议，就有关现象综合分析其利弊，将会帮助决策者对市场需求和市场动态作出正确判断。这些工作的水平高低与调查者的分析能力是分不开的。

4. **较强的社交能力**

调查者在个人形象上要显得干练、稳重，给人以可信赖感；要善于同那些与房地产相关的人士交往，要以诚恳的态度和谦虚的精神来一点一滴地培养人际关系，打通社会各方面的信息通道，在社交中了解市场动态信息。这样做不仅有利于其完成信息的搜集和反馈工作，而且有利于调查者在实践中增长才干，更深刻地认识社会与市场。

5. **信息网络利用能力**

随着网络逐渐渗入城镇居民的生活当中，对人们阅读及工作学习造成了深远的影响，网上市场调研作为一种新的市场调查方式已受到企业重视。作为房地产市场调研人员应具备信息网络利用能力，为企业开展低成本、高效、范围广泛的市场研究，为正确预测市场需求趋势，作出市场决策打下坚实的基础。

除了以上几个基本要求外，市场调查人员还必须具有良好的组织才能、诚恳的态度、良好的人际关系、对市场敏锐的洞察力，尤其要具有较强的忍耐力和百折不挠的精神。

随着市场经济的发展，市场调查将会越来越普遍，越来越深入。市场调查员也将会作为一支独立的队伍活跃于经济大舞台，为社会的发展贡献智慧和力量。

第四节　撰写房地产市场调查报告

一、楼盘市场调查报告的撰写

（一）填写楼盘调查的信息资料

对单个楼盘进行调查，实质上是对竞争项目的调研。它是房地产市场调查的基础，不但是新员工接触房地产知识的第一课，而且也是任何资深人员及时了解房地产市场最为具体、直接的途径。

单个楼盘的市场调查资料，通常填写以下五大项。

1. **楼盘产品**

楼盘产品的调研和分析主要包括楼盘的地理位置、具体楼盘和楼盘基本参数。

（1）楼盘的地理位置　大的方面讲，就是宏观的地域分析，即分析楼盘所在区域的历史沿革，区域特征（商业中心、工业中心、学院社区），了解区域交通状况如公路、地铁、高架、轻轨、省市级公路、区县级公路等，区域公共配套设施如水、电、气等市政配套，公园、学校、医院、影剧院、商业中心、超市、宾馆、体育场馆、图书馆、集贸市场、著名餐馆等生活配套和人文环境等；小的方面讲，就是微观地块分析，即楼盘地块，包括：地势、大小形状、所处位置，它的四至，是否临街，它的进出道路如何，等等。

（2）具体楼盘　这是楼盘的主体部分，该部分重点在于了解楼盘的指标和参数，具体包括：土地大小、总建筑面积，楼盘类别和规划建筑设计与外观总建筑套数与房型，面积、格局配比、建筑用材、公共设施和施工进度，等等。只有认真分析楼盘，才能正确把握因此而限定的该楼盘在市场中的竞争优势。

（3）楼盘的基本参数　基本参数主要有：基地面积、总建筑面积、容积率、覆盖率、楼盘的类别、建筑面积（包括居住面积、使用面积）、得房率、格局配比、建材装潢和公用设施等。

2. 价格组合

楼盘的价格组合主要包括：楼盘和单元房的单价、总价和付款方式。市场中，往往有很多价格方面的促销活动，但万变不离其宗，其最终归结于单价、总价和付款方式三个方面的价格组合搭配。这也是市场调查最吸引人的地方。

3. 广告策略

广告策略主要包括：广告基调的推敲，主要诉求点的把握，媒体的选择，广告密度的安排和具体实施效果，等等。广告行为的市场调查不可能囊括各方面具体的大小事项，关键是把握其广告策划的精髓。

4. 销售执行

销售执行是市场调查最关键的地方，它一方面是指具体业务安排，如销售点的选择、业务执行、人员的配置等，另一方面则是调查实际销售结果，主要从销售率和销售顺序等方面来分析。如什么样的房型最好卖，什么样的总价最为市场所接受，吸引客户最主要的地方是什么，购房客户有什么特征，等等，所有这一切都是市场调查所应该了解的。销售执行中的销售状况是结果，其他几个方面都是原因，了解因果，分析其中的缘由，是单个楼盘和整个调研工作的主要内涵。

5. 竞争企业

对竞争企业的调研内容主要有：开发商、设计规划单位、建筑公司、营销咨询与广告公司、销售代理公司、项目主要负责人等方面。至于如何确定哪些属于竞争楼盘项目，考虑到房地产的区域性特点，竞争项目在很大程度上是在区域内类似楼盘之间确定，如别墅与普通住宅、商场与写字楼，其区域范围就有明显的不同。而区域范围的大小要视楼盘的具体情况而定。

（二）楼盘调研总结

在调研总结中，一般以产品（地点）、价格、广告和销售四个大的方面为分析思路，不断深入细化，以系统的观点、专业的角度和充分的理由，寻找出楼盘个案在市场操作时的成功和失败的地方，并加以归类表述。通常，楼盘调研总结中应包括：成功点、失败点和建议等几个方面的内容。

（1）成功点　指楼盘为市场所接纳，客户据此引发购买欲望的具体原因。

（2）失败点　指楼盘为市场所抛弃，客户由此减弱，甚至丧失购买欲望的具体原因。

（3）建议　面对楼盘的成功点和失败点，企业应该采取具体措施，发扬现在的优势，弥补已有的缺陷，合理优化营销组合，提高销售率。

小观点

具体在撰写楼盘调研总结时，要注意以下几点：

1）调研总结要真实、具体，有感而发。无论是成功点或失败点的搜寻，还是建议的总结，都要以调查的事实数据和自己的切身感受为依据，并且用具体形象的语言表达出来，而不是泛泛而谈，用一些共同理由来搪塞。

2）调研总结要尽可能地用系统的观点、从专业的角度来表述。对楼盘的感性化的表达一定要以楼盘调研的思路为基础，以产品、价格、广告和销售四个大的分类为框架，并在此基础上，进一步认真分析和总结归类，将一些切身的感受以严谨的方式表达出来。

二、区域市场调查报告的撰写

房地产区域市场调查报告是房地产市场研究的一种表现形式，和仅仅填写一份或几份楼盘调查表不同，它的视野更开阔、敏锐性更强，自然，对调研人员的要求也就更高。

一般来讲，一个完整的区域调研报告大致包括这样几个部分。

1. 区域概况

区域概况是房地产区域特征的总结，主要是对该区域的历史发展、人文环境、生活环境和市政交通等各方面的基本情况一个概括性的描述。因为房地产商品的地域性特征强，区域概况自然也成了任何一份市场分析报告的基本点和出发点。好的区域概况描述应该是观点鲜明、内容简明。

区域概况在描述前，最好能用简练的语句归纳总结出该区域区别于其他区域的显著特点。如上海的闸北区，因为铁路客运站、地铁站和数十条公路郊线汇集于此，因此，“上海的陆上门户”便是其区别于其他区域的一个显著特点。要做到这一点，多跑多看多比较，是帮助自己目光敏锐起来的先决条件。

2. 目标区域的楼盘情况

房地产市场气象万千，楼盘分类也变化多端。可以按地理环境不同分类；按产品种类不同分类；按房屋总价不同分类。通过分类，以便有重点地逐一进行详尽的客观描述。通常，企业会根据需要，在大量详实的原始资料的基础上，筛选部分细项，或列表或叙述，有条不紊，努力做到完整表达、一目了然。在分类的基础上，企业通常会选择某一典型楼盘，利用大量的篇幅进行详细的举证分析。所举证的楼盘可能是企业非常相似的一个楼盘，可能是现时销售非常火爆的一个楼盘，可能是对企业构成严重威胁的一个楼盘等，这样才能更加确切地把握市场。

3. 报告结论或建议

对调研结果的共同点和不同点的分析，以及对形成这种状况的根本原因的深究，是报告结论的关键部分。这种共同点和不同点的分析，一方面是产品结构方面的，另一方面是需求结构方面的。一份好的报告，除了应该对未来的发展趋势中的供求关系进行宏观预测外，更应该在一些细微的结构方面有所见解。

三、撰写和提交调查报告应注意的事项

1）客观真实准确，科学严谨。

2）简明扼要、重点突出。

3）结论和建议表达清晰，文字简练。

4）绘制必要的表格和统计图，以方便阅读和使用。

5）报告完整，制作精美。

【案例 2-1】

某市居民住房状况和需求调查问卷

问卷编号：______　　访问员姓名：______

先生/ 女士：你好！

我是××公司的访问员，在进行一项全市居民住房状况及需求的市场研究。想听听您的真实反映和想法，您的意见会对我们有很大帮助。希望您在百忙之中抽出一点时间协助我们完成这次调查。谢谢您的支持和合作。

1. 购房观念

（1）您购房的主要目的是

A. 日常居住　B. 第二居所　C. 身份认同　D. 保值

E. 投资　F. 其他

（2）您购房主要考虑

A. 地段　B. 价格　C. 房型　D. 环境　E. 配套

F. 物业管理　G. 距相关点近（单位、亲人）

（3）您购买住宅需要满足哪些功能

A. 居住　B. 兼办公　C. 社交　D. 休闲

E. 健身　F. 其他

（4）房源获取渠道

A. 电视　B. 报纸　C. 杂志　D. 互联网　E. 朋友介绍

2. 建筑房型

（1）您购房选择的房屋种类为

A. 低层　B. 高层　C. 多层　D. 超高层

（2）您购房对日照采光的要求为

A. 明厅明卧明厨　B. 厅、主卧朝南　C. 主卧朝南　D. 厅具落地窗　E. 其他

（3）您购房对卫生间和阳台的要求为

A. 单卫　B. 双卫　C. 三卫　D. 双阳台　E. 其他

（4）您购房除了厅、卧、厨外还需要哪些功能室

A. 储物间　B. 书房　C. 儿童房　D. 其他

（5）您希望住房的如下哪些设施由开发商统一配置

A. 电话初装　B. 有线电视初装　C. 宽带网入户　D. 防盗门　E. 整体橱柜

F. 其他

（6）购买商品房，你购买什么户型

A. 二房一厅　B. 二房二厅　C. 三房一厅　D. 三房二厅　E. 四房二厅

F. 复式　G. 其他

(7) 您希望住房装修标准

A. 无装修　B. 仅厨卫装修　C. 全部精装　D. 提供全套厨卫设备

E. 提供家具　F. 其他

3. 地段交通

(1) 您购房希望或可接受的地段

A. 市中心　B. 内环线内　C. 内环线外边缘　D. 内外环线之间

E. 外环线内　F. 其他

(2) 您购房希望相邻

A. 中心商业区　B. 重点学校　C. 公园绿地　D. 大型医院

E. 娱乐设施　F. 其他

(3) 您购房希望或可接受的车程（从居住地到工作地点或其他地方）

A. 15 分钟以内　B. 15 ~ 30 分钟　C. 30 ~ 45 分钟　D. 45 ~ 60 分钟

E. 60 分钟以内　F. 其他

(4) 您出行的主要交通工具

A. 公共汽车　B. 自行车　C. 地铁　D. 出租车

E. 私人汽车　F. 其他

4. 房型面积

(1) 您购房家庭人均居住面积希望达到

A. 10 ~ 15m^2　B. 15 ~ 25m^2　C. 25 ~ 35m^2　D. 35m^2 以上　E. 其他

(2) 您购房希望的层高

A. 2.8m　B. 2.8 ~ 3.0m　C. 3.0 ~ 3.2m　D. 3.2m 以上　E. 其他

(3) 您购房时对客厅（起居室）的面积要求为

A. 20m^2 以内　B. 20 ~ 40m^2　C. 40 ~ 60m^2　D. 60m^2 以上　E. 其他

(4) 您购房对主卧室的面积要求为

A. 12m^2　B. 12 ~ 15m^2　C. 15 ~ 20m^2　D. 20m^2　E. 其他

(5) 您购房对厨房的面积要求为

A. 6m^2　B. 6 ~ 8m^2　C. 8 ~ 10m^2　D. 10m^2 以上　E. 其他

(6) 您购房对主卫生间的面积的要求为

A. 4m^2　B. 4 ~ 8m^2　C. 8 ~ 12m^2　D. 12m^2 以上　E. 其他

(7) 您购房对所购房面积要求为

A. 60 ~ 89m^2　B. 90 ~ 120m^2　C. 121 ~ 150m^2　D. 151 ~ 180m^2

E. 181 ~ 210m^2

(8) 您现在住房建筑面积是

A. 70m^2 以下　B. 71 ~ 90m^2　C. 91 ~ 110m^2　D. 111 ~ 130m^2

5. 建筑景观

(1) 您购房喜欢的建筑风格为

A. 西洋古典风格　B. 欧陆现代风格　C. 中国古典风格　D. 上海里弄风格　E. 其他

(2) 您购房喜欢的视觉景观为

A. 罗马柱大门　B. 雕塑小品　C. 亭台楼阁　D. 喷泉、瀑布　E. 其他

(3) 您购房喜欢的听觉环境为

A. 安静无声　B. 背景音乐　C. 鸟鸣声　D. 水流声　E. 其他

6. 绿化布置

(1) 您购房希望的小区绿地覆盖率为

A. 30%左右　B. 30%～40%　C. 40%～45%　D. 45%～50%　E. 50%以上

(2) 您购房希望的小区绿化形态为

A. 中央集中绿地　B. 小区林荫道　C. 组团绿地　D. 宅前绿地　E. 阳台绿化

F. 其他

(3) 您购房希望的小区绿化种类为

A. 草坪　B. 花卉　C. 灌木　D. 棕榈　E. 松柏

F. 其他

7. 住宅配套

(1) 您购房需要以下哪些功能配套

A. 饮用水与生活用水分离　B. 集中供热水系统

C. 中央冷暖空调系统　D. 单套住宅小中央空调

E. 其他

(2) 您购房需要小区具备哪些配套服务设施

A. 超市　B. 餐厅　C. 洗衣房　D. 诊所　E. 其他

(3) 您购房需要小区具备哪些体育设施

A. 网球场　B. 游泳池　C. 健身房　D. 高尔夫球场

E. 篮球场　F. 其他

(4) 您购房需要小区具备哪些文化娱乐设施

A. 图书室　B. 棋牌室　C. 歌舞厅　D. 影视厅　E. 其他

(5) 您购房需要小区具备哪些教育设施

A. 幼儿园　B. 小学　C. 中学　D. 家政培训　E. 其他

(6) 您购房需要小区具备哪些商务设施

A. 商务中心　B. 商务秘书　C. 证券交易所　D. 银行　E. 其他

8. 价格及付款方式

(1) 您购房打算支付的房款总价为

A. 60万元以下　B. 60～100万元　C. 100～160万元　D. 160～200万元

E. 200万元以上

(2) 您购房希望每平方米单价为

A. 5000元　B. 5000～8000元　C. 8000～12000元　D. 12000～14000元

E. 14000～17000元　F. 17000元以上

(3) 您购房希望采用的付款方式为

A. 一次付清　B. 分期付款　C. 公积金贷款　D. 银行按揭　E. 组合贷款

(4) 您购房希望按揭年限为

A. 5年以内　B. 5~10年　C. 10~15年　D. 15~20年　E. 20年以上

(5) 您打算何时购房

A. 三个月内　B. 半年内　C. 1~2年内　D. 三年内　E. 五年内

F. 五年以后　G. 不确定

9. 物业管理

(1) 您购房希望小区引进哪些物业管理措施

A. 家政服务　B. 家教服务　C. 建立小区会所

D. 智能化联网管理　E. 其他

(2) 您购房希望小区引进哪些安保系统

A. 24小时保安值勤　B. 周界防范系统　C. 门禁系统

D. 每户设可视对讲系统　E. 其他

(3) 您购房希望小区采取的物业管理方式为

A. 开发商物业管理公司管理

B. 聘请或招标境内专业物业管理公司管理

C. 聘请或招标境外专业物业管理公司管理

D. 其他

10. 个人资料

性别____年龄____文化程度______职业________平均月收入（包括工资、奖金等所有收入）

对您的任何资料，我公司向您承诺，一定保守秘密，再次感谢您的合作。祝您愉快！

××年××月××日

【案例2-2】

某市房地产市场调查报告书

一、市场调查的目的、范围、方法

(1) 调查目的　掌握××市物业现实状况及发展趋势，为公司开发项目提供针对性建议。

(2) 调查时间和范围　2008年4月22~26日；××市城内所有在售楼盘（主要是中高档）。

(3) 调查方法　采用普查与重点调查相结合的方法，通过设计调查问卷，并对调查问卷进行统计分析，得出结论。

二、××市在售物业现状

因××市经济水平发展很快，房地产市场显出相对的滞后，但新开发物业较几年前开发的物业有了很大的改进，在小区规划、外观色彩和室内设计等多方面均有提高。

(1) 小区规划　新建小区多在城市外围地带，周边环境较好，规划较合理，因规模较小，新建小区配套项目较少，主要依托市政配套，高档小区出现了商铺、超市等配套。

(2) 建筑形式与风格　建筑形式均为板楼，并出现高层板楼；建筑风格以欧陆风格为主。

(3) 外观色彩　与建筑风格相适应，外观色彩以暖色、灰色为主。

(4) 室内设计　更注重厅、厨、卫的面积配比，户型的设计也更符合人的日常生活要求（人性化设计）。

(5) 物业档次　××市房产市场总体以中低档为主，约占总体市场的80%，高档物业约占20%，该项目定位较准，与本地的购买力水平相符合。

三、开发建议

考虑××市市场情况，结合公司欲开发地块的特点，从经济性、竞争性、可销性等多角度进行优劣势分析，对产品定位、价格制定、市场推广等提出以下简单建议。

(1) 产品定位　即产品开发方向问题，分低、中、高档三个层次论述。

1) 低档住宅产品（价格划分为4500元/m^2以下）。由于土地成本较高、与周边环境协调性较差等因素，因此，应从经济效益因素来分析考虑。因地块面积已定，欲提高销售收入，就要扩大建筑面积，而地块只适合于盖一栋板楼，低档住宅要求单套面积较小，不利于增加建筑面积；另外，也可能陷入同周边众多低档住宅打价格战的困境中，故应否定低档住宅的定位。

2) 中档住宅产品（价格划分为4500~9000元/m^2）。分析影响因素同上。若开发中档产品，关键是成本控制能否实现，采用成本导向定价法（成本加目标利润定价法）恐难实现。但此价位利于销售，因此，能否取得预期利润，建议公司进行详细的技术经济分析。

3) 高档住宅产品（价格划分为9000元/m^2以上）。××市高档住宅约占总体市场的20%，大多位于环境优美、配套齐全的区位，公司欲开发地块适合高档项目开发，有利于实现最大的经济收益。此时的关键在于目标客户群的开发。

(2) 物业命名　建议采用“金都佳园”或“金色佳园”，采用此名称有两点益处，一是利用公司已有名气，有利于品牌推广；二是利用公司已开发项目和已有宣传优势影响，有利于市场推广，节省市场推广费用。

(3) 开发规模　尽可能扩大建筑面积，以摊低成本；同时考虑市场承受力、目标客户群的数量及销售期的长短等问题，总套数控制在150套以内为宜。

(4) 户型设计与配比　这是保证项目成功的关键因素之一。因开发高档住宅产品、限于欲开发地块特点，所以要求单套面积较大，应以三室二厅二卫或四室为主。由于北向风景好，景观价值突出，可将客厅放于北侧，但要考虑户型的变通性设计，即厅的阳光照射问题，建议可设计用途较多的第三厅（客厅、餐厅之外的厅）。

(5) 商业配套　小区商业配套是保证项目利润的重点之一，建议配有两层商铺，做底商或单独两层皆可，但和住宅部分要严格分离，保证住宅部分的私密性。单套面积配设以利于出售或出租为目标。面积控制在200~400m^2，总价控制在240~800万元之间。面积配比为较小面积占60%，较大面积占40%。

(6) 定价方式　定价方式以“成本导向定价法”为主，以“需求导向定价法”为辅。若销售旺季，出现热销现象，应较大幅度提高售价，以获得最大的投资利润。

复习思考题

1. 如何进行房地产项目的市场调查？
2. 房地产市场调查的手段有哪些？
3. 房地产市场调查步骤包括哪些？

实践、讨论题

1. 针对本地某一楼盘，设计一份该楼盘的市场调查问卷，并进行实地调查。
2. 结合本地的房地产市场实际情况，对上面的问卷进行分析，撰写一份房地产市场调查报告。

第三章 3

房地产投资策划

【学习目标】

通过本章的学习，掌握房地产投资方向与场地选择的方法，以及房地产营销风险的防范方法。了解影响项目投资和营销的项目规划、景观和户型设计等内容，掌握项目可行性研究的基本方法。

【关键词】

投资方向　投资场地　投资风险　规划设计

市场经济条件下，投资者同时会面对很多投资机会，但投资者可利用的资源却总是有限的，如何作出合理的投资决策是投资者最为关心的问题之一。因此，投资者在投资决策之前，做好投资策划工作是非常重要的。

第一节　房地产投资概述

一、房地产投资的概念、类型和方式

（一）房地产投资的概念

房地产投资是指资本所有者将其资本投入到房地产业，以期在房地产投资活动中获取预期收益的一种经济活动。房地产投资是近年来发展起来的一种新的投资形式，是地产投资与房产投资的总称。由于房产从属于地产，因此，房地产投资中，地产是第一性的，房产是第二性的。

（二）房地产投资的类型

从房地产投资形式来说，分为从购地开始的开发投资和物业建成后的置业投资两类。

1. 房地产开发投资

房地产开发投资是指投资者从购买土地使用权开始，通过在土地上的进一步投资活动，即通过规划设计和施工建设等过程，建成可以满足某种需要的房屋及附属构筑物，然后将其推向市场进行销售，将商品转让给新的投资者或使用者，并通过这个转换过程收回投资，实现开发商获取投资收益的目标。

一般来说，房地产属于一次性投资，开发商把建成后的物业卖出去，把投入的资金回收回来，时间短的1~2年，长的4~5年甚至更长。可以说，房地产投资是一项典型的风险投资。

2. **房地产置业投资**

与房地产开发投资相对应的是置业投资。这种投资的对象可以是开发商新建成的物业，也可以是房地产市场上的二手房。这类投资的目的一般有两个，一是满足自身生活居住或生活经营的需要即自用，二是作为投资将购入的物业出租给最终的使用者，获取较为稳定的经营收入或持有一段时间后卖出获利。这种投资的另外一个特点是在投资者不愿意继续持有该项置业投资时，可以将其转售给另外的置业投资者，并获取转售利益。

（三）房地产投资的方式

具体来讲，房地产投资的方式一般有如下四种：

（1）基本建设式　是指按基建程序进行报建的方式，建设自用的房地产项目。这种方式是在房地产开发市场化之前，房地产项目建设的主要方式。房地产开发市场化之后，国家法律和地方法规、规章对基本建设方式进行的房地产项目建设有严格的条件限制。

（2）楼宇购买式　是指投资人审查一家房地产开发商的资质、该房地产开发商所开发楼宇的法律状态，并考察该楼宇的地理位置、建筑风格等，如认为符合投资人的意图，则投资人与该开发商建立买卖法律关系，通过买卖程序获得楼宇的全部权利。

（3）合作开发式　是指投资人本身不具备房地产开发资质和相关经营范围，则选择一家有相应资质、实力和资源的开发商进行合作。这种合作既可以是建立合资、合作的房地产开发的项目公司，也可以是通过合作协议的方式进行约定。

（4）购买股权式　是指由投资人或投资人的关联公司对于一家已经存在或拟创设的房地产公司的股权进行收购。通过收购该房地产公司的股权，实现对该公司开发建设或拥有的房地产项目或楼宇的占有、使用、收益和处分的权利。

二、房地产投资策划过程

房地产投资策划的过程实际上与房地产项目开发经营的全过程是类似的，不过其侧重点不同。概括而言，其过程大体可分为五个大的阶段。

1. **收集市场信息**

市场调研贯穿于整个开发的全过程。由于房地产开发周期长，开发商所生产的房地产产品在1年甚至2~3年以后才能面对市场。因此，组织人员对市场进行调研，收集相关的市场信息，了解市场现状，进而预测未来市场的发展趋势。这样才能比别人站得高一点，看得远一点，参考过去、利用现在、预测未来。

示例

广州某开发商在最高档写字楼商圈里拿到一块地，原计划是建造写字楼，可是等到准备开发时，发现已经没有写字楼的市场空间。其原因是开发商当初所做的市场调研不够超前，对各类物业包括写字楼的市场发展趋势欠缺长期、系统的研究。最后，这位开发商只能将其改建成住宅综合楼，楼宇建好后，又经过一段较长时间的营销推广过程才赢得市场认可，但利润无疑是差了一大截。

2. **投资分析**

房地产经济活动是大量资金运动的过程，一旦作出投资决定，资金的投入就是一个难以逆转的持续过程。因此，要保证房地产投资决策成功，就必须在市场分析、财务分析的基础上，认真做好可行性研究。通常，一些较大项目在正式决策之前，其可行性要反复研究论证，以保证投资决策的正确性。

3. **土地开发权的获得**

它包括土地使用权或产权的取得与议价程序。投资者要搞清每一个环节，以降低成本和避免发生不必要的纠纷。如从一级市场通过批租形式获得土地和从二级市场购得土地相比较，其法律手续就有很大差异。此外，由于房地产开发所需资金量大，向金融机构贷款也是开发商主要的融资渠道。因此，开发商的融资活动也要详细评估其投资计划及各种融资机会，以选择最有利的融资方式。

4. **房地产建设开发**

在房地产开发中，项目要取得政府立项和规划的许可，这涉及资金运作及水、电、煤气、路等各项配套设施的实施，是一个相当繁杂但又十分重要的工作。在房地产整个开发过程中，其与投资决策、土地使用权获得均为项目开发前期工作。前期工作完成之后，方可进入实质性的建设开发阶段。

5. **房地产营销管理**

此阶段的工作主要有：一是必须有完善的营销策划方案。二是做好销售活动工作，如签约、收取订金、过户登记等具体手续。三是做好融资工作，尤其是为消费者设计好有利的融资计划。此外，物业管理已成为房地产营销管理中不可或缺的组成部分。因此，开发商采取何种物业管理方法也是房地产整个投资过程中必须认真考虑的因素。

第二节　房地产投资方向的分析与选择

一、房地产投资方向的分析

（一）房地产投资利弊

谈起投资，人们往往把它同炒股、炒汇、黄金、期货等联系在一起。其实投资的方式很多，但房地产仍然是实业投资的理想方向。这是因为，房地产是人们生产、生活和经营的必需品，日常生活中的衣、食、住、行、游、玩等几大要素中，只有“住”是相对稳定的，因此，它具有较强的保值增值的特性和有效地抵御通货膨胀的特性等优势。但它也有自身的缺点，如房地产的变现性差、投资额巨大、投资回收周期较长等。

（二）政策调控使得房地产开发趋于理性

随着我国改革开放的深入，房地产业走过了一个由无序到有序的发展过程，房地产开发更趋于理性。

（1）房地产业成为长期、宏观的调控目标　从经济规律看，资金向投资回报率高的产业流动。而房地产行业的暴利使得涌入房地产业的企业鱼龙混杂。由于房地产涉及普通民众的根本利益，因此，它成为政府长期宏观调控的目标之一。

小观点

近几年，政府从建筑面积、价格、住房贷款等方面对房地产进行了调控。从政策取向看，支持自用型消费和梯度式改善型消费，投资功能受到抑制，投机更是要受到打击的。从调控政策变化看，有关部门对房地产市场规律的认识不断提高，调控政策逐步完善，调控手段多样。从调控趋势看，我国房地产资源配置将存在政策性住房和商业化、市场化两种配置形式并存的局面，以满足多层次需求，市场结构不断优化。

（2）房地产政策宏观调控是一种发展中的调整　宏观调控的目的，一方面是控制物价以适应民生的需要；另一方面，前几年房地产行业的高速发展和房价的飞涨存在着较大的人为泡沫，这种社会环境和行业背景仅仅是要求房地产行业的发展回归理性，是一种发展中的调整。

（3）环境变化使得房地产开发回归理性　2008 年以来，我国受国际金融危机冲击最大的是房地产业。表现为房地产市场成交放缓、价格下降、个体投资者对商品房投资的趋势弱化等现象。其主要原因不仅是房地产市场的不景气，还有金融投资产品不断丰富，一些投资产品的收益性、安全性提高，而且较商品房具有较强的流动性，产生了较大的替代效应。这些环境变化使得房地产开发回归理性。

（三）房地产投资方向的选择

房地产投资方向的决策至关重要，主要应把握以下几点：

（1）全局性和系统性思想　开发商要有全局性、系统性和公平竞争的意识，遵守行业规则和职业道德，不炒作地价、房价，以实现开发商、消费者和社会的多赢。

（2）超前的市场意识　2008 年的国际金融危机，导致房地产市场低迷，楼市“降温”，消费者持币观望，而开发商则放缓投资步伐，减少住房供应量，有的分期开发先前拿到的地皮，有的延迟开发时间，有的拉长建设周期等，如西安市在 2008 年下半年计划开盘商品房面积有 500 万 m^2，共 40 个楼盘，但实际开盘面积却远少于这个数字。因此，开发商要把握市场发展趋势，市场需要什么就建什么。

（3）选择一线城市中的特色项目　一线城市和省会城市是其区域的政治、经济、文化和金融的中心，辐射半径和辐射力较强，而酒店地产、商铺、写字楼等特色项目具有投资回报稳定、低风险等优势，吸引着越来越多的投资者。因此，开发商可选择酒店地产、商铺、写字楼等特色项目来开发。

示例

上海2008年的某次房展会，尽管房地产处于低迷状态，但有些开发商找准市场定位，主推受市场变化影响较小的几种住房类型，推出了$70m^2$至$90m^2$小户型住房。如“2335”酒店式公寓，即“23岁拥有$35m^2$炫空间”，不到20万元即可购得1套带装修、配家电的$35m^2$左右酒店式公寓等很受欢迎。正所谓“只有疲软的市场，没有疲软的产品”。

（4）选择城市中的特色区域　特色区域在城市功能板块定义上，尤其具有特殊的意义，是当地政府实行招商引资以及重视发展的城市板块，引导未来的房地产投资方向。

示例

上海的世博板块、古北板块、张江板块等都是具有区域特色的地区。而张江板块又成为其中最为耀眼的明珠。目前，张江创意文化产业的发展刚刚起步，还处于发展的最初阶段。根据规划，5~10年内，基地将聚集200多家文化企业、2万多名从业人员，文化产业总产值将达300亿~500亿元，该区域将建立起完整的、具有一定规模的文化产业体系。届时，文化产业发展还会进一步带动园区内配套设施的完善以及楼市的发展，按规划的目标来看，张江板块将会成为一个人文气息浓郁、配套设施齐全、生态环境优美的安居乐业之所，未来的张江将成为高科技产业、文化产业和商业精英聚集的乐土。

（5）在差异中寻找房地产投资的方向　随着人民生活水平的提高，健康与活力成为人们生活的主旋律，因此，气候条件好、生存条件改善也可以作为投资的依据，打破了房地产市场区域性特点。一些气候适宜、环境优美、山清水秀的城市的房地产项目成为众多投资者和高端消费者钟情的商品，中小型住宅、酒店公寓、商业店铺、写字楼等项目备受资深投资者的欢迎。

示例

2009年上半年上海举行的房展会，外地楼盘在本次房展会上“喧宾夺主”。这些楼盘近至昆山，远至海南，共同的特点是价格较低，有不少在每平方米2000~3000元之间，总投资一般不超过35万元。由于多数处于人居环境较好的地区，这些楼盘吸引了不少有养老需求的购房者。而且，消费者对期房投资转向现房投资，消费者认为相比期房，现房看得见、摸得着，可以以实际的品质给消费者一个保证。而期房就给不出这样一个保证，同时，新购房一年内不可转按揭的政策更是对期房的转让构成了巨大的障碍。

（6）进军二三线城市　在我国新一轮的区域经济增长中，起助推器作用的不是那些一线的中心城市，而是那些二三线城市，而目前一线城市可开发的空间日趋减少，因此，进军二三线城市是开发企业的战略转移。如万科等国内房地产大鳄在二线城市攻城略地，并以开发品牌住宅迅速在各地树立了市场领导者的良好形象。

小观点

开发商选择什么样的城市，多大的开发规模，针对哪些客户群，都要慎重决策。总体来说，要选择那些正在快速起步、成长，具有一定的人口规模，并且目标客户群正在崛起的城市。具体来说，应从以下几个方面考察：

1）该城市的政策环境。一般来说，北方城市政府计划体制较浓，而南方城市相对来说更加市场化一些。

2）该城市的土地供应量和土地价格。这是非常重要的指标，如太原、郑州很受外地开发商青睐，因为他们的地价要比其他同等水平的二线城市低10%左右。

3）该城市的房地产供需情况，以及房价增长的速度和幅度，很多省会城市的房价近几年增长很快。

4）该城市的人口数量、人均收入水平以及同比其他同等水平城市的消费水平。

5）该城市的发展潜力以及经济潜力。如郑州、太原比较“热”，就与国家提出中部崛起的政策有一定的关系。

二、投资房地产具体项目要考虑的因素

对开发商来说，项目在哪里建、究竟能拿到什么样的地块，并不能完全由开发商决定，只能因地制宜，根据可能拿到的地块来筹划建什么，是建写字楼还是建商场，是建别墅还是建多高层住宅，建什么档次的住宅等。同样地段、同样品质的楼盘，别人能做成功，自己却未必能成功。诸多成功的经验告诉我们，要想开发成功，楼盘的投资方向定位一定要准确。针对具体的、不同的对象，房地产的选择方式与原则又会不同。

（一）住宅的选择

1. 质量的选择定位

质量主要包括住宅本身质量和物业服务质量。其选择要综合考虑顾客支付能力和市场竞争能力。为提高竞争能力，住宅要有优质的建筑质量和较高的物业管理质量。显然，质量好且价格低的住宅，顾客最欢迎，但这两者是矛盾的，因而要妥善处理它们之间的矛盾。

2. 时机的选择

时机包括进入市场的时机和退出市场的时机。一般来说，进入住宅市场的开发、投资时机应当在市场需求上升之初或者是在通货膨胀之初，这时可以坐享在开发期间升值的收益；退出市场的时机是在住宅市场高涨之末或者在通货膨胀高峰之前，这和股票的投资有类似之处。

3. 位置的选择

位置包括住宅的自然地理位置、经济地理位置、社会地理位置、文化地理位置和环境地理位置，以及住宅层数、朝向等。如上海众城大厦地处东方路，优越的地段使得该楼盘吸引了不少投资者。

此外，购买力、人们的消费观念、交通是否便捷、市政配套设施是否齐全等都是在住宅选择中要考虑的因素，后面将专门介绍。

（二）别墅的选择

1. 视野环境定位

别墅讲求的是宽敞开阔的庭院、一览无遗的视野，应选择市郊有山、有水、有绿地的地段建造别墅。幽雅的环境和宜人的景观是别墅的必备条件。

2. 服务设施要高档齐全

别墅的购买者经济实力强，消费档次高。因此，投资者要考虑到区段的治安良好，就学方便，购物、娱乐方便等，服务设施要高档齐全。

3. 业主素质定位

别墅业主多讲究邻里素质。如果邻里素质高，则人们愿意居住。

4. 交通一定要便捷

别墅业主一般都有车，有了车而无路或路不方便，就没人愿意住。因此，别墅投资不能一味地强调风景，而选择一些与世隔绝的“世外桃源”，应选择靠近高速公路、快速车道或交通便捷的地方。

此外，别墅建筑设计要新颖、有超前性，要加大广告宣传力度，消除顾客怕露富的心理。

（三）写字楼的选择

1. 市场定位

写字楼的市场定位包括质量定位、目标顾客定位和市场容量定位等。如果是中等城市，写字楼的档次就不能定位太高。20 世纪 90 年代中期，我国写字楼市场非常火爆，但近几年，市场容量小，众多投资商对此持悲观态度。因此，投资写字楼应慎重。

2. 区位选择要谨慎

写字楼投资，要选择发展中的商业地段，选择交通便捷的地区，选择高新技术产业聚集区，不能选择紧邻高架道路、立交桥或地下铁道出口处的地段。

3. 充分考虑停车问题

通常情况下，写字楼停车数量多，进出频繁，因此，为方便写字楼内工作人员，提高办事效率，应该重视泊车位的数量。

4. 功能要专业化

写字楼不能与住宅楼合在一起，否则会出现穿西装、手提公文包的职员与提篮买菜的家庭妇女共乘电梯的不协调局面。因此，写字楼的功能要专业化，否则，形不成规模经济效益。

5. 服务设施要齐全

服务设施包括打字复印、翻译、餐饮、康体娱乐等。目前，北京和上海等地出现的公寓式酒店很受散户投资者青睐，这也迎合了部分白领阶层人士的消费口味。但是，服务设施齐全不能妨碍写字楼功能专业化和干扰因素小的要求。一般来说，写字楼周边有一个坐标性建筑将会提升周边写字楼的价值。

示例

上海陆家嘴金茂大厦、南京西路恒隆广场、人民广场等都有坐标性建筑；而上海不夜城入驻的公司主要是一些从事广告、贸易、IT、咨询、设计等的中小型公司和创业公司及驻沪办事处，对办公楼的形象、功能设施等要求较高，因此，形象突出、高智能、可自由分割、24 小时可以办公的大楼最受欢迎。

（四）商业店铺的选择

1. 注重业态定位，将商业店铺纳入商圈

商圈内的店铺在满足购买力方面可以互补，对外宣传上有规模效应，其获利能力远远超过独立的店铺。由于利润可观，不少非地产企业，如温州德力西集团、康奈集团、正泰集团、人民电器等知名企业都在不同程度地试水商业地产。因此，开发商投资商铺应注重业态定位，在商圈内进行选择。

2. 保证交通顺畅

商业店铺是人流、物流集中的地方，只有保证交通顺畅，才能满足各取所需的要求。投资时，既要考虑摊位的大小，又要考虑交通是否方便。

3. 注重规划设计

商业店铺规划设计时要考虑其经营的性质和店铺组合功能。同时，注重规划设计的水准和摊位的多少。过少的摊位组合吸引不了人群，而过多的摊位又可能使店铺显得杂乱。因此，规划要井然有序。

所以，对商业店铺的选择，要选好投资的地段、价位、时机，综合考虑物业的升值潜力，充分把握相关政策。

（五）酒店式公寓

酒店式公寓介于住宅和酒店之间，兼具两者的特性而又区别于住宅和酒店。比较适合一线城市房地产的开发。

1. 地段、地段还是地段

“地段、地段还是地段”，房地产开发的这句至理名言仍不过时。若项目位于炙手可热的投资区位中，特别是其中的 CBD 地区，则更是如此。一些城市 CBD 中的产权式酒店服务公寓由于目前市场供应品种稀少，其投资功能日趋显现。如上海的酒店式服务公寓主要分布于人民广场周边地区、淮海路沿线、徐家汇周边区域、浦东陆家嘴 CBD 中心。如新黄浦公寓、香港广场、盛捷高级服务公寓、浦东汤臣商务中心等。

2. 交通发达、便捷

由于产权式酒店公寓的住客大都是流动人口，周边的交通要非常发达，非常方便住户出门办事。从居住的要求出发，小区内的环境则要安静宜人。如上海的“国际金融家”距地铁二号线东方路出口仅数步之遥，小区南面正对在建中的城市森林公园，而徐汇区的巴黎时韵位于襄阳路上，到达浦桥办公区域十分方便。

3. 公寓空间要舒适而精巧

酒店公寓一般面积较小，但空间舒适精巧，投资回报率高。其与传统的酒店相比，无论是在租金或服务上都占有优势。通常，酒店租金要比公寓高出 3 ~ 5 倍，而酒店式服务公寓的租金相对而言就要便宜很多，它除了提供传统酒店的各项服务外，更多地关注服务特色，将星级酒店的极致化人性服务融入日常生活服务之中，向住客提供家庭住房格局和家居式服务，让住户

感受如家的温馨。如上海的“国际金融家”、“巴黎时韵”等首批推出的单套建筑面积在 $50m^2$ 左右的户型，刚面市就广受市场追捧。

4. **锁定目标客户群**

众多跨国公司抢驻一线城市，如上海、北京等，从有需求的客户分析，来自境外强大的消费群体构成了市场主体。

示例

进驻我国上海的一些跨国公司出于有效控制资金成本的考虑，越来越趋向于租赁市区区位优越、交通方便、价格仅为酒店房租 14% 的酒店式服务公寓。这样既能享受方便、舒适的服务，又能节省开销，公司亦乐于接受。同时，大量外籍经营管理者也涌入上海，优厚的津贴使他们乐于租用完善的酒店式服务公寓。而对国内而言，商务人士和白领阶层日趋增多，他们对既能满足商务要求，又能自住的酒店式服务公寓的需求进一步增加。

第三节　房地产投资场地的选择

一、对区位的理解

1. **区位的含义**

区位，有的称位置、区段，意思相同。房地产开发投资中，有一句金科玉律“区位、区位、还是区位”，这充分说明了房地产投资中地址选择的重要性。房地产投资中对“位置”或“区位”的理解有狭义和广义之分。

（1）狭义的区位概念　指某一具体投资场地在城市中的地理位置，它包括宏观位置、中观位置和微观位置。

在所有商品中，唯房地产的差异性最大，这也决定了某一宗地产的具体位置具有排他性。根据对某一宗地产位置的描述，我们可以从图上或现场找到该宗地产。如某宗地位于北京市朝阳区、坐落在建国门外大街北侧、西邻建国饭店、东邻中国国际贸易中心，人们就可以据此判断该宗地的大致位置；如果查阅地籍图，我们就可以找到该地块的宗地编号及其具体的四至范围、面积大小、宗地形状和当前的土地使用者；我们还可以根据该宗地的角点坐标，判断该宗地的位置等。

（2）广义的区位概念　指除了其自然地理位置外，还包括该位置所处的社会、经济、自然环境或背景。如某宗地，位于北京市 CBD 范围内，为高档办公、酒店、国外驻京机构和大使馆集中的地区，该地区就业人口以中高级白领阶层为主，收入水平和支付能力较高，各种消费需求的口味代表着时代的潮流。因此，某一具体位置所处的社会、经济、自然环境，决定了该位置附近的市场需求和消费特征。

确定了投资的具体位置后，往往也就确定了房地产投资中的土地成本支出。另外，从市场竞争的角度来说，位置确定后，也就决定了在本“位置”进行投资所面临的竞争对手和竞争关系。我们说一宗土地、一栋房屋位置好，不仅是因为它位处城市中心，更主要的是因为它商业繁荣、交通便利、生活服务及文化娱乐配套设施完善等；同样，位置不好，也不仅是因为该宗地产或房屋位处偏远，更主要的是因为经济欠发达、交通不方便、缺少生活服务及文化娱乐设施等。

示例

上海南市区与黄浦区一样位处上海市中心位置，但黄浦区商业繁荣，金融、贸易功能完善，文化娱乐及卫生设施齐全，市政基础良好，所以上海一级土地全在黄浦区，而南市区只有很少一部分为二级土地，其他均为三级以上土地；而狭长的四川北路虽不处于城市绝对中心，但因其繁荣而被划定为二级土地。

2. **“区位”的发展变化**

位置的好坏优劣是城市在长期发展中形成的，是自然地理条件及经济、文化、社会等多种因素相互影响、共同作用的结果，也必将随着城市经济、文化、人口、市政基础等的发展、变化而变化。自然环境的改变、经济水平的不均衡发展、社会环境的变迁、人口的迁移、市政基础的改变等都会导致地段等级的上升或下降。

示例

20世纪80年代中期，上海虹桥开发区刚刚起步时，这里还是片片农地，如今高级宾馆、写字楼、豪华别墅林立，已成为上海少有的高级商务区。这里商务繁忙，万商云集，市政基础、文化教育等也都有了前所未有的发展。改革开放以来，上海批租的第一块土地就位于虹桥开发区的中心。20世纪90年代以来，虹桥开发区的地价水平超过市中心区的很多地方。再如，北京市前门商业区原是北京市三大中心商业区之一，但随着北京市城市建设的发展，交通等市政条件优良的新中心商业区陆续建成，前门商业区逐渐失去了对投资者和消费者尤其是中高档消费者的吸引力。

因此，房地产投资中的位置，绝不能简单地将其理解为地理位置。房地产投资者要通过一个城市或地区的社会经济发展计划及城市规划，利用发展的、动态变化的眼光来认识和把握房地产投资中的“位置”。

二、房地产投资场地的分析与选择

项目成功的先决条件是占据好的区位，这是由房地产的位置固定性和不可移动性所决定的。但毕竟具备好位置的宗地资源是有限的，价格高，其竞争也是非常激烈的。开发商取得一宗位置合理的地块，就成功了一半。

（一）房地产投资场地分析

1. 区位分析

一个开发投资策略的形成，需要正确理解和综合考虑特定地区或城市的政府政策、经济基础、经济增长前景、人口条件（包括人口规模与结构、人口密度、规划增长率、增长方式、就业状况以及家庭收入情况等）、发展趋势及其对市场价格水平的可能影响；此外，开发商还应当认真分析备选区位的可进入性、交通模式、优势条件及已有竞争性项目的情况，确保开发投资项目的规划用途与周围环境相匹配。

示例

大型商业购物中心位置的选择，开发者应选择交通优良，有大面积泊车位的场地进行建设，以扩大商业购物中心的吸引范围。选址前还应详细测算购物中心服务半径内的常住人口数量、购买力水平能否维持商场一定的租金回报，还要在购物中心形象、商品种类与档次、价格竞争优势等方面做文章，以吸引市中心和其他地区的顾客。

2. 地块分析

项目场地又称地块，如果说区位是项目开发的大前提，那么地块条件可称为项目开发的小前提。地块条件包括建设用地的大小、形状、地质地形条件、临街状况、基础设施水平、利用现状的可能性及分区限制等方面。

一个场地如上述条件都不错，但不巧处于洪泛区、地震带或者场地附近存在“三废”污染，都会对场地的价值产生影响。一个居民小区，如果靠近垃圾处理场、传染病医院或流动人口聚集地，居民的不安全感将会直接影响住宅租金或售价。

3. 开发潜力分析

企业的最终目的是追求利润，开发商取得土地开发权时，追求的是对土地的最佳利用，即在技术可行，规划许可且财力允许的前提下达到土地最有效利用。使楼群布局与场地达到协调一致，楼层各单元的分割实用并具有一定弹性，以利于物业投资者及时调整其功能。新开发项目应符合时代潮流，建筑设计要具有超前意识，以延长物业经济寿命。如对于饭店和写字楼而言，符合时尚往往能在不景气的环境中维持较高的收入水平。

4. 获取场地开发权的方式

房地产商从城市规划图或现场调查中选中有开发潜力的开发场地后，还要与场地政府土地管理部门、当前的土地使用者进行接触，以获取场地开发的权利。从目前国内获取土地使用权的途径和方式来看，有通过政府土地出让和从当前的土地使用者手中转让两种途径。政府土地出让的途径操作比较简单，尤其是对于那些熟地出让项目，如果是城市生地出让，则房地产商还需进行拆迁安置补偿等土地再开发工作。从当前的土地使用者手中获取土地，则有许多操作方式，既可以从土地使用者手中买断，也可以探讨合作开发的可能性。

（二）影响房地产投资场地选择的要素汇总

影响场地选择的因素很多，主要包括以下九个方面。

（1）城市规划方面的因素　包括场地的合法用途、规划设计条件等，如建筑密度、高度、容积率和建筑物平面及立面布置的限制，相邻地块的土地用途。

（2）自然特性　包括场地面积大小、形状及四至范围、地势、地质、水文地质等特征。

（3）市政基础设施　包括雨、污水排放管道，供水管道，电力、煤气、热力、通信条件等。

（4）交通便捷程度　包括场地的可及性、出入口的位置、容易识别的程度等。

（5）停车条件　在需要地面停车的情况下，停车场用地会对建筑用地形成竞争关系。

（6）环境条件　包括空气、水和噪声污染水平，公园、开放空间和绿地的数量与质量等。

（7）公共配套服务设施完备情况　包括治安和消防服务、中小学校、卫生保健设施和邮电通信，垃圾回收与处理，政府提供配套条件所收取的配套税费等。

（8）当前土地使用者的态度　当前土地使用者是单位还是居民、居住密度如何等，他们对场地开发的态度是赞成还是反对。如果反对，那么反对的力量有多大；如果支持，则他们能否对项目的实施有所贡献。还要分析项目社会成本，如当地社区能从项目中得到的益处以及项目开发是否符合公众的利益。

（9）土地价格　主要看包括出让金、市政实施配套费和拆迁安置补偿等在内的土地成本高低。

（三）满足位置合理的基本要求

对于住宅的位置合理，一般来说，理论上有两个基本要求，即运移成本最小和区域环境最优。

所谓运移成本是指住户上班、购物、孩子上学、就医等日常活动所支付的运输成本，包括金钱、时间和精力；所谓区域环境包括房屋周围的自然环境、经济环境和社会环境。

区域环境对于房地产营销至关重要，如果住宅周围绿树葱葱、繁花似锦，靠近公园、河流、高尔夫球场，有令人心旷神怡的景观，毫无疑问会提高居住品质；但若是邻近工厂、污水处理厂、飞机场，则毒气、废水、噪声的污染将使人无法正常生活。因此，住宅所在地是否经济发达、繁荣，购物是否方便，银行、邮局网点的多少，都会直接影响居住的方便性。而邻居素质、治安状况、社区服务水平、幼托及中小学校的教育水平，也都对居住环境质量产生影响。

但是，运移成本最小和区域环境最优很少能够统一在一栋房屋上。有时人们为了接近优良环境不得不增加运移成本，有时为了减少运移成本不得不忍受不良的环境。“两害相权取其轻，两利相权取其重”，不同的购房者，不同的年龄结构、家庭规模，不同的收入水平和生活喜好，对区位的“利”与“害”会有不同的选择，当然这种选择要受市场提供的房源的限制。

补充知识

选择区位要有全面性和前瞻性。所谓全面，就是要综合考虑房屋区位与日常活动区的关联性、便利性和区域环境的有利性，考虑空间距离、时间距离与房屋价格的关系。所谓前瞻，就是要对城市规划、区域规划有尽可能多的了解，分析新规划对所开发项目将产生哪些有利或不利影响；同时还要考虑信息社会对居住、生活、学习、工作所产生的有利或不利影响。

三、不同类型的物业对区位的特殊要求

不同的物业对地段有不同的要求。一般来说，商业店铺、办公用房对地段的要求相对高些，

宾馆、住宅次之，厂房、仓库最低。

（一）住宅对区位的要求

住宅主要为人们工作劳动之余提供一个安静舒适的生活休息空间。此类项目的投资位置选择时要考虑以下几个主要因素。

1. 市政公用和公建配套设施完备的程度

市政公用设施主要为居民的生活居住提供水、电、煤气等，公建配套设施则包括托儿所、幼儿园、中小学、医院、菜市场、超市、储蓄网点、康体设施等。近几年大量空置的商品房，许多是因为不具备上述配套条件造成的。尤其是小型的住宅小区，其本身不具备提供上述设施的能力，对场地周围当前已具备的配套设施的依赖性就更大。

2. 公共交通便捷程度

从我国目前的居民家庭结构来分析，大多数属于工薪阶层，对方便快捷的公共交通系统的依赖程度非常大。因此，住宅位置选择必须认真考虑公共交通系统的完备程度。

3. 环境因素

随着城市居民生活水平的提高，对居住环境提出了越来越高的要求。绿化是生态环境质量的重要指标，树木、草坪可以清洁空气、减少噪声、美化环境。如上海市要求新建居住小区绿化率不得低于30%，有些小区甚至把绿化率提高到60%以上，足见绿化环境对购房者的吸引力。因此，山、水、绿地、阳光清新的空气、无噪声污染等，都是居民选择安居，进而也是房地产商在选择居住项目位置时要慎重考虑的因素。

4. 居民人口与收入

住宅的市场前景受附近地区人口数量、住户规模和结构、住户收入水平、人口流动性、当前居住状况等方面的影响。住宅投资如果选在人口素质高、支付能力强的地区进行，就意味着提高了成功的可能性。

5. 住宅位置的具体选择

一般情况下，应选在上风口地区、地势高地区、靠近水的地区；住宅层次上应选择与周围楼盘整体相符合的层次，也可各种层次搭配投资，以满足不同用户的需要；住宅朝向上应选择朝东南或朝南的方向，尽量不要选择朝西或朝北方向。在住宅主向朝南的前提下，也可选择南北搭配的住宅。

住宅追求的是其居住功能，强调安静、舒适、健康。到交通发达、出行方便的郊区居住，不仅可以节省一笔不少的投资（与市中心相比），或者可以扩大居住面积，而且可以远离城市中心的嘈杂和污染，提高居住质量。从这一点来说，“位置中心论”应由“环境中心论”来取代。对住宅来说，“位置”的重要性趋于下降。

（二）写字楼对区位的要求

广义的写字楼是指国家机关、企事业单位用来办理行政事务或从事业务活动的建筑物。但投资性物业中的写字楼，则是指公司或企业从事各种业务活动的建筑物及其附属设施和相关的场地。影响写字楼项目位置选择的因素包括：

1. 与另外的商业设施接近的程度

商业办公也存在着聚集效应，同样位于城市中心商务区的项目，则其未来的使用者就可以方便地同位于相同区域的客户开展业务。因此，与另外商业设施接近的程度，决定了写字楼项目对未来使用者的吸引力。

2. 周围土地利用情况和环境

如果写字楼所处的位置周围有很多工业建筑、环境恶劣，就会大大降低该写字楼的吸引力。写字楼的位置可能因其邻近政府、大型公司或金融机构的办公大楼而增加对租客的吸引力。

3. 易接近性

写字楼位置选择还应重视其易接近性。大型写字楼建筑往往能容纳成千上万的人在里面办公，是否有快捷有效的道路进出写字楼，会极大地影响到写字楼的档次。写字楼建筑周围如有多种交通方式可供选择（公共汽车、地铁、高速公路等）能极大地方便在写字楼工作的人。是否有足够的停车位也会影响到写字楼的易接近性。一般来说，中心商贸区的写字楼不能像郊区写字楼那样提供足够的停车位，但位于大城市中心商务区的写字楼往往有方便快捷的公共交通。

（三）商业店铺对区位的要求

商业店铺所包括的范围相当广泛，从小型店铺、超市、百货商场到大型现代化购物中心，面积从十多平方米到十几万平方米，其服务的地域范围从邻里、居住区到整个城市甚至全国。传统的商业店铺主要坐落在城市中心商务区，但随着城市道路交通设施、交通工具的发展和郊区人口的快速增长，位于城市郊区和城郊接合部的大型零售商业设施不断涌现，使传统中心商务区的客流量得以分散。

对于每一个零售商业项目来说，不管其规模大小如何，都有辐射区域和影响范围，但这些辐射区域和影响范围的大小则随每一宗零售商业项目的规模、类型、位置而有较大差异。此外，零售商业项目的落成并不能创造新的购买力，它必须从其他的零售商业项目那里吸引或争取消费者，因此，对处于同一供需圈内其他竞争性物业的竞争条件进行分析也对场地选择有重要影响。

一般来说，好的商业店铺的区位应具备这样的条件：商业活动频度高的地区、面向客流量最多的街道、交通便利的地区、同类商业店铺聚集的街区等。

大量事实证明，对于那些经营耐用品的商业店铺来说，若能集中在某一个地段或街区，则更能招揽顾客。因为经营的种类繁多，顾客在这里可以有更多的机会进行比较和选择。

（四）工业项目对区位的要求

随着经济全球化的发展，我国也积极地参与国际合作。因此，工业项目的区位选择就要综合考虑国际、国内竞争环境，以及国家的工业布局和产业政策。

补充知识

目前的工业房产主要有两类，①工业园区，以厂房为主；②经济园区，就是工业开发区，具备社区概念，有商业、娱乐设施、配套住宅。

园区不同的规划要求有不同的土地性质，产证当然也会不同。由于工业房产使用年限是40年至50年不等，商业用房是50年左右，而住宅达到了70年的使用年限。因此，投资工业厂房一定要注意相关的产证规定和规划要求，才能更好地保护自身的合法利益。

一般来说，工业项目场地的选择要考虑的特殊因素主要包括：当地提供主要原材料的可能性；交通运输是否足够方便以有效地连接原材料供应基地和产品销售市场；技术人才和劳动力供给的可能性；水、电等资源供给的充足程度，控制环境污染的政策等。

第四节　房地产投资风险分析

任何投资活动，收益与风险并存，根据风险与收益对称的原理，投资者在可能获取较高收益的同时也面临较大的风险，即高收益也面临着高风险，特别是处在经济转轨时期的我国房地产投资，风险更是在所难免，它是影响房地产投资收益的一个重要因素。

一、房地产项目投资风险

所谓房地产投资风险是指由于随机因素的影响所引起的房地产项目投资收益偏离预期收益的程度。一般来说，房地产投资风险按其可控性分为系统风险和个别风险。

1. **系统风险**

系统风险又称非控制性风险，是指对市场内所有投资项目均产生影响、投资者无法控制的风险。它对投资者而言，不易判断和无法控制。系统风险主要包括：

（1）政治政策风险　政治风险主要有政变、战争、经济制裁等因素所造成的风险。政治风险一旦发生，不仅会直接给建筑物造成损害，而且会引起一系列其他风险的发生，它是房地产投资中危害最大的一种风险；政策风险如土地供给政策、地价政策、住房政策、金融政策等，都会对房地产投资者收益目标的实现产生巨大的影响，从而给投资者带来风险。

（2）购买力风险　又称通货膨胀风险，指市场中因消费者购买力变化而导致房地产商品不能在市场消化，给投资者造成经济上的损失。购买力风险主要是一种需求风险。在市场经济体制中，需求是一个非常不稳定的因素，只要通货膨胀的因素存在，投资者就要面临通货膨胀风险。

（3）市场供求风险　指投资者所在地区房地产市场供求关系的变化给投资者带来的风险。房地产市场是地区性的市场，市场环境的变化影响到房地产市场上的供给与需求也要变化，而供求关系的变化必然造成房地产价格的波动，进而导致房地产投资的实际收益偏离预期收益。更为严重的情况是，当市场内某种房地产的供给大于需求达到一定程度时，房地产投资者将面临房地产商品积压的严峻局面，导致资金占压严重、还贷压力日增，最终导致房地产投资者的破产。

（4）利率风险　指利率的变化对房地产市场的影响和可能给投资者带来的损失。通过调整利率可引导资金的流向，从而起到宏观调控的作用。当利率上升时，开发商的资金成本会增加，加大投资者的债务负担，导致还贷困难，消费者的购买欲望随之降低；再者，利率上升，会使房地产的实际价值折减，因此，整个房地产市场将形成一方面生产成本增加，另一方面市场需求降低的局面。这无疑会给投资者、经营者带来损失。

（5）资金变现风险　指在房地产商品交易过程中，可能因兑换为现金的时间和方式变化，导致房地产商品不能变成货币或延迟变成货币，从而给房地产投资者带来损失的风险。不同性质的资产或证券其变成货币的难易程度是不同的。一般来说，储蓄存款、支票等的变现性能最好；股票、债券投资等的变现性能次之；房地产属于非货币性资产，其拥有者很难在很短的时间内变现。

（6）自然风险　指由于自然条件变化带来的风险。如风、雨、地震等自然灾害。有些自然风险是可以转嫁的。如投资者可将火灾、风灾、水灾等自然灾害引起的置业投资损失转移给保险公司。但投保是要花费的，如果房地产投资者投保过多，保险费用所占比例很大，就差不多是替保险公司投资了。

2. 个别风险

个别风险又称可控制性风险，指可由投资者采取措施，予以控制与防范的风险。个别风险主要包括：

（1）财务风险　指项目融资、资金运用等财务管理方面带来的风险。它主要是融资带来的，如果过度举债、资金运用不当，不仅会增加融资成本，减少投资收益，还有可能因无法按期清偿债务而失去抵押物或使企业面临破产的危险。

（2）经营风险　指项目经营管理决策失误造成的风险。它包括营销风险、时间风险等。

所谓营销风险是指投资者因营销策略的选择不当而造成的风险，如促销策略的不当、市场定位不准、价格定位过高等。时间风险则指投资者因选择时间不当造成的风险。房地产投资强调在适当的时间、选择合适的地点和物业类型进行投资，才能使其在获得最大投资收益的同时使风险降至最低限度。

（3）机会成本风险　房地产投资者将资金投入房地产后，就会失去其他投资机会，同时也就失去了其他投资机会可能带来的收益。其实，任何一种投资都存在着机会成本风险，只是房地产投资额大、周期长，带来的风险也大。

（4）环境风险　城市的发展和交通条件等居住环境的变化可改变原有地段的价值。房产价值与其所处的公共环境好坏是联系在一起的。公共环境由于城市发展中的问题而发生恶化或者相对其他地区停滞不前而引起的落后等都会对房产价值构成风险。所以，房地产投资者必须注意公共环境风险，仔细地考察周边公共环境，结合城市发展规划进行前瞻性的考虑和决策。

二、房地产投资风险的防范与控制

房地产投资风险的防范与控制是针对不同类型、不同概率和不同规模的风险，采取相应的措施和方法，避免房地产投资风险或使房地产投资过程中的风险降到最低限度。房地产投资风险的防范与控制措施可从政府和企业两个角度来控制。

（一）政府对房地产投资风险的防范与控制

前几年，我国商品房空置率居高不下，有的城市空置数量约占全国总数的1/6～1/5，比例高于当地建设和交易量，这与开发商盲目开发关系密切。2008年受金融危机的影响，房地产市场成交量下降，市场观望氛围浓厚，至2009年后房地产市场才回暖。因此，政府对房地产投资风险的防范与控制措施主要是加大政府宏观调控的力度，避免房地产投资风险或使风险降到最低限度。具体来说要采取以下两种必要措施：

(1) 加强宏观调控　政府要加强宏观调控力度，积极引导、研究新举措，解决空置量居高不下的难题，努力使市场供求趋于平衡与合理。

(2) 加强土地监管力度　政府通过加强对土地买卖市场的监管，控制开发商开发投资的源头。做到土地制度落实到位、相应部门监督到位、土地市场调控到位、土地开发规划到位。

(二) 企业对房地产投资风险的防范与控制

首先，房地产企业在投资决策前，要对项目可行性进行深入分析研究，预测各种风险出现的可能性；其次，要针对可能出现的风险制订防范与控制措施。企业对房地产投资风险的防范与控制的目的，就在于能及时发现或预测到各种现实和潜在的风险，并采取有效措施，化解、缓和、减轻和控制各种风险。具体来说，企业对房地产投资风险的防范与控制主要采取以下几个策略。

1. 投资分散策略

企业通过开发结构的分散，可达到减少风险的目的。业内人士说不要把自己所有的鸡蛋放在一个篮子中正是投资分散策略的具体应用，即企业采取分散投向多个项目。这样，一个项目的损失就可能从另外项目的成功中得以补偿，就可以避免创业投资机构出现全军覆灭的危险。一般情况下，几个项目同时失败的可能性比一个项目失败的可能性要小得多。据诺贝尔奖获得者马克维茨和夏普的组合投资理论分析，几个项目的总收益等于这些个别项目收益的加权平均值；而几个项目的总风险小于个别项目的加权平均风险。

补充知识

投资分散策略包括投资区域分散、投资时间分散和共同投资等方式。

1) 投资区域分散。它是指将房地产投资分散到不同区域，从而避免某一特定地区经济不景气对投资的影响，达到降低风险的目的。

2) 投资时间分散。它是指确定一个合理的投资时间间隔，从而避免因市场变化而带来的损失。如当房地产先导指标发生明显变化时，如经济增长率，人均收入从周期谷底开始回升，贷款利率从高峰开始下降，而国家出让土地使用权从周期波谷开始回升，预示着房地产业周期将进入扩张阶段，此时应为投资最佳时机，可集中力量进行投资。

3) 共同投资。这是一种常用的风险分散方式，要求合作者共同对项目开发进行投资，实行利益共享、风险同担，充分调动投资各方的积极性，最大限度地发挥各自的优势避免风险。如与金融部门、大财团合作，可利用其资金优势，消除房地产筹资风险；与外商联盟，既可引进先进技术和管理经验，又能获得房地产投资开发政策优惠。

2. 投资组合策略

房地产投资组合策略是指投资者依据房地产投资的风险程度和年获利能力，按照一定的原则，匹配投资各种不同类型的房地产，以降低投资风险的房地产投资策略。如开发商可以投入部分资金开发普通住宅，投资部分资金开发高档写字楼等，因不同类型物业的投资风险大小不一，收益高低不同，这样，可避免风险或降低整体投资风险。房地产投资组合的关键是如何科学确定投入不同类型物业的合理的资金比例。

3. **保险策略**

保险对于减轻或弥补房地产投资者的损失，实现资金循环运动，保证房地产投资者的利润等方面具有十分重要的意义。对于房地产投资者来说购买保险是十分必要的，它是转移或减少房地产投资风险的主要途径之一。一般来说，房地产保险业务主要有房屋保险、产权保险、房屋抵押保险和房地产委托保险等。房地产投资者在购买保险时应当充分考虑所需要的保险险种，确定适当的保险金额，合理划分风险单位，选择信誉良好的保险公司，以降低投资风险。

三、房地产具体项目营销风险的防范与控制

对于具体项目来说，除了上述投资风险以外，还需要防范和控制可能出现的营销风险。房地产具体项目营销风险主要包括：价格风险、营销渠道风险和促销风险。

1. **价格风险**

在所有产品中，房地产价格是最复杂的一种，其高低是影响其在市场上是否具有竞争力的重要因素之一。房地产价格确定是以房地产开发成本、流通费用、利润和税金为主要依据，此外，还受到地理位置、社区环境、相关物品价格、行业竞争情况及消费者偏好等因素的影响。

2. **营销渠道风险**

营销渠道风险一般指开发商由于选择分销渠道不当而带来的损失。房地产营销渠道的设计与管理对于房地产企业开拓市场，实现市场目标和资金及时回笼具有重要而深远的影响。房地产营销渠道的风险防范可采取以下措施。

（1）慎重选择分销渠道　企业可根据开发项目的规模和目标市场特点，慎重选择分销渠道。如项目规模较小，可选择直销方式，以降低中间环节费用；对于规模大、档次高的项目，应利用中间商进行分销。

（2）谨慎选择中间商　在选择房地产中间商时，要对中间商的资信状况、市场覆盖率、控制能力、专业素质等进行综合评价，从中选择最有实力的中间商，并保证中间商的利益。如果能让经销商一起承担企业的经营风险则最有利于企业的经营和发展。

3. **促销风险**

房地产企业的促销风险，主要表现在两个方面：广告风险和公关促销的风险。

所谓广告风险，一般指开发商的广告投入没有达到预期的收益。广告是较常用的一种促销方式，但广告的风险也最大，因为广告的覆盖面与受众范围之间的不一致是经常存在的。广告费用与广告效果之间的差异也很难准确判断。

公关促销的风险一般指公关工作失败或没有达到预期的效果而给企业带来的风险。公共关系是一种间接的促销方式，常常要在一段时间后才能见效。如果在这期间出现任何有损于企业形象或与公关工作相悖的情况，则可能使得公共关系工作失败。

因此，促销风险的防范可采取以下措施。

（1）根据市场特点，选择促销组合　由于每一种促销措施都具有其局限性，因此，在营销过程中，应将多种促销措施进行组合，以相互弥补不足，实现最佳的促销效果。

（2）进行促销费用预算，做好使用计划　由于房地产投资额巨大，客观上要求较高的促销

费用来开拓和支撑市场。因此，对促销费用要进行整体预算，对每一种促销措施要作出详尽、科学、准确的费用计划，以便于从费用上控制、降低促销风险。

(3) 进行促销效果调查，及时调整促销组合　市场总是处于动态变化之中，总会有新的情况出现，因此，对于促销组合要进行促销效果的调查与分析，及时进行调整。

(4) 利用营业推广促销　营业推广促销在近几年发展比较迅速，特别是房展会，企业可以利用这些行业特色比较集中、专业性较强的机会一展企业风采，树立良好的企业形象，促进产品的销售。

第五节　房地产项目规划设计、景观设计与户型设计

房地产项目包括很多，如住宅、公寓、商业房地产、工业房地产、旅游房地产、写字楼等，其项目的规划设计、景观设计与户型设计各不相同，本教材以住宅为例介绍。

一、住宅区规划设计

(一) 住宅区的概念

住宅区是城市中在空间上相对独立的各种类型和各种规模的生活居住用地的统称，住宅区同时还是一个社会学意义上的社区。它包含了居民相互间的邻里关系、价值观念和道德准则等维系个人发展和社会稳定与繁荣等内容。

住宅区包括居住区、居住小区、居住组团、住宅街坊和住宅群落等。其组成不仅仅是住宅和与其相关的道路、绿地，还包括与该住宅区居民日常生活相关的商业、服务、教育、活动、道路、场地和物业管理等内容。这些内容在空间分布上，可能在该住宅区空间范围内，也可能位于其住宅区空间范围之外。

(二) 住宅区规划设计的总体原则

住宅区规划是指对城市住宅区的住宅、公共设施、公共绿地、室外环境、道路交通和市政公用设施所进行的综合性具体安排。其规划设计原则主要有以下几个：

1. 社区发展原则

社区发展包含多方面的含义，适应与满足人的需求，建设社区文明与发展社区文化，建立完善的服务与管理机制是住宅区规划设计中需要考虑的主要的内容，而充分地考虑如何适应与满足人的需求是社区发展原则的基本核心内容。

2. 生态优化原则

居住区规划必须与基地的原生态和周边环境相协调，包括建筑外檐与邻近大多数建筑的协调，小区布局中每栋建筑的日照、通风条件，植物的多样性、景观的多样性，各栋建筑、各户位置的均好布局。此外，还应对原基地的生态环境（树木、水池等），通过巧妙的补充整合，使其产生不是天然胜似天然的效果。

3. “以人为本”的原则

住宅区规划最终是为人提供一个良好的环境，使人能“更好地”实现他们的各种个人与社

会活动，而“以人为本”就是一切从人的需要出发，营造适用、舒适的温馨家园，体现人文关怀，使居民有亲和感。

小观点

“以人为本”应体现人文关怀，它包括以下几点：

1）关注居住安全。如治安防盗、防病减灾、环境治理、邻里关系、环保装修等。自2003年“非典”和2009年“甲流”之后，健康社区、住宅成为人们的关注重点。

2）注重社区环境。它主要指社会环境，物业管理是保障居住环境的基本条件。此外，应大力提倡“志愿者”精神，提倡住区居民互帮互助的精神文明。

3）关爱弱势人群。设计要考虑以居住区为主要活动场所的老人、儿童等。场地和设施，以及室内的扶老设施要配备齐全。

4）倡导亲情住宅。我国已进入老龄化社会，因此，应创造“三代居”或“同区异楼”的居住条件，让老年人安度晚年，享受天伦之乐。

4. 富有个性、特色突出

每个居住区均应有自己的个性，最忌相互抄袭，认为好就抄，结果抄出不伦不类的“国际脸”。要具备个性必须下工夫研究项目的地域性、基地条件、项目发售方向等诸多条件，拿出适合当地民风民俗、建筑风格、经济条件的规划方案，规划师除按开发商的条件设计外，还应听取当地居民代表的意见，以创造被广大用户认知的居住环境。

二、景观设计

住宅区的户外景观包括软景观、硬景观和水体景观等。户外景观设计的主要目标是营造生态化、景观化、宜人化、舒适化的物质环境以及和睦、亲近、具有活力的社会文化环境。

（一）软景观

软景观以植物配置与种植布局为主要内容。植物是三维空间的实体，以各种方式交互形成多种空间效果，植物的高度和密度影响着空间的塑造。

1. 绿化用地与绿地

绿化用地所包括的不仅仅是用于种植各种植物的土地，在城市规划中它是指以用于种植绿色植物为主的城市用地，简称绿地。它通常包含有植物种植用地（包括草皮、花卉、灌木、乔木、爬植物等），包含在植物种植用地中的铺装硬地（包括步行道、步行休息广场、乔木周围的休息场地等），可活动的或处于植物种植用地内的水体等。

绿地是构成户外环境的重要组成部分。住宅区中的绿地由公共绿地、宅间宅旁绿地、道路绿地和专用绿地组成。各类绿地因各自的使用目的不同，其规划设计的要求也不一样。

2. 绿地的功能与规划设计

住宅区的绿地具有三种功能：使用功能、生态功能和景观功能。

（1）使用功能　指具有可活动性，如游戏、运动、散步、健身、消闲等。

（2）生态功能　指具有生态平衡、气候调节的作用，如住宅区小气候的形成（包括降温、增湿、导风等）、环境污染的防治与质量的改善（包括噪声减弱、空气降尘、减菌和吸收二氧化碳等）、水土保持、动植物生长与繁殖等。

（3）景观功能　指具有可观赏性且可以美化环境。

一般来说，居住区景观以多软景观（绿化）、少硬景观（建筑小品）为好，北方居住区以少设计水景、多种树为好，建材与植物材料以本土产、少雕琢、多自然形态为好。

（二）硬景观

硬景观是相对种植绿化这类软景观而言的，泛指用质地较硬的材料组成的景观。硬景观主要包括雕塑小品、便民设施、栏杆与扶手、围栏和栅栏以及信息标示等。

补充知识

1）雕塑小品。它与周围环境融为一体，共同塑造出一个立体美观的视觉形象，以赋予其生机和主题。它通常以小巧精美的造型来点缀空间，其色彩、尺度、题材和位置等应能恰如其分地凸显和提高其环境景观的艺术品位。因此，在布局上应注意其与周围环境的关系，注意协调美观。

2）便民设施。便民设施包括音响设施、饮水器、垃圾容器、座椅以及书报亭、公用电话、邮箱等。设计时注意应避免混乱，以方便为主。

3）栏杆与扶手。栏杆具有拦阻功能，也是分隔空间的重要构件。扶手则具有方便行人的作用。因此，设计时应考虑场所和栏杆的强度、稳定性和耐久性，以及造型美观度等。

4）围栏和栅栏。它们具有限入、防护和分解的作用，多为栅状和网状、透明和半透明等几种形式。

5）信息标示。信息标示主要包括名称标示、环境标示、警示标示和指示标示等几种，但并不对行人交通及景观构成妨碍。设计时应注意标示的色彩、用材和主题内容的搭配与组合。

（三）水景景观

水景景观以水为主。水景是自然界中极为生动的景观，易于形成开敞的空间，也是生态系统中的重要组成部分，住宅区中可利用水体造景、调节气候或作为儿童戏水场所，同时，它也具有蓄水和消防的作用。

住宅区中，水体是园林中最精彩和最吸引眼球的景观，也是最大的卖点之一。高档住宅尤其强调水化率。水体形态众多，常见的水体形式有水池、流水、叠水、泳池、壁泉、瀑布和喷泉等。应根据地形条件和设计意图来合理设计，同时注意水体的深度、清洁和水体边缘的处理。

示例

高档住宅强调高水化率。深圳鸿翔·御景东园在城市中心位置，建筑面积为26万m^2，拥有3万m^2的水景主题园林，1500m^2的各色水景，1200m^2的三大园内游泳池，200m^2水景园林国际步行街。这是深圳第一个打出“水化率”概念的城市中心水主体社区，很受业主的欢迎。

（四）景观设计的原则

住宅区的景观设计的原则，其基本要求就是要满足人们的生活、休憩和娱乐的需要。具体来说，其原则主要有以下几点：

1. 以人为本的原则

人是社区的主人，更是一切景观的主人。不能为主人提供享受服务的园林景观不能算作是合格的社区配套，即任何景观必须实现其为人服务的基本功能。因此，景观应具有可欣赏、可享受、可参与性；景观的创造必须符合人的心理、生理、感性和理性需求，满足居民“人性回归”的渴望，达到人景交融的亲情环境。

2. 科学性原则

景观设计中的景观设计如不能与周围环境和生态相适应，就不能达到预期的景观效果。以植物景观为例，科学性原则主要体现在以下几点：

（1）以乡土树种为主　乡土植物是在本地长期生存并保留下来的植物，它们在长期的生长进化过程中已经对周围环境有了高度的适应性，也体现了当地特色。

（2）因地制宜　景观设计要根据场地生态环境的不同，因地制宜地选择适当的植物种类，使植物本身的生态习性和栽植地点的环境条件基本一致，使方案能最终得以实施。

一般来讲，在有严重二氧化硫污染的工业区，应种植金鱼草、白皮松、毛白杨等抗污树种；在土壤盐碱化严重的地区，应选用合欢、黄栌等耐盐碱植物；在建筑的阴面或林荫下，则应种植玉簪、棣棠、珍珠梅等耐阴植物。

（3）师法自然　植物景观设计中栽培群落的设计，必须遵循自然群落的发展规律，并从丰富多彩的自然群落组成、结构中借鉴，保持群落的多样性和稳定性，这样才能从科学性上获得成功。如温带地区的苔藓、地衣常附生在树干上，不但形成了各种美丽的植物景观，而且改善了环境的生态效应。

3. 艺术性原则

完美的景观必须具备科学性与艺术性两方面的高度统一，既满足景观与环境在生态适应上的统一，又要通过艺术构图原理体现出景观个体和群体的形式美，以及人们欣赏时所产生的意境美，以达到“天人合一”的境界。如植物景观中艺术性的创造就需要巧妙地利用植物的形体、线条、色彩和质地进行构图，并通过植物的季相变化来创造瑰丽的景观，表现其独特的艺术魅力。

4. 时空观原则

景观艺术讲究动态序列景观和静态空间景观的融合。如植物的生长变化造就了植物景观的时序变化，极大地丰富了景观的季相构图，形成三时有花、四时有景的景观效果；同时，景观设计中，还要合理配置速生和慢生树种，兼顾规划区域在若干年后的景观效果。此外，植物景观设计时，要根据空间的大小，树木的种类、姿态、株数的多少及配置方式，运用植物组合美化、组织空间，与建筑小品、水体、山石等相呼应，协调景观环境，起到摒俗收佳的作用。

5. 生态性原则

景观除了供人们欣赏外，更重要的是能创造出适合人类生存的生态环境。如植物景观就具有吸音除尘、降解毒物、调节温湿度及防灾等生态效应。在设计中，应从景观生态学的角度，结合区域景观规划，对设计地区的景观特征进行综合分析。

示例

北方某城市耗巨资沿四环和五环修建的城市绿化隔离带，其目的是为了控制城市“摊大饼”式地向外蔓延带来的环境压力，但在规划中由于缺乏对该城市区域环境、自然系统和城市空间扩展格局的分析，而采用均匀环绕该城市周围的布局方式，不但不能真正防止该城市无序扩张，而且可能拉动和强化这种扩张模式。

6. **历史文化延续性原则**

景观是保持和塑造城市风情、文脉和特色的重要方面。因此，景观设计首先要理清历史文脉的主流，重视景观资源的继承、保护和利用，以自然生态条件和地带性植被为基础，将民俗风情、传统文化、宗教、历史文物等融合在景观中，使景观具有明显的地域性和文化性特征，产生可识别性和特色性。如荷兰的郁金香文化、日本的樱花文化等已成为一种符号和标志，其功能如同城市中显著的建筑物或雕塑，可以记载一个地区的历史，传播一个城市的文化。

7. **经济性原则**

景观以创造生态效益和社会效益为主要目的，但这并不意味着可以无限制地增加投入。任何一个城市的人力、物力、财力和土地都是有限的，因此，景观设计须遵循经济性原则，在节约成本、方便管理的基础上，以最少的投入获得最大的生态效益和社会效益，为改善城市环境、提高城市居民生活环境质量服务。如植物景观可多选用寿命长、生长速度中等、耐粗放管理、耐修剪的植物，以减少资金投入和管理费用。

三、户型设计

（一）户型与户型设计的概念

户型即建筑的室内空间间隔，它有广义与狭义之分。

从广义上来讲，户型设计是确定一个楼盘主力户型面积和形式，并设定各类户型产品构成比例的过程。可以说，户型定位是否准确、户型设计是否科学合理是事关项目成败极为关键的因素。

从狭义上说，户型设计是具体方案的具体设计。如户型是平层、错层还是复式，功能分区是否明确，交通流线是否合理等，都将影响到房子与人的起居行为习惯的匹配程度，直接影响到居住的舒适度。

（二）户型设计的原则

户型设计除了遵守建筑设计的原则外，也有自己的特殊要求。

1. **人性化设计原则**

户型设计合理与否，与人居质量息息相关。由于消费群体的需求不同，户型设计也要求多样化。不同面积厅卧的组合、不同朝向厅卧的布置等可以适应不同的消费需求。如两代居住的设计是既要分得开，又要相近；既能各自生活，又能相互照顾。而单身贵族需要的是独立住宅套型，面积不需很大，一室一厅或一个大厅可再分隔为两个空间就能满足其需求，但设施要齐全。

2. **实用价值原则**

消费者在选购房屋时，会从多方面综合考虑，其中户型是衡量房屋优劣的较重要因素。因此，户型设计应满足消费者的不同需求，同时又兼顾对消费者的科学引导。而有些开发商开发的住宅中，存在着一些华而不实的户型设计，或者说对以后入住的业主不负责的设计。

示例

南方某城市某小区，开发商开发的住宅主力户型的建筑面积为115m^{2}的多层住宅，竟设计成两室两厅的户型。“大客厅小卧室”的设计理念并没错，但40多m^{2}的客厅明显会形成资源浪费，除去两个卧室、一厨一卫一餐厅，设计者把剩下的面积都“安排”成面积不等的好几个储藏间了，原本可以设计成三居室的房屋面积，空间利用却人为地“缩水”了。当消费者拿到房产钥匙时，明显感到不自在。

3. **可改性的空间设计原则**

家庭规模和结构是不断变化的，很多家庭都会从小两口过渡到三口之家甚至会有更多人口，因此，住宅具有可改性是客观的需要。合理的空间设计不但能满足人们日常生活的需要，而且随着时间的推移或人口的变化，户型空间可以“随需而动”，根据需要重新进行合并或分隔。

4. **市场原则**

“看不看楼看地段、掏不掏钱看户型”，作为一种在市场上待价而沽的商品，户型好坏是由消费者决定的。世界上没有最完美的户型，只有适合于目标客户的户型才会受到市场的追捧。因此，户型定位是开发商、建筑设计者和代理商共同考虑的重要问题。

小观点

通过长期的市场调研和销售回馈，消费者评价户型最重要的因素依次为：①布局（包括大方面的规划布局和户型具体设计的功能布局）；②朝向和楼层数；③通风和采光；④设备和建筑材料；⑤有效面积使用系数，即得房率；⑥精装修和可改造性；⑦美观原则；⑧风水户型七大原则。

第六节　房地产项目的可行性研究

一、房地产项目可行性研究的概念

房地产项目是指在房地产项目投资开发决策之前，为了避免主观决策、盲目建设带来的损失和不良后果，以期实现房地产开发的效益最大化，必须通过对拟开发项目有关的工程、技术、经济、社会和环境等方面进行认真的技术经济分析和综合比较论证，全面研究考察该开发项目在技术上的先进性和适用性，在经济上的合理性和有效性以及规划建设上的可能性和可行性。依此就是否应该投资开发该项目以及如何投资给出结论性意见，为投资决策提供科学依据。

二、房地产项目可行性研究的阶段

一般而言，房地产项目可行性研究可分为以下四个阶段。

（1）投资机会研究阶段　其主要任务是对投资项目或投资方向提出建议，主要内容有：地区情况、经济政策、资源条件、劳动力状况、社会条件、地理环境、国内外市场情况、工程项目建成后对社会的影响等。投资机会研究较粗略，该阶段投资估算的精确度为总投资的 ±30%。

（2）初步可行性研究阶段　在机会研究的基础上，进一步对项目建设的可能性与潜在效益进行论证分析。该阶段需对以下内容进行粗略的审查：市场需求与供给、建筑材料供应状况、项目所在地区的社会经济情况、项目地址及其周围环境、项目规划设计方案、项目进度、项目销售收入与投资估算、项目财务分析等。该阶段投资估算的精度应达到 ±20% 以内。

（3）详细可行性研究阶段　该阶段对项目进行详细的技术经济分析，是在分析项目的可行性后作出是否投资的关键步骤。该阶段投资估算的精度在 ±10%。

（4）项目的评估和决策阶段　该阶段主要内容包括：①全面审核报告中反映的各项情况是否确实；②分析报告中各项指标计算是否都正确；③从企业、国家和社会等方面综合判断项目的经济效益和社会效益；④分析和判断项目可行性研究的可靠性和客观性，作出项目是否投资决策；⑤写出项目评估报告。

三、房地产项目可行性研究的内容

由于开发项目的性质、规模和复杂程度不同，其可行性研究的内容也不尽相同，各有侧重。一般项目可行性研究的内容主要包括以下几个方面：

（1）项目概况　主要包括项目的名称、背景、宗旨的基本情况，开发项目的自然、经济、水文地质等基本条件，项目的规模、功能和主要技术经济指标等。

（2）市场分析和需求预测　在深入调查和充分掌握各类资料的基础上，对拟开发项目的市场需求及市场供给状况应进行科学分析、客观预测，包括开发成本、市场售价、销售对象及开发周期、销售期等。

（3）规划方案的优选　在对可供选择的规划方案进行比较分析的基础上，优选出最为合理、可行的方案作为最后方案，并对其进行详细描述。

（4）开发进度安排　对开发进度进行合理的时间安排，可以按照前期工程、主体工程、附属工程、交工验收等阶段进行。大型开发项目，其建设期长、投资额大，一般需要进行分期开发，这就需要对各期开发的内容同时作出统筹安排。

（5）项目投资估算　对项目所涉及的成本费用进行估计。估算的精度要求不高，但应充分注意各项费用在不同建设期的变化情况，力争与未来事实相符。

（6）资金的筹集方案和筹资成本估算　根据项目的投资估算和投资进度安排，合理估算资金需求量，拟订筹资方案，并对筹资成本进行计算和分析。

（7）财务评价　依据国家现行财税制度、现行价格和有关法规，从项目角度对项目的盈利能力、偿债能力等项目财务状况进行分析，借以考察项目财务可行性。其内容包括项目的销售收入和成本预测，预计损益表、资产负债表、财务现金流量表的编制，债务偿还表、资金来源与运用表的编制，财务评价指标和偿债指标的计算等。

（8）风险分析　包括盈亏平衡分析、敏感性分析和概率分析等内容。通过对影响投资效果的社会、经济、环境、政策、市场等因素进行分析，了解各因素对项目的影响性质和程度，为控制项目运作过程中的关键因素提供依据，也为投资者了解项目的风险大小及来源提供参考。

（9）国民经济评价　国民经济评价又称费用效益分析，是指按照资源合理配置的原则，从国家、全社会的角度考察项目的收益和费用，用资源的影子价格、影子工资、影子汇率和社会折现率等经济参数，分析计算项目对国民经济的净贡献，并评价项目的经济合理性。

（10）结论　运用可行性研究的各种指标数据，从技术、经济和财务各方面论述项目的可行性，分析项目可能存在的问题，提出有效的项目建设建议。

四、房地产项目可行性研究的步骤

房地产开发项目的可行性研究工作一般按以下七个步骤进行：

（1）接受委托，明确研究目标　在项目建议被批准之后，开发商即可委托有关咨询评估公司或投资顾问公司对拟开发项目进行可行性研究。承担单位接受委托时，应获得项目建议书和有关项目背景介绍资料，搞清楚委托者的目的和要求，明确研究内容，制订工作计划。

（2）收集资料，调查研究　主要指市场调查和资源调查两方面。市场调查应查明并预测市场的供给和需求量、价格、竞争能力等，以便确定项目的经济规模和项目的竞争能力。资源调查包括建设地点调查、开发项目用地现状、交通运输条件、外围基础设施、环境保护、水文地质、气象等方面的调查。

（3）设计方案　根据项目建议书的要求，结合市场和资源调查，在收集到的资料和数据的基础上，建立若干可供选择的开发方案。

（4）财务评价和国民经济评价　对经上述分析后所确定的方案，在估算项目投资、成本、价格、收入等基础上，对方案进行详细财务评价和国民经济评价。研究论证项目在经济上的合理性和潜在盈利能力。

（5）方案比较与选择　根据以上分析，进行反复的方案论证和比较，会同委托部门明确方案选择的重大原则问题和优选标准，采用技术经济分析的方法，评选出合理的方案。研究论证项目在技术上的可行性，进一步确定项目规模、构成、开发进度。

（6）制订实施计划　对于选定的满意方案，制订详细的实施计划，进一步提出资金筹措建议和项目实施总进度计划。

（7）编制可行性研究报告　经过上述分析与评价，即可编制详细的可行性研究报告，推荐可行方案和实施计划，提出结论性意见、措施和建议，供决策者作为决策依据。

【案例3-1】

2007年某小高层房地产项目投资可行性研究报告

封面：××小高层住宅项目投资可行性研究报告

××省某房地产开发集团有限公司编制

2007年3月

扉页：公司名称、编制人员、完成日期。

目录

调查人员声明

正文

第一部分：项目总论

1.1 项目背景。1.2 项目概况，包括：项目名称、项目建设单位概况、项目地块位置及周边现状、项目规划控制要点、项目发展概况等内容。1.3 可行性研究报告编制依据。1.4 可行性研究结论及建议。

第二部分：市场研究

2.1 宏观环境分析。2.2 全国房地产行业发展分析。2.3 本市房地产市场分析，包括：本市城市概况、城市发展规划、房地产市场现状（包括本市小高层住宅竞争性楼盘分析）以及市场发展趋势等内容。2.4 本市房地产板块市场分析，包括：区域住宅市场成长状况、区域内供应产品特征、区域市场目标客户研究等内容。2.5 项目拟定位方案，包括：可类比项目市场调查、项目SWOT分析、项目定位方案等内容。

第三部分：项目选址及建设条件

3.1 项目选址。3.2 建设条件。

第四部分：项目地块环境经济评价与分析

4.1 项目地块解析，包括项目地块特性与价值分析。4.2 项目地块的SWOT矩阵分析。4.3 项目地块分析总评。

第五部分：项目定位

5.1 项目定位，包括项目整体定位、功能定位、形象定位、档次定位等。5.2 目标客户定位，包括目标客户类型、目标客户心态分析等。5.3 项目户型定位。

第六部分：项目开发方案

6.1 项目市场调研分析与评论。6.2 规划设计分析。6.3 产品设计建议。6.4 项目实施进度。6.5 项目营销方案。

第七部分：项目开发方案评价与选择

7.1 项目方案评价及比较分析。7.2 项目方案评价及改进分析。7.3 项目方案评价结论。

第八部分：项目结论

第九部分：开发企业的组织及结构

9.1 企业组织，包括企业组织形式、企业工作制度等。9.2 企业机构设置。9.3 合作方式及条件。

第十部分：项目的建设工程规划与安排

10.1 本市及本项目建设规划。10.2 项目建设方式及进度安排，包括建设方式、进度安排、周期设定、分段周期设定等。

第十一部分：投资估算与融资方案

11.1 投资估算，包括投资估算相关说明、分项成本和总成本估算、单位成本、销售收入估算、税务分析、项目资金预测、现金流量表、自有资金的核算等内容。11.2 总成本费用汇总及分摊表。11.3 融资方案，包括项目融资主体、项目资金来源、融资方案分析、投资使用计划、借款偿还计划等内容。

第十二部分：销售及经营收入测算

12.1 项目销售定价，包括均价的确定、单价的确定等内容。12.2 总销售收入的确定。

第十三部分：项目的财务评价

13.1 税金计算，包括住宅与商铺、车位部分销售税金及附加估算。13.2 财务评价基础数据与参数选取。13.3 财务评价（方案1，此处略），包括财务盈利能力分析、静态获利分析、动态获利分析、偿债能力分析、综合指标表等内容。13.4 财务评价（方案2，此处略）。13.5 财务评价结论。

第十四部分：不确定性分析

14.1 盈亏平衡分析。14.2 敏感性分析析。14.3 决策树概率分析。14.4 风险分析与控制，包括风险因素的识别和评估、风险防范对策等内容。

第十五部分：综合评价

15.1 社会评价（定性）。15.2 环境评价（影响及对策）。15.3 公司资源匹配分析。

第十六部分：结论与建议

16.1 结论。16.2 建议。

附表：第十七部分：可行性研究附报表

17.1 项目工程计划横道图。17.2 项目开发成本估算表。17.3 全部销售收入分期比例预测表。17.4 项目销售收入与经营税金及附加估算表。17.5 项目投资计划与资金筹措估算表。17.6 资金来源与运用表。17.7 损益及利润分配表。17.8 现金流量表（全部投资）。17.9 借款偿还期测算表。17.10 敏感性分析表。

复习思考题

1. 如何选择不同房地产项目投资场地？
2. 如何规避房地产投资风险？
3. 房地产项目可行性研究包括哪些内容？

实践、讨论题

1. 针对本地某一项目，分析其存在哪些风险，如何规避其房地产营销风险？
2. 收集本地某房地产项目，对其进行可行性分析，并撰写其可行性研究报告。

第四章

4

房地产营销策划分析

【学习目标】

通过本章的学习，了解房地产营销策划分析的基本内容，掌握项目的SWOT分析和竞争者分析方法，熟悉房地产消费者购买行为的影响因素和购买决策过程。

【关键词】

房地产　营销策划　SWOT　购买行为

房地产营销策划分析是房地产企业和策划人研究市场、发现市场、把握市场的基础工作，是进行营销策划的根本前提。做好营销策划分析工作可有效地寻找市场机会，规避经营风险，减少损失，增加效益；反之，会增加企业的经营风险，甚至使企业因决策失误而导致破产。

第一节　房地产项目的 SWOT 分析

SWOT 四个英文字母分别代表：优势（Strength）、劣势（Weakness）、机会（Opportunity）、威胁（Threat）。所谓 SWOT 分析，即态势分析，就是将与研究对象密切相关的各种主要内部优势、劣势、机会和威胁等，通过调查列举出来，并依照矩阵形式排列，然后用系统分析的思想，把各种因素相互匹配起来加以分析，从中得出一系列相应的结论，而结论通常带有一定的决策性。SWOT 分析已逐渐被许多企业运用到企业管理、人力资源、产品研发、房地产行业等方面。

一、房地产营销环境扫描

房地产营销环境分微观环境和宏观环境两大类。微观环境影响到开发企业的房地产产品进入到目标市场的能力，是反映企业经营的具体业务往来过程中的直接影响因素，它一般包括供应者、营销中介、顾客、竞争者和社会公众等因素，这些因素经常直接作用于房地产企业，对企业的影响比较具体，企业较易把握，企业可以通过内部各部门的协调和努力，来不断调整各因素的关系，以适宜企业的发展；而宏观环境是间接影响与制约房地产企业营销活动的社会力量，包括：政治环境、法律环境、经济环境、社会文化环境、自然环境等构成企业的不可控因素，这些环境因素往往先影响市场，再通过市场来影响企业，故房地产企业欲把握好它不是一件轻而易举的事情。因此，本书的房地产营销环境扫描主要对宏观环境进行分析。

1. **政治环境**

政治环境就是国家的政治体系、政治管理、政治政策等影响下的政治格局，有的称为“政治气候”。“政治气候”不同，房地产发展趋势不同。具体它又包括以下几个方面。

（1）政局　政局是社会稳定性的重要标志。剧烈动荡的政局影响着房地产市场的稳定性，从而影响投资；而安定的政治局势则维护着市场的有效性，可以保障开发商的投资，增强经营者的信心。因此，准确认识和科学分析政治环境，是房地产企业营销活动是否成功的一个先决条件。

示例

20世纪80年代初期，中国与英国就我国香港问题谈判前后，许多香港人都很恐慌，纷纷将资产转移海外，香港房地产市场呈下跌趋势。我国政府坚持经济发展和“一国两制”政策的一贯性，香港民心趋于稳定，房地产市场回升，我国内地特别是沿海房地产市场也随之水涨船高，形势看好，政府方针政策在房地产行情上得到了反映。

（2）国家的开放程度以及政策的连续性　政策是国家或执政党为实现一定历史时期的路线和任务而规定的行为准则，它规定了哪些事情企业可以做、哪些不能做。由于房地产在社会经济活动中的重要性，政府对房地产市场非常重视，经常会有新的政策出台，以调整房地产商品生产、交易、使用过程中的法律关系和经济利益关系，房地产很难避免这些政策调整所带来的影响。因此，政策与企业发展相关性最大。

2. **法律环境**

法律是制约和引导房地产发展的重要外部力量，对市场主体的作用具有强制性。法律法规的出台，必然对房地产市场产生影响，可能给企业带来新的市场生机，也可能带来新的威胁。良好的法律环境是房地产营销活动得以正常进行的基本保证，它可以依法规范各种市场行为使之正常发展。因此，房地产企业面对市场要不断提高对法律的理解力和辨别力，善度时局，并加强对房地产业有关法规的学习，在法律允许的范围内确立自己的经营原则，在合法经营的基础上，寻找发展机会，摆脱法律变化带来的威胁。

3. **经济环境**

房地产业是国民经济的组成部分，在许多国家，房地产业都是国民经济的支柱产业。因此，经济环境对房地产市场的影响直接而密切。经济环境包括宏观经济环境、经济收入、物价与通货膨胀、消费模式、私人投资工具的收益率、国际经济贸易状况和外资动向等。

（1）宏观经济环境　国民经济状况是房地产市场面临的宏观经济环境。在国民经济高涨时期，百业俱兴，则投资欲望、消费欲望随之膨胀，房地产需求旺盛，行情上涨；在国民经济低迷时期，房地产市场疲软，很多家庭会取消或推迟对房屋耐用品的消费，导致房地产市场价格下跌。所以，经营房地产一定要考虑国民经济的发展，以确定整体经济形势是处在上升阶段还是衰退阶段。

（2）经济收入　在市场上表现为实际购买力。它是构成市场的基本要素，因为市场容量的大小，归根到底取决于消费者购买力的大小。一个消费者的需求能否得到满足以及怎样得到满足，也主要取决于其经济收入的多少。从市场营销的角度，经济收入可分为国民收入、个人收入（包括个人可支配收入、个人可任意支配收入）。

1）国民收入是一个国家物质生产部门的劳动者在一定时期内新创造价值的总和，它反映一个国家生产力水平的高低，也是一个国家发达与否的评价标准。一个国家在其政策稳定的情况下，国民收入越高，其用于房地产投资的资金相对较多，房地产业的发展越有潜力。

2）个人收入水平购买力是构成市场和影响房地产规模大小的一个重要因素，而整个社会的购买力又直接或间接地受消费者收入、价格水平、储蓄、信贷等经济因素的影响，其中个人收入水平更是主要的一个方面。

（3）物价与通货膨胀　物价是影响居民有效需求的重要因素，一般说来，价格降低，有效需求的范围扩大，需求层次提高；反之，价格提高，有效需求的范围会缩小，需求层次降低。通货膨胀是物价上涨的诱因，由于货币供应量增加，使原来每单位货币代表的地价或房价相对减少，此时若想得到与原来相同价值的房地产，就势必要提高房地产的售价，因此，通货膨胀、物价上涨与房地产行情成正比关系。通货膨胀抬头，物价上涨，房地产市场随之涨价；反之，则跌价。

（4）利率　由于房地产具有价值大、占用资金多的特点，一般情况下，开发商的经营资金一半以上来自银行贷款，这样利率便成了影响房地产企业效益的敏感因素。银行存贷款利率低，企业资金成本低，就会刺激房地产投资；而银根紧缩、利率较高，投资者相对利润少，就会抑制房地产的开发。另外，存贷款利率低也会刺激住房的消费，因存款利率低，存款利息低于房租，居民认为购房合算，购房热情高；贷款利率低，居民可以获得低息的优惠抵押贷款用于买房，买房欲增强。反之，不便于激发居民购房。由此看出，利率与房地产行情的关系成反比。一般来说，利率调高，房地产行情就会下跌；利率调低，房地产行情上涨。

（5）消费模式　消费模式是指消费开支在主要商品及劳务类别间的分配。消费模式主要受消费收入的影响，随着消费者收入的变化，消费者支出模式就会发生相应变化。消费者支出模式除了主要受消费者收入影响外，还受家庭生命周期的阶段、消费者家庭所在地点两个因素的影响。

（6）私人投资工具的收益率　诸如银行储蓄、债券、保险、股票、期货、黄金、邮票等，各种投资工具收益风险的变化，必然导致其他投资工具发生变化。房地产作为私人投资工具之一，当然会受到其他投资工具的影响。因此，在研究房地产市场的同时，要注意其他投资市场的动向，以及政府对私人投资趋势的干预和居民的投资偏好。

（7）国际经济贸易状况和外资动向　经济全球化，市场世界化，贸易国际化是世界经济大循环的基本特点。在我国，随着对外开放，外资涌入对我国市场影响很大，它对我国房地产市场的繁荣与发展具有推波助澜的作用。

4. 社会文化环境

文化因素是指人们在漫长的社会和历史发展进程中所创造的精神财富的总和，包括一定的态度和看法、价值观念、道德规范以及世代相传的风俗习惯等。文化是影响人们欲望和行为的一个很重要的因素，往往会对市场营销业务活动的正常开展与否产生深远、重大的直接影响。

一般来说，对房地产营销活动构成直接影响的文化因素主要有语言、宗教信仰、审美观、文化程度和风俗习惯等文化内容。

（1）语言　语言是最为重要、也是最为基本的沟通手段。如果营销人员对目标市场上语言的确切含义不熟悉或知之甚少，可能会使营销活动无法正常进行，甚至还会闹出一些令人啼笑皆非的笑话。

（2）文化程度　目标市场中消费者所具有的文化程度，对房地产产品的畅销与否起到相当大的影响和制约作用。一般来说，文化程度高的消费者对楼盘具有很强的挑剔性；文化程度低的消费者对楼盘的挑剔程度相对较小，只要喜欢上楼盘就会很快买下来。

（3）审美观　产品的美学功能是促使消费者作出购买决定，也是影响消费行为的因素之一。审美观大都具有强烈的民族色彩和个性差异。审美观不同，其对颜色、艺术、产品设计等方面的欣赏和评价不同，营销策划人员一定要捕捉好消费者的审美特性，才能制定完善的营销策划方案。

（4）禁忌　禁忌是指人们在心理上认为犯忌讳的和在言行上规定不能说与不能做的。其对人们的消费方式和消费意识具有极其重大的影响。每个国家和民族，由于其风俗习惯各异、文化传统不同，对产品包装的颜色、图案和形象等禁忌的表现不同，甚至对开展营销活动人员的服饰、风度和言行等表现也不同。

示例

世界上许多地区忌讳13这个看似普通的数字，有的公寓、办公楼和旅馆找不到13层或13号的标记；我国香港地区则对4、13、37、49等数字较为反感。因此，策划人和营销人员应提高自己的文化素养，适当超越文化的差异，实现文化沟通；反之，如果不注意对禁忌的研究，就会对产品在市场的营销成效起到直接或间接的影响和制约，甚至还会起到一定的阻碍作用。

（5）价值观　价值观因人而异，不同地区或不同层次消费者的价值观不同，其消费行为也存在差异。有的消费者喜欢炫耀自己，愿意购买高价位的豪华楼盘；有的消费者要求获得实惠，希望买到价廉物美的房地产产品。

此外，宗教信仰的力量也会影响到特定社会中的社会成员的人生观和行为准则，而且还会对企业的营销活动产生重大、直接的影响。

（6）风俗习惯　直接影响消费者对房地产品的消费需求。房地产营销属于典型的地域性营销，开发商只有开发出符合当地居民风俗习惯的房地产才能得到客户的认可；否则，楼盘就无人问津。

5. **自然环境**

房地产本身具有自然性，它离不开大自然，存在于特定的自然生态环境中，因此，自然环境是房地产的“硬”环境，有的学者甚至把广义的房地产概念与环境、生态等概念等同起来。自然环境包括地理位置、地质地貌、自然风光及气温气候等，其变化给房地产企业造成一些环境威胁和市场机会。如环境污染的危害性，使得一些精明的开发商选择远离闹市区、远离工业区的郊区建筑商业房、别墅区，在这些地区寻找新的营销机会。

6. **人口环境**

人不仅是房地产的建设者，也是消费者。无论是人口规模、人口流动、人口城市化，还是婚姻状况、家庭规模、家庭结构、家庭生命周期都与房地产市场密切相关，人口的现状及其变动直接影响着房地产市场的需求。如人口规模还直接影响区域内商业的繁荣和工业的发展，从而直接影响商业与工业对房地产的需求；人口城市化水平的提高，为房地产业的发展提供了很好的发展机遇。

此外，一个地区在总人口不变的条件下，平均家庭人口越多，所需的住宅单位数越少；反之，平均家庭人口越少，则所需住宅单位数越多。房地产的服务对象是人，人口因素决定了房地产市场的规模和发展趋势。

二、房地产项目 SWOT 分析中的机会威胁分析

企业在收集整理了所需的外部环境资料后，就可以开始进行机会与威胁分析了。

在激烈复杂的市场竞争中，机会和威胁往往同时并存，不断变化的市场环境又不断带来新的机会和新的威胁。这些机会与威胁不断地制约着企业的营销活动，开发商必须重视收集市场信息，分析营销环境给企业所带来的营销机会与环境威胁，以便采取相应的营销策略。如果经过分析和评估，确认市场对某种物业有某种需求，开发商也有营销能力，则应积极地创造和适时地利用这一机会。有些机会是“昙花一现”的，若不及时捕捉，就可能坐失良机，造成“机会损失”，如香港回归前夕，深圳有的开发商就抓住了这个机会，获得了成功。

（一）机会分析

机会分析是指企业通过对外部环境的分析，找出有利于企业营销活动的因素，并具体分析其影响强度和成功可能性的过程。

我们可以通过环境机会矩阵图（图 4-1）来分析外部环境为企业提供的每一个机会，将其恰当归类并采取适当的策略来利用机会。

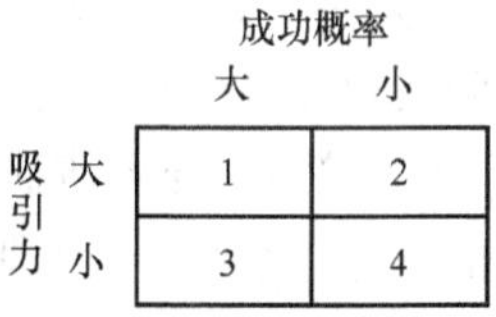

图 4-1　环境机会矩阵图

1）第一类机会是企业最向往的。这类机会吸引力大，表明市场营销活动的影响很大，同时企业成功的可能性也很大，企业应抓住这样的良机来加速发展。

2）第二类机会是企业应谨慎考虑的。虽然这类机会的吸引力大，但企业成功的可能性很小，不宜盲目跟风行动。

3）第三类机会是企业要着力分析的。虽然这类机会的吸引力不大，但企业成功的可能性大，企业应该做好效益分析，如果发现利用这一机会获得的收益大于付出的成本，也可以考虑

利用这一机会，促进企业营销活动的展开。

4）第四类机会是企业不应加以考虑的，这类机会对营销活动的影响不大，企业利用这类机会的成功概率又小，因此不应采纳。

机会所处的位置是变化的，第二类机会可能因企业自身的改变而进入第一类，第一类机会也可能因环境因素的相互作用而掉到第三类。企业应做好环境监测，更好地利用机会，推动企业的发展。

（二）威胁分析

威胁分析是指企业通过对外部环境的分析，找出对企业营销活动不利的因素，再具体分析其影响强度和发生的可能性的过程（图4-2）。

1）第一类威胁是企业要高度重视并着力化解的。这类威胁对企业营销活动的影响很大，同时发生的可能性很大，企业一方面要密切地监控，另一方面要形成一套良好的常备反应机制，在威胁来临时迅速化解，将损失减到最小。

		发生概率 大	发生概率 小
严重性	高	1	2
	低	3	4

图4-2　环境威胁矩阵图

2）第二类威胁对企业营销活动的影响很大但发生的可能性小。企业对这类威胁要有一套灵敏的预警机制，不能因为其发生的可能性小而忽视它，同时还要有良好的应对措施。

3）第三类威胁是企业在生产经营过程中经常遇到的，它对企业营销活动的影响很小，但其发生的可能性很大。对这类威胁企业要及时解决，不能因其影响不大而搁置起来，不然很可能发生变化，造成巨大影响。

4）第四类威胁对企业营销活动的影响不大，发生的可能性也不大。对这类威胁企业要做到的是注意其动向，一经发现就及时解决，避免其转为其他形式的威胁。

与机会一样，威胁也是会发生变化的。第三类威胁可能因为企业不予理睬而变成第一类，第二类威胁也可能因为企业应对措施得当而转化为第四类。

（三）综合分析

我们将机会分析与威胁分析结合起来，运用到企业的某个项目上，就可以了解该项目所处的外部环境，而为企业的决策提供依据（图4-3）。

1）第一类业务是理想的业务，拥有的机会多，受到的威胁少，是企业应着力发展的业务。

2）第二类业务所拥有的机会虽多，受到的威胁也很多，是风险类业务，企业应慎重考虑，做好风险收益分析。

		威胁 少	威胁 多
机会	多	1	2
	少	3	4

图4-3　机会—威胁分析矩阵图

3）第三类业务所面临的机会与威胁都很少，一般是已经成熟的业务。企业在这类业务中所占有的市场份额较大，则可加强发展，但新加入者不宜开展这类业务。

4）第四类业务是企业不愿沾手的业务，面临的威胁很多，拥有的机会却很少，是企业经营中的麻烦业务，企业可以考虑从这类业务中撤出。

通过机会与威胁分析，策划人员就能够清晰地了解到企业或项目所处的外部环境，再根据企业的情况进行恰当的营销策划，推动企业的营销活动。

三、房地产项目的 SWOT 分析方法

运用 SWOT 方法分析问题可分为三个层次的分析。

（1）基本面分析　它揭示项目的表象。一般在还没立项之前就会有一些这样的研究分析。而这些结论都是通过初步判断得出的。

示例

某项目 A 属于旧城商业街改造项目，通过简单分析，可得到如下结论：

项目的优势：地处市中心、交通方便、人口集中。其劣势是：土地出让价昂贵、拆迁费用大、基本建设配套设施老旧。机会是：政府加大旧城改造力度，给予众多优惠条件。威胁是：市中心商业街众多，并有相似类型的项目形成竞争。

（2）辩证法分析　就是对基本面分析的结论进行深一步的探讨，运用辩证的观点去分析优势和劣势、机会和威胁。它是从表象入手，探讨解决问题的方向。

示例

仍以某城市 A 项目为例，对上面所提到的内容进一步分析：

优势方面：如交通方便，但却常堵车，而拥有私车的消费层是较具购买力的群体，但他们会不会因为堵车因素而放弃到这里逛街购物呢？又如，人口集中，人多则房子卖的就相对多。但这些人的购买力如何？消费意识怎样？这些问题仍需要深入调查。

劣势方面：如地价昂贵。虽然地块位处黄金地段，但此地与同档次地段比较，其价格并不是最贵的，且该地块的价格上涨空间很大。

机会方面：如政府承诺的优惠条件有哪些、哪些能够兑现、在优惠的同时是否会捆绑一些额外的要求等。

威胁方面：如尽管该项目的威胁来自于同类型的竞争项目，但这些竞争项目也为开发提供了借鉴，如果能够认真分析同类项目的得失，未尝不能“后发制人”。

（3）程度（概率）分析　程度分析在实践运用中更为复杂，它需要对不同的因素进行影响程度的分析，也会运用到因子分析、聚类分析等统计方法。如果对以上例子的所有因素进行分析，内容会过于庞大，因此，本教材在此不多赘述，详细内容请参考有关书籍。

第二节　竞争者分析

房地产企业不仅要了解顾客，还必须了解竞争者，只有对所有主要的竞争者进行单个分析，

了解其经营行为的模式，在此基础上制订企业自己的行之有效的竞争性营销战略，才能保证企业在激烈的市场竞争中立于不败之地。

其主要内容有竞争对手目标分析、优势与劣势分析、现行战略分析、假设分析等方面。

一、识别竞争者

竞争者一般指那些与本企业提供的产品或服务相类似，并且有相似目标顾客和相似价格的企业。

识别竞争者看起来似乎是简而易行的事，其实并不尽然。企业现实的和潜在的竞争者范围是很广的，一个企业很可能被潜在竞争者吃掉，而不是当前的主要竞争者。

根据产品替代的程度，竞争者可分为：产业竞争者、品牌竞争者、形式竞争者、一般竞争者。

1. 产业竞争者

从产业方面来看，提供同一类产品或可相互替代产品的企业，构成一种产品价格上涨，就会引起另一种替代产品的需求增加。企业要想在整个产业中处于有利地位，就必须全面了解本企业的竞争模式，以确定自己的竞争者的范围。

2. 品牌竞争者

品牌竞争者指同一行业内以相同价格向顾客提供相同产品的企业，即同行竞争。如在同一城市内销售价位相近的居民住宅的开发商之间的竞争就是品牌竞争者。

3. 形式竞争者

形式竞争者指企业可以将所有提供相同产品与服务的企业都看成它的竞争者。如开发商甚至将能够提供住房服务的房屋出租者以及提供长期住房服务的酒店看做是其竞争者。

4. 一般竞争者

一般竞争者指为满足不同需求而提供不同产品的企业，这样的竞争者竞争的实质是购买力。如房地产企业还可以将汽车制造业看做是其竞争者。

二、确定竞争者的目标

识别出企业的主要竞争者之后，还要进一步搞清每个竞争者在市场上追求的目标是什么。什么因素驱动竞争对手的行为。确定竞争者的目标时，我们可以做以下两种假设。

1. 竞争者追求利润最大化，并据此采取行动

竞争者即使是追求利润最大化这个目标，但它对长期利润和短期利润的侧重或重视程度也是不一样的；另外，有些企业以满足而不是最大化为指导思想，只是满足于实现既定的利润目标，即使其他策略能赢得更多的利润他们也不予考虑。

2. 竞争者追求一组目标即目标组合

竞争者追求的目标往往不是单一的，而是一组目标，如目前的盈利状况、市场占有率、工程质量、服务领先等目标组合。因此，企业要了解每个竞争者的重点目标是什么，它们对各种

类型的竞争会作出何种反应等。如一个追求成本领先地位的竞争者对于企业在工程建设方面的技术突破所作出的反应，远比对企业增加广告预算所作出的反应强烈得多。

竞争者的目标是由多种因素决定的，包括其规模、与母公司的关系、历史背景、高层经理的经历和目前的经济状况等。在所有因素中，竞争者的历史背景和决策层的经历是辨析主要竞争者目标的主要因素。

如高层管理人员的经历或职业背景，可以帮助企业判别其经营方向、深化对行业的认识。一般情况下，高层领导人有财务背景的，常强调财务控制，而对项目投资采取谨慎保守的态度；有工程建筑背景的，喜欢采用新材料，以降低单位商品房的成本；有营销背景的，则倾向于开发新户型并进行营销组合创新。此外，高层领导人曾经工作过的产业和公司以及该产业所特有的竞争规则和战略方法，也是辨析竞争者模式的主要因素。

三、评估竞争者的优势和劣势

评估竞争者的优势和劣势的目的，是评估其竞争实力。要评估竞争者的优势和劣势，首先要收集有关竞争者在各个领域中的优势和劣势信息，并加以整理、比较、分析，最后得出竞争者优、劣势的结论。竞争者的优势和劣势主要从产品方面、营销与销售方面、项目运作能力、研究和工程能力、开发成本、企业的财务实力、开发的项目综合管理能力、企业的其他房地产项目业务组合等方面来分析和评估；此外，还需要认真分析竞争对手的核心能力、成长潜力、快速反应能力、适应变化能力、持久力等各个方面的情况。

四、识别竞争者的战略

各企业采取的战略越相似，它们之间的竞争就越激烈。在多数行业里，根据所采取的主要战略的不同，可将竞争者划分为不同的战略群体。划分房地产业的战略集团是识别竞争者现行战略的有效方法之一。一般而言，处于同一战略集团中的企业，有着基本相同的战略选择。值得注意的是，竞争战略可能是显性的，也可能是隐性的，企业应该在复杂的环境中尽可能完整地识别出竞争者的各种战略选择。

五、判别竞争者的反应模式

竞争者的目标、战略、优势和劣势决定了它对降价、促销、推出新产品等市场竞争战略的反应。此外，每个竞争者都有一定的经营哲学和指导思想，因此，为了估计竞争者的反应及可能采取的行动，企业的营销管理人员和策划人要深入了解竞争者的思想、稳定的企业文化和某些起主导作用的信念，企业需要深入分析既定竞争对手的思维体系，才可能预测竞争对手可能采取的行动。当企业采取某些措施和行动之后，竞争者会有不同的反应。常见的竞争者反应模式有以下四种。

1. **从容不迫型竞争者**

有些竞争者对既定竞争行动的反应不迅速也不很强烈，其原因可能是它们相信客户的忠诚度很高，相信自己的业务迟早会取得好成绩，因而对竞争行动反应迟钝；或者可能是重视不够，没有发现对手的新措施；或者可能是缺乏作出必要反应所需的资金。企业务必弄清楚竞争对手从容不迫的原因。

2. 选择型竞争者

一些竞争者可能只对某些类型的攻击行为作出反应，而对其他攻击行为反应迟钝。如竞争对手可能对降价作出强烈反应，以表明降价发起人发起的这种降价行为是枉然的，但它可能对广告费用的增加不作任何反应，认为这些并不构成威胁。了解主要竞争对手会在哪些方面作出反应，可为企业采取最为可靠的攻击方案提供线索。

3. 凶猛型竞争者

一些竞争者对行业内的任何攻击行为都会作出迅速而强烈的反应，一旦受到挑战就会立即发起猛烈的全面反击行动。对这样的企业，同行都避免与它直接交锋。

4. 随机型竞争者

有些竞争者并不表露可预知的反应模式，它们的反应模式难以捉摸，它们在特定的场合中可能会作出反应，也可能不会，其反击行为是随机的。无论根据财务、历史或其他情况，都无法预见其反应模式。

第三节　房地产消费者心理及其差异

房地产开发商的最终目的就是把房子卖出去，最大限度地获取利润。因此，开发房地产的关键是所开发的房地产能否得到消费者的认可，满足他们的需求。只有掌握了消费者心理，才能赢得客户的信赖。

一、房地产消费者心理

人类的心理活动是人的头脑反映客观现实的过程，是各种信息在人的头脑内进行整合后，形成意识，并以言语、动作和活动的行为方式表现出来的反射过程，因此，消费者心理对购买行为起着重要的作用。

（1）需求方信息对供给方心理的影响　即消费者对欲购产品的预期信息（包括对欲购产品的功能、结构、环境等方面的需求信息）在营销人员头脑中的反映，因此，消费者的消费心理直接决定了消费者的购买行为，影响到房地产的销售。

（2）供给方信息对需求方心理的影响　即营销人员发布的房地产产品信息及与之相关的信息在消费者（在广告学中称为“目标受众”）头脑中的反映，营销人员的心理决定了营销策略的制订，营销过程中的相关信息影响到消费者购买行为决策。

上述这两方面是相互影响、相互作用的过程。从本质上讲，这种相互作用的心理过程实质上是供求双方追求信息不对称的过程，当双方的心理沟通最彻底时，双方知晓的信息越趋于对称，交易的阻力也趋于最小。

二、房地产消费者心理的基本内容

房地产消费者心理因素主要包括动机、知觉、学习和态度4个方面的基本内容。

（1）动机　动机是人们因为某种需要而产生的并推动和诱发人们进行活动的愿望和需求，是一种无法直接观察的内在推动力。购房者的行为是受动机支配的，而动机又是由需要产生的。消费者购买商品动机是复杂多样的，可分为本能动机和心理动机两大类：

1）本能动机又称原始动机。本能动机由人们的本能需要而产生，是基本的、初层次的动机。衣食住行，住排在第三位，这是人类最基本的生存欲望。安居才能乐业，乐业必须安居。我国住房制度的改革，转变了人们的居住观念，也改变了“国家盖房百姓分，理所当然”的城镇居民的居住心理。

2）心理动机。心理动机是指通过自己的各种心理活动而形成的动机，又分为：感情动机、理智动机和信任动机三种。

由于房地产价值量大，消费者对所要购买的商品没有足够的知识，往往货比三家，他们在选择房地产产品的过程中，除了注重外观和价格外，还充分运用视觉、触觉、听觉等器官并调动亲朋好友前来观看比较，从产品的质量、所处的位置、价格、付款方式、房型、面积、交通便捷程度、周边环境以及市政设施等方面来选择，购买决策十分慎重。

补充知识

目前，房地产消费者常见的购房动机有以下几种：

1）投机炒房型。购房完全是为了通过买卖从中获取差额利润，追逐短期收益。

2）商务需求型。为了商务往来购房，最常见的是购房之后，兼做办公场所和住处；或者是在新城市拓展业务时，购房以满足安居的需要。

3）自住型。购房完全是为了自己居住。

4）后代念想型。为后代购房，自己不会居住或常住。例如，为子女购置婚房。

5）保值增值型。将购房当成是一项长期投资，出租投资两相宜。

（2）知觉　知觉是一种“程序”，个人经过这个程序来选择、组织和解释各种输入的信息，从而产生对客观世界的一幅有意义的图像，因此，知觉代表个人对刺激物的印象。在营销管理中，要掌握消费者和开发商、经营商的知觉差异，分析研究消费者对房地产价格的知觉以及品牌形象的知觉，营销活动可收到事半功倍的效果。

（3）学习　心理学家将学习定义为：采用某种方式，使行为产生永久改变的过程。营销人员应认识到“学习”在促销活动中的作用，利用各种传播媒介来加强消费者对本公司的广告及产品的印象，诱导他们作出购买本公司房地产产品的决定。如某开发商举办促销活动，向消费者分发《购房须知》，教消费者学会购买房子，获得了消费者的认可，取得了成功。

（4）态度　态度是人对于某一事物所持的较长期的评价、感觉及行动倾向。人的态度是学来的，一旦个人形成某种态度之后，个人很难察觉其态度的来源，或是形成原因。开发商在营销活动中，应了解消费者对其产品和服务的态度，设法使其楼盘配合消费者的态度，而不轻易决定改变消费者的态度，用态度来解释企业或楼盘口碑的市场占有率。

三、房地产消费者心理差异

由于人的能力、气质和性格不同，房地产消费者呈现出各自不同的心理差异，即心理特征。消费者心理主要分为以下几种。

（1）习俗消费心理　由于消费者来自不同的地域，具有不同的宗教信仰、文化背景、历史渊源、传统和观念等，因而会形成惯有的消费心理和消费习惯。

（2）从众消费心理　由于社会消费风气、时代潮流、社会群体等社会因素的影响，在消费者中通常会产生迎合某种流行风尚或社会群体的从众心理需要。

（3）寻求便利的消费心理　消费者在购买房地产时往往对孩子入托上学的方便性、交通通达度、购物便捷性等重要因素加以考虑。

（4）选价消费心理　产品的价格是直接影响消费者购买行为决策的重要因素，消费者在作出购买行为决策时，总是希望付出最少的资金，取得最大的效益。同时，有些消费者对特别的价格有特别的心理，这种心理也会影响购买者的行为，如消费者对以 4、7、13 等为尾数的楼层或楼宇数字忌讳，对以 8、9 为尾数的楼层或楼宇数字偏好等。

（5）趋美消费心理　在现实生活中，虽然消费者各自的审美观念不同，在对美的标准的评判上存在差异，但追求适应自身审美观念的消费品是消费者普遍存在的心理需要。

（6）追从新奇的消费心理　有些消费者对所提供的新的、先进的或者与众不同的服务或房地产产品感到好奇，总希望自己能亲自尝试，这就是追从新奇的消费心理。

（7）追求优越的消费心理　有些消费者希望别人赞赏和尊重自己的支付能力、审美观念以及挑选能力等，在交易过程中，往往会产生不甘落后、争强好胜、展现华贵、显示能力的优越心理需要。

（8）求名消费心理　由于对名牌产品或名牌公司的信任与追求，而乐意接受该公司产品或服务的心理需要。

除此之外，还有许多心理因素影响和制约着消费者的购买决定。在实际生活中，影响消费者购买决定的心理往往并不是来自于某一方面，而是受到多种心理因素的共同作用和影响。

第四节　房地产消费者购买行为分析

由于消费者在性别、年龄、文化程度、经济收入、个性心理等多方面的差异，消费者对产品的需求也会千差万别。企业只有研究、了解消费者的具体消费行为，针对不同类型、不同阶层消费者的消费行为，开展一系列的营销活动，才能实现既定的市场营销目标和其他经营目标。

一、影响消费者购买行为的因素

从实际情况看，消费者在作出购买决定的过程中，在很大程度上要受到文化因素、社会因素、个人因素和心理因素的影响。

1. 文化因素

建筑具有深刻的社会文化内涵，在诸多能够对房地产购买者消费行为施加影响的主要因素中，文化因素是最为广泛、深远的一个主要因素。具体参看第一节内容。

2. 社会因素

房地产购房者的行为不可避免地受到社会因素的影响，在社会因素中，主要包括以下几个方面：

（1）参照群体　参照群体是指能够影响一个人的价值观念、态度及行为的社会群体，它可能是个人所属的群体，也可能是个人“心向往之”的群体。参考群体对于个人有两种作用：一是社会比较，通过和别人比较来评价自己；二是社会确认，以群体为原则，评价自己的信念、态度和价值观念。

市场营销人员之所以要对特定目标市场范围内的参照群体加以辨别、区分，主要是因为参照群体至少可以在以下三个方面对任何一个人的消费行为构成影响。

1）参照群体可以促使人的消费行为和生活方式不断地向新的方向转变。

2）可以对其态度和自我观念产生潜移默化的影响。

3）会影响到其产品或楼盘品牌的选择。

（2）家庭　家庭是社会组织的一个基本单位，也是消费者的首要对照群体之一，对消费者购买行为有着重要的影响。一个人在其一生中一般要经历两个家庭。第一个是父母的家庭，在父母的养育下逐渐长大成人，然后又组成了自己的家庭，即第二个家庭。当消费者作出购买决策时，必然要受到这两个家庭的影响。其中，受原家庭的影响比较间接，受现有家庭的影响比较直接。

（3）社会地位和社会影响　一个人在一生中会参加许多群体，如俱乐部及其他各种组织。每个人在各个群体中的位置可用角色和地位来确定。每一个角色都将在某种程度上影响其购买行为，每一角色都伴随着一种地位，这种地位反映了社会对他或她的评价以及社会影响。分析购房者的社会地位和社会影响，有利于营销目标的选择，同时，也为营销计划的制订和实施打下坚实的基础。

3. 个人因素

在个人因素中，除消费者特性外，最具影响力的当属消费者的年龄及其家庭生命周期、职业、生活方式、个性和自我观念。

（1）年龄及其家庭生命周期　不同的年龄阶段，消费者对于商品的主要需求欲望也不同。购买决策除受年龄的影响外，也受“家庭生命周期”的影响，分析年龄及其家庭生命周期，可以使企业的营销计划制订得更具有针对性。

（2）职业　从总体上讲，消费者的职业不同，消费观、消费行为也随之有所差异。一般而言，白领阶层主要注重产品是否是名牌，而蓝领阶层则主要注重产品是否具有实用价值。

(3) 生活方式　生活方式是指个人或集团对消费、工作和娱乐的特定习惯和态度。人们追求的生活方式不同，对房地产商品的喜好和需求也就不同。

(4) 个性及其自我概念　所谓个性是指个人特有的相对持久的个人素质。一个人的个性会影响个人对外界知觉的方式及行为，营销人员应找准目标市场的个性，使企业或楼盘的品牌个性正好符合目标市场的个性。自我概念亦称自我形象，每一个人都对自己有一幅心理情绪的图像。当某一房地产产品具有和消费者个人相似的特性时，就会激发消费者的租购欲望。

4. **心理因素**

购房者所具有的心理因素不同，其消费观、购买行为也会随之发生变化。

从现代消费心理研究来看，房地产消费者的消费心理越来越呈现出多样性、个性化、人本主义的特点。如何将差异性越来越小的房地产产品与有着多种心理需要的潜在消费者联系起来，是房地产营销人员必须面对和解决的新课题。具体请参看本章第三节内容。

二、购买行为的特点

房地产本身的特点决定了房地产消费者的购买行为具有以下特点。

1. **十分谨慎、理智购买**

由于房地产的投资较大，使用时间长，一旦购买后如不能称心如意，遭受的损失较大。因此，购房者总是慎之又慎，担心上当受骗，在购房时会对房地产的价格、质量、管理、服务以及购物、文化教育设施等条件事先了解得很清楚，在信得过的基础上才认购楼盘，而不会因为一时的冲动或凭感情用事来购房。

2. **货比三家、综合权衡**

房地产产品虽具有单件性特点，但同类房地产产品间也具有相似性，购房者在购买行为上喜欢将同类产品货比三家，综合权衡，慎重决策。

对于购房者来说，其反复分析、比较的因素一般有两个：有形因素和无形因素。

(1) 有形因素　有形因素包括物质因素、经济因素、便利因素、外观因素。物质因素主要指质量因素，房屋质量的好坏；经济因素主要指房价，是购房者最敏感的指标；便利因素是购房者为提高生活质量，于内部条件要求舒适实用、布局设计合理，于外部环境则要求交通便利，配套设施齐全；外观因素包括楼宇风格、外观形象、布局造型等。

(2) 无形因素　无形因素包括楼盘的形象和主题概念、企业信誉、企业的服务等。楼盘的形象和主题概念是指市场对产品名称、商标的知晓率；楼盘的形象好，其社会口碑就好，产品就受到顾客的欢迎；企业信誉成为取信于购房者的法宝。企业服务是购房者行为诱发的主要指标之一，售前、售后服务的态度及水平，某种程度上影响着消费者的购买决策行为。良好的无形因素则可强化房地产的有形因素，带给消费者信任感和安全感。

3. **依法交易、保障权益**

购房往往是人们一生中最大的一件事情，他们要求用法律来保护自己的合法利益，要求严格按照法定程序购房。为避免日后出现交易纠纷，购房者愿意并要求采用合同方式，借以明确双方的权利、责任、义务和发生纠纷的处理方法，并通过一定的鉴证机构（如市场交易组织、管理机构、公证部门、法律部门）核准，使购房交易行为产生法律约束力。

三、购买行为分析与决策过程

（一）购买行为分析

美国市场营销学家科特勒认为，企业要掌握消费者购买行为，必须研究好5W1H所表述的问题。房地产购买者进行购房行为分析，也可以归结为5W1H问题，即购买什么（What）、为何购买（Why）、由谁购买（Who）、何时购买（When）、何处购买（Where）、如何购买（How）。

1. **购买什么——购买的产品**

通过分析消费者希望购买什么样的房地产品，企业就可以知道消费者需要什么样的产品，从而开发、建造出消费者所需要的适合市场的房地产产品。

2. **为什么购买——购买的目的**

通过分析购买动机的形成和表现，了解消费者的购买目的，从而采取相应的市场推广策略。

3. **购买者是谁——购买组织**

房地产市场的购买者主要是企事业单位、机关团体和个人（包括家庭）。不同的房地产产品所面对的主要消费者也不同，如写字楼，目标顾客主要是各类公司或事务所，住宅则是以个人购买为主。购买的房地产产品供谁使用？谁是购买的决策者、执行者、影响者、建设者？通过对这些问题的分析，制订相应的营销策略。

4. **何时购买——购买时机**

分析购房者会在什么时候购买房地产产品，这是关系到产品能否成功地推向市场的关键问题。它直接关系到市场营销计划的成败，以及公司利润目标的实现。房地产企业应注意购房者的购买心理和购买习惯，在适当时间将产品推向市场。

5. **何处购买——购买的场合**

对房地产消费者来讲，一般不会冲动地购置房地产，购房者已越来越重视房地产的区位条件。如果房地产企业能够找准消费者所中意的购房区位，那么就能够为自己的产品找到合适的出路。当然，区位好，价格高，营销者应注意区位对价格策略的影响。

6. **如何购买——购买组织的作业行为**

这是研究消费者在购买中采用何种方法实现购买的问题。根据消费者购买行为的不同类型，有针对性地对特定的市场提供营销服务，可以使房地产企业的开发经营做到有的放矢。

（二）购买决策过程

房地产消费者从动机到行动的购买过程，是一个复杂的购买行为过程，一般由引起需要、了解行情、评价方案、决定购买和购后感受五个阶段构成（图4-4）。

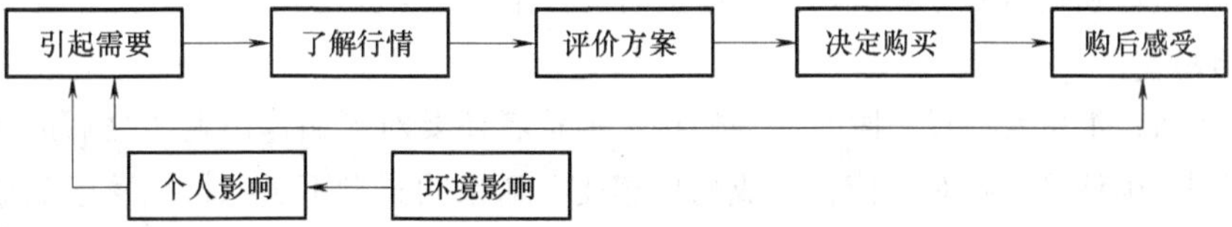

图4-4　购买者决策过程

1. 引起需求

产生需要是消费者购买行为过程的起点。消费者某种需要的产生，有可能是由生理需要引起的，如由驱使力产生的购买房屋自用居住；也可能是由心理需求引起的，如由吸引力引起的置业投资，以获取收益。当消费者产生需要以后，往往会延长一段时间，并且随着时间变化而不断波动。当这种需要程度不断加强，并且自己具有一定的购买力或通过其他融资方式能解决货币资金时，就可能促使消费者产生购买行为；反之，则不能促使消费者产生购买行为。

2. 了解行情

了解行情是购房者作出购房决定过程的第二个环节。需求产生以后，购房者就要寻找和搜集有关信息，作为购买依据。

补充知识

一般来说，消费者所需要的信息一般有四个来源：

1）个人来源。从家庭、亲友、邻居和其他熟人处得到信息。

2）商业来源。从各种广告、推销员和房展会等得到信息。

3）公众来源。从网络、电视、电台、报纸、短信等媒体和马路信息处得到信息。

4）经验来源。从居住、使用物业过程中所得到的切身经验。

消费者收集资料的积极程度往往随需要程度的不同而不同。从消费者的角度看，由企业控制的商业性来源信息起通知作用，其他非商业性来源信息起验证和评价的作用。但个人来源的信息其说服力和可信度更强。因此，企业应加强对已购买或租赁物业产品顾客的工作，以形成顾客派生顾客的顾客源。

3. 评价方案

购房者对产品的判断大都是建立在自觉和理性基础之上的。购房者的评价行为一般要考虑物业产品的设计格调、价格、质量、所处地段与交通便捷程度、市政规划、房型、物业管理、开发商的品牌、周边环境等属性。购房者只有在评价方案之后，才能分清孰优孰劣，才能据此作出最终的购买决定。这是决策过程中的决定性一环。

4. 决定购买

经过比较和评价，会使购房者对可供选择的某一房地产产品形成某种偏好，从而形成购买意图，进而作出最终购买决定并付诸实际购买行为。从决定购买到实际购买之间，有两种因素起作用，一是别人的态度，二是意外情况。在这一阶段，营销部门应根据消费者的心理冲突，一方面向消费者提供更多更详细的资料，针对企业的优势改变消费者对企业产品的心理偏差，另一方面，通过增强销售服务方便购买，促使消费者作出购买决定。

5. 购后感受

购买房屋后，消费者通过一段时间的使用，消费者还要对产品作出购买之后的评判，同时倾听他人评判，确认是否物有所值，形成购后感受。如果购买者不满意，导致楼盘形成口咒效应，其反面宣传对其他消费者有决定性的影响力。所以，营销者不要对自己的产品做过度的宣传，以增强消费者购买后的满意感，同时应加强购后联系，注意与客户建立良好的关系。

【案例 4-1】

鲁铁 1 号项目营销策划分析

一、消费者简析

通过市场调查，我们了解到消费者具有以下特征：

1）济南的消费群体受传统思想影响较大，喜欢实实在在的东西，消费心理及消费行为相对保守，呈内敛方式；2000 年以后，随着广告及各种推广概念的引导，其接受新事物的能力有一定的进步。

2）购房心理处于初级向中级发展的过渡阶段，尚不成熟。一般的购房周期为 2 ~ 6 个月，消费者会反复比较各项因素以区别项目优劣；但购房周期呈现递减趋势。

3）价格（第一因素）、位置环境、户型仍然是购房者考虑的首要因素。同时也存在一定的从众心理。广告和售楼人员的解说都会对消费者产生影响。

4）济南购房者有一个重要特性：希望购房点距现有居住点非常接近，而且越近越好。

5）购房行为是一种消费者介入度非常深的消费行为，消费者在购房的同时也是在购买一种生活方式和为得到其他人对其购房行为的认可。这一现象，尤以中、高档项目的消费群体为甚。

6）济南的消费者比较缺乏房地产方面的知识（呈现上升趋势），他们对自己真正需要怎样的房子并不十分清楚，对于投资、升值等理念仍然模糊。引导性消费在济南房地产市场中极为重要。

7）消费者不加选择的集团购买时代基本结束，市场进入个人购房时代。

二、案例具体分析

在对济南的市场状况有了粗略的认识后，我们以鲁铁 1 号项目作为分析重点。

1. 项目 SWOT 简析——劣势和威胁

1）因前期各种原因造成楼盘销售周期过长，影响力较弱。

2）项目规模偏小，难以形成整体规模优势。

3）堤口路两侧竞争对手众多（500m 区域内在售项目共 9 个），在价格及配套等各方面均无优势。

4）因是开发首个纯市场项目，开发企业形象力较弱。

2. 项目 SWOT 简析——优势和机会

1）小区自身品质较好。

2）现房即可入住。

3）项目区位较好。济南新总体规划出台，新城区确定西部，小区门前堤口路成为重要通路。

4）作为铁路企业，实力强、家底厚，在铁路系统范围内信誉极高。

5）竞争项目众多，也恰恰说明区域内的需求量大。

3. 目标消费群行为分析

（1）认同本案的动机　认同本案规划设计功能及附加价值优于附近其他个案；与竞争个案比较后，认同本案价值；区域性客户想在此长久居住者；认为本区域具有远景、地段发展有升值潜力；信赖开发商的企业规模和经济实力。

(2) 排斥本案动机　认为本案规划设计功能及附加价值差于附近其他个案；经济能力不足；区域性客户不想在此长久居住者；对本案区域的发展前景不看好。

4. 目标消费者简要描述

在长期的销售实践中，我们认为，目标消费群体的界定对一个项目的成功运作具有重大意义，目标消费群体的清晰界定对于控制销售周期、制定传播策略起着决定性作用。

(1) 职业收入描述　主要是从事IT、营销、法律、广告等智慧行业的高收入白领人士；国家垄断及能源行业（铁路、石油、电力、电信等）的固定职工，其中铁路职工为重中之重；私营企业主或三资企业中层人员；特殊人群。

(2) 收入描述　主要是家庭月收入3500元以上，家庭总储蓄25万元以上。

(3) 年龄描述　主诉求对象的年龄应该在25～50岁之间，男性。

(4) 家庭描述　家庭总人口为3～5人。①家庭结构简单，大多呈现家庭核心化趋势；②为子女的成长选取一个良好的人文环境，是核心化家庭购房考虑的首要因素。

(5) 置业目的　改善居住环境或为子女购房；多为一次置业。

(6) 所属区域　堤口路以北、以西全部区域，以东、以南各1.5km范围区域。

资料来源：郑振飞　济南智盟时代营销策划有限公司总经理，2003年

【案例4-2】

山东济南鸿基大厦项目策划书——项目SWOT分析

项目SWOT分析——优势分析

1) 功能设计。(以服务带动经营) 以人为本，注重规模效应是鸿基大厦功能设计的理念。区内四通八达的道路，形成鸿基大厦四面沿路的独立商铺，同时围合构成中间的大型商场，共同组成一个集中的商业中心，以规模化的经营形式创造了良好的商业氛围，成为目前东营最大的五金建材物流中心。四、五层为高档数码智能化写字楼，办公户型齐全，可选择性较大，电梯直达，宽带、闭路、通信接入，在办公室就能与世界各地的商家洽谈业务，实现足不出户，博览全球的梦想，是各公司、事务所、中介机构、服务行业、金融保险业理想的办公场所。

2) 规模。东营最大的五金专业市场，比较容易形成规模效应。本项目所在的东营经济园区五金建材专业市场无论在占地面积、建筑面积、入住业主、产品品种，还是在价格、经营管理方面，都是其他专业市场无法比拟的，本项目在整个经济园区的前沿地带，建筑面积44000多m^2，依托园区这个超大的五金建材专业市场，容易形成大规模的经营优势，形成规模化效应是本项目的重要优势。

3) 位置。本项目位于东西城对接的中枢地带，南临东西城之间的最主要干线黄河路，与即将开工的胜利油田经济适用房项目600万m^2耿井小区隔路相望，北靠青岛路，东临东区六路，和未来的政治、经济、文化中心东营新区连成一片，西临太行山路，与西城胜利油田驻地紧紧相靠。建成后向东相临东营新区，并可从黄河路与青岛路直通东营市政府和八分场，向西直通东营市最繁华的胜利油田驻地——东营西城。在五金建材经营方面，绝佳的地理位置是其他项目无法比拟的。

4）政府政策。本项目无论在占地、建筑面积还是在投资等方面，都是东营地区规模较大的项目，而且是东营市最大的一次国有土地使用权拍卖地，东营市、区两级政府在各方面都给予了很大的政策支持（详见政府优惠政策，略），对于本项目，这也是很重要的一个卖点。

5）户型。本项目商铺一层注重产品展示、摆放、交易等商业功能，二层注重账务、办公功能，三层注重居住、办公功能，比原有商业街五金建材商铺在功能配置方面有较大程度提高，同现有类似产品相比也有较大优势。另外，商铺整体面积大，分割容易，在使用及居住舒适性方面也是其他同类产品难以比拟的。本项目4～5层为商务写字楼，户型结构大小结合，既能单独使用，也能随意分割，适应不同的办公需要；卫生间设置采取公用和私家两种方式，满足不同要求的业主。项目一层中间为大型专业商场，四面都设有宽敞进出口，满足专业商场的各种需求。总之，本项目在户型、功能设计方面，都体现了以人为本的设计理念。

6）交通。本项目位置交通便利，四周与黄河路、青岛路、东区六路、太行山路相临，附近有济南路、泰安路等主要交通干线。在公交方面，本项目有命名公交站点，101、103、111等公交车途经本项目站点。东营长途东站与本项目仅2km。所以，本项目交通位置特别优越。

7）绿化和环境。沿海河路边60m宽，总面积约18000m^{2}的绿化带使项目环境无比优越，与楼前宽阔的广场与雕塑形成优美景观，其他五金专业建材市场无法相比。

8）配套。市场内道路宽阔，围绕本项目道路宽，240个车位的超大停车区，水电设施完善，四部写字楼专用电梯，解除业主后顾之忧。

9）物业。完善的物业管理，优质的物业服务，内容主要包括：采用鸿基统一VI形象系统进行配置，创建统一的大厦标识系统；24小时治安巡视；对外来人员（访客、装修人员等）进行有效控制和管理，消除治安隐患；多种保安岗位相结合（门岗、巡逻岗、交通岗）；车辆停放管理；不间断巡视；绿化养护；保洁服务；代客洗衣业务；免费代订机票服务；礼宾车出租服务；私人区域清洁服务；工程有偿维修服务（适用于租房客户）；代缴话费服务；日常应急药品提供服务；接飞机、火（汽）车服务。

10）各种线路配套。免费电话接入、宽带接入、空调插座与闭路电视接口预留，免除业主入住后自行装备的烦恼。

11）装修。商铺毛坯房，降低成本，而且使用户自行装修方便，写字楼充分考虑业主需求，全部精装修，高档外墙涂料、优质防盗门、大理石走廊地面、全装修办公环境、精装卫生间（可选），使业主可以直接入住，方便办公。

12）升值空间。未来东营城市的中心位置，五金建材专业市场的龙头地段，升值空间巨大。

项目SWOT分析——劣势分析：

1）成本高，支付困难　商铺单位成本较高，面积大，造成总体价格较高，对业主首付造成很大困难。

建议：虽然有银行按揭支持，但首付数额对于消费者来说仍有较大困难，可以使用一些技巧，降低首付金额（例如加价返装修费），另外，在对外宣传和解说时，让消费者充分认识本项目的升值潜力，并使用类似项目对比的办法消除消费者的顾虑。

2）户型改善没有较大的突破，比较陈旧。

建议：在宣传解说时使用类似“传统”这样的词汇，让消费者认识到一些没有经过长时间检验的户型风险性高，并让业主注重本项目在其他方面的优势。

3）商铺共三层，其中三层价位与一、二层价位相同，消费者有心理压力。

建议：首先在项目功能方面向消费者解释透彻，另外，让消费者了解项目用地、成本等情况，博得消费者的理解和同情。

4）市场启动有难度，影响业主信心。

建议：首先充分利用政府的优惠条件和硬性文件，建立消费者对市场启动的信心，并承诺开发商会尽力协助有关单位启动市场。

5）以人为本的设计理念没有得到充分体现。

建议：尽量避免与业主谈论此类问题，扬长避短，用项目的优势来掩盖项目的劣势。

6）现阶段的非城市繁华区，没有形成商务气候，是写字楼的最大弱点。

建议：向业主介绍将来的发展前景，例如未来的东营新区和耿井小区会使本项目所在的地理位置发生巨大变化，将来这里将是东营市新的政治、经济、文化中心。

7）整个办公氛围较差，走廊过长，如果灯光处理不好会很阴暗。

建议：走廊过长可以用虚门结构予以掩盖，走廊的灯光设计比较重要，我们应该予以重视。

8）周边没有休闲、娱乐等相关配套。

建议：建议通过两种方式解决这个问题，第一，由开发商建立并经营相关配套设施。第二，可以采取租售此类相关配套的方式。

9）物业管理、物业费及电梯费用问题仍是业主关心的问题，劣质的物业服务与高昂的物业费用会减少部分消费需求，到现在为止，本项目物业方案未出台是其本项目的一大劣势。

建议：重视物业管理并配套完整的物业管理办法，提出最佳解决方案，给业主以信心。

资料来源：郑振飞　济南智盟时代营销策划有限公司总经理

复习思考题

1. 如何进行 SWOT 分析？
2. 企业如何进行竞争者分析？
3. 消费者购买决定的过程有哪些阶段？

实践、讨论题

1. 针对本地某房地产项目进行 SWOT 分析。
2. 针对本地某房地产项目，对其进行调查，分析消费者的购买行为特征。

第五章 房地产目标市场定位策划

5

【学习目标】

通过本章的学习，了解房地产项目市场细分、目标市场选择和市场定位的概念及原则，系统掌握目标市场选择策略、产品定位和客户定位策略。

【关键词】

房地产　目标市场　　产品定位　客户定位

房地产营销策划的根本目的是满足最终消费者对房地产产品的需求，使企业获得最大的效益。为了实现这一目的，通过市场调研、营销策划分析，依据消费者需求的差异性，将房地产市场整体细分为若干个子市场，在此基础上确定企业的目标顾客市场，做好市场定位，营销策划方案才能系统、完整，制订的营销策略才能有的放矢。因此，目标市场定位是房地产营销策划的关键环节。

第一节　房地产市场细分

一、房地产市场细分的概念

所谓房地产市场细分就是房地产开发商在市场调研的基础上，从消费者需求的差异性出发，依据消费者的欲望和需要、购买行为和购买习惯，将房地产市场整体分为若干个具有相似欲望和需要的消费者群体的分市场或亚市场、子市场的分类过程。细分后的子市场，异质性减少、同质性增多。任何一个子市场都有可能被选为房地产企业的目标市场。

完整地理解房地产市场细分的概念，应该把握以下几个要点：

1）房地产市场细分的主要意图是发掘市场机会。

2）通过房地产市场细分，使企业更加准确地了解顾客的需要。

3）房地产市场细分的结果往往是得到了大量的子市场，房地产企业不可能也没必要对每一个子市场都予以足够的重视和分析，必须对它们进行筛选。

房地产市场细分是市场消费需求多样化和企业间竞争的需要，它对于开发商寻找新的市场机会、正确选择目标市场、提高其市场竞争力具有积极的作用。

示例

SOHO是"Small Office Home Office"的缩写，意为小型的、家庭的办公室。北京的SOHO现代城位于北京市东长安街延长线、国贸以东，北京商务中心区内，总面积达22万m^2，分别由一栋42层和一栋30层高的塔楼以及2座连体底座组成。SOHO现代城系列房地产产品的开发，主要针对来北京的单身贵族，既没有多少储蓄又需要有一个家的单身年轻人，因此，SOHO房一经推出便出现排队购房的热卖景象，三天之内便售出175套。这种新的市场机会，让开发商大赚一笔。

二、房地产市场细分的原则

房地产市场细分不是单纯地把房地产市场进行分割，而是依据消费者心理、行为和家庭等参数对房地产需求的差异性和相似性进行归类，细分出具有一定规模并能够实现企业目标的子市场。一般来说，房地产市场细分原则有以下几点。

1. 可计量原则

细分的市场区分与界限必须是明确的，子市场内的现实、潜在购买力与规模应该是可以识别和衡量的。因此，市场细分的标准要明确，细分的市场才会呈现明显的、易于辨认的形态，那么，这个子市场的规模才能够衡量。

2. 规模性原则

细分的市场应具有一定规模、足够的需求量或容量，才值得房地产企业进入这个市场。否则，这个子市场如果没有足够的容量，即使制订再好的营销策划方案，房地产企业也无利可图。

3. 可进入性原则

在市场细分后，房地产企业依据自身的资源条件，有效地进入这个细分的子市场，向该子市场提供其所需的房地产产品，并能被消费者所接受，进而制订完善的营销策划方案，付诸实施，开发商才能获得效益。

4. 稳定性原则

细分的子市场必须保持相对稳定，不宜经常变更，以保证房地产企业市场营销策略的一致性，使得企业能够在该子市场上获得长期、稳定的经济利益。若该细分的子市场变化太快，则企业经营风险亦随之加大。

三、房地产市场细分的参数

房地产消费者，由于受年龄、性别、收入、文化程度、地理环境、心理因素等影响，通常有不同的欲望和需求，进而产生不同的购买习惯和购买行为，这是构成房地产市场细分的依据。

下面将分别讨论住宅用房市场和生产与营业性用房两大类房地产市场细分依据。

（一）住宅用房市场的细分参数

住宅用房市场的细分参数主要包括两个方面：①消费者的生理特性和社会属性，如家庭参数和地理参数；②消费者对市场营销组合因素的反应，如心理参数和行为参数。依据这两方面选择细分参数是基于以下假设：消费者所处的地理环境、人口特点及心理特点不同，对房地产的需求和偏好也就不同，对企业采取的营销策略如价格和广告宣传等措施的反应也有差异。

1. 地理参数

房地产的固定性决定了房地产市场的区域性，区位、周边环境是房地产企业选择目标市场的重要基础。因此，某一区域内的房地产市场可根据地理环境细分为东南板块、西北板块等方位；还可按行政区域分为朝阳区、宽城区、南关区、路园区等市场；或者以市中心为圆点向周围辐射，形成一环、二环、三环、四环等区域。处在不同的自然地理环境、经济地理环境、人文环境的消费者对于同样的房地产产品有不同的需求和偏好；同时，对房地产价格、房型、付款方式的态度也有明显的差异。因此，开发商应研究不同地理市场上消费者的需求特征，以制订合适的营销策划方案。

2. 人口参数

随着我国城市化进程的加快，城镇中对商品房的需求也越来越大，而对住宅的需求往往是以家庭为单元的。不同家庭中人的年龄、经济收入、社会阶层对房地产产品的档次、风格、房型、面积、质量、环境有不同的需求差异。家庭参数主要包括以下几个方面：

（1）家庭规模　家庭规模是指家庭人口数量多少以及家庭组织范围的大小。家庭规模是随着社会经济发展而不断变化的，社会经济发展程度越高，家庭规模就越小。我国自 20 世纪 80 年代以来，城市家庭规模一直呈现缩小的趋势。根据统计资料显示，我国城市家庭平均人数从 1982 年的 4. 54 人下降到 2002 年的 3. 10 人。在人口总数不变的情况下，家庭规模缩小的结果就是家庭户数的增加。家庭户数决定了对住宅单位的需求量，每个家庭构成一户，相应需要一个单位住宅，因此家庭规模的缩小，直接导致住房需求的增加。

（2）家庭类型　根据家庭成员的血缘关系，家庭一般分为六种类型：单身家庭、夫妻家庭、核心家庭（由一对夫妻与其未婚子女组成）、主干家庭（由孩子、夫妻、夫妻中的一方老人三代人组成的家庭）、联合家庭（由两代以上的人且同一代中又有两对以上夫妻组成）、其他家庭。不同类型的家庭，由于家庭人口数量及家庭辈数的不同，对住宅的面积、室数、公共活动空间面积等提出的要求也不同。

与家庭结构密切相关的另一个因素是城市的新婚人数，这些新生户是房地产企业的主要消费群体，所以，开发商应该非常重视它。

（3）家庭代际数　家庭代际数指家庭成员由几代人构成。一般按家庭代际数将家庭分为三种类型：一代户（由单身家庭和夫妻家庭构成）、两代户（由核心家庭构成）、多代户（由主干家庭和联合家庭组成）。我国过去崇尚四代同堂，但随着社会进步和人们生活方式、生活观念的改变，年轻人喜欢自己独处，老年人愿意与年轻人分开居住，使得家庭代际数减少，增加了对住宅的需求。家庭代际数不同，对住房房间数的需求也不同。

示例

上海某开发商开发的老少居房子就是按家庭代际数来进行市场细分的，很受消费者的欢迎。其开发的120m^2的住宅，由两部分组成，一部分约70m^2，由夫妻和孩子居住，另一部分有约50m^2，由老两口居住，平时各走各的门，白天上班由老人照看家庭和孩子，而且对照看老人也很方便，晚上以及周末、节日则打开中间的通门，一家人团聚在一起，其乐融融。

（4）家庭收入　住宅是一种高档消费品，它的收入需求弹性大，其有效需求的形成很大程度取决于家庭收入水平的高低，消费者常常根据收入情况选择适宜的房地产。因此，市场细分应考虑家庭收入对价格策略产生的影响。如将房地产市场细分为面向高收入阶层的高档住宅市场、面向中等收入的普通住宅市场、面向低收入的经济适用房市场，分析这三类收入水平相应的住宅需求特征，开发有针对性、适销对路的住宅。

3. **心理参数**

心理参数指按人们购买房地产的期待值、生活格调、购买动机、个性等心理因素来划分住宅消费者群。房地产的销售过程并不是单单为了推销房屋，而在于引导人们的生活方式。因此，同样的房地产产品，不同的消费者反应不同，这体现了心理因素的差异。心理细分可从三个尺度来衡量。

（1）购买动机　如人们购买住宅最基本的动机是为了满足对“住”的需要；此外，还有投资的动机是为了满足房子保值增值的需要，有炫耀的动机是为了显示财富、身份的需要，有求新的动机是为了满足张扬个性的需要。总之，根据不同的购房动机，可划分为不同的子市场。

（2）生活方式　生活方式反映了消费者对工作、生活和娱乐等活动的特定习惯和倾向性。如现代大面积客厅的设计、书房的设计、阳光房的设计等都反映了人们生活方式的改变。人们的生活方式与住宅需求存在着密切的关系，开发商必须深入调查，把握生活方式的现状、未来趋势，才能在住宅市场上处于领先一步的地位。

（3）兴趣偏好　每户家庭在住宅需求上都有其特性，表现在对于住宅的房型、装修、色彩、室内平面布局、邻里、环境等方面的要求不同。因此，开发商应将对住宅具有共同个性、兴趣、主张、价值取向等心理偏好的需求进行归类，细分市场。如万科进行的房屋精装修；有些开发商开发的毛坯房，把张扬个性的这部分完全交给购房人自己。所有这些，都是考虑了顾客的兴趣偏好。

4. **行为参数**

行为参数是指按照消费者购买或使用某种产品的时机、追求的利益、使用程度、信赖情况、消费者待购阶段等行为变量来细分房地产市场。行为参数又分为以下三种。

（1）使用时机　根据人们对住宅产生需要、购买或使用的时机来细分市场。抓住消费者对住宅的使用时机，及时提供与需求相一致的各类住宅商品及管理服务，是企业开拓和占领新的住宅市场的有效策略，如房交会、节假日等都是开发商推销其房地产产品的好时机。

（2）使用程度　根据消费者进入房地产市场的程度可分为初次购买使用者、再次购买使用者和潜在购买使用者。一般情况下，首次购买者讲究经济实惠，可能相中的是中小户型；再次购买使用者则更看重面积、档次、质量、物业管理等方面；潜在购买者可能是两三年或符合其需求时才购买。

（3）追求利益　根据购买者对房地产产品所追求的不同利益而形成的有效细分方式。如住宅，有的人追求购物方便；有的强调教育设施配套，子女就学方便；有的看重环境视野；有的看重物业管理服务；有的在乎周边商业配套、物业升值潜力等。

（二）生产与营业性用房的市场细分依据

生产营业性用房与住宅市场细分有所不同，因为生产营业性用房的购买者不是为了消费，而是把它作为营业和生产场所，看做生产要素，是一种投资成本。它包括写字楼、商场、酒店、娱乐中心、旅馆、工业厂房、仓库等物业。其目的在于生产其他商品或进行经营来获取利润。因此，其细分参数主要考虑以下两点。

1. 最终消费者

最终消费者指最终使用生产营业用房的需求者，主要有加工制造业、商业、金融业、宾馆服务业、文化娱乐业等。它们对房地产企业所提供的产品及配套服务有不同的需求标准和利益诉求，开发商据此来细分生产营业性用房市场，尽可能使最终用户的要求得到满足，并对不同类型的最终消费者，相应地运用不同的市场营销策略。

2. 最终消费者规模

最终消费者规模是指具体的最终用户对生产营业性用房房地产需求量的大小。生产营业性用房市场可细分为小顾客市场、中顾客市场、大顾客市场。大顾客市场较少，但购买力大；中小顾客市场较多，其购买力较小。对于大顾客市场，开发商应设法建立直接的联系，制订专门营销策略，给企业带来较高的经济效益。对于中小顾客，开发商应采取灵活营销策略（如发布产品信息、广告宣传）去开拓市场。

四、房地产市场细分的方法与程序

（一）房地产市场细分的方法

任何房地产开发企业都可运用上述依据细分房地产市场，但由于每个开发商的经营方向、开发的具体产品不同，必然会在细分方法上有所不同。

房地产市场细分一般有单一因素法、综合因素法和系列因素法。

1. 单一因素法

选用一个因素，进行市场细分。如住宅市场按购买力水平可分为三类：①由高收入者组成的市场。由于他们收入水平高，所以，对住宅档次要求高、面积要求大、讲究环境，但对价格不是很关心。这类顾客一般愿意购买高档住宅、别墅。②由中等收入者组成的市场。这类顾客收入水平居中，对住房的实用性要求高，关心教育配套设施、交通便利等因素，对住房总价敏感，愿意购买中档住宅。③由低收入者组成的市场。这类顾客收入水平低，对价格的承受能力有限，但对住房位置不是很介意，愿意购买新区、城郊经济适用住房或其他低档用房，愿意按揭支付楼款。

2. **综合因素法**

综合因素法是指运用两个或两个以上因素，同时从多个角度进行市场细分。如选择住宅面积、收入水平和消费者年龄三个变量组合来细分市场，可分为三类：①住宅面积在120m² 以上、年薪在12万元以上、年龄为40～55岁之间；②住宅面积在60～100m² 之间、年薪在6～12万之间、年龄为25～40岁之间；③其他。

3. **系列因素法**

系列因素法也用两个以上因素，但根据顺序依次细分。细分的过程，也就是一个比较、选择子市场的过程，下阶段的细分，在上阶段选定的子市场中进行。

示例

东北某市某房地产企业是这样细分市场的：首先，依据地理参数细分，选中了火车站以北地区进行开发。2002年，北站房的开工建设、北人民大街及北客运站的启动，对拉动铁北地区的经济起到了不可小觑的作用，为投资者选择铁北增强了信心；同时，让居住者看到了铁北的升值潜力，“到铁北安家、到铁北置业、到铁北投资”，成为有眼光、有远见的选择。其次，依据消费者细分，以解决和改善居住条件的周围工薪阶层、中低收入者和投资收益获利的购买者为主，将附近的某汽车集团车轮分厂、轻型分厂和某客车厂等职工作为主要客户群。最后，依据职业状况细分，销售对象面向首次置业的年轻教师、公务员、企事业单位在职人员；外来人员，包括为子女、父母解决来此地居住问题的消费者。他们对地点要求不是很高，比较关心销售总价，并希望以此解决城市户口问题。

（二）房地产市场细分的程序

1. **依据房地产产品选定市场范围**

房地产市场范围选定不是产品特性选择，而是市场的需求，即对市场调查的资料进行分析，把握房地产市场需求供给状况和发展趋势，来选择和确定市场范围。

2. **列举潜在顾客的基本要求**

如开发商要开发一个小公寓，就要列出顾客对小公寓的基本要求，如遮雨避风、停放车辆、安全、经济、设计良好、方便工作、学习和生活、不受外来干扰、足够的起居空间、满意的内部装修、公寓管理和维护等。

3. **了解潜在顾客的不同要求**

企业可根据市场调研资料进行分析，尤其对潜在顾客，大致估量一下潜在的顾客对房地产有哪些方面的需求，找出其认为最重要的要求，去掉其共同要求。因为顾客的共同要求是房地产营销策划必须考虑的因素，但不能作为市场细分的基础。如有的购房人将价格放在第一位，有的将绿化环境放在第一位等。不同的顾客群体，可以划分出不同的子市场。

4. **为不同的子市场定名**

在提取共同需求后，对留下的特殊需求分析，产生一个表达和识别各细分市场的名称，如“好动者”、“新婚者”、“工薪阶层消费者”。

5. 对子市场进行深入研究

开发商要对各个子市场内的顾客，做深入考察分析，进一步认识各潜在顾客群体的特点，以便决定是否要再度细分或加以合并。

6. 测量不同分市场的规模

在确定了细分市场的类型后，对各个子市场与人口因素结合，估算各个子市场的潜在消费者数量和购买力。并结合企业资源条件和企业发展战略寻找、选择获利最多的目标市场，设计出相应的目标市场营销策略。如开发商以年轻人为顾客群体，除了满足他们对公寓的基本要求外，还可以提供游泳池、俱乐部、绿草地等设施和服务项目。

第二节　房地产目标市场选择

房地产市场细分的目的是发现市场机会，实行目标市场销售。所谓目标市场，就是企业确定的作为服务对象的某些有共同需求的消费者群体所组成的市场。一个企业只有选好了自己的服务对象，才能将自己的资源优势和特长充分发挥出来。因此，目标市场选择，不是满足企业在整个市场上占有一定的份额，而是追求企业在比较小的一个或几个子市场上占有比较大的市场份额。

一、目标市场应具备的基本条件

目标市场是开发商经过比较、选择的相应子市场，必须具备以下基本条件。

1. 有一定的市场容量和发展潜力

选择的目标市场应有一定的市场容量和足够的购买力，能够实现开发商的预期销售额。

2. 市场上尚有未满足的需求，有充分的发展潜力

企业满足消费者的需求，不仅仅是满足现实顾客的需求，更重要的是满足未来的潜在需求，并与企业开发的实力相匹配，有充分的发展潜力。如大盘，开发周期短者 2 ~ 3 年，长者 5 ~ 6 年，而且是分期开发的，市场若没有充分的发展潜力，那么，后期就无法开发，因此，所选择的目标市场必须有尚未满足的需求。

3. 足够的吸引力

从盈利的观点来看，有一定规模和发展潜力，有时也未必就是理想的房地产目标市场。市场有无足够的吸引力，要比较市场需求与企业成本。市场需求显示房地产企业的收入潜力，企业成本是企业满足市场需求的支出。因此，一个有吸引力的房地产市场，其市场需求必须大于企业成本。

4. 符合房地产企业的目标和能力

子市场的选择一定要和房地产企业的战略目标相吻合，这样的市场才是有利可图的市场。若有损于企业的战略目标则应舍弃。

除了以上因素以外，还有企业进入某一子市场，是否有其可能性，如相关的技术、资金、战胜竞争对手的优势等，也是选择时应考虑的因素。

二、目标市场的选择要考虑的因素

1. 目标市场范围的选择

选择目标市场时，企业要确定在一个已经细分的市场上应选取多少个子市场作为自己的目标市场，这就要确定目标市场的范围。房地产目标市场的范围不宜过于狭窄，如只设计单一大户型 130m^2 的商品房，该房地产市场的需求可能是有限的，户型适应能力弱，开发商的经营风险就大。但是，目标市场的范围也不能太宽，如开发商在一个小区内，开发各种户型、档次和面积的商品房、商业用房、教育用房等，这又会增加开发商的投资成本，不利于提高企业的经营效益。

2. 房地产企业的实力

房地产企业选择好目标市场必须有进入市场的技术、资金、竞争实力等，若企业资源不足，不宜进入耗资较大的子市场。

3. 房地产的供求情况

当某类房地产市场供大于求时，开发商不应采取将有限的力量去分散经营各个子市场的策略，而应集中资源，为少数子市场服务；当某类房地产市场供小于求时，则可以将市场整体作为一个大的目标开发生产，只注意消费者需求的一致性，不考虑差异性。

4. 针对竞争者的策略

房地产市场日趋完善，竞争越来越激烈，选择目标市场必须考虑竞争者动态，避免房地产产品同质化，针对竞争者，通过细分，找出产品的差异性。

三、选择目标市场策略

房地产市场细分揭示了房地产企业所面临的子市场的各种机会，这是选择目标市场的基础。在众多的子市场中，开发商应评估各子市场，从中选择一个或几个有利于发挥企业优势、最具吸引力、又能达到最佳或满意的经济效益的子市场，作为企业的目标市场。房地产商选择目标市场范围的不同，决定了其实施的营销策略也不同。

房地产目标市场策略的选择一般有三种基本策略。

1. 无差异性房地产营销策略

无差异营销策略指企业不进行市场细分，把房地产整体市场作为目标市场。它强调市场需求的共性，而忽视其差异性。开发商为整个市场设计、生产单一的房地产产品，制订的房地产营销策划方案中，实行单一的房地产营销策略，来迎合绝大多数的顾客。

无差异营销策略的优点是：①便于企业管理；②可以降低营销成本；③适用于广泛需求的、能大量生产和销售的产品。如某些标准设计的厂房、学生宿舍、教室等的开发可以采用这种策略。其缺点是：①忽略了顾客需求的差异性，不能很好地满足不同层次、不同类型消费者的需求；②应变能力差，一旦房地产市场需求发生变化，难以及时调整房地产企业的开发和营销策略；③对目标市场的依赖性强，风险较大。

2. **差异性房地产营销策略**

差异性营销策略指开发商将房地产整体市场细分后，选择两个或两个以上的细分市场作为目标市场，并根据不同的细分市场的需求特点，分别设计、生产不同的房地产产品。制订的房地产营销策划方案中，采取不同营销组合手段，有针对性地满足不同细分市场顾客的需求。

差异性营销策略的优点有：①面向市场，注重差异化，以满足不同的顾客需要，扩大销售量；②企业适应性强，富有周旋余地；③不依赖一个市场、一种产品，做到“东方不亮西方亮”，分散了企业的市场经营风险。其缺点有：①由于小批量多品种生产，要求房地产企业具有较高的经营管理水平；②由于房地产产品类型、价格、销售渠道、广告、推销的多样化，使生产成本、产品改良成本、销售费用、市场调研费用相应增加，降低了经济效益。

开发商在选择差异性营销策略时，应比较运用此策略所能获得的经济效益是否能够抵消或超过所投入的开发总成本。它一般适合房地产市场竞争激烈，供大于求的买方市场。

3. **集中性房地产营销策略**

集中性房地产市场策略又称房地产产品——市场专业化策略。房地产企业在房地产整体市场细分后，由于受资源等的限制，选取一个或少数几个子市场，作为房地产企业的目标市场，将某种市场营销组合集中实施于该目标市场。

集中性房地产营销策略的优点：①有利于房地产商深入了解市场，以便集中使用企业有限的资源，实行专业化的生产和销售，为目标市场提供良好的服务；②能节省企业的生产成本和营销费用，提高投资报酬率；③有助于房地产企业在局部市场的竞争环境中处于有利地位，便于提高开发企业在市场中的占有率和知名度。其缺点是：对这一比较单一和窄小的目标市场依赖性太大，一旦目标市场情况发生突然变化，企业周旋余地小，风险大，可能陷入严重困境，甚至倒闭。由于这种原因，许多企业喜欢将市场目标分散于好几个子市场，即“不要将鸡蛋放在一个篮子里”。

采用集中性房地产营销策略的开发商，追求的不是在较大市场上取得较小的市场占有率，而是在一个或几个小市场上拥有较高的市场占有率。它适宜于资源有限的中小型房地产开发企业，往往成为房地产新企业战胜房地产老企业或小型企业战胜大企业的有效策略。

小观点

房地产目标市场三种基本策略的选择要灵活，要根据竞争对手的策略来调整自己的策略，要视双方的策略条件、竞争格局、项目所处的地理位置等具体情况而定，不能一概而论。如果竞争对手较弱，企业的选择性就较强。如果强有力的竞争者实行无差异营销策略，那么企业就应考虑采取不同的营销策略。

四、市场的动态性与目标市场策略的选择

（一）市场的动态性

市场是动态的、不断发展变化的，企业所选择的目标市场也是变化的，并非一次定终身，

而是一个不断深化、反复修正的过程。在房地产目标市场的选择过程中，评估和分析几乎占了全过程的核心地位。房地产企业的细分目标市场实际上处于一个不断地被评估考察的过程之中。

正因为目标市场是动态的，而可供选择的三种营销策略又各有其优缺点，因此，企业在选择目标市场策略时，应该从企业的特点出发，并考虑到产品、市场、竞争等各方面的因素。

（二）目标市场策略的选择

开发商在选择目标市场策略时，应着重考虑以下几个方面的因素。

1. 房地产企业的资源

若企业实力雄厚、管理水平高，可根据产品的不同特性考虑采用差异性或无差异性营销策略攻占目标市场；反之，则宜于选择集中性营销策略攻占目标市场。

2. 房地产产品的特点

若房地产产品本身差异性很小，可实行无差异营销攻占目标市场；反之，则应实行差异营销或集中营销策略来攻占市场。

3. 房地产产品寿命周期所处的阶段

在产品的投入期和成长期，开发商应在促销上展开强大攻势，并在价格上给予适当优惠，使产品在市场上站稳脚跟，打开销路，形成品牌优势。当产品进入强销期时，是这种物业产品畅销的全盛时期，消费者已对该楼盘产生了信任和认知感，开发商应根据市场需要进一步改进设计，适当调整价格和营销策略，为进一步推出新楼盘做准备。

4. 市场特点

一是看市场是否“同质”，若为“同质市场”，可实行无差异营销；反之，则实行差异营销。二是市场供求趋势。如果产品供不应求，消费者或用户的选择性大为弱化，企业可以采用无差异营销；相反，则应采取差异性或集中性营销。

5. 竞争者的市场策略

一般说来，应该同竞争者有所区别，反其道而行之。

总之，应从以上5个方面综合考虑，选择适当的营销策略。目标市场的营销策略应当相对稳定，但当市场形势或企业实力发生重大变化时也要及时转换，对手之间没有完全相同的策略，一个企业也没有一成不变的策略。

第三节　房地产项目客户定位

一、房地产市场消费结构特征

我国的房地产业经过了十几年的改革发展，消费者特征发生了很大变化。据有关调查数据分析结果显示，2007年以来，房地产市场消费结构具有以下特征（以上海为例）。

（1）购房者年轻化　购房者年龄处于26～35岁之间的比例最大为42%，大多收入良好，职业以企业管理者、医生、教师、自由职业者为主，具备良好的经济条件；其次是36~45岁之间的购房者，占购房总人数的25%，且多为二次置业；55岁以上的购房者比例最低，仅为5%，贷款门槛高成为制约他们置业的最主要原因。

（2）高学历购房者比重增加　购房者中专科学历所占比例为30%，年龄为36~45岁，占总人数的64%，以本地居民为主；本科学历所占比例为28%，年龄为26~35岁，本地居民的比例略微下降；硕士及以上学历占15%，年龄为26~35岁，但本地居民的比例大幅下降，他们当中大多数都是“新上海人”，其中包括外地或国外赴沪就业人员。这些人大多收入高，逐渐在购房者中占有越来越大的比重。

（3）单身购房者受到重视　购房者不以家庭为单位进行购房，越来越多的单身人士加入到购房者的行列中来。调查显示，大概有38%的购房者为单身。这些单身购房者需求大的，多是总价低、面积小、功能完善、交通便捷的房地产产品。

（4）房型与住房面积受购房者关注　购房者对三室二厅的需求比例最高，占33%，对三室一厅的需求占20%，而对二室二厅和二室一厅的需求分别占17%和15%。购房者心目中合适的住房面积为80~130m^2。相当比例的消费者反映：目前市场房型不合理，住房面积越来越大，总价越来越高，面积房型都合适的住宅产品越来越少。

（5）青睐多层住宅　52%的被调查者表示希望购买多层住宅，30%的被调查者表示希望购买小高层，独栋别墅项目所占比例最小，仅为5%。多数被调查者认为，多层住宅让消费者享受更加轻松的居住氛围，更宽阔的草坪和更低的人口密度。

（6）多种因素影响购房决策　约有30%的被调查者表示房屋总价是影响购房决策的最重要因素，其次是地段，约占被调查者总人数的20%，关注社区环境和交通状况的受访者皆为14%左右。大多数消费者关注地段，但对区域生活配套的关注度非常小，他们认为配套不完善仅仅是暂时现象，随着区域发展，区位配套程度有可能在短时间内大幅度提高。

（7）付款方式随年龄变化　年龄在26~35岁之间的购房者中，70%左右选择按揭购房，而55岁以上的购房者多选择一次付清和向亲戚朋友借款。

（8）投资性购房者比例下降　比较2008年1月前后被调查者的购房目的发现，随着各项调控政策的出台，投资性购房者的比例出现相当幅度的下降。2008年之前以投资为目的的购房大约占购房总人数的27%，而2008年之后投资购房者比例下降了约10个百分点，有投资需求的购房者也多数选择持币观望。

二、具体项目的客户细分过程与定位

（一）客户细分过程

策划人进行客户细分包括以下三个阶段过程。

1. 客户细分阶段

按照市场细分的原理，通过不同的细分变量进行典型的或者有代表性的细目分类，从而将客户细分为不同细目的客户区隔，进行精确的定位。具体包括：

（1）根据地理因素细分　如居住区、行政区、大区域（按人口规模）等。

（2）根据社会因素细分　如年龄、性别、经济收入、行业、职位、教育、宗教信仰、社会阶层、家庭成员、家庭生命周期等。另外还可以分为新婚市场、单身市场、老人市场等。

（3）根据心理特征细分　如个性、生活形态等。

（4）根据消费行为因素细分　如置业情况、购买动机、品牌忠诚性等。

2. ***客户价值区隔阶段***

客户价值区隔就是在经过以上基本特征的判断之后，进一步分辨出高价值和低价值的客户细分区域。它包括：客户响应力、客户销售收入、客户利润贡献、忠诚度、推荐成交量等。根据房地产企业不同的诉求目标通过不同的变量对客户细分区隔进行价值定位，选定最有价值的细分客户。

3. ***确定客户的共同诉求阶段***

根据客户细分和客户价值区隔的结果，选定最有价值的客户细分作为目标客户细分，提炼他们的共同需求，以客户需求为导向，为每个目标细分市场提供差异化的营销组合。

上述三个阶段中，最关键的是拟定并选择进行客户细分的变量要素，不同的变量直接影响着客户细分的结果和客户的价值评定，从而也影响着该项目所采用的房地产营销组合。

（二）项目客户定位

当策划人按照上述三个阶段对客户进行细分确定后，就根据细分的结果进行客户定位，实际上，客户细分的结果也就是最后的客户定位。这时的客户定位就包括很具体的年龄、职业、区域和具体的价值观等客户的具体特征及其量化。

随着项目的宣传引导，原来没有意向的客户也可能成为本项目的准客户，即客户定位不是静态不变的，而是动态的，也是多层次的。因此，策划人应根据市场环境和客户响应情况等进行动态调整和优化。

第四节　房地产产品定位

企业在选定房地产目标市场之后，就要在该目标市场上进行企业和产品的市场定位。定位是开发商用来为楼盘设计个性和风格的前提条件，起着为策划和营销导航的作用。

一、房地产产品整体概念与产品定位的概念

（一）房地产产品整体概念

房地产产品是一个整体概念：凡是提供给市场的能够满足消费者或用户某种需求或欲望的任何有形建筑物、土地和各种无形服务或权益均为房地产产品。这里有形的物质形态主要指土地和建筑物及其附属设施；无形的非物质形态主要指房地产的权益、心理上的满足感、给消费者带来的附加利益、楼盘形象、对开发商和代理商品牌的信任等。具体来说，房地产产品整体概念划分为三个层次的内容：核心产品、形式产品、附加产品（图5-1）。

1. ***房地产核心产品***

核心产品是房地产整体产品概念中最基本的层次，指能满足消费者最基本的使用功能和基

本利益。购房户所真正需要购买的并不是房地产产品本身，而是某种需要，如安全、遮风避雨、舒适、家庭温暖、邻里和睦、生活便利、保值增值等。

2. **房地产形式产品**

形式产品指产品的实体和外在表现，是房地产核心产品的基本载体，是房地产的各种具体产品形式。如房地产的区位、质量、外观造型与建筑风格、建筑材料、色调、名称、品牌、建筑结构与平面布局、室外环境等。

3. **房地产附加产品**

附加产品又称延伸产品，是消费者在消费和购买房地产时得到的各种附加服务或利益。如协助办理产权产籍、协助办理按揭贷款、物业管理、人文环境、景观设计等。

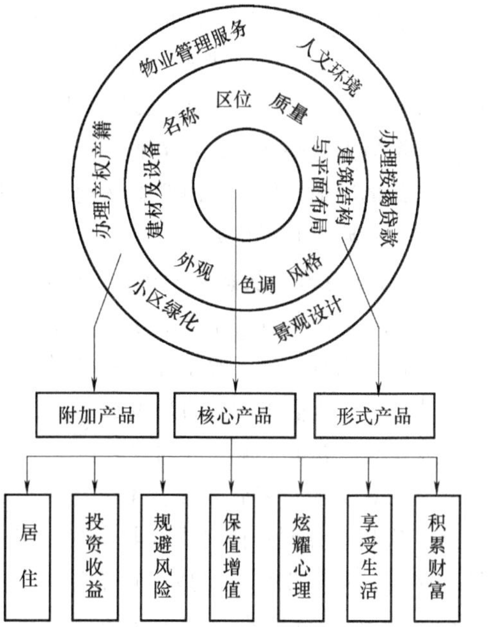

图 5-1　房地产产品整体概念图

（二）房地产产品定位的概念

开发商确定了目标市场之后，想要达到预期的营销策划目标，还要使自己的产品与竞争对手的产品存在差别，使企业所提供的产品具有一定特色，适应一定顾客的需要和偏好，这种差别化能够有效地将房地产产品与其他产品区别开来，树立项目鲜明的形象，这就是产品定位问题。

所谓房地产产品定位就是：站在开发商或土地使用人的立场，针对特定目标市场的潜在客户，决定其所持有的土地，在何时以何种方式，提供何种产品及用途，以满足潜在客户的需求，并符合投资开发商或土地所有人的利益。

房地产不同于一般产品，由于土地的有限性和位置的固定性，无法大量地生产；而且，房地产开发既受国家政策、法规的限制，又受到企业自身资源的制约，同时产品设计专业化和艺术性很强，这使得房地产产品设计很难标准化。而且由于土地的有限性和位置的固定性，同时又具有交易金额庞大、可以保值增值等特性，再加上房地产与人们的生产、生活关系密切，使得房地产产品很少有绝对或必然的价值标准，更增加了房地产产品定位的复杂性。

完整地理解房地产产品定位的概念，要把握以下要点：

1）以开发商或土地使用人的立场为出发点，满足其利益和树立形象的目的。

2）以目标顾客的需求为出发点，满足其对产品的需要和凸显个性的需要。

3）以土地特性及环境条件为基础，创造产品的附加价值。

4）以同时满足规划、市场、财务三者的可行性为原则，设计供需有效的产品。

（三）产品整体概念在产品定位中的表现

房地产产品整体概念在产品定位中的表现，我们可以从以下两个方面来正确理解。

1. **从有形空间来看**

住宅概念包括五个层次的定位概念：①地域性的概念，如是在北方，还是在南方；②区域性概念，如是在闹市区，还是在城郊，是在商业区，还是在文化区；③社区概念，如目前经常讲到的某某住宅小区、某某住宅花园等；④小区内细分的概念，如某某苑；⑤房产自身的概念，包括外观形状、面积、户型、楼层、朝向及价格等。

弄清以上这些概念，对房地产开发商来讲有利于结合地区特色来建造设计产品，同时也有利于产品的准确定位。对消费者来说，通过对上述概念的了解，可以根据自己的爱好、需求和承受能力来确定购买目标。

2. 从市场的发展态势来看

首先，从消费者的需求偏好来把握它，因为不同的发展阶段有不同的消费阶层，人们对住宅内涵的要求有相当大的差异。如在居住生存时代，人们看重的是位置、户型、交通等；在居住健康时代，人们更看重的是生态环境、物业管理、配套设施等；而在新经济时代，人们更看重的是文化、智能、服务等因素。

其次，从消费者收入和竞争态势来看，对一般收入阶层来说，他们关注的是住宅产品的经济、实用、方便；而对中高收入阶层来说，更关注舒适、地位、休闲。住宅产品的分层消费和本身的形象识别已经成为竞争的一个主要手段。因此，面对日益激烈的竞争，房地产开发商要善于不断地把自己独特的价值和核心利益展示给消费者，让消费者去比较，去体会。

房地产产品定位是一个策划的过程，通过这个过程，以确定土地的用途及产品规划的方向。因此，进行准确的市场定位从而锁定目标客户，是楼盘畅销的先决条件；如果产品定位与消费者的需求相背离，无论后期如何包装、推销、策划也难起死回生。因而正确地理解房地产产品概念的内涵和外延是进行市场定位和实施策划方案的基础。如国际文化大厦、星河明居、东方玫瑰园、万科四季花城等，无一不是以准确的市场定位最终获得买家认同的。

二、房地产产品定位的原则

开发的房地产产品在目标市场上如何定位，如何塑造楼盘形象，依据什么来定位，这是定位工作中首先要解决的问题。房地产产品定位要考虑的因素很多，大致可以概括为以下几种。

1. 顾客导向定位原则

房地产开发企业进行市场细分、选择目标市场、最终产品定位都离不开市场，所以在定位时要本着以市场为导向的原则。市场的需求与供给性质引导企业的产品定位，房地产产品定位应对市场作出积极的反应，项目开发方向，设计房型与面积、室内外环境、项目主题概念、价格的高低等，都要符合市场需求，而不能仅仅满足建筑设计特色，或者是凭策划人的想象来定位。

2. 企业提供给顾客的利益定位原则

房地产产品本身的属性及购买者由此获得的利益、需求满足的程度，能使顾客感受到它的定位。有的开发商推崇人性化无微不至的物业管理，如万科城市花园，让购买者居住时能感受到无微不至的“细致关怀”；有的强调建筑设计合理，如中海物业能让你感到买到了最合理的建筑设计产品等。在有些情况下，开发商更应强调某一种属性；同样档次和价格的房屋，有的开发商强调其得房率，其广告宣传为“买房少买墙”；有的开发商注重产品品质，广告的诉求点是质量承诺；有的开发商强调时尚性和现代化，如某市光明大厦强调其写字楼的智能化等等。其结果是使人们一提起某小区，马上对应某一感受，形成好的口碑。

3. **根据使用者的类型定位原则**

开发企业开发产品总是针对某一细分市场，把其产品指引给适当的使用者，以便根据该子市场塑造适当的形象，使楼盘具有一种特别的竞争力，进而影响到企业的销售收益。有的产品定位于新结婚的两口之家或未来三口之家；有的定位于二次置业的40~50岁之间的中年人；有的定位老年公寓；有的定位成“高级白领公寓”或“普通工薪阶层的家园”等。不同的定位可以吸引不同细分市场的消费者。根据使用者的类型定位，可降低经营风险。

4. **根据营销服务竞争的需要定位原则**

定位于与其相似的另一种类型的竞争者或产品的档次，以便与之对比，可突出与竞争者直接有关的不同属性或利益。根据竞争的需要向消费者提供购买咨询服务、接待服务、房屋主要设备如水、电、气、暖等的操作使用演示服务、房屋保修期内的保修服务等。此外，很多开发商为了促销，向购房者提供样板房展示、免费看房车接送服务、银行按揭贷款的联系服务、购房相关手续（如贷款、房屋保险、房屋产权证）代办服务等。有的开发商甚至还根据客户的要求，为客户提供装潢设计、家居布置咨询服务等。

5. **小区整体价值综合考虑定位原则**

有的开发企业为提升房地产整体价值，不惜造人工湖，从国外购买树种做大面积绿化，通过环境提高整体价值；也有的通过空间搭配组合，一、二楼超市和其他各种小区应配置的公共设施，中间公寓，顶层跃层送阁楼等安排，使空间功能更为完善。这种定位固然增加了企业的开发成本，但提升了楼盘的整体价值。当然，还必须考虑消费者的承受能力。

6. **与规划设计相吻合的定位原则**

当规划审批下来，用地面积、用途、容积率、绿化率等很多相关因素随之不能改变，因此，产品定位应本着与规划相吻合，突出区域特点来定位。

7. **与环境相协调的定位原则**

随着人们生活水平的提高，对环境的要求越来越高，随之一些小桥流水的设计、景观再造等融入美感的设计层出不穷，户外健身区、儿童区等体育文化的渗入，诸如此类房地产产品的定位都体现了回归自然、人与自然环境相协调的定位思想。

8. **以人为本的定位原则**

房地产产品最终是满足人对“住”的基本需求。因此，产品定位更应该根据人的习性、爱好、心理、行为习惯，更全面、更体贴地实现有效需求的愿望，最终实现良好的营销业绩。

综上所述，开发企业进行产品定位的依据，往往不是一个，而是多个，是多维的、立体的市场定位，但最重要的是要有特色定位。因为产品定位体现的是企业或楼盘的品牌形象。

三、房地产产品定位策略

房地产产品定位是通过为自己的房地产产品创立鲜明的特色与个性，从而在顾客心目中形成独特的市场形象来实现预期的营销目的。产品定位是针对竞争者的，因此，房地产企业在进行产品定位时，一定要知己知彼，根据竞争的态势来选择产品定位策略。可供选择的定位策略有三种。

1. 避强定位

避强定位是避开强有力的竞争对手，来谋求利益和发展的定位策略。这种策略能使房地产企业迅速地在房地产市场上站稳脚跟，并能在顾客心目中留下特别的形象。

避强定位适用于市场竞争比较稳定的格局。这种定位方式的风险小，成功率较高，常常被多数后来的房地产企业所采用。如有很多楼盘规模小，也不做什么广告，但一经推出很快销售告罄，它不和那些大的房地产商拼实力、拼品牌、拼规模、拼小区环境，而是靠了解顾客、了解区域、锁定部分群体，规避开发商的大盘项目。

企业选择避强定位策略，必须具备以下几个条件：

1）有较强的设计创新能力、先进的施工工艺、较成熟的质量保证体系，能及时设计和开发出风格新颖、结构合理、符合消费者心理需求和实际需要的各类住宅或非住宅物业。

2）市场上有购买这类产品足够的市场潜量，确保有投入有产出，且产出大于投入。

3）发展商开发的产品与竞争产品相比，必须有明显的差异性。

2. 迎头定位

迎头定位是与业内最强的竞争对手争夺市场份额。有的房地产企业认为这种定位可以使自己一开始就与强手站在同一高度上，虽然危险，但成功后可获得巨大的市场优势。

企业采取迎头定位策略，必须具备以下条件：

1）该市场有足够的市场容量，能够吸纳所有竞争企业产品。否则，会出现价格下降、空置率提高等后果，导致行业的恶性竞争，造成资源的浪费，损害包括自身在内的所有企业的利益。

2）企业有比竞争者更多、更好的资源，能开发出比竞争者更好的房地产产品。

3）企业能建立有效的分销渠道，将本企业的产品及信息送达消费者手中。

4）这个市场位置符合企业的长远发展目标和业务实力。

3. 重新定位

重新定位通常是对销路差、形象不够有力的产品进行二次定位。这种定位旨在摆脱困境，重新获得增长与活力。

对房地产进行重新定位的过程，实际上是再一次地重复定位的流程。重新定位绝不是上一次定位的简单重复，而是在原来基础上的一次再发现。重新定位之后，所有的营销传播工具，包括广告、渠道、公关等营销资源必须重新整合，以配合其诉求点的改变。

重新定位适用于投放市场之初原定位策略错误的新产品，新开发产品在市场上反应冷淡，销售效果不尽如人意，因而需要重新审视定位策略。此外，若企业开发的产品原定位是正确的，但竞争者推出了新产品，侵占了本企业开发的产品市场或由于目标顾客的偏好发生了变化，喜欢其他开发的产品，也必须对本产品进行重新定位。

四、房地产产品定位程序与技巧

（一）房地产产品定位程序

1. 认识顾客群、选择房地产目标市场

房地产产品定位是在目标市场范围内的定位，目标市场范围是在市场细分基础上确定的。因此，房地产产品定位必须从顾客出发、针对其心理状态来定位。如果不知道顾客有什么想法，需要什么产品，为什么购买房地产产品，而只从开发商自身经验出发，那么这种定位是不会成功的，开发出来的产品也不会畅销。

2. 认识房地产产品

这种认识更多的是强调从顾客认知的角度来看。无论房地产企业是否了解顾客对企业或楼盘的认知态度，这种认知都是客观存在的。因而企业必须了解自己的产品有什么优点、缺点，了解顾客的需求，加深他们的感性倾向，稳定他们的态度，才能有针对性地制订营销策划方案。促使目标客户最终作出购买的决定。

3. 认识竞争者优势，寻找自己的优势

房地产市场日趋成熟，竞争激烈，企业如何分析竞争者优势，并从中找出自己的竞争优势，是企业为自己在市场上确定一个合适位置的前提。开发商要进行产品定位，必须了解目标市场上竞争者有什么新动向，做了什么，做得如何；本企业应该做什么，能够做什么。所以，开发商必须紧紧盯住竞争者，搞清楚它是如何定位的，以便采取相应的对策，如在房地产产品规划、设计、质量、绿化景观、外装饰、物业管理等方面，形成自己产品的差异化特征。

4. 选择适合的竞争优势

一个企业的竞争优势可能是多方面的。如果企业发现自己有许多潜在的竞争优势，就必须选择那些有意义、有价值的竞争优势。并不是所有的潜在竞争优势都适合企业的发展目标，有些差异可能只是微弱的优势，但是却要支付高昂的开发成本，还有些差异很可能不被消费者认同。因此，选择的竞争优势应是竞争者无法复制的、实实在在并能为消费者所感知的、既能为企业带来利润，又能给目标客户带来足够的利益的优势。

5. 传播和送达定位信息

在确定了自己的市场定位之后，企业还必须把这种定位信息传递到目标市场，也就是要通过营销，努力向人们表明自己的市场定位。因此，企业要积极主动与消费者沟通，以引起消费者的注意和兴趣，使他们了解本企业的市场定位，并产生认同感和偏爱感，以建立与市场定位相一致的形象；精心设计营销组合，强化目标客户对企业的印象，巩固与市场定位相一致的形象。如目标顾客对企业的市场定位理解偏差（如理解过高、过低或理解模糊），要分析原因，有针对性地做工作，纠正目标客户的理解偏差，矫正与市场定位不一致的形象。

（二）房地产产品定位技巧

1. 先定位外部整体规划，再定位内部具体单位

随着我国城市化进程的加快，城市形象从某种程度上反映了该城市的经济、文化等发展水平，而城市形象的第一感觉是对城市规划、周边建筑物的印象。因此，房地产产品定位，首先是小区内建筑物的整体规划、外观造型形象和外部装饰材料的定位；然后是与之相适应的建筑物内部平面及细部规划的定位。

房地产产品具体定位时，一般要考虑以下几点：

1）先决定空间用途，再考虑单元面积计划。

2）先确定整体容积率的分配，再考虑栋别或楼别配置。

3）先规划整体出入动线，再考虑各楼层或各单元空间的联系方式。

4）先作完整的地块规划，再作畸零地块利用。

2. 套内建筑面积与公共分摊建筑面积的比例定位

商品房建筑面积由套内建筑面积和分摊的共有建筑面积两部分组成。套内建筑面积由套内使用面积和套内结构面积和套内阳台面积组成，套内建筑面积部分为独立产权。共有建筑面积一般包括整栋建筑物的建筑面积扣除整栋建筑物各套套内建筑面积之和，并扣除已独立使用的地下室、车棚、车库、作为服务用房的警卫室、管理用房，以及人防工程等建筑面积，即为整栋建筑物的共有建筑面积。分摊的共有面积部分为共有产权。

现有住宅中，只要是多层或高层组合式建筑物，就必然会有公共设施的存在。购房人、开发商、销售代理公司，始终对最合理适当的得房率及分摊共建面积的规划非常关心。因此，房地产产品定位必须找出目标购买者或使用者。如有子女的家庭，可能需要宽敞的客厅、厨房及充足的房间数，其他公用的设施，如游泳池、健身房等则希望配套完善；无子女的新婚夫妇可能只需要基本的会客空间，适时的卧房或工作室，其他功能如会客室、阅读室等都愿意配置于公共设施中。可以看出，不同生活形态的购房者对于空间组合有不同的需求。

3. 先专门化产品定位、后大众化产品定位

所谓专门化是指产品单纯或同质的程度，产品专门化的程度越高，越容易给人精纯与信赖的感觉。如一栋专为老人规划的银发族住宅，适应老年人生活，注重书房的设计，楼梯注重防滑，共建部分以老年人的习性进行安排。大众化，主要指满足各阶层、各种房屋需求，强调开发产品的多样化。如现阶段的商品房设计，不管什么样的户室都全部配齐，其优点是降低市场销售风险，但也有缺点，即产品同质化严重。

房地产产品定位时，策划人应注意以下几点：

1）产品专门化的程度必须考虑地块所在地的市场特性、供需状况，及各种目标客户群的相对规模与购买力。

2）专门化必须把握重点，切忌盲目地为特殊而特殊，要有突出一项或不超过三项的差异性。

3）先尝试并评估各种专门化的可能性及市场接受性，以创造产品的附加价值及利润空间。

五、规划设计与房地产市场定位

从房地产市场定位和营销的角度来看，一个规划设计方案的好坏，在很大程度上决定着一个项目的成败。如果项目的规划设计已定型，则房地产产品后期很难调整。因此，规划设计和建筑设计必须为房地产营销服务，而好的营销策划又必须依赖规划设计来实现。要保持规划设计、建筑设计与市场定位的一致性，必须遵循以下原则。

1. 规划设计定位时，要坚持以人为本

以人为本就是以住户的生活舒适方便为本。规划设计必须来源于所要服务的人群的需求。

许多规划设计在简单潦草仓促完成的同时，给住户留下的是长期的隐患。

示例

西安某小区的最初设计方案中，小区主入口在主干道上，人车混流；而主入口旁边不远就是一个红绿灯十字路口，一旦红灯亮起，排队的车辆即可一直排到小区主入口，而且旁边还有公交车辆的车站，可以想象将来小区业主的车辆出入会遇到多少麻烦。后采纳了营销人员的建议，对方案进行了修改，把车辆入口改为另一个地方，做到人车分流。

2. 规划设计必须符合项目定位

项目定位是一个项目的根本大纲，框定了规划设计的方向。规划设计不能偏离项目定位去追求不切合实际的东西，背离定位就会制订出完全不能用的方案。

示例

深圳某小区，定位是中小户型的白领社区，价位适中，档次中等，但设计院作出了一个出人意料的中庭园林景观设计，在大约1万m^2的中庭里，布置了“地中海”、“爱琴海”、“波罗的海”，连成一个完整的水系，加上喷泉、叠水、五个水幕墙，完全是顶级豪宅的景观设计。粗算一下其造价是每平方米几百元，而物业管理的运转费用更高得可怕，这样一个中档小区，向业主收取的物业管理费是很有限的，而单是水景的运转费用，一年就需付出30多万元，谁来承担这笔费用？显然，设计师背离了项目定位。

3. 规划设计应考虑将来物业管理的方便

物业管理已成为项目成败的一个重要方面，“买不买房看环境，掏不掏钱看户型，满不满意看管理”。以前设计方案不考虑物业管理，而现在策划项目时就必须提前考虑物业管理的各种问题。

示例

湖南株洲某小区，最初的规划方案是由上海某设计院提供的，以一个湖为中心，湖周围是独栋别墅，别墅外围是多层住宅，再外围是小高层住宅。设计师的想法是：让别墅的业主最接近湖景，可以直接欣赏湖光水色。但是他没有考虑到：这个湖不是别墅业主独享的，而是小区全体业主共享的，那些住在多层、小高层的业主要去湖边散步游玩时，都要从别墅的花园、门前甚至窗前走过才能到达湖边，别墅的业主经常受到这种门前屋后纷纷来去的干扰，个人隐私无法得到有效保护。设计师后来调整了规划方案，把一个湖变为两个湖，内湖由别墅区独享，外湖由小区业主共享。这样，别墅单独成区，物业管理和安全保护工作都以桥为界，相对容易一些。

4. 规划设计应考虑项目营销的方便

营销在规划设计上有两个基本要求：一个是卖点，一个是卖相，即形象。

（1）卖点要实在　从20世纪90年代初到现在，住宅的卖点经历了三个阶段：1995年前，其卖点主要是位置、交通状况、价格；1995年之后，主要讲品牌、环境景观、物业管理；目前主要讲智能化、生态环境、飘窗等。显然，谁掌握了卖点，谁就可以把握市场。

示例

深圳宝安碧海名园项目，最大的卖点是户型设计，所有的户型全都是错层，每户送$20m^2$左右的一间或两间房，广告口号是“经典户型，买一送一”。而对那些户型比较一般的项目，力求环境优美，景观园林设计上有些出彩的新意，如景观绿化要有层次：草坪、低灌木、高灌木、低乔木、高乔木高低有序，既有层次，又显自然。这样的卖点就落到实处了，消费者也能看到或感受到这些卖点。

（2）卖相要美观　购房者来看房，在售楼处或施工场地看到的一切都可以称为卖相。卖相非常关键，因此，开发商或代理商在广告、开盘前一定要适当包装。

示例

石家庄某小区，最初的设计方案并未考虑到开盘销售的卖相，在小区布局和分期建设方面都只考虑居住和施工的方便。后来策划人员提出“先做卖相”的观点，要求项目开盘时完成一个漂亮的小区大门、一条主轴景观商业大道、一处中心园林、一个布置精美的会所（兼做售楼中心）、一组精心装修的温馨舒适的样板房。开发商按照这个要求，首先在一期施工中完成这五个工程，项目就具备了良好的卖相。现在许多项目在楼房建好之前，先做好环境景观园林，目的都是为了营销的需要。开发商只有完成销售才能实现利润，因此不得不要求设计规划工作也为营销服务。

5. 规划设计应考虑中国传统建筑景观学说的基本禁忌

规划设计除了遵循专业规范以及技术要点之外，还应尽量考虑中国传统建筑景观学说的基本禁忌。一般来讲，容积率、建筑密度、绿化率等技术要点都是规定死的，只能在这些前提下做规划设计。但传统建筑景观学说，很多设计师都不大了解，所以经常在这方面出问题。另外，在楼盘规划和户型设计方面，关于路冲、角冲、门冲等等基本禁忌，都是只要稍加注意，就可以完全避免的，关键在于设计师必须懂得这些基本禁忌。

“一个项目成败的70%在于前期策划”，在前期策划中，所有关于项目定位，目标消费群定位、价格定位、营销概念定位等等重要的理念，其实全都在规划设计方案里体现出来。所以，在规划设计方面精益求精，是保证项目成功的前提。

六、房屋面积配比、格局配比与产品定位

一个好的营销策划关键在于面积配比和格局配比与市场需求吻合，有些楼盘推出时场面热烈，销售业绩迅猛，但销售到70%～80%时，却无人问津，原因是有一部分尾盘背

离市场需求，无论是面积还是格局、设计都是不受欢迎的，而此部分恰是本开发项目的利润所在。所以，在房地产营销策划一定要在前期规划设计中，重视面积配比、格局配比。

（一）房屋面积配比与产品定位

所谓房屋面积配比指各种面积范围内分布的单元数，在整栋大楼或某个销售单位的单元总数中各自所占的比例的多少。

房屋面积的大小，直接影响房屋的总价，所以，消费者在购买房屋时，首先要考虑能承担起的价位，而单价一定时，所支付的总价往往取决于面积大小。其次，在总价确定的情况下，要考虑格局配比、质量等因素。一般情况下，房地产开发商在小区建设过程中，都会各种面积搭配设计，以满足不同收入、不同家庭结构的多种需要，同时可以分散投资风险。很少有开发商只生产一种面积的房地产产品，图 5-2 为某小区的面积配比示意图，110～130m^2 为其主力户型，实践证明，此面积配比取得了很好的销售业绩。

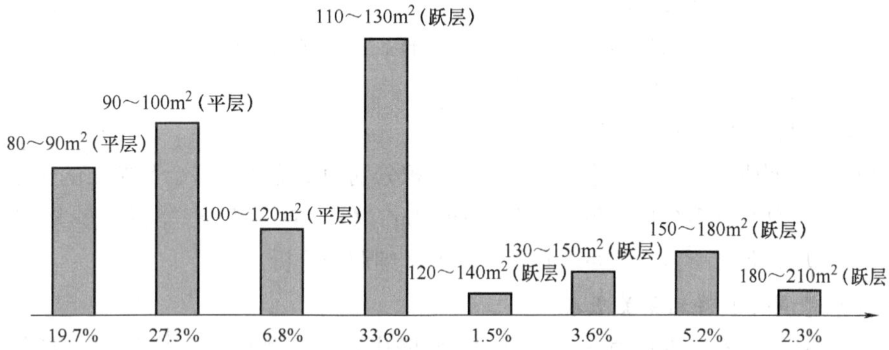

图 5-2　面积配比示意图

面积配比往往与市场环境研究、市场细分、目标定位紧密联系在一起。如定位是豪华高档商品房，主要销售对象的定位应为：30～50 岁的二次置业者、家庭殷实、有一定社会地位、收入高，则户型面积定为 100m^2 以上，总价在 100 万元以上；如果定位是小户型普通商品房，主要销售对象的定位应为：20～35 岁的首次置业者、家庭储蓄不多、多数双薪阶层，则户型面积定位应为 49～60m^2，总价在 25～30 万元较妥。

（二）房屋格局配比与产品定位

面积配比很少单独提出，它往往和格局配比同时使用，面积配比和格局配比都是前期规划中的一个重要因素。

所谓格局配比，指两房两厅、三房两厅等各种形式格局的单元数，在整栋大楼或某个销售单位的单元总数中各自所占比例的多少。

一般情况下，一室一厅面积小于两室一厅面积，室的面积一般较大，但也有一室一厅的面积大于两室一厅面积的情况，所以，格局配比并不一一对应于面积配比，两者既有联系又有区别。格局配比对应着面积配比，同样对应着一个总价市场，反映消费者生活需求结构的某种状况。

示例

表 5-1 是某企业对某市近郊区的开发楼盘依据面积配比与格局配比的市场调研而制作的调研表，同时了解到现有的市场供给状况是：三室一厅，$100m^2$ 以上市场供过于求；两室一厅，面积为 $68 \sim 98m^2$，市场供不应求。因此，该企业在安排房型比例及面积比例时，可以多考虑两室一厅、面积为 $68 \sim 98m^2$ 的户型，做到科学地确定房屋面积、格局配比组合，形成丰富的产品品种系列。事实证明，此策略降低了营销风险，获得了很好的销售效果。

表 5-1　某市近郊区楼盘的房屋格局配比表

项　目	一室一厅	二室一厅	二室二厅	三室一厅	三室二厅	四室二厅	其　他
比率（%）	6.10	41.89	8.41	9.78	30.36	1.94	1.52

（三）房型与面积的关系配比

住宅的房型多种多样，面积的选择也是多种多样，如何确定房型与面积的关系配比是房地产营销策划须解决的问题。通常按以下步骤操作。

1. 从市场调研中得到相关数据

通过区域市场调研，将有竞争个案的房型、面积分别加以统计，整个区域内的房型如一室、二室、三室、四室总共有多少户，各种面积段如 $60m^2$ 以下、$60 \sim 70m^2$ 等各有多少，同一种房型有哪几种面积段，各自所占的数量及比例，均要详细调查分析。

2. 从消费者调研中得到相关数据

制订科学的调研问卷，进行消费者调研，了解购房者对房型及面积的需求，以明确各种房型的需求是多少，比例占多少，建筑面积的需求是多少等资料。

3. 发现市场空白点

通过调研，了解哪些房型和面积闲置、供过于求，哪些房型和面积受欢迎，市场供不应求，把市场空白点和对消费者的调研结合起来，验证能否满足消费者需求。

4. 确定房型配比及面积配比

根据所掌握的市场供应状况及消费者需求状况，结合所发现的市场空白点，合理地安排各种房型比例及面积比例，并确定各种面积段的各种房型的厅、卫、橱、卧的面积各为多少，最大限度地满足市场需求，以期取得最好的销售业绩。

【案例 5-1】

某小区二期住宅市场的细分、目标市场选择、产品定位

一、市场环境研究（略）

二、客户细分与定位

（1）目标客户群描述　客户类型一是不愿离开本区域的居民。以周围解决和改善居住条件的工薪阶层、中低收入者和投资收益获利的购买者为主。如附近的车轮分厂、轻型分厂、客车厂等职工将作为主要客户群。二是区域外的客户源（以本区域内公交车可以直达的延长线区域为主)，具体有：

1）首次置业的年轻教师、公务员，企事业单位在职人员，他们较关心销售价格、周边配套及注重城市交通便利情况。

2）外地来本市人员，包括为子女、父母解决来本市居住问题。他们对地点要求不是很高，比较关心销售总价，并希望以此解决城市户口问题。

3）准备结婚的情侣，注重价格及项目规模、环境。

4）小个体业主。

5）收入稳定的其他行业。

(2) 目标客户群划分及其行为特征　本案锁定的目标客户以工薪阶层为主，购买房地产是为了改善、提高自己的居住条件，或是为父母、子女解决住房问题，外地人员告别租住时代而选择本案，还有认为本案有升值潜力而选择在此投资的客户。这些客户的特征：

对单价、总价的敏感；喜欢交通方便、道路畅通；关心冬季供暖质量、开发商实力与信誉；注重户型，另外，对小区内的绿化、环境、小区规模及品牌等也会有简单要求。

1）年龄：30～55岁之间。

2）置业用途：有90%为客户自用，10%的客户为投资。

3）居住状况：福利房，租住商品房，无房或原住房条件差。

4）家庭结构：两口之家，三口之家。

(3) 按年龄层区分比例　30岁以下的客户占20%；31～35岁的客户占30%；36～40岁的客户占25%；41～45岁的客户占10%；46～50岁的客户占10%；51岁以上的客户占5%。

(4) 市场目标选择　基于对客户的细分，本项目目标客户群是以中低消费支出为主的工薪阶层，所以本案的定位、规划思路是以体现围绕上述目标客户服务的设计理念，力求以满足消费者改善居住条件为基础，减少不必要的投入，节约成本，降低销售价格，以价格竞争创造本案最大卖点，以此来增强市场竞争力，减少市场风险。

(5) 产品定位　由本案所处的地理位置、周围的人文环境以及客源细分，目标市场选择，将产品定位为以中小户型为主——“老百姓买得起的家”。

(6) 面积配比与格局配比　根据一期业主的基本情况及二期目标客源的分析，建议二期的户型仍以中小户型为主，但大户型的比例要比一期大户型有所上升。一期户型设计并不尽如人意，如厅小居室大，暗厅情况居多，这也是一期业主反映较多的情况，基于此，建议二期在户型设计上，要尽量做到没有浪费面积。

户型比建议如下：

一室一厅户型占总户型的20.1%，面积控制在50m^2以内。

一室半一厅、一室半两厅占12.4%，面积为55～65m^2。

二室一厅户型占总户型的43.5%，面积为55～80m^2。

二室二厅户型占总户型的14.5%，面积为95～105m^2。

二室二厅二卫占总户型的1.4%，面积为100～110m^2。

三室二厅户型占总户型的8.1%，面积为120～130m^2。

【案例 5-2】

某楼盘目标客户群定位及分析

1. 客户群定位

1）城区单位工作的国家公务员。

2）效益好的国有企业员工。

3）银行、电信、移动、邮政、电视台、日报社等企业员工。

4）私营企业主。

5）白领阶层的中高收入群体。

6）乡镇搬迁进城及在龙岩工作的置业人士。

7）外地人（主要指龙岩地区内的6县市），想在龙岩发展、定居的置业人士。

8）龙岩人在外地工作（主要指厦门、广州等大城市）的高收入人群回龙岩置业。

9）为父母购房。

10）归国华侨。

11）投资型客户。

2. 目标客户群分析

1）目标客户年龄层。综合本案情况，目标客户的年龄以28～55岁为主，该年龄层的群体基本有较高的文化素养，具备了一定的经济基础，有稳定收入，追求较高品质的生活享受。

2）目标客户群收入情况。房地产作为特殊的消费商品，其高价位的特性，对应要求消费群的收入水平要高，而且要求有一定的稳定性。一般要求自有现金在10万元以上，家庭月收入在5000元以上。

复习思考题

1. 如何理解房地产产品整体概念？
2. 如何做好房地产目标市场选择？
3. 房地产产品有哪些定位策略？

实践、讨论题

1. 针对本地某房地产项目进行客户定位。
2. 针对本地某房地产项目撰写市场定位报告。

第六章

6

房地产项目主题概念设计与整体形象

【学习目标】

通过本章的学习，了解房地产项目的主题概念，掌握房地产项目主题概念设计的原则、楼盘和小区命名的原则，以及楼盘、小区命名方法。

【关键词】

房地产项目　主题概念　楼盘命名

第一节　房地产项目的主题概念设计

一、房地产项目的主题概念

主题原本是音乐中的一个术语，指交响乐中表达中心并反复出现的核心乐章。后来，把这个概念嫁接到房地产的开发中，从这个意义上讲，房地产就相当于一部交响曲，它应该也必须有一个主题和灵魂。围绕这个主题分成很多乐章，每一个乐章都有不同的内容，就相当于贝多芬的命运交响曲一样，最后浑然天成，形成一部壮怀激烈、大气磅礴的作品，这样才能形成项目的个性与特色。

所谓房地产项目主题概念，就是指某一识别的内容、含义和预期形象。主题概念就是房地产产品与品牌的核心内涵。

随着社会经济的发展，房地产的竞争已从户型、价格、地段、环境之争转到了文化和生活方式之争。“房地产≠土地+砖块+钢筋+水泥”，“房地产=房子+文化+生活方式+价格+地段+环境+园林+物业管理+……”。近几年的房地产开发实践证明，理念、文化和生活方式等方面，已经成为统帅房地产营销策划的思想精华，它渗透、融合、演绎在房地产开发之中，对于房地产的其他要素，如设计、产品、销售、运营、管理、服务等的创新具有直接的指导作用，实现从卖房子到卖家居、卖环境、卖文化与生活方式的提升，如中关村由于电子高科技而价位疯涨；亚运村由于体育概念而寸土寸金，国贸商圈号称“东方曼哈顿”而使物业价格高居京城之首；广州奥林匹克花园通过聘请伏明霞做园长的公关活动，使人们认识到了它的体育主题，其成功就体现了这一点。

理解房地产项目主题概念，必须把握以下几个要点：

1）项目主题概念是一条主线。如果项目是分区分期开发的，那么开发商分区分期所推出的房地产产品就如一颗颗珍珠，项目的主题概念就像一条主线，把这些珍珠串成一条项链，形成一件具有使用价值和价值的艺术品。

2）项目主题概念是一个统领全局的制高点。主题概念是对市场需求、消费群体、竞争对手、楼盘特色、地理位置、人文环境等一系列要素进行整合而成的，它把构成社区的种种要素统领于旗下，构成了一个完整的系统。

3）主题概念是一个中心或一种包装。整个房地产项目的构成、功能、风格、规范、形象等方面，应通过主题概念进行包装，使其得到合理的、人性化的阐述。因此，开发商的土地选择、规划设计、建筑工程、营销推广、物业管理、社区文化建设等行为，要围绕这一中心完成。

二、房地产项目主题概念的作用

1. 促使房地产项目品牌化，提升其知名度和美誉度

品牌是一种无形资产，可以提高产品的附加值，满足顾客超越物质层面的各种心理和精神需求。从竞争的角度来说，房地产产品可以被模仿，但品牌可以使其从形象、个性和象征上与别的产品区别开来。购房者不仅会看小区的区位、户型、价格等硬件要素，还要看小区或楼盘周边的氛围、环境、社区文化、小区发展的主题思想等软件要素。因此，主题概念在某一个城市的某一个地段，谁率先打出，谁就拥有了市场先机，形成自己的品牌。深圳某媒体调查数据显示，有七成主流购房者认为开发商品牌对其购房行为具有较大影响力，提及率较高的如万科、中海、卓越等，这表明人们已从产品时代跨入了品牌时代。

示例

碧桂园自2002年诞生，已成熟运营很多年，拥有逾4万业主，并连续三年摘得“年度广州市民十大最喜爱楼盘”奖，2008年又获得“2008广州最具影响力地产品牌”、“2008榜样物业最佳房地产企业品牌大奖”等殊荣。而广州碧桂园·凤凰城是随着碧桂园成长起来的大型经典在售项目，提及率及注目率较高，得到了市场对其品牌的认可，购买者甚多，这就是品牌的号召力。

2. 强化买家对房地产项目的印象

尽管现在是信息时代，由于多种因素，仍然存在着信息不对称。有人说现在是注意力经济时代，也是有一定道理的。主题概念是对市场需求、消费群体、竞争对手、楼盘特色、地理位置、人文环境等一系列要素进行整合、集成、创造出来的，是项目的灵魂、核心。在房地产市场激烈竞争的今天，开发商给顾客留下比较深刻的印象，可以缩短顾客购买的时间，宽容和谅解小区或楼盘的缺陷，也是房地产营销的卖点和亮点。

3. 指导房地产项目的后期发展方向

主题概念是房地产项目的主题思想，一旦确定下来后，开发商可以有系统地开发后期项目，围绕主题概念进行策划、建设、宣传、营销和管理。楼盘只有注入文化底蕴，才具有生

命力。

示例

广州番禺奥林匹克花园地处番禺市桥南岸，项目总占地面积近 830 亩（1 亩≈666.6m^2）。该项目总建筑面积 50 万 m^2，以公寓洋房为主，澳大利亚式别墅为辅，整个小区洋溢着浓厚的澳大利亚风情，是番禺地区最具代表性的大型成熟健康社区。该项目在开发时，就为项目注入了“体育概念＋澳大利亚概念”。主品牌是“运动就在家门口”，子品牌是“科学运动、健康管理”。在“泛体育、泛博物馆”概念的引领下，整个番禺奥林匹克花园仿佛就是一个大运动场，小区内丰富多彩的运动形式为业主提供了大量参与运动的机会，身心上得到了充分享受，令“运动就在家门口”成为奥林匹克花园生活的真实写照。

市场定位是在对地块环境、市场供需状况等因素进行充分分析和把握的基础上作出的，因此它是项目概念设计的重要依据。

要充分利用市场调查问卷以及访谈调查等结果。

在问卷调查和访谈调查中，调查人员一般都能获得消费者年龄、学历、职业以及兴趣等背景资料，这些资料是策划人员进行概念设计的重要基础。

此外，概念设计特别强调应具有创新性。毫无疑问，只有创新，项目才有生命力。那种人云亦云、模仿抄袭的方式不会得到市场的认同。因此，概念的导入必须有规划设计、物业管理等方面实实在在的支撑，才能成为小区建设中的主题与灵魂。

策划人员在概念设计方面应注意以下问题。

1）导入的概念应符合消费的需求层次要求，应符合潮流和时尚，满足消费者对科学、文化等方面的追求。

2）导入的概念不能过于专一，应针对具有一定规模的消费人群，并且这群人有一定的购买能力。如果不是这样，导入的概念即使非常新潮、非常时尚，并且也符合这群人的消费需求，但如果消费人群规模过小或者购买力不高，那么楼盘的推广肯定也非常困难。

3）导入的概念在规划设计、销售推广以及物业管理等方面应有可演绎和发挥的空间。楼盘概念是抽象的、虚无缥渺的。它只有通过规划设计、销售推广以及物业管理等方式才能变成实实在在和具体的。也就是说，楼盘概念只有通过用建筑的语言、销售的语言以及物业管理的语言才能具体地表达出来，并最终为消费者所接受。

示例

位于广州华南板块的“星河湾”，开发商在该住宅小区的开发过程中，就将世界著名的规划设计、景观设计、物业管理等方面公司的做法融入到了小区的开发管理中，实现了房地产开发项目的“均好性”，从而使楼盘成为业界人士慕名踩盘和交口称誉的一个小区。星河湾第四期项目以大户型为主，内有立体自由式园林景观，1830m江水、江堤、道路、滨江建筑物外立面、天际线加上群体建筑组合共同构筑“大水岸”豪宅，与楼盘概念相互映衬支撑，意境深远。

三、房地产项目主题概念设计的原则

1. 把握趋势性与机遇性

开发商应把握宏观行业市场与微观区域市场发展的趋势与机遇。有时，微观区域市场发展的趋势会滞后宏观行业市场，这就要求某一区域内房地产主题概念的设计，一方面要植根于买家生活中的根本需求和成长性需求；另一方面要高度重视市场及行业走势，特别注重那些已经被人们认同，却又没有在市场上得到充分满足的需求。

2. 既立足现实，又具有超前性

主题概念的设计，必须立足于项目或企业自身的资源优势，既符合实际，又具有超前性。如果不符合项目或企业独特的优势，主题概念一定做不好或者是没有特色；不以自身优势迎合市场，即使主题概念做出来了，它的演绎和支持体系也不完善，甚至很容易被别人克隆，而且有可能被别人超越。从以上两方面考虑，主题概念的设计必须寻求到资源优势与市场机遇的对接点。

3. 符合社会时代的发展，具有可持续性

唯有紧跟时代的步伐，项目才经得起考验。因此，主题概念的内涵要有足够的深度，外延要有足够的广度和高度。只有具有足够的深度，才能充分挖掘出源源不绝的题材以吸引买家；主题概念的外延要有足够的广度，才能包容社区开发的种种房地产要素；主题概念的境界要有足够的高度，才能超越同行和同类；树立唯一性、权威性和排他性，才能符合社会时代的发展，具有可持续性。

4. 富于表现力与感染力，具有独特性

项目的主题概念只有富于表现力与感染力，植根于顾客的心目中，才能成为小区的精神支柱和基准点，才有营销力和生命力。如果是市场上已有的概念，就要在内容上有突破、创新和提高，在表现形式上别具一格，才具有独特性。

第二节　房地产项目主题概念的演绎与项目整体形象

项目主题概念是抽象的，与人们的生活有一定的距离，开发商和策划人员如何诠释和演绎，并使它与人们的生活更贴近，从而提高楼盘的附加价值，提升项目整体形象，这是开发商和策划人员必须做好的一项主要工作。

一、项目主题概念的演绎

在营销策划过程中，提炼出项目的主题概念，该主题概念的内涵必须有足够的深度；外延

应该有足够的广度；境界有足够的高度。在这一主题概念下，根据销售阶段的不同，用不同层次的主题概念进行阐释，如此使项目的形象自然和谐统一，使项目品牌得到整合。而着力推向市场的不同层次的主题概念，无论是平铺直叙，还是采用某种委婉的说辞，在市场追问的情况下，均应具有有效、合理的理由。

实际上，对于房地产开发，尤其是大盘的开发，真正有影响力的题材不是广告和炒作，而是满足业主生活需求，提高业主生活质量的方式和手段。这是理念设计的根本。除了健康和教育外，其他如休闲、服务、生态绿色等理念，亦是关注人们70年生活方式的关键。更为重要的是对于演绎这一理念所要求的支持系统，它是理念设计的具体化表现。

示例

深圳金海湾家园的主题概念是：以海洋文化为主旨塑造小区形象。

金海湾家园位于市区西南的海岸带，面向珍稀的红树林群落。为构筑“海之城”这样一个高尚住宅小区，策划人员在四个方面加以演绎：①营造“海之浪”，小区三栋高层住宅蜿蜒排列，其天际线形如波浪。为使每一住户都能看到海，每一单体建筑均设计成蝶形。②营造“海之堤”，为避开小区附近农民房及深广高速公路的视觉与噪声污染，小区住宅的架空层做了加高。③营造“海之珠”，小区建设豪华的会所供业主使用。④营造“海之灯”，小区在楼顶显著位置建设有航海灯塔标志，强化海之韵。此外，在景观设计方面，小区力求强化海之文化，在架空层住户休憩地带、地面及其墙壁做了海浪蚀刻。在样板房的装饰中，选用了贝壳材料等，不一而论。

再如广州奥林匹克花园的体育理念，荔港南湾、华景新城、云景花园、北京兴涛社区的教育社区，现代城的SOHO理念等都是理念设计的成功范例。

二、项目主题概念的支持体系

对于提出的任何主题概念，无论其具有多么大的诱惑力与煽动性，都必须为其找到强有力的、可靠的支撑。因此，必须营造一个实现这一主题概念的支持体系。

项目主题概念的支持体系（图6-1）包括区位、生活空间、社区服务、购买方式四个主要因素。其中，价位、建筑风格、社区格局形态、景观设计、环境绿化、物业管理、市政设施等为硬件要素；顾客的生活方式、购买方式（如付款方式）、社区文化和治安环境等为软件要素。主题概念是项目的灵魂，有了以上这些承载的载体，就搭建了实现这一主题概念的支持体系平台，项目的主题概念就有了实实在在的感觉和认识，项目就有了灵魂，消费者就有了实现理想或联想的舞台，同时也是消费者身份、地位和价值取向的外显，也是企业整体形象的基础和外显。否则，如果没有这种主题概念的支持体系平台，在市场和竞争中，主题概念就是虚无缥缈的，其对项目的作用不是支撑和支持，而是潜在的威胁，这种主题概念只不过是一种包装，经不起时间和实践的检验。因此，一个小区、一个商圈、一片楼盘如果离开了主题概念支持体系，就没有了主题概念，也就没有了灵魂，就等同于无人气、无灵气，当然也无卖点可言。

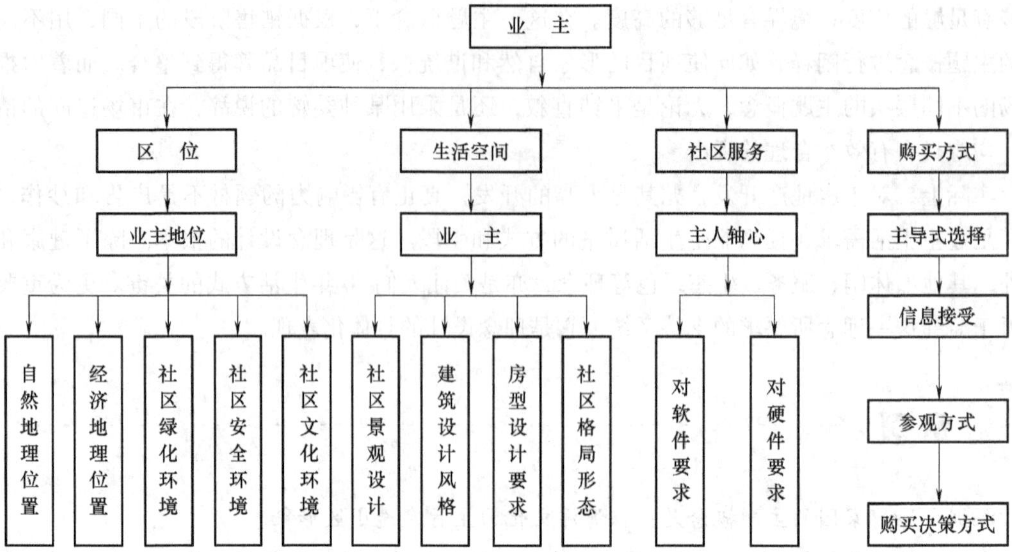

图 6-1　主题概念支持体系图

三、项目主题概念与项目整体形象

现在的社区、花园、楼盘，想做成“区花”、“园花”、“盘花”而不仅仅是“楼花”，非有“主题概念”不可。主题概念的提炼，就是项目整体形象的确定，也是企业整体形象的基础和外显，对市场定位、销售等起着灵魂的作用。主题概念并不是可以随意克隆的，它必须符合具体的环境，要因地制宜。在项目主题提炼过程中，企业应有效利用有限的企业资源，把握市场发展趋势，根据目标顾客需求来进行项目的规划设计，通过提升项目的主题概念，进而提升项目的整体形象和企业整体形象。房地产要素、市场要素与项目主题、项目整体形象、企业整体形象之间互为载体、相辅相成，其关系如图 6-2 所示。

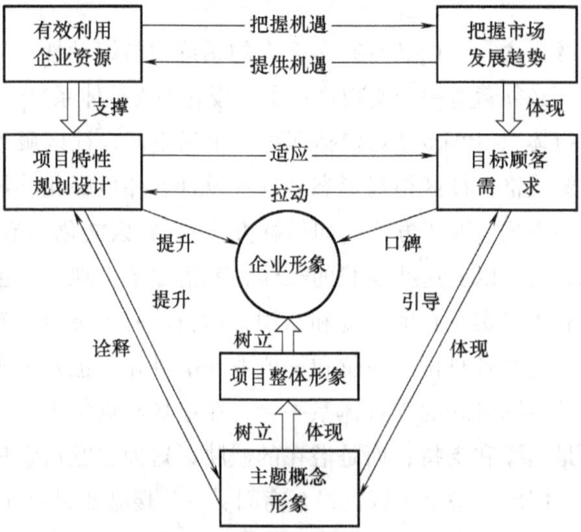

图 6-2　项目主题、项目整体形象、企业整体形象关系示意图

第三节　楼盘（小区）的命名

一、楼盘（小区）命名的含义及其意义

（一）名字的含义

老子道德经云："道可道，非常道；名可名，非常名"；孔子曾说："名不正则言不顺"。可见"名"的分量，非同一般。

"名"有多层意思，最常见有两层：第一层是指称谓、代号，也可以说是识别，是名的原始含义；第二层意思是指荣誉、声誉或头衔之类，一旦第一层次的"名"与品质发生关系，或达到与品质的交融境界，"名"就会受到社会的关注，就上升到第二个层次，就成为了一种标志、一种品牌、一种性格、一种炫耀，就有了附加价值。"名"不仅成为人或物身份的符号，更是价值的代号。

名字是一种符号。一串好的符号，有时价值连城。自从人类进入信息社会，特别是互联网出现以来，符号、概念已越来越重要，越来越为企业所重视。

示例

今典集团 CBD 楼盘苹果社区"PINGOD"案名诠释为：

1）天堂的果实：人类生命的原动力正是源于这颗被亚当和夏娃偷食的禁果。

2）树上树下的智慧：因为有了那颗掉在牛顿脑袋上的苹果，人类才迈出克服地球引力的一大步。

3）不动声色的浪漫：苹果的丰硕、圆润和不动声色的浪漫，正是中产阶层和小资人群从外在品位到内心快乐的真实表象。

4）生长在 CBD 的苹果：在 CBD，苹果已成为现代时尚的代名词，只有在郊区才会被还原为一种普通的农产品。所以苹果具有排他性，仅适用于中国北京的 CBD。

5）觉悟人群的价值观：英文案名 PINGOD 是中文苹果的音译，由 PIN（个人身份识码）和 GOD（上帝）组成。

（二）楼盘（小区）命名的意义

1. 楼盘（小区）名字是市场品牌的昭示

塑造楼盘（小区）品牌的第一步是要对楼盘进行全方位的形象设计，而形象设计的基础就是楼盘命名。名字不仅仅是一个简单的文字符号，一个有内涵、有特色、有知名度的案名，是企业理念的缩影和体现，对顾客有着较大的号召力和吸引力，在目标顾客中，能形成广泛的认知和良好的口碑，对于提升小区、楼盘品牌乃至开发商的品牌具有重大的意义。

2. 楼盘（小区）名字是开发商给置业者的心理暗示

案名的第一印象，贯穿于房地产营销的始终，甚至在顾客整个看房、选房、签约的过程中，

都发挥着潜移默化的作用，它的功能性、标志性、亲和力都会给顾客以强烈的心理暗示与鼓动，缩短企业与顾客之间的距离。成功的案名可使营销战略收到事半功倍的效果。曾有报载某市一女士非拗着男友要在浪琴屿下住，原因就是冲着这名字而来："……不仅看上去很美，而且听起来也很美……"。

3. 楼盘（小区）名字是目标市场核心定位的反映

楼盘（小区）名字附着于核心本质产品，是企业的无形资产，外化企业、产品形象，延展产品内涵。它更多地体现了产品的某些特征和意境，传递着开发商所倡导的某种现代生活理念，同时，也让顾客有符合于自我本性的、张扬情感的幻想空间。当今房地产业竞争日趋激烈，随着策划机构的介入，房地产开发日趋规范。在楼盘（小区）的目标市场定位完成以后，楼盘（小区）命名就是目标市场核心定位的反映。

4. 楼盘（小区）名字是开发商给置业者的承诺

楼盘（小区）名字实际上是开发商为自己楼盘向置业者的公开承诺，开发商既要使楼盘属性、功能与楼盘名称相一致，而且要保证名实相符。一个极具亲和力、给人以审美愉悦的楼盘名字，可让客户产生第一印象，并会强化置业者的第一印象，引发置业者美丽的憧憬，至少可吸引目标客户对楼盘本身的关注，以至于引发现场看房的欲望，对顾客购买行为产生积极的作用。

5. 楼盘（小区）名字是社区文化和业主价值取向的外显

一个城市中占主流类型的楼盘的名称，从宏观层面上讲，可以印证该城市消费者的喜好、开发企业的心态和城市房地产的特点；从微观层面上讲，案名蕴藏着楼盘的价值观或文化取向，是社区文化和业主价值取向的外显。从案名的传递性来看，一个好的案名，文化底蕴深厚、意味深长，不仅可对楼盘的地段优势、社区规模、房地产产品功能属性等进行传递，还传播新居住理念，或反映地域特征，或展示品牌形象，或诉说亲情温馨，并以其广告的功能，迎合一定的购买阶层，达到案名与业主身份的对称性。

二、楼盘（小区）命名的原则

房地产通常采用预售方式，只能靠命名增强消费者的产品形象。纵观现代楼盘（小区）的名字，已从标记型走向竞争型，命名注入文化内涵，已成为社会和房地产业界人士的普遍共识。构思巧妙的楼盘（小区）名称，不仅能吸引人们的注意力、激发关注者的联想，而且能使关注者不自觉地为它赋予新的内容，从而引发潜在用户对楼盘的关注与向往，给楼盘销售带来好的和积极的影响。楼盘（小区）命名的原则主要有以下几种。

1. 特色命名，个性突出

楼盘（小区）命名要体现小区、楼盘的差异性、与众不同，才能富有创意，气派、响亮、吉利而不落俗套。命名时要与市场形象定位相吻合，不能独出心裁而脱离楼盘的形象，造成名不符实。一个好的名字，要易记、易念、易识、显著、简单。这样的名字标志性强、个性突出，并凸显房地产的特征，可以增强楼盘的营销力，提高销售率，如"紫薇花园"、"万科星园"（品牌定位），"北美经典"（风格定位）等。如果楼盘（小区）名字相近，没有特色，消费者难以记住，容易造成一种错觉，以为是一个（小区）楼盘，对楼盘的营销非常不利。

2. **古为今用，传承文化**

楼盘（小区）命名可以借鉴古代文化精髓，内涵积极，能传达正面信息，并能启发联想。近年来的楼盘命名多以“村”、“庭”、“居”、“庄”、“阁”、“轩”等为后缀，这些后缀，文化品位较高。虽然古老，却没有腐朽气，有老子、庄子的神秘飘逸感。而以“台”、“堡”、“坊”等为后缀，虽然古老而悠久，承载着厚重的历史与文化，但缺乏时代气息，带给人的心理暗示是灰暗、封闭和缺少阳光的感觉，不适宜采用。

3. **好念、好记，寓意美好**

尽管楼盘（小区）命名时有很大的自由度，可以充分发挥人的想象力和灵感，但含义是必须考虑的首要因素。在我国，由于受汉字表意性质的制约，使人们养成了“顾名思义”的心理定势。因此，楼盘名称要从形、音、义上进行综合审视，做到好记、好念、好听、好看，寓意美好。义要寓意美好，令人遐想，避免歧义；音要平仄适当，避免拗口，利于传播；形，要印、草皆宜，大小清晰，搭配美观。如“苹果园”、“缘源园”等。

4. **中西璧合，超凡脱俗**

楼盘（小区）命名在字面、寓意方面既要有地域特色的温馨感和亲和力，又要具有异域文化的时尚和感染力。中西璧合，超凡脱俗，富有新意，则楼盘就更加富有吸引力和营销力。

示例

北京的“橘郡”案名中的“橘郡”来源于美国洛杉矶市的一个城区的名字，即奥克兰镇（Orange Country），开发商翻译过来并用“橘”取代了“桔”作为案名，别具匠心。由于“橘”比“桔”更容易让人想到诸如“橘颂”之类的文化感觉，“郡”字则明确传达了一种美国地名意味。由此向客户传达一种异域感和文化感，加上项目本来就是一座美国小城的样子，与案名传达的意味很契合。所以，橘郡推出时，形成了北京历史上从未有过的抢购别墅的局面，“橘郡”案名，功不可没。

5. **名实相符，内外一致**

楼盘（小区）名称不仅要与小区、楼盘属性相符，而且要名实相符，内外一致。如普通住宅却命名“××国际”、经济适用房却命名“××豪苑”，使目标顾客望而生畏，而高收入阶层却容易认为是“挂羊头卖狗肉”，丧失或降低了开发商信誉。别墅本是成功人士社会经济地位的象征，楼盘（小区）命名要高贵显赫，让居住者感到荣耀和骄傲。若命名“福来花园”，就不能满足成功者被周边尊重、被社会承认的心理需要。如铺块草坪起名“绿洲”，开渠堆丘命名“山水园林”等都是名实不符，内外不一致，这种名实不符的楼盘（小区）不仅在置业者心中造成极大的期望落差，在市场上也同时丧失了置信度与号召力。

6. **锁定顾客，凸现卖点**

楼盘（小区）命名的最终目的一是使楼盘销售成功；二是传播和树立项目的主题概念和项目的整体形象。因此，案名要起到筛分市场、锁定顾客的作用，使楼盘属性、项目形象、顾客身份和顾客的价值观念相符。同时，由于楼盘（小区）名称可作为卖点的载体，因而要凸现楼盘自己具有且又为购房者所接受的产品优势点。如以贵族帝王式、欧美名胜式命名的楼盘（小区），则多为高收入阶层的公寓或别墅；以庭台楼阁古典式命名的楼盘（小区），面对的则是文化层次较高的职业者等。

7. **传递信息，固化印象**

楼盘（小区）命名要能够向顾客传递地段属性、社区规模、产品特征等信息，加深顾客的第一印象，起到广告的作用。如对有地段优势的楼盘（小区）命名，让人一听、一看，就知道在什么地方，暗示地段属性或地段性格。在对社区规模信息进行传达时，大盘项目可用“大名”，常用“城”、“花园”、“中心”、“社区”等词为语缀暗示，小盘项目可用“小名”，如常用“阁”、“轩”、“苑”等词为语缀。如果案名与项目规模不对称，会造成误解和客户的反感，对项目的营销就有害无利。

8. **揣摩心理，昭示价值**

不同的区域、不同的定位，就会有不同的顾客，而不同的顾客就有不同的格调、品位和价值取向。因此，好的案名必须蕴藏着业主和开发商对产品价值观和文化价值取向的暗示，迎合目标顾客的心理，做到案名与产品一体化。若开发商不了解自己的定位与产品价值导向，不了解顾客的心理，营销就达不到预期效果。有时顾客在买房时，小区的名称非常重要，如“非常男女”、“非常宿舍”案名，年轻时会感觉惬意；人到中年，还住在这个地方就会觉得没面子。所以开发商在命名时，不仅应该考虑到业主的今天，还要考虑到业主的明天。

9. **物以类别，依人造势**

物业不同，所表达的建筑语言和建筑风格不同，就会产生不同的效果，人们会感受到不同的体会。不同楼盘（小区），不同案名，提供给顾客不同的需求。一个好的案名，要能够准确传达物业功能属性的暗示信息，命名时要以物业类别，依人造势，灵活命名，避免小气或夸张。台湾地产界曾总结出不同类型物业的案名特征：“写字楼要霸气”，因为写字楼是为企业服务的，大多数企业要品牌，要大气，要实力，“霸气”与之是合拍的；“别墅要雅气”，因为别墅环境很重要，案名要传递环境特征和人们住别墅的感受，其主题是优雅、超脱，摆脱喧闹的城市生活；公寓住宅是“家”的概念，家庭氛围浓，要温馨和充满人情味，是符合产品属性的。

三、楼盘（小区）命名方法与顾客心理

改革开放以来，房地产也发展迅速，式样各异、数量众多的生活小区大量涌现，五彩斑驳的楼盘（小区）名字随处可见，满足了人们的居住生活要求，也丰富了社区文化和人们的精神生活需求。

尽管楼盘（小区）命名随意性很大，名称多种多样，但对于新开楼盘命名时总要结合产品特性和顾客心理，并注入一定的文化内涵。综合近几年来全国各地楼盘名称，主要有以下几种命名方法。

1. **地理位置主导类命名与顾客心理**

地理位置是房地产营销策划的一个硬性指标，如果项目本身有很强的地理位置优势，命名时就可以考虑添加位置标示性字组，向顾客传达项目所在位置、产品属性等主要信息，让人们听到或看到后，一目了然。如朝阳园（北京）、庐山花园（南昌）等，地理位置优势一目了然。这些位置的经济价值和人文价值在当地顾客心目中已成定势，开发商是把其楼盘（小区）名称作为主要的营销手段之一来命名的，迎合了顾客倾向于热闹、繁华、文化的消费心理，体现了区位的经济价值和人文价值在当地顾客心目中的心理定位。

2. **楼盘（小区）品牌形象主导类命名与顾客心理**

由于先期开发的楼盘得到了市场认可，取得了成功，则可以将楼盘（小区）名称与企业名称统一。统一后的名称作为标示性品牌。通过个性宣扬，口碑传播，为顾客对楼盘（小区）的初步感性认识提供了鲜明的引导。楼盘（小区）品牌形象主导类命名方法对于楼盘（小区）的宣传和企业品牌价值的提升，都有积极的正向作用，加强了企业和楼盘（小区）的影响力与知名度。如奥林匹克花园、碧桂园等，其名字就体现了品牌在顾客心理上的需求愿望寄托。

3. **企业品牌形象主导类命名与顾客心理**

一些老牌房地产企业由于在此领域发展时间长，以其丰富的开发经验和企业拥有的资源优势，开发了成功的楼盘，积累并在市场上树立了具有较高知名度和美誉度的企业形象。对于新开楼盘（小区），往往以企业名称领头，以此带动楼盘形象的提升，取得市场的认可，并形成房地产产品的系列化，甚至在不同的地域开发同样的楼盘（小区）也深受顾客欢迎。如深圳万科系列（万科花园）、天健公司的天然居、江中集团的江中花园等，都是开发商品牌参与楼盘（小区）命名的典型案例。企业品牌形象主导类命名，体现了品牌在顾客心理上的需求愿望寄托，可以增强消费者对开发商的信心，同时也提高和维护了顾客对企业或项目的满意度和品牌忠诚度。

4. **项目特色主导类命名与顾客心理**

名字是楼盘最基础的体现，命名能体现出楼盘（小区）的特色，可以反映楼盘（小区）的个性。一般来说，一个楼盘（小区）的营销策略都会有一个重要宣传点，此即项目的主买点，配以完善的市政配套设施、浓厚的文化底蕴等向顾客传达、引导一种新的居住理念。如具有欧陆特色的“欧陆经典”案名，英伦名苑、爱丁堡等，体现了顾客追求时尚、希望享受一种异域情调的心理。值得注意的是在宣传时，不要太过夸张，以免给顾客造成很大的心理落差，项目的命名必须符合实际情况。

5. **目标顾客主导类与顾客心理**

每一个房地产项目都有其特定的目标消费群体。有的开发商对新开楼盘（小区）的命名，是锁定顾客群体，根据目标顾客群体的特征来命名，使楼盘（小区）名字与顾客的身份特征相符，也是销售楼盘成功的有效方法。如苹果园、钻石王朝（目标顾客定位是高收入阶层）、万家灯火（普通收入阶层）、“怡兰苑”、“逸翠雅居”（目标顾客定位是教师、医生等知识分子，文化气息较浓）等。对于这些以目标客户特征命名的案例，顾客的心理感受是倾向于寻找阶层群体感觉，寻找归属感，显现高尚身份的感觉或家的温馨感觉等等。

6. **楼盘（小区）名称字数与顾客心理**

楼盘（小区）命名就如同起人名一样，命名时采用二、三、四个字甚至更多字，要根据实际情况，仔细斟酌定夺。若用两个字命名，如“橘郡”、“新村”等，给顾客以简洁响亮的感受；相对于两个字的案名而言，三四个字的案名在起名时则有着不同的要求。若用三个字的案名，如“碧桂园”、“世纪城”、“文秀阁”、“盛唐苑”、“太阳园”等等，给顾客的感受是整体感更强，读起来琅琅上口。而四个字及四个字以上的案名，则要求名称意义的传达更为完善，以展示项目本身的特色为主，如“欧陆经典”（强调楼盘的风格定位）；“海湾豪景”、“大西洋海景城”（强调项目所体现的海洋特色）等。这些都可以称之为优秀案名的范例。

总的来说，楼盘（小区）命名时必须考虑顾客的心理感受。楼盘（小区）命名和顾客的心理感受除了以上感受外，还有群体归属感，如“××村”；高尚独立感，如“××庭”；儒雅的清秀感，如“××园”；悠闲潇洒的空灵感，如“××居”；回归自然颐养天年感，如“××庄”；格调文化的品位感，如“××庐”；功能标示型，让消费者了解房地产的用途和特色；历史标示型，以古代帝王名家命名，令人引起思古之幽情，楼盘（小区）名字中出现“帝”、“王”、“御”、“龙”等字，如帝景苑；名人标示型，以中外著名人物为命名的依据，让人产生尊敬印象和荣耀感觉；吉利标示型，以吉祥如意或名利双收命名，让人感觉仿佛能沾点福气；期望标示型，让人满足自我成就感；移情标示型，取国外与国内风景优美、风光宜人地命名，让人如置身于异国或异地风情中，如优诗美地花园；意境标示型，以诗情画意的优美文句作为命名根据，让人产生幻想等。

四、楼盘（小区）名称注册

由于楼盘（小区）命名在前，区域发展在后，一些楼盘（小区）命名的随意性较大，命名很不规范，城市里“花园”处处有，“广场”满天飞。开发商申报楼盘命名的意识差。

楼盘（小区）名称是地名的一种，是一物与另一物相区别的特征，城市的文化传统必须在楼盘（小区）的命名中得以体现。顾客买房的同时，就等于买到了自己的居住地。而在这种情况下，楼盘（小区）名称往往就成了地名。这时的楼盘（小区）名称，实际就成了形成城市印象的地标。因此，为人为己也为历史，开发商要规范楼盘（小区）命名。同时，楼盘（小区）命名后，要及时向有关部门申报并注册，以免影响楼盘销售，造成被动局面。

第四节　楼盘（小区）命名集萃

一、楼盘（小区）命名的演化

计划经济时期，我国没有房地产产品的概念，住房由国家分配，所建楼盘或住宅区也基本上没有名称，有的只是“××厂（所）家属院”，每栋楼相互之间以“×号楼”区别。房地产进入市场初期，楼盘逐渐有了自己的名称，如“太白小区”、“西塔小区”、“青龙小区”、“朝阳新村”……这些名称基本上是以街道、区位、建筑标志来命名，不是来自于市场化，而带有浓厚的计划经济色彩。随着市场经济的发展，房地产市场竞争日趋激烈，楼盘（小区）名称作为房地产的商标、业绩的标志，日益被开发商、政府、置业者所重视，每个楼盘（小区）随即都有了经过政府部门或专门机构正式批准备案认可的公开名称。

楼盘（小区）命名纷繁复杂、各不相同，有的名字一鸣惊人，让楼盘一售告罄；有的却曲高和寡，使得楼盘无人问津；有的名字一步到位，有的名字则一改再改；从某种程度上说，命名有时候甚至可能决定一个楼盘的生死。

走进楼盘（小区）名称内涵的世界，可以感触楼盘文化的脉搏，商业行为和人文精神在这里交织、凝结下来，或凸显楼盘核心价值，或发展楼盘主题，或演绎概念地产，具有代表性的一系列楼名是另一种意义的浓缩的房地产进化史。

楼盘（小区）命名演化如图6-3所示。

计划经济时期 以厂（所）为标志 ××厂（所）家属院	→	市场经济初期 以区位或建筑物为标志 ××小区	→	市场经济时期 品位、人文、区位等 内涵丰富且纷繁复杂

图6-3　楼盘（小区）命名演化图

二、楼盘（小区）命名集萃

每一个城市都有它独特的性格，每个城市都有它不同的味道。每个城市中占主流类型的楼盘案名，也印证出该城市消费者追逐的生活方式、开发企业千姿百态的心绪。而作为楼盘（小区）识别符号的楼盘（小区）名称，是房地产广告第一要素，是楼盘（小区）各个时期广告使用频率最高、消费者接触最多的楼盘文字，案名所承载楼盘（小区）的意义与人们亲密接触，它所展现出的风姿和绚丽，能激发消费者的思绪和憧憬。毕竟一个响亮的、引人注意的名字可以最大限度地勾起消费者的兴趣。

补充知识

目前，各地陆续出台了“城市地名总体规划”规定，使楼盘（小区）的命名有了统一、正式的规定，基本原则是：专用名+通名。如杭州出台的《杭州城市地名总体规划（2005～2020年）》就规定：大型生活居住区（占地面积在20万m^2及其以上）的通名，用“住宅区”、“小区”；其内分割的较小区块的通名可使用“苑”、“里”、“园”。如采荷小区内分“青莲苑”、“红菱苑”等。占地在20万m^2以下的居住区的通名，可选用“苑”、“里”、“园”、“庄”、“坊”等。占地在5万m^2以下的范围较小的商用楼盘的通名，可适当扩展，其通名的选择余地可更大一些，如可使用庐、舍、居、宅、楼、邸、别墅、公寓、排屋、阁、轩、庭、堡、府、榭、墅、筑、湾等。

下面收集了我国部分楼盘（小区）的名字，仅供读者参考和欣赏。

1. “意境深远，悠然人间”的楼盘名称鉴赏

万科四季花城——有一个美丽的地方，诉求缤纷、亲切的生活。

万科温馨家园——一切为了爱。

万科·17英里——我能与这个世界保持的距离，诉求异域海岸风情，自然的稀缺性精神的优越感。

中海怡翠山庄——都市里的田园度假村。

情缘城市——缘来自你，情结深圳。

鹏兴花园——看山、看水、看鹏城。

桃源居——都市人的桃源梦。

都会100——新都市主义、新都市生活。

城市绿洲花园——绿，就是生活。

中山颐居——我家对面就是中山公园。

荔园阁——荔林深处安个家。

金地翠园——叠翠空间、悠然天地。

金海湾花园——傲视远海、极目云间。

碧海天——轻柔海风、宁静家园。

海天一色——无需刻意经营，坐享海天一色。

半山海景别墅——悠悠山海间，我心自高远。

御海湾山庄——坐拥青山，享皇族之尊。

鸣翠谷——银湖半山，宁静志远。

星光之约——星空下、山水间、自然家园。

星河雅居——星河传奇，因您而起。

合正名园——我们在乎您。

雅云轩——生活可以更写意。

缤纷假日——感受生活真色彩。

彩云居——多姿多彩、活出精彩。

锦绣年华——相约锦绣年华，分享美丽人生。

加州地带——新洲坐标，现代美式。

东海岸——生活到东海岸去，诉求滨海生活。

第五园——骨子里的中国情结，诉求现代中式园林生活。

蜂巢——呼应奥运会“鸟巢”，且谐音“风潮”。

金地·名京——寓意金地在南京打造的艺术名品。

一千零一夜——弘瑞广场·第七大道，共有一千零一户，演绎“一千零一夜”的浪漫故事。

山居十六院——居住在山景之中，享受大户型生活。

桃花源——心情盛开的地方，温馨的港湾。

西山美墅馆——推销馆藏生活。

3·3——取三三不尽、六六无穷之意。一个国际化的符号，既不需要英文，也不需要翻译。

2. “风生水起，师法自然”的楼盘名称鉴赏

水是万物之母，《易经》说：“水润利万物，得水为上”。水是绚丽的，水是多情的，我国亲水楼盘（小区）名称意味深长。

1）深圳是一个“海滨城市”，如，万科·17英里、心海伽蓝、蔚蓝海岸、蓝月湾畔、金域蓝湾、蓝漪花园、东海岸、东海花园、浪琴屿花园、创世纪滨海花园、水云间、晴海洲、海洋之心、御海湾山庄、华侨海景山庄等都是以海为名。

2）上海是一座“东方水都”，如，新外滩花苑、名门滨江苑、世茂滨江花园、水景苑、水岸茗苑、东方塞纳、半岛水花园、中远两湾城、明月清泉、云间水庄、九溪十八岛、阳光爱琴海等都体现了城市特色。

3）北京是一个缺水的城市，但北京人亲水的情结却分外浓郁，因此，如上河村、竹溪园、纳帕溪谷、水榭花都、翠堤春晓、陶然湖景、渡水山庄、湖光山舍、康桥水郡、山水倾城、涧桥·泊屋馆、莱蒙湖别墅等更能引起人们的兴趣。

3. “风格定位，彰显特色”的楼盘名称鉴赏

1）人文定位，如卧龙山庄、汉唐龙脉、开元盛世、高山流水、上林苑、寒舍等。

2）地理定位，如朝阳园（北京）、庐山花园（南昌）、虹口典范（上海）等。

3）风格定位，如紫薇花园、万科星园（品牌定位）；英伦名苑·爱丁堡、欧陆经典（欧陆特色）、“北美经典”（风格定位）等。

4）目标顾客定位，如钻石王朝（高收入阶层）、万家灯火、乐福新村（普通收入阶层）等。

5）心理定势定位，如苹果园、缘源园、非常男女、非常宿舍、雅苑、梦幻工厂、财福特区等，非常吸引“80后”一代的眼球。

6）谐音定位，属于移花接木的楼盘（小区）名称，如星（新）加坡花园、罗马假日。

7）移植命名，如巴黎花园、上海花园、荷兰庄园、锦绣泉城等。

8）模仿定位，如名为“蜂巢”的楼盘，卖的是25~50m^2精装修小户型。

4. “企业冠名，品牌至上”的楼盘名称鉴赏

在品牌营销时代，许多开发商在开发楼盘项目初始阶段，即考虑到把企业品牌与楼盘品牌结合起来，以树立企业品牌形象。如深圳万科集团在全国各大城市开发的楼盘名称往往与万科的企业名称有机地结合在一起，取得了相得益彰的市场效果。

万科集团——万科·东海岸、万科·金域蓝湾、万科·金色家园、万科·城市家园、万科·温馨家园等。

沙河股份——沙河·世纪村·如意府、沙河·世经村·王府等。

华侨城地产——华侨城·波托菲诺、华侨城·锦绣花园·翡翠郡等。

常绿集团——常绿·九天庄园、常绿·桃花源等。

新天国际——新天国际名苑。

香港中旅——中旅·国际公馆。

裕康地产——裕康时尚名居。

天健地产——天健世纪家园。

潜龙地产——潜龙花园。

富通地产——富通·蟠龙居。

卓越置业——卓越·城市中心花园。

中信地产——中信星光名城。

金泽地产——金泽花园。

东埔实业——东埔海景花园。

建业集团——建业·森林半岛。

5. 字数不同的楼盘名称鉴赏

纵观当今楼市上的知名楼盘，它们的命名一般为2~6个字。

1）两个字的楼盘名称，如趣园、骏园、王府、橘郡、3·3、蜂巢等。

2）三个字的楼盘名称，如碧桂园、山水园、云深处、锦上花、金海岸、百花园、观海台、恒盛居、润华苑、鸿浩阁、融景园、蟠龙居、裕宏园、碧桐湾、海天园、水云间、泓瀚苑、紫薇苑、雅然居、理想居、名商园、臻美园、雅颂居、漾福居、人深处、臻美园、山水缘、雅颂符、怡景苑、桃花源、圆中圆、朱雀门等。

3）四个字的楼盘名称，如青春驿站、心怡花园、缤纷时代、碧海云天、漾日湾畔、西海明珠、椰风海岸、海印长城、长城盛世、风和日丽、缇香名苑、加州地带、骏皇名居、翠海花园、国泰豪园、江南水乡、明月溪水、缤纷时代、安柏·丽晶、仙桐御景、心语稚园、风和日丽、书香门第、水榭花都、新城国际、应天花园、天朝家园、金穗大厦、东方世家、凯帝花园、海亚花园、水木清华、香江明珠、归德名珠、沁园小区、西苑小区、锦绣榕城、鸿梅山庄等。

4）五个字的楼盘名称，如蓝宝石花园、秀榭里花园、香蜜湖豪庭、碧海红树园、阳光棕榈园、山水情家园、翠堤湾·龙玺、正道金帝苑、联圣商住楼、新生活广场、新世纪家园。

5）六个字的楼盘名称，如万科金色家园、帝港海湾豪园、裕康时尚名居、金色假日名苑、鹏盛年华公寓、新天国际名苑、南海玫瑰花园、城市印象家园、阳光带海滨城、深圳湾畔花园、东帝海景花园、东海丽景花园。0375·首府、奥林匹克花园、绿景·蓝湾半岛、凯撒·财富天下、帝和·水上公园等。

取名时应避免案名冗长、怪异，不通俗、不好记，否则会给业主增添不少麻烦，同时向亲朋好友们描述自家的位置也极为不易，极易让人产生误解。如××小商品城，实际只是住宅小区而非商城。又如位于北方某城市东路与高新大道交汇处的“××大道”，明明是一个楼盘，却命名为“大道”。

【案例 6-1】

“西山美墅馆”名称的演绎过程

西山美墅馆位于北京西部四、五环路之间的四季青乡南旱河路西侧，是一个低密度的类别墅项目，87 栋木结构的别墅都是美国、加拿大设计师的原创，结构部分在北美预制后，运抵北京进行组合并现场拼装。里面包括了单体美制木结构别墅、联排别墅、叠加别墅、LOFT、多层公寓五种建筑形式，每种户型各有三四种变化。

说起名字的来龙去脉，销售总监陈宁说，当初从备选的一大堆名字诸如“西山新城”、“西区新起点”、“西山新村”、“西山美墅”等中，一眼就看中了“西山美墅”，之后再加了个“馆”字，目的是要诠释一种理念——“馆藏生活”。这个名字也得到了广大看房客的认可。

【案例 6-2】

塞纳名城命名建议（节选）

1. 命名原则

1）体现项目的建筑风格、园林主题、规模和档次。

2）强调创意、气派、响亮和具有特色。

3）有利于项目 VI 识别系统的实施。

4）体现独特、易记、好听、琅琅上口、充满想象的特点。

2. 命名预选方案

【命名方案一】：塞纳名城

【命名诠释】：塞纳河是法兰西共和国首都巴黎的母亲河，此命名主要突出社区建筑风格的特点，同时本案不论是一期还是二期都设置有大型人工湖，因此取名塞纳。而巴黎作为世界名城，是每一个人都十分向往的城市。塞纳名城命名既体现了建筑的沉稳，又不失轻盈，读起来琅琅上口，易于记忆。

【命名方案二】：巴黎·塞纳名城

【命名诠释】：因为建筑突出法兰西建筑风格，故建议引用法国首都“巴黎”之名来作为本案命名的前缀，这样既能够引起消费者对项目整体风格的联想，也能加深其对产品的印象。

法国首都巴黎，位于塞纳河与马恩河汇流处，有 2000 多年的悠久历史，巴黎也素以“美丽”著称，有“世界花都”之美誉。巴黎形形色色的建筑、美不胜收的园林、雍容华贵的街道、琳琅满目的雕塑无一不彰显其魅力。“春天”则寓意生机和活力，说明楼盘充满希望，具有强劲的市场冲击力和号召力。

【组团命名】戛纳座　尼斯座　里昂座　马赛座　南锡座　第戎座　梅斯座　卡昂座　雷恩座

【景观命名】a. 湖心岛；b. 美泉玉池；c. 百胜潭；d. 凡尔赛会所；e. 爱丽舍商业街；f. 蓬皮杜艺苑；g. 塞纳钟楼；h. 戛纳之音；i. 法兰克烧烤园；j. 天赐凉园；k. 第戎天桥；l. 凯旋门；m. 圣母观月；n. 莱茵飞瀑；o. 风临左岸。

【其他命名推荐】

金色巴黎　左岸春天　凯旋名都　林海峰景　缇香溪谷　碧树云天　都市岭秀　塞纳之光

复习思考题

1. 房地产项目的主题概念和项目的营销主题与广告主题有何联系？
2. 楼盘（小区）命名的原则有哪些？
3. 房地产项目主题概念设计的依据与原则有哪些？

实践、讨论题

结合本地特色，对本地某一项目进行命名，并阐释名称的演绎过程。

第七章　7

房地产价格策划

【学习目标】

通过本章的学习，了解房地产商品的价格构成、定价目标、价格影响因素，掌握其定价方法、定价策略以及价格调整等方面的内容及策划操作方法。

【关键词】

房地产　价格策划　定价策略

价格是消费者最为敏感的话题，是客户选择楼盘的重要参数，价格的高低和变动会直接影响消费者的购买行为，更是开发商投资利润能否最终实现的关键所在。对营销策划而言，房地产产品的定价是最根本、最有效、最易于控制的核心和关键问题。房地产商品的价格策划既是一门科学，又是一门艺术。

第一节　房地产价格分析

一、房地产商品的价格构成

房地产价格是房屋建筑物和建房地块价格的综合性货币表现，是房地产商品与货币交换比例的指数。在整个社会物价体系中，房地产价格是一个自成体系、相对独立的组成部分。房地产商品的价格由房屋建筑造价及其有关价格所构成。具体地说，由以下费用构成。

1. ***房地产成本***

房地产成本是房地产价格的主要组成部分，应加强成本核算和控制管理，杜绝各种浪费，降低成本。以商品房为例，其成本主要由下面八项费用组成。

（1）土地费用　包括：城镇土地出让金、土地征用费或拆迁安置补偿费。房地产开发企业取得土地方式有三种：协议出让、招标出让和拍卖出让。目前基本以后两种方式为主，随着国家对土地宏观管理政策趋紧，大多数开发商获取开发用地的有效方式常常是通过拍卖方式。目前在我国城镇商品房价格构成中，土地费用约占 20%，这种趋势还在上升。

（2）基地开发费　包括按国家和各地有关规定支付的征地费、青苗补偿费、菜田建设费、劳动力安置费、养老农民生活补助费、私房补偿费、临时房屋搭建费、自行过渡补贴费、搬迁障碍费、临时水电气费、平整土地费等。

（3）勘察设计费　主要包括工程勘察费、工程设计费、施工临时通路通水通电费、场地平整费，以及在办理建审手续中按规定交纳的有关收费和用于地质和水文地质勘测设计等所需的费用。

（4）动迁户用房建筑安装工程费　包括临时安置过渡及搬家补助费等。

（5）房屋建筑安装工程费　按照施工图预算（或竣工决算）计算。

（6）市政配套设施费　按有关市政公用设施配套标准所支付的供水、供电、供气、通信、排污、排水、道路、绿化工程等项费用。

（7）管理费　建设过程中支付给开发公司职工工资、工资附加费、办公费、差旅交通费、固定资产使用费、车辆使用费、低值易耗品购置费、劳保费、职工教育费、广告费、合同签证费、公证费、保险费、诉讼费、股息等。管理费总额一般以上述1～5项为基数，按1%～3%计算。

（8）贷款利息。

2. 利润

房地产作为一种商品，盈利是价格形成中的一个组成部分。利润一般以房地产成本预算的1～5项为基数，按3%～10%计取利润。

3. 税金

房地产商品价格中的税金部分主要包括营业税、城市维护建设费、教育附加费等内容。

4. 其他附加费

其他附加费主要指人防工程费、住宅建设市政基础设施大配套费等。

5. 土地使用税（费）

该项税费从1988年11月开征，属于固定税额的税种，一般每年税费率为0.5～10元/m^2。

6. 其他构成商品房价格的因素

（1）房屋装修　随着经济的发展，房屋装修标准日益提高，门、窗、地板等的用料，已成为房产价格的重要构成因素。如超过同类房屋标准，一般可按原单价酌增5%～15%；如低于同类房屋标准，则可按原来单价酌减5%～15%。

（2）房屋设备　一般指卫生和暖气设备。如果设备因素未列入房屋造价或增加了房屋设备，就应按原单价增加房屋设备费用。

（3）房屋附属设施　包括围墙、女儿墙和绿化等。围墙、女儿墙可按墙体结构每平方米估算单价，另加20%价格，作为围墙上木门、铁门、竹笆门的费用。

（4）地段、层次、朝向　可在原单价基础上合理确定增减率，综合考虑对房屋价格的影响。

（5）房屋的折旧　房屋建成后，无论是使用还是闲置，都会发生自然的和人为的损耗，从而需要考虑折旧因素。一般来说，房屋使用年限越长，折旧额越高。但折旧的计算方法不同，折旧额也会有所不同。

（6）房屋完好程度　使用年限内各阶段的折旧率，一般只考虑时间因素，而未考虑人为因素。房屋完好程度应综合考虑自然损耗、房屋维修和保养爱护三个因素对房屋价格的影响，一般可根据上述三个因素确定房屋的完损等级，然后再进一步确定房屋的价格水平。

下列费用不得计入成本：小区内营业性用房及设施的建设费用；赞助、捐赠支出及其他与开发经营成本无关的费用；各种赔偿金、违约金、滞纳金和罚款；国家规定不得进入成本的其他支出。

二、房地产产品定价目标

定价目标指开发商在制定价格时所要达到的目的和标准，是实现企业经营总目标的手段和保证，也是选择定价方法和策略的主要依据之一。不同的房地产企业会有不同的定价目标，甚至同一企业在不同时期也可能采取不同的定价目标。通常，房地产企业有以下几种定价目标。

1. 以获取最高利润为定价目标

最高利润是指房地产企业在一定时期内可能并准备实现的最大利润总额。在一定时期内，房地产企业可以通过估计市场需求和开发及营销成本，综合考虑竞争情况，并据此选择一种价格，使之能产生相对较高的当期利润或现金流量。

当一个企业的产品在市场上处于某种绝对优势地位时，固然可以实行高价政策，以获取超额利润。然而，由于市场竞争的存在，任何企业要想长时间维持一个过高的价格几乎是不可能的。况且房地产的保值、增值功能也决定了开发商必须根据市场情况随时调整产品价格。一些企业往往在初期采取相对低价策略吸引顾客，并稳步拉升价位，这样，从企业的长远利益和总收益来看，企业还是能够获得相对较高的利润的。

2. 以获取较高的投资收益率为目标

这是一种以投资成本为基础的定价目标。房地产企业将项目的预期收益水平规定为占该项目投资额的一定比率，叫做投资报酬率。这种定价目标的关键是如何确定投资收益率，企业要认真研究分析行业平均投资收益水平和本楼盘的特色及竞争力，使所定的价格能普遍为消费者接受。

3. 以保持市场价格稳定为目标

为了减少在不必要的价格竞争中所造成的损失，增强市场的安定性，保持收益均衡，一些大企业或独立或联合有意识将价格稳定在一定的水平上。而处于追随者地位的中小企业往往采取接近于领导者价格或与领导者价格保持一定比例定价，不会轻易突破大企业的定价，以免遭到价格报复。

4. 以应付或避免竞争为目标

大多数开发商对于竞争对手的价格都很敏感，不希望与竞争者，尤其是对市场价格有决定影响的竞争者进行价格竞争。因此，许多开发商在定价前，往往广泛收集信息，仔细研究竞争对手的定价和有关房屋设计、施工、建材、销售等方面的资料，并以此为基础来制定本企业产品的价格，有意识地通过产品定价去应付或避免竞争。

5. **以提高市场占有率为目标**

市场占有率是指一定时期内某企业房地产的销售量占当地细分市场销售总量的份额。以保持或扩大市场占有率作为定价目标的开发商，要依据自身实力并结合市场环境，兼顾本企业的近期和远期利益，制定出有利于抢占市场的房地产价格。一般来讲，成长性企业适合采取提高市场占有率的定价目标，如以比同类产品偏低的价格进入市场，迅速打开销路，提高企业所占有的市场份额，再逐步提升产品品质和价格，追求长远发展和广阔的利润空间。

6. **以维持企业生存为目标**

当整体经济疲软、市场不景气或由于企业投资决策失利等原因造成产品销售困顿，企业资金周转困难时，企业应首先分析滞销原因，采取补救措施。其中降价销售或制定保本销售价格是主要的维持企业生存的方法，可以加快资金回笼，避免资金占压，减少贷款利息支出，降低经营风险。此时企业争取薄利多销，可以将利润压缩到5% ~3%甚至保本、略亏损等水平上。

上述目标一般是相互影响、相互制约的，在进行价格策划时，应在总经营目标的规范下，综合考虑、协调平衡，制定出合理、科学的价格目标。

三、房地产价格策划的影响因素

房地产价格策划是在一定的内外环境的背景下进行的，受到各种因素的影响。因此，开发商必须在对各种影响价格定位的因素进行细致分析的基础上，来制定价格策划方案。影响和制约楼盘定价的因素主要包括以下几个方面。

1. **成本因素**

在房地产产品的价值构成中，成本占有重要的地位。开发商在建造、发售楼盘时所投入的各种费用，构成了楼盘的生产和销售成本。不同楼盘的建筑容积率、建筑结构和式样、建筑材料的选用、施工质量、楼盘规划与城市规划的协调程度以及销售投入等都不同程度地决定了楼盘的开发和销售成本。一般而言，成本是进行楼盘定价的下限，是影响和制约楼盘定价的重要因素。

2. **竞争因素**

市场经济最明显的特点就是竞争，而价格作为企业参与的市场竞争最基本的工具，受市场竞争程度和竞争状况的影响极大。市场供求关系的波动、竞争者销售策略的改变、潜在竞争者的存在和产生等都对开发商的楼盘定价有着极大的影响和制约作用。

3. **产品差异**

房地产产品的市场竞争在一定程度上表现为差异竞争，而差异竞争主要集中在产品的差异上，即楼盘本身素质及各种卖点的不同上。产品的差异化程度越高，产品本身的唯一性也越大，其所面临的市场竞争越小，价格也将不再是销售中的最大难点，此时产品可以因其特殊利益而相对提高定价。

产品差异主要表现在建筑风格、景观环境、户型设计等方面。

(1) 建筑风格的影响　建筑风格迎合消费者心态，对定价的影响程度是显而易见的。

示例

建筑风格可分为：一是异域风情，如长春万科·兰乔圣菲，深圳东海花园，北京星河湾、天鹅湾等项目，以美式、澳洲、东南亚风格等为主的异域风情作为自身最大的卖点；二是中式建筑风格，如成都芙蓉古镇、深圳万科第五园，都以院落、中式色彩、雅致或宏观见长等特点为卖点；三是现代建筑风格，具有时代气息特点。显然，不同建筑风格元素为商品房价值提升奠定了坚实基础。北京润丰房地产开发公司所开发的润枫水尚项目，同样把关注的重点放在了建筑风格上，该项目设计理念以法式、德式和北欧三种设计风格为主，倡导现代欧式建筑的高档社区，如开放的中央湖区、半开放的溪流两岸、私密的组团内院的多层次绿化空间构成，统一在现代建筑的风格上，同时加以节能措施，以求在细节部分充分体现出欧洲建筑“以建筑功能改善生活品质”的核心理念，凸显其项目的高价值和高价位，深受市场欢迎。

(2) 景观环境设计对市场价格的影响　随着消费者生活水平的日益提高，人们对居住条件的要求已经超越了“够住、够用”的低层次水平，对小康住宅甚至舒适豪华住宅的需求成为购房的主要目标，对人居环境的要求日益增长，同时也认可并接受了“好环境、好价格”的居住理念。因此，小区的景观环境设计已成为规划设计的必要环节，已成为开发商加价、取得利润的主要卖点。

示例

北京万科城市花园新区丹桂园推出销售时，策划人考虑到楼宇位置不同，其价格也应该不同，于是，对靠近中心花园、景观较好的房子都进行了加价，加价系数最高的达10%。另外，一楼带小花园的房子也加价10%。正式发售之后，景观好的和带花园的房子虽然有加价，仍然率先售出；而且，景观最好的几套在推出后的一个小时内就出现超额抢购，最后不得不采取抽签方式来确定归属。

(3) 户型对市场价格的影响　在绝大多数的地产项目中，户型对市场效果的影响都是举足轻重的。在很多户型多样化的小区中，往往有1~2种户型特别好卖，即使开发商将价格提高，依然比较抢手。而有的户型会很少有人问津，甚至将价格下调10%以上，仍然卖不动。可见，户型对市场效果的影响往往是致命的，特别是当户型与面积相联系的时候。户型实际上涉及市场定位问题，有效的户型差异，还能避免价格竞争所造成的两败俱伤。

示例

2000年底，北京的珠江骏景开盘时起价是3980元/m^2，小户型多，无精装修。而此前天天家园也几乎以同样的价格推出了小户型为主的产品。两大楼盘面临一场短兵相接的竞争。相比之下，天天家园因离城区更近，对中低收入者有更大的吸引力。所以，天天家园开盘认购过百套，而珠江骏景开盘仅认购几十套，真正签约交钱的不过10套。这时珠江骏景十分明智地修改了自己的方案，经过四个多月的修改和调整重新面市后，推出了4500元/m^2的精装修房，而且以大户型为主打。将自己离城较远的三环劣势变成了对有车族交通更方便的优势。此后，项目出现热销的局面。最后，珠江骏景获得了全年销售6亿元的业绩。

4. **购房者的心态因素**

在逐渐走向成熟的地产市场，开发商的品牌影响力越来越大，如果购房者对开发商的产品有良好的印象和偏好，开发商在楼盘定价时就有较大的自由度。

此外，购房者在购买之前通常会考虑产品是否适合自己的要求，从而确定自己的期望价格。所以，定价前必须认真分析消费者对产品的价值判断，这些方面的价值判断在不同的房地产市场发展阶段有所不同。

示例

1998年以前，我国房改政策实施不久，购房者的价值判断主要集中在户型和客厅上，即室内功能配置是否合理，是否是小卧室大客厅等，而对景观设计、绿化、建筑格局等要素关注极少。但1998年以后，随着人们对健康的追求和环保意识的增强，楼盘的小区环境、景观设施、建筑格局，以及楼盘周边的市政配套设施逐渐被购房者重视，成为楼盘营销的新卖点。

5. **政府的作用**

在房地产业的经济运行中，政府的作用非常大，为了对市场经济活动进行必要的监督和调控，政府通常会制定一些政策和法律法规加以调整和约束。

示例

2008年9月后发生的国际金融危机，使得我国经济呈下滑态势，为此，政府采取了积极的财政政策和适度的货币政策，如央行连续降息五次、政府提出的“支持居民购房”等措施，同时，财政部和央行宣布从2008年11月1日起，对个人首次出售或购买住房暂不征收印花税、对个人出售住房免征收土地增值税，首次购买普通自住房和改善性普通自住房，商业贷款最低首付调整为20%；2008年11月5日又出台十项措施，其中包括“加快建设保障性安居工程”、“加大金融对经济增长的支持力度”；2008年12月17日，国务院又再次推出三项房地产政策，包括符合条件的第二套住房首付贷款优惠、购房两年转让的免征营业税、取消城市房地产税等。这些政策对房地产市场的发展都是利好消息。

6. **环境因素**

影响房地产价格的环境因素很多，主要有噪声、空气、环境污染等。

（1）噪声　噪声大的地方，房地产价格就低；反之，就可能高。如汽车、工厂、飞机场、人群等都可能形成噪声。

（2）空气、环境污染　房地产所处的地域空气、环境污染程度对房地产价格有很大的影响，如化工厂、屠宰场、鸡场、厕所等，接近这些地方的物业，价格就较低。另外，视觉和房地产周围清洁好，房地产价格就高；反之，则较低。

第二节　房地产定价方法

定价方法是企业为了在目标市场上实现定价目标，而给产品制定一个基本价格或价格浮动范围的方法。在实际定价过程中，企业往往侧重于对价格产生重要影响的一个或几个因素来选定定价方法，并以同地区同类房地产的市场占有率最高的楼盘价格为基础，综合考虑自身位置、设计、技术水平、配套设施等因素进行价格策划。房地产企业的定价方法通常有以下三种。

一、成本导向定价法

成本导向定价法是一种按卖方意图定价的方法。其基本思路是在定价时，首先考虑收回企业在生产经营中投入的全部成本，然后加上一定的利润。它包括以下几种定价方法。

1. 成本加成定价法

这是一种最简单的定价方法，就是在单位产品成本（含税金）的基础上，加上一定比例的预期利润作为产品的售价。所加的一定比例的利润称为“成数”。其计算公式为

$$单位产品价格 = 单位产品成本 \times (1 + 加成率) \tag{7-1}$$

其中，加成率为预期利润占产品成本的百分比。

如某房地产企业开发某一楼盘，开发成本为1800元/m^2，加成率为20%，则该楼盘售价为

$$1800 \times (1 + 20\%)\ 元/m^2 = 2160\ 元/m^2$$

这种方法的优点是计算方便，可以简化定价工作，也不必经常依据需求情况作调整，在市场环境诸因素基本稳定的情况下，采用这种方法可保证开发商获得正常的利润。这种方法也存在着局限性：不利于开发商控制开发成本；没有考虑市场承受能力，有可能形成销售压力。

该方法的关键在于：加成率的估算应根据行业状况和产品特色正确把握。

2. 目标收益定价法

这种方法又称目标利润定价法，或投资收益率定价法。它是在项目投资总额的基础上，按照目标收益率的高低计算售价的方法。其计算步骤如下：

（1）确定目标收益率　目标收益率可表现为投资收益率、成本利润率、销售利润率、资金利润率等多种不同的形式。

（2）确定目标利润　由于目标收益率表现形式的多样性，目标利润的计算也不同，其计算公式为

$$目标利润 = 总投资额 \times 目标投资利润率 \tag{7-2}$$

$$目标利润 = 总成本 \times 目标成本利润率 \tag{7-3}$$

$$目标利润 = 销售收入 \times 目标销售利润率 \tag{7-4}$$

$$目标利润 = 资金平均占用额 \times 目标资金利润率 \tag{7-5}$$

（3）计算售价　根据总成本、目标利润和预计销售量来计算，计算公式为

$$单位产品价格 =（总成本 + 目标利润）/ 预计销售量 \tag{7-6}$$

目标收益定价法的优点是：可以保证企业既定目标利润的实现。其最大的缺陷是以预估的销售量来计算应制定的价格，颠倒了价格与销量的因果关系，忽略了市场需求和竞争。

这种方法一般适用于在市场上具有一定影响力、市场占有率较高或具有垄断性质的企业采用。

3. 盈亏平衡定价法

在销量既定的条件下，企业产品的价格必须达到一定的水平才能做到盈亏平衡、收支相抵，这个既定的销量就称为盈亏平衡点。以盈亏平衡点为基础制定价格的方法就称为盈亏平衡定价法。

科学地预测销量和已知固定成本、变动成本是盈亏平衡定价的前提。定价后企业产品的销售量达到盈亏平衡点，可实现收支平衡，超过该点就能获得盈利；不足该点则必然出现亏损。其计算公式为

$$单位产品价格 = 开发成本 / 盈亏平衡点销售量 \tag{7-7}$$

或

$$单位产品价格 = 单位固定成本 + 单位变动成本 \tag{7-8}$$

以盈亏平衡点确定的价格只能使企业的开发成本得以补偿，而不能获得收益。因而这种定价方法只有在企业的产品销售遇到了困难或市场竞争特别激烈，为避免更大的损失，将保本经营作为定价目标时，才可使用。

4. 边际成本定价法

边际成本是指每增加或减少一个单位产品所引起的成本变化量。因其不考虑企业固定成本的摊销，与产品的变动成本相似，所以边际成本定价法亦称为变动成本定价法，就是以单位产品变动成本作为定价依据和可接受价格的最低界限，结合考虑边际贡献（产品卖价减去边际成本）来制定价格的方法。即企业定价时只要所定价格高于单位产品的变动成本，就可以进行生产与销售，以预期的边际贡献补偿固定成本，并获得收益。其计算公式为

$$单位产品的价格 = 单位产品变动成本 + 单位产品边际贡献 \tag{7-9}$$

边际成本定价法改变了售价低于总成本便拒绝交易的传统做法。通常适用于市场竞争激烈，产品供过于求，库存积压，企业坚持以总成本为基础定价时市场难以接受的情况，这时只要有边际贡献，就可以销售，极大地加强了企业竞争力，如果企业的项目固定成本比重非常小则更为适用。

二、需求导向定价法

所谓需求导向定价法是指以消费需求为中心，依据买方对产品价值的理解和需求强度而非依据卖方的成本来定价。其主要方法有理解价值定价法和区分需求定价法。

1. 理解价值定价法

理解价值也称“感受价值”或“认识价值”，是消费者对于商品的一种价值认知，实际上是消费者对商品的质量、用途、款式以及服务水平的评估。理解价值定价法的基本指导思想是：认为决定商品价格的关键因素是消费者对商品价值的认识水平，而非卖方的成本。

开发商在运用理解价值定价法时，首先要估计和测量在营销组合中的非价格因素在消费者

心目中所起的作用，然后按消费者对产品档次的可接受程度来确定楼盘的售价。由于理解价值定价法可以与现代产品定位思路很好地结合起来，因而为越来越多的企业所接受。其主要步骤是：

1）通过信息传递和反馈确定顾客的认知价值。

2）根据顾客的理解程度决定商品的初始价格。

3）预测商品的销售量。

4）预测目标成本和销售收入。

5）确定定价方案的可行性，进行价格决策。

理解价值定价法的关键是准确地掌握消费者对商品价值的认知程度。因此必须经过周密的市场调查，了解顾客的需求偏好，反复向消费者宣传产品的性能、用途、质量、品牌、服务等内容，以形成较为准确的产品价值观念。

示例

徐州一家比较有实力的开发公司也采用过“我建房、你定价”的策略，其做法是让客户来参观，将成本公开，把房子开发成本、利润率、税金都列出来，同时把周围几个项目价格也列出来，要求客户帮开发商定价。这种超常规的做法有一定风险性，但在当地却引起很大反响，客户认为自己对所购买的房子心知肚明，觉得物有所值，因此，销售势头也很好。

2. 区分需求定价法

区分需求定价法又称差别定价法，是指房地产产品的发售可根据不同需求强度、不同消费取向、不同购买实力、不同购买地点和不同购买时间等因素，形成不同的售价。对于开发商而言，同一种建筑标准、同一种规格、同一外部环境的商品房，可以根据楼层数、朝向、开间等方面，形成朝向差价、楼层差价、边间差价、面积差价、视野差价、建材差价、口彩差价等。

该定价方法适合于个性化较强的房地产产品。但应注意一点，即做到使不同的购房客户都能理解价格的差异，避免出现价位争议。

三、竞争导向定价法

竞争导向定价是企业为了应付市场竞争的需要而采取的特殊定价方法。它是以竞争者的价格为基础，根据竞争双方的力量对比和竞争产品的特色，制定相对偏低、偏高或相同的价格参与竞争，以达到增加利润、扩大销售量或提高市场占有率等目标的定价方法。

对于房地产企业而言，当本企业所开发的项目在市场上有较直接的竞争者时，适宜采用竞争导向定价法。竞争导向定价法包括以下几种方法。

1. 随行就市定价法

随行就市定价法就是企业按照行业的平均价格水平来制定自己产品的价格。一般来说，当企业开发的产品特色不强，产品成本预测比较困难，竞争对手不确定，企业竞争能力弱，不愿打乱市场正常秩序，或者在竞争激烈而产品弹性较小的市场上，才采取这种方法。

随行就市定价法是一种比较稳妥的定价方法，在房地产业应用比较普遍，可以避免因硬性竞争造成的两败俱伤，比较受一些中、小房地产企业的欢迎。

2. **直接竞争定价法**

如果开发商自身实力较强，开发规模大、成本相对偏低，而且，产品本身并无突出特点参与竞争，则可以打价格王牌，以低于竞争产品的价格发售，可以有效排挤竞争，提升市场占有率；反之，如果产品特色显著，卖点多，成本较高，则可以高于竞争对手的价格发售，即将本企业的产品提升到更高的档次，避开直面的竞争，以夺取不同层次的消费者群；如果必须与对方制定相同的价位进行竞争时，企业应注意发掘服务卖点，尽量减少正面冲突带来的损害。

示例

2001 年，凤凰城和国展家园在北京东北三环的竞争堪称经典。凤凰城与国展家园几乎同时开盘，它们因面对同样一批客户且大户型定位比较一致而形成了明显的竞争。2000 年下半年，国展家园以上万元的单价率先开盘时，凤凰城并未动作，稍后凤凰城开出了令人吃惊的低价，内部认购起价为 5800 元/m^2，正式开盘上提千元的起价也不过 6800 元/m^2，据说，凤凰城没有打任何广告，当天中午前就认购 60 套，到晚上已经突破 100 套。凤凰城显然是以低价位拉开了与国展家园及其他竞争项目的距离。于是，凤凰城 B 座几乎一卖而空，尽管后来涨价到 9000 元/m^2，仍比国展家园低千元以上。2001 年初，时逢凤凰城价格因人气旺而涨起来，于是，2001 年凤凰城反戈一击，A 座开盘即以起价 9200 元/m^2 高价直逼国展家园的定价；以均价 11000 元/m^2 的价格，主推 200m^2 大户型的房子，硬是在国展家园眼皮底下上演了一场高价热销的大戏。与 B 座相比，凤凰城 A 座售价几乎上涨了 30%，均价上涨 3000 元/m^2，高过国展家园，并于 2001 年 5 月份全部售空，体现了开发商无与伦比的价格竞争谋略。

3. **倾销定价法**

在特定时期，企业可采用以低于成本的价格推出产品，如开盘初期，或竞争过于激烈时，或初次进入某市场，或经济大萧条时期，或尾盘发售阶段等。倾销的主要目的是提升市场占有率，树立企业形象，但由于对开发前期的盈利影响过深，并且易于引发激烈的价格冲突，因此对企业的素质要求较高。一方面，企业必须有能力在占领市场后逐步提升价格，争取盈利，避免消费认知偏颇；另一方面，还要注意横向协调，减少对市场的冲击，避免造成市场动荡。

第三节　房地产定价策略

所谓定价策略，就是指企业为了在目标市场上实现自己的既定销售目标所规定的定价指导思想和技巧。有效的定价策略和技巧既能使有效需求得以释放，又可以给开发商带来较高的投资回报。房地产产品在不同发售阶段、不同地点可采用不同的定价策略。

一、新开楼盘定价策略

根据房地产企业的主要定价目标，新开楼盘的定价策略一般可分为低价开盘策略、高价开盘策略、中价开盘策略三种。每种定价策略各有其不同的定价依据。

（一）低价开盘策略

所谓低价开盘是指新开楼盘以低于市场行情的价格销售。

低价开盘策略的优点是：①便于市场渗透，促进良性循环。开发商运用价格优势，能吸引相当一部分客户在确认楼盘优质的事实后，产生购买行为，这不但意味着企业创利的开始，而且还能积聚人气，营造出售楼现场热烈的气氛。②便于日后的价格控制。低价开盘，价格的主动权在开发商手里。当市场反应热烈时，可以逐步提高销售价格，形成热销的良好局面；若市场反应平淡，则可以维持低价优势，在保持一定成交量的情况下应付竞争。③便于周转，加快资金回笼。有成交便有资金流入，才能满足公司的周转需要。

低价开盘策略的缺点是：①利润相对较低、投资回收周期长。②楼盘形象难以提升。高价位不一定代表高品质，但高品质是需要高价位来支撑的。低价开盘的初期定位即制造了一种低档次的市场印象，一定程度上局限了消费者群的层次和购买能力，后期不易提升和转变。

一般来讲，对于较低档次的新开楼盘，由于企业的开发成本较低，产品特色不明显，无法实现特色经营，而且竞争相对激烈，适宜采用低价策略。

（二）高价开盘策略

所谓高价开盘是指楼盘开盘时以高于市场行情的价格销售。

高价开盘策略的主要优点是：①便于开发商获取最大的利润，树立楼盘的品牌形象，创造企业的无形资产；②高价开盘后，后期逐步调低价格，消费者也会感到一定的实惠。其缺点是：①若价位偏离当地主流价位过多，则难聚人气，有时会形成有价无市；②楼盘销售速度会受到相当大的影响，导致资金周转缓慢；③日后的价格调控余地很小。

小观点

一般来说，具有下列特点的新开楼盘可以采用高价策略。

1）具有竞争楼盘所没有的明显特点。如有更为先进、合理、经济的户型设计；有创新采用的付款方式、产品配套等。这样的楼盘突破了市场原有的思维定势，能带给客户全新的购买感受，即使定价较高，也会受到客户的追捧。

2）产品的综合性能较佳。高单价大多对应高品质。当楼盘地点、规划、户型、服务等产品的综合性能为客户所接受和钟爱，它所提供的产品品质与客户所能接受的心理价位相符，甚至略高，也利于使用高价开盘策略。

3）开发量适合、发展商信誉好。如果一个楼盘的价格在当地的主流价格范围之内，产品的开发量适合，并且公司的品牌响亮，市场需求大，则高价开盘完全有市场基础。

4）在一定时期内的楼盘供应相对缺乏。当企业可期望通过高价策略获得较多的利润时，也可以采用高价开盘。

（三）中价开盘策略

所谓中价开盘是指楼盘开盘时以市场行情的价格来销售。

中价开盘策略一般适用于房地产市场状况较为成熟稳定、竞争偏弱、成交量较大的区域内的楼盘，开发企业希望在现有的市场状况下保持其市场占有率，谋求中等的利润。当然也适合于新进入的房地产企业。

总之，无论是低价开盘策略、中价开盘策略还是高价开盘策略，它们都有各自的实施条件和优缺点，究竟采取哪种策略，要视具体情况而定。

二、整体销售过程定价策略

房地产产品的整体销售过程是指楼盘或小区从预售开始到售完为止的全过程。由于该过程相对比较漫长，市场营销环境又是复杂多变的，所以开发商往往需要在确定总体定价策略后，根据实际情况不断调整价格策略和手段，争取每一个策略运用都能收到良好的经济效果。房地产产品的整体销售过程定价策略一般有以下几种。

（一）低开高走定价策略

1. 低开高走定价策略的含义

所谓低开高走定价策略，就是根据项目的施工进度和销售进展情况，每到一个调价时点，就按预先确定的幅度有计划地调高一次售价的策略。

这种策略是房地产产品发售时较常见的定价策略，多用于中低档项目的期房销售，尤其适用于宏观经济转好阶段或人气较旺的待售楼盘。

2. 调价技巧

低价开盘后，如果价格调控不力，譬如单价升幅过大，或者升幅节奏过快，都可能对后续到来的客户造成一种阻碍（放弃或观望等待），从而造成销售停滞的局面，不但让原先设定的期望利润落空，而且会抵消已经取得的销售业绩。因此，运用这种策略必须掌握一定的技巧。

补充知识

低开高走调价技巧如下：

1）掌握好调价的频率和幅度。调价频率的关键是吸引需求，一般是以一周为一个周期；调价幅度的关键是“小幅递增”，一般每次涨幅在3% ~5%之间。

2）调价初期可配以适当的折扣或优惠政策作为过渡，有新生客源时再撤消折扣。

3）提价要精心策划、高度保密，才能收到出奇制胜的效果。

4）提价时要勾勒出新的卖点，刺激消费信心，提价后要加大对已经购买的业主的宣传，让其知晓所购物业已经升值，向亲戚朋友宣传，起到口头传播的作用。

5）最差的单元一定要在开盘初期推出来，并应尽最大的努力将其卖掉，这是保证后期顺利发售的先决条件。

3. 低开高走定价策略的运用模式

（1）开盘起价低、均价也低　即开盘时整体售价低，随着项目工程进度的推进，项目起价、均价随之微调。一般中低档项目多采取这种策略。

采取开盘时整体售价低的策略，其主要优点是：①出于宣传目的，想让更多的人知道这个项目，让市场传播速度加快。事实上，这种让利行为相当于地产商为自己做了一个广告。②在尚未开工时购房的客户，比工程进度已到后期的客户承担的风险更大，因此，先购者理应享受更多的优惠。③调价幅度不大，致使均价也不高，符合楼盘本身的质量和所圈定的消费群的整体购买力，销售全程均能起到积聚人气、树立形象的目的。其缺点是开发商的利润空间相对有限。

（2）开盘起价低、均价高　即开盘时整体售价相对较高。这种策略一般是仅有几套房子开出低价，随着工程进度的推进，开发商不断推出好单元，并快速提升售价。这种定价策略必须伴随较高水平的宣传。

采取开盘时整体售价相对较高的策略，其主要优点是：以低价格吸引目标顾客的注意力，快速升值创造“好货抢手”的假象，刺激购买欲望，对均好性较强的中高档楼盘较为适用，利于应付市场竞争。其缺点是：这种模式带有较强的宣传目的，并没有真正让利给购房者，会使真正到现场实地咨询房价的购房者有一种很强的失落感，觉得这个项目的定价没有遵循诚信原则。

（二）高开低走定价策略

1. 高开低走定价策略的含义

所谓高开低走定价策略类似“撇脂定价法”，其目的是开发商在楼盘上市初期，以高价开盘销售，迅速从市场上获取丰厚的利润，然后逐步降价，力求尽快回笼资金。

2. 调价技巧

由于房地产产品的保值、增值性，消费者买涨不卖跌的心态较强，一旦高价开盘后市场反应冷漠，则降价可能更是雪上加霜。因此，在价格下调时一定要把握一定的技巧。

补充知识

高开低走调价技巧如下：

1）一次调价幅度不可太大，否则易引发市场恐慌，丧失消费信心。

2）可以采用“隐蔽式”方法。这种方法下调价收到的效果相对较好，如通过公关活动采取优惠赠送、付款期、付款方式、成交数量折扣等。

3）可以强调“尾盘”发售，也能起到刺激购买的良好效果。

3. 适用范围

高开低走定价策略一般适用于以下两种情况：

1）适用于一些高档商品房。开发商在以高价开盘取得成功后，基本完成了预期的营销目标后市场竞争趋于平缓，希望通过降价将剩余部分迅速售出，以回笼资金。

2）适用于楼盘或小区销售处于宏观经济周期的衰退阶段，或者由于竞争过度，高价开盘并未达到预期效果，开发商不得不调低售价，以推动市场吸纳物业，尽早收回投资。

事实上，无论是高开低走，还是低开高走，都不是绝对的。因为销售过程中的价格变化较为微妙。一般开发商都采取“低——高——低”的价格变化节奏。作为开发商，关键的问题是要在楼盘定价的前期，考虑消费机会点，这样才能真正地聚集人气。开发商在考虑楼价的高低差方面，也要根据市场的变化适当把握，只有不断进行价格曲线的维护，才能达到整合营销的效果。

（三）稳定价格策略

这种价格策略是指在整个发售期间，楼盘的售价始终保持相对稳定，既不大幅度提价，也不大幅度降价。对于开发规模较小，以及房地产市场状况稳定的区域，宜采取稳定价格策略。

三、时点定价策略

除上述所讲的较为系统的定价策略外，在整个价格操纵过程中，开发商往往还要用到一些辅助的时点定价策略，即根据不同的销售状况，适当在不同的销售时点上采用不同的销售技巧，以促成价格策略的顺利推行和价格的最终实现。

（一）折扣和折让策略

这种策略是在定价过程中，根据商品房的基本销售价格，在某些特殊时期（如开盘期、庆典、调价初期、尾盘发售等）以各种折扣和折让来刺激中间商或客户，以促进销售。常用的折扣或折让主要有三种。

1. 付款期折扣

在交纳一定比例的定金之后，卖方为了鼓励买方尽快付款，按原价给予一定的折扣。如“2/10，*n*/30”表示付款期为30天，但如果客户能在10天内付款，则给予2%的折扣。付款期折扣政策能加强卖方的收现能力，降低信用成本并防止呆账的发生。

2. 现金折扣

现金折扣是指因客户以付现的方式缴款而给予的折扣。

现金折扣又可分为一次性付款折扣和分期付款折扣。显然，一次性付款折扣率要高于分期付款折扣率。对于开发商来说，合算的现金折扣金额，应小于按允许最长的付款期限（如楼宇的按揭期）提前付款的时间计算的利息与购房者中途购房毁约的风险损失之和。

3. 数量折扣

数量折扣是指视购房者购买数量不同而给予不同价格优惠的策略，称为数量折扣策略，或称批量销售折扣策略。

数量折扣的目的是刺激客户大量购买。因此，购买量越大，给予的折扣率越高。数量折扣可以按每次购买量计算，也可按一定时间内的累计购买量计算。对于开发商来说，合算的数量折扣金额，应小于零售费用与按零售延迟的平均出售时间计算的利息之和。

（二）心理定价策略

用户心理定价策略，是根据用户求廉、求吉等购房心理，微调销售价格，以加速销售或取得更大效益的定价策略，常用的有以下几种。

1. 尾数定价策略

尾数定价策略是根据消费者求廉的购房心理，尽可能取低一位数，如4980元/m^2、5388元/m^2

等。消费者之所以会接受这样的价格，原因主要有两点：一是会给人便宜很多的感觉。如定价为4980元/m^2，消费者会产生每平方米还不到5000元的感觉；二是有些消费者认为整数定价是概略性的，不够准确；而非整数定价则让消费者在心理上产生定价认真、一丝不苟的感觉，增强消费者信任感。

2. 整数定价策略

对于同种类型的商品房，特别是对于一些高档别墅，其消费对象多是高收入者和上流社会人士，他们往往更关注楼盘的档次是否符合自己的要求，在不能充分了解房地产特质的情况下，消费者往往以价格作为辨别质量的“指示器”。对于这类商品房，采取整数单价反而会比尾数定价更合适，如直接定价为12000元/m^2。而对于一些装修豪华、外观别致、气派不凡的高档别墅开价可以是一套几百万元人民币或上百万美元等。因为这类消费者购买高档商品房的目的除了自我享用以外，还有一个重要的心理因素，就是显示自己的财富或地位，整数定价法可以更好地满足他们的愿望。

3. 口彩定价策略

口彩定价策略就是根据某些消费者的消费心态制定商品房的价格。如时下房地产开价比较流行使用吉利数字5888元/m^2、8666元/m^2等，这可能会满足客户求吉利的心理，而类似18号、88栋、616室之类口彩较好的门牌号码，可以制定相对稍高的价格；对于4、7、13等不吉利的数字则可以尽量避免或变相削价冲淡人们的感受；又如某些消费者在购买房产时特别讲究地域的“风水”，开发商在选址时也应作相应的考虑。

（三）差别定价策略

差别定价是指企业在销售商品房时，根据其不同用途、不同交易对象等施行不同的价格策略。常用的差别定价策略一般有以下几种形式。

1. 根据同一楼盘中不同单元的差异制定不同的价格

在同一栋商品房中，虽然设计方案、施工质量、配套设备等都一样，但各单元之间存在着层次、朝向、房型、采光条件等方面的差异。开发商可根据上述情况来综合评定各单元的优劣次序，从而确定从高到低的价格序列。

如多层商品房在确定基价后，可根据层次对售价进行修正。在一栋7层的房屋中，一般可以将2层楼的售价定为基价，3~5层由于层次居中，采光条件较好，通行也较为方便，其售价一般可达到基价的104%至106%；底层虽然采光条件略差，但往往由于有附送条件，其售价也可达到基价的102%；6层虽然采光条件不错，但由于位置较高，通行不便，售价往往只能达到基价的95%；而顶层除了通行不便外，还有因楼顶直接与外界接触，容易因日照、降水等自然侵袭使房屋受损的缺点，因此，其售价一般可定为基价的85%左右。

高层商品房一般是层数越高价格越高，另外朝向的影响往往较多层要复杂，因为朝向不仅关系到房间的采光、通风问题，一定程度上还与风水有关，因此，受到买家的特别关注。在定价时可以以底层朝向的优劣为参考因素。在同一楼盘的同一层次中，如果将朝东单元的售价定为基价，那么朝南和东南的单元售价可以定得高于基价，而朝西、朝北的单元的定价一般应低于基价。

对于不同房型的商品房也可以制定不同的售价，以促进销售。如在某一楼盘所面对的消费对象中，三室二厅或二室二厅比较受欢迎，或者说有“明厅”的单元较受青睐，那么开发商可以将这种类型的单元售价定得略高一些，而将二室一厅和一室一厅或那些属于“过道厅”房型的单元售价定得略低一些。

2. 对不同的消费群体定不同的价格

某些楼盘所面对的消费群体的范围可能比较大，开发商可以针对消费群体的不同而制定不同的售价，对有些消费者给予优惠。如对于普通消费者实现照价收款，而对于教师购房则给予九折优惠等。实行这种策略，可以体现开发商重视教育、重视知识分子的良好风尚，有助于树立企业形象，提高企业的知名度，从而提高企业的竞争力。

3. 对不同的交易对象定不同的价格

在商品流通中，各流通环节都各有其职能作用。因此，在价格上必须区别对待。在房地产销售过程中可以区分不同环节的交易对象制定成本价、福利价、国家定价、国家指导价、市场调节价等。

（四）产品组合定价策略

楼盘也可以像一般商品那样，运用产品组合的观念来定价，但是在实际操作中，由于楼盘的各部分产品之间关系并不明显，也非既定，因此在定价之前，须先辨别各种产品之间的组合关系，再制定组合价格，不求个体利润均好，力求楼盘整体的利润最大化。

如果是同类产品（如全是规划相似的住宅，这些住宅之间属于替代关系），这时价格的制定就可采用一般的垂直价差和水平价差的定价方法（见第四节内容）。因此，应区分产品条件的差异程度，以决定彼此间的价格组合。

如果是非同类的产品，如某一楼盘，其规划为地上14层，地下1层的建筑。其中1~3层为商场，4~14层为住宅，地下1层为车库，那么就住宅和商场而言，两者价值、功能、规划均不相同，即属于非同类产品，他们各自的目标客户也很少会做两者之间的价格比较，这时就需把商场和住宅作为两个独立无关的产品，针对各自的市场制定价格。

如果住宅、商场和车位之间存在组合关系，前面的例子中如果楼盘位于黄金地段，楼上住宅规划为豪宅，车位对于豪宅的客户而言是不可或缺的一个部分，此时车位与住宅即可形成“互补关系”，车位的定价即可和住宅的定价合并考虑，用总价定出两者合并所能提供的整体价值。如果楼盘位于车位供给充足的地区，或者楼上住宅的总价已接近目标客户所能接受的总价范围的上限，此时住宅和车位即可形成明确的“主从关系”，即住宅是客户主要购买的产品，车位是附属性的，则车位可采取低价位策略，与住宅组合出售，拉大主产品（住宅）与附属产品（车位）之间的价差，使消费者觉得划算而连带购买车位。如果楼上住宅无法和车位形成主从关系，尤其是总价低的小户型产品，此时就只能从“空间关联性”或“功能独立性”的角度来定价。前者是独立制定车位和住宅的价格，再组合销售，但并不刻意拉大两者的价格差距；后者则独立制定车位的价格进行个别销售，甚至不以住宅的目标客户为购买对象。

拉大主从产品之间的差价，提升产品组合价格的例子，也常见于商铺或住宅附带地下室、顶层附带阁楼、露台等例子。这种组合定价法用于主从产品的定价策略，其价格差异越大，成功的概率也越大，所以，黄金地段的商铺附带地下室仍很热销，而僻静地段的商铺附带地下室却乏人问津。

第四节　垂直价差和水平价差的确定

一、垂直价差的确定

（一）垂直价差的含义及分布规律

所谓垂直价差是指同一栋建筑物中不同楼层之间的价格差异，通常以每平方米的单价差额来表示。

随着城市规模的不断扩张及城市化进程的加快，楼盘已从一般的多层发展到带电梯的小高层、高层及摩天大楼，使得我们对垂直空间价值的判断准则也随之复杂起来。一般而言，除非楼盘的最底几层（一般为5层以下）因商业用途而使楼盘的价值随楼层的增高而减少外，对于带电梯住宅而言，楼层越高，楼价越高；反之，则低。高层住宅部分的顶楼，相对其他楼层，均有价值较高的特殊性。

根据这一原则，在实际操作中宜就垂直楼层区分价值等级。以一般带电梯住宅（1楼为商业用）为例，均可按基层分为2楼以上到顶楼的各个部分。就2楼以上而言，不论是小高层，还是高层，其最高单价楼层几乎全在顶楼，最低单价楼层则为2楼，至于其他楼层之间价格高低的顺序可以依据实际情况划分等级。顶楼之所以价格最高，主要在于私密性、采光、通风、视野等较佳条件，而且楼层越多，顶楼的价格也越高。

一旦决定了各楼层之间价格高低的顺序之后，接下来即需选定垂直价格的基准层，即垂直价差为0的楼层。其他楼层即可根据基准层来制定正负价差。有关基准层的确定一般须视住宅楼层的数量而定，且以取价格顺序居中的楼层最为常见，如楼高为7层的多层，可选择4楼为基准层。14层的小高层可选择7楼或8楼作为基准层等。

至于各楼层与基准层的价差也因产品而异。如多层住宅高度较低，各楼层的采光、通风等条件基本相同，因此，楼层的价格差距一般在50~100元/m^2。而高层住宅，特别是二三十层的高层，与基准层的价格差距为100~200元甚至更大。顶楼与次顶楼的价差往往在500~1000元。

（二）影响垂直价差的因素

制定垂直价差，最高与最低单价之价差，可反映各楼层之间可能存在的价差空间。楼层数越多，则最高与最低单价楼层的价差也越大。影响垂直价差的因素主要有楼层数、市场状况以及目标客户的购房习性等。

1. 市场状况

当市场状况较好时，价差幅度大；反之，当市场状况不佳时，价差幅度小。

2. 均价水平

当房地产产品单价水平高时，价差幅度大；当房地产产品单价水平低时，价差幅度小。如平均单价在10000元的房地产产品，其最大价差幅度可能达到2500元；而单价4000元的房地产产品，其价差的最大幅度仅为1000元。

3. **客户的购房习性**

如果目标客户的购房习性比较保守（通常为区域性较强的楼盘），大多无法接受差异大的价格，因此，价差的幅度不宜过大；反之，若客户多来自本区域之外，或客户的背景多元化，则价差的幅度可较大。

（三）楼层的定价方式

我们首先来讨论1楼的定价方式。一般而言，无论1楼是作为住宅还是商场来使用，其价格制定的方式大多以2楼以上平均单价的倍数来计算。1楼若做住宅，其价格大约为2楼以上平均单价的1.1～1.3倍。倍数的大小视环境、配套设施、绿化宽度或庭院大小来确定，具体表现为：

1）附近的环境优良，适合住家，则价差的倍数较大；反之，则倍数较小。

2）配套设施完善，例如邻近即为公园，则倍数较大；反之，则倍数较小。

3）庭院的面积大，且形状方正实用，则价差的倍数就大。

若1楼作为商铺使用，由于商铺与住宅的价值差异较大。因此其价格与2楼以上的平均价格的差距可能达到2.5～5倍。倍数的大小受行业结构、商业规模、附近商铺的开店率等因素的影响，具体表现为：

1）附近商铺的开店率高，商业气氛已形成，则价差的倍数大；开店率低，商业气氛还未形成，则价差的倍数就小。

2）附近行业结构偏重于零售、服务等行业，则价差的倍数就大；若附近行业的结构多为小作坊（如皮革加工、建材店等），则价差的倍数就较小。

3）楼盘所在的位置商业规模大，则价差倍数就大；如果商业规模小，则价差倍数就小。如1楼商铺是为小区居民所设，规模小，则价差倍数就小；如果1楼商铺的服务对象为全市市民，规模大，则价差倍数就大。

4）若2楼也作为商铺的规划，则2楼单价大多为1楼单价的40%～70%。百分比的大小可视情况而定。

5）如果地区的消费习惯仅局限于1楼，很难延伸至2楼，则价差百分比就低；如果消费习惯已延伸至2楼，则价差百分比就高。

6）如果2楼的商铺面积较大，则价差百分比就大；如果商铺面积较小，则价差百分比就小；如果2楼商品的地区竞争较小，则价差百分比就大；如果商品的地区竞争激烈，则2楼的价差百分比就小。

7）若2楼有独立的出入口，进出2楼可以不通过1楼，则价差百分比就大；反之，价差百分比就小，如2楼可以直通过街天桥时，2楼的价差百分比就大。

以上分别说明2楼以上住宅单位与1楼单位的定价。通常2楼以上至顶楼的正负价差净值为零。1楼价格则为2楼以上楼层之平均单价或基准层单价的倍数。

至于地下室的定价，由于地下室不计容积率，且大多地下室规划为停车场，其价值主要视当地停车场车位的行情而定，如北京王府井大街与东长安街交汇处的霞公府车位高达80万元/个的天价（只对住宅而言，商业用途的停车位远不止此数）。若地下室规划为住宅，其价格一般可定为1

楼住宅的30%～50%。若地下室规划为商场，其价格大多为一楼商场的40%～60%。

二、水平价差的确定

（一）水平价差的含义

所谓水平价差是指在同一楼层不同户别的每平方米的价格差异。在同一水平层面，已经排除了楼高的差异。

在制定水平价差时，须先确定同一水平层面的户数或单元数。如果只有单栋建筑，则以同一楼层的不同户别制定水平价差；如果有多栋建筑，比较系统化的方式是先制定各栋之间的水平价差，再分别就各栋同一楼层的户别制定价差；如果建筑物各个楼层的户数都相同，而且相对位置也相同（一般俗称这类楼层为标层），则只须制定一个楼层的水平价差，其余楼层均可参照，但如果楼层之间的户数不同，或者户数虽然相同，但相对位置却不同，则须各自制定不同楼层之水平价差；还有一种情况是户数及相对位置均相同，但楼层之间的邻近环境却不同，6楼以下均有邻栋建筑，7～8楼无遮挡，则会影响相互间的水平价差。

（二）影响水平价差的因素

一般而言，影响水平价差的因素包括下列几项。

1. **朝向**

朝向通常是指客厅的朝向，简易的判断方式以客厅临接主阳台所朝的方向为座向。传统的房屋朝向观念是“东南向最好、西北向最差”。不过，广州滨江东某楼盘的西北向单位比东南向售价高60%，并很快被买家抢购完毕，而东南向的单位虽然售价低，销售进度却缓慢。原因是该楼盘是临江物业，江景是最大的卖点，西北向的单位可以望到全江景；相反，东南向望不到珠江。这说明传统的住宅朝向观念已经有所改变了。而且空调机的普及削减了东、南、西、北方向的采光差别，反而窗外的景致更加重要。此外，由于广州的天气比较潮湿，房子向西，西斜的阳光洒进屋里，可以起到杀菌除潮的作用，因此，西向受到欢迎就不足为奇了。

2. **采光**

采光通常指房屋所临接采光面的多寡或采光面积的大小。若以单面采光者为零，再以同楼层作比较，则无采光之暗房价差可减100～200元；两面采光者可比单面采光者多加100～200元；三面采光时则可由两面采光的价格再加50～150元；四面采光乃至于四面以上（如某些多边形造型的住宅），每增加一个采光面，每平方米加价50～100元。至于应采用何种调整幅度，则视暗房、栋距、道路宽度、日照、楼层位置等不同，而做上下调整。

3. **私密性**

私密性是指私有空间与公共空间或其他户别私有空间隔离的程度，可用栋距来评估。至于应采用何种调整幅度，则视同一楼层的户数多少、管理好坏、防火间隔、与邻房高低差，及至大门入口距离等的不同，而做上下调整。

4. **景观**

景观对于住宅购屋者而言，常具有决定性的影响力。在制定景观价差时，最好事先观察基地区域的现况图及城市规划图，以判别是否有遮挡、正对他户之屋角，以及潜在景观条件等因素。目前景观的有无已明显决定了楼盘是否具有竞争性，通常有景观房屋的售价可比无景观者每平方米多300～500元，甚至更高。若景观面不止一面，则每多一个景观面，每平方米可再增加200～300元。

5. 格局

在同一楼层中，平面格局最好与最坏之价格差距，最小以不低于100元，最大以不超过300元为可参考的适当价差范围。至于价差调整幅度，可根据格局形状、室内动线规划、产品价位、功能配置、室内空气流通等方面进行权衡。

水平差价制定的目的，在于适当反映同一水平层面各户之间相对优劣的程度。就预售楼盘而言，水平差价制定得越成功，各户销售的速度和可能性越一致。但由于水平定价相当依赖人员对各个价格因素主观的评定，因此，宜采用三至五人的评估小组提供专业意见综合考量。

补充知识

水平价差的制定程序主要包括以下几个步骤：

1）确定同一水平层面的户数或单元数。

2）确定单栋或多栋建筑物，如单栋建筑物，则以该栋同一楼层不同户别制定价差；如属多栋，则以同一层面不同栋别制定价差。

3）确定影响水平价差之因素。

4）评定（调整）各个因素对价格的影响程度。

5）评定或调整各户或各栋别，并就各个因素的价差计算出个别价差。

6）累计各户各栋别的正负价差总数。

7）确定正负价差总数是否等于零。

8）确定是否再进行单栋定价，并完成水平价差定价。

第五节　房地产价格调整策略

在营销组合中，价格调整是最为便捷、最为有效的一个手段。房地产商品同样也不例外，特别是在尚未成熟的市场上，各种营销手段的80%～90%都是在价格上做文章。因此，仔细分析房地产价格调整的实质和方法，是进行价格策划的必要前提。

一、调价的前提

开发商都希望维持一个较高的价格水平，但房地产市场风云变幻，加上房地产产品的差异性很大，实际上找不到两个完全相同的楼盘或单元，因此，开发商对一个小区或一个楼盘的平均价格确定以后，为了尽快把楼盘销售出去，就需要进行价格调整。调价有以下几个前提：

1. 面临强大的竞争压力

竞争是楼盘调价的主要原因。新竞争者的出现、竞争者价格的变动、促销手法的变化，都可能引起消费者需求的改变。此时，进行调价是一种十分必要的营销手段。

2. 楼盘成本费用发生改变

随着楼宇建设和销售的推进，预期成本的降低或提高使价格的底限产生了变动，从而引发必然的价格调整。

3. 产品需求出现变动

如果房地产企业所提供的产品供过于求，空置面积上升，产品就得降价；而产品供不应求，不能满足所有客户的需求，此时就可以提价，可以创造更大的效益。

4. 销售中的心理战术

针对消费者“买涨不买跌”的心理，为表明房地产产品具备很大的升值空间，楼盘可以相应采取提价措施。

5. 营销策略的改变

随着销售的深入，以及市场行情的变化，营销策略也随之不断调整。作为营销策略的一部分，价格也相应地有了调整的必要。

二、价格调整方式

（一）直接的价格调整

直接的价格调整就是房屋价格的直接上升或下降，它给客户的信息是最直观明了的。一般来说，价格上调，是说明物有所值。对于这样的正面消息，开发商宠爱备至，是最希望客户尽快了解的，所以，往往是进行大张旗鼓的宣传，并由此暗示今后价格上升的趋势；与此相反，价格的下调，则说明产品有缺陷，不为买家所看好，或者是经济低迷，整个市场不景气。应该说，除非不得已，开发商通常是不会直接宣布其楼盘价格下调的，而是通过其他方式，间接地让客户感受价格下降的优惠，以维护其正面形象。直接的价格调整有以下两种方式。

1. 基价调整

基价调整就是对一栋楼的计算价格进行上调或下降。因为，基价是制定所有单元的计算基础，所以，基价的调整便意味着所有单元的价格都一起参与调整。这样的调整，每套单元的调整方向和调整幅度都是一致的，是产品对市场总体趋势的统一应对。

2. 价差系数的调整

楼宇定价时每套单元因为产品的差异而制定不同的价差系数，每套单元的价格则是由房屋基价加权所制定的价差系数而计算来的，但实际销售中每套单元因为产品的差异性而为市场接纳程度的不同未必与开发商预估的一致。价差系数的调整就要求我们根据实际销售的具体情况，对原先所设定的价差体系进行修正，将好卖单元的价差系数再调高一点，不好卖单元的价差系数再调低一点，以均匀各种类型单元的销售比例。

补充知识

价差系数的调整包括：楼宇位置系数、单元楼层系数和单元朝向系数的调整。

1）楼宇位置系数。楼宇位置系数是指在一个小区中，该楼宇的位置、座向、临街状况，与其他楼宇的间距，与小区花园、公共建筑等配套服务设施的距离，该楼宇的外观、每个梯间的户数等的综合影响系数。

一般来讲，南北座向、临街、较大的楼间距、临配套设施、外观气派、每个梯间户数少、进出楼宇方便等的楼盘价格较高；反之，则价格较低。

2）单元楼层系数。单元楼层系数是指该单元所处的层数、楼宇间距、座向、采光时间、视野、景观、电梯配置情况、居民生活习惯等的综合影响系数。

如果是多层住宅，一般是一楼和顶楼较便宜，中间的楼层较贵；如果是高层公寓，一般是越高越贵。

3）单元朝向系数。单元朝向系数是指该单元的朝向、通风、采光、视野、景观、平面布局和生活习惯等的综合影响系数。

一般来讲，正面朝南、视野开阔、景观秀丽等单元的价格较贵，一般最大系数差可达到15%～20%。

价差系数的调整是经常应用的主要调价手段之一。有时候，一个楼盘的价格价差系数可以在一个月内调整近十次，以适应销售情况的不断变化。自然，这需要一个完善的决策机制与之相配套。

（二）付款方式的调整

付款方式本来就是房价在时间上的一种折让，它对价格的调整是较为隐蔽的。付款时段的确定和划分，每个付款时段的款项比例的分配，各种期限的贷款利息高低的斟酌，是付款方式的三大要件。付款方式对价格的调整就是通过这三大要件的调整来实现的。

（1）付款时间的调整　指总的付款期限的缩短或拉长，各个阶段付款时间的设定是向前移或向后靠。

（2）付款比例的调整　指各个阶段的付款比例是前期高或后期低，还是付款比例的各个阶段均衡分布。

（3）付款利息的调整　指付款利息高于、等于或者低于银行的贷款利息，或者干脆取消贷款利息，纯粹是建筑付款在交房后的继续延续。

我们经常见到的“建筑进度付款”、“开发商提供三年30%免息付款”、“首期零付款”、“以租代售”、“先租后售”、“先试住、后买房”等的促销方案都是付款方式调整的最为典型的例子。

（三）优惠折扣调整

优惠折扣是指在限定的时间范围内，配合整体促销活动计划，通过赠送、折让等方式对客户的购买行为进行直接刺激的一种方法。优惠折扣通常会活跃销售气氛，进行销售调剂，但更多的时候是抛开价格体系的直接让利行为。其在形式上的缤纷多彩也给企业标新立异提供了可能。

小观点

优惠折扣要做得好，必须注意以下几点：

1）要让客户确实感受到是在让利，而不是一种花哨的促销噱头。

2）优惠折扣所让的利应该切合客户的实际需求，是他们所能希望的方式，只有这样才便于促进销售。如买了房屋要装修，提供免费装修或送家具是最为合适的。

3）不要与其他竞争楼盘的优惠折扣相类似也是一条基本准则。

三、商品房销售过程中的价格调整策略

（一）调价的时机

在市场上，最有竞争力的手段是降价。对于竞争者的降价，有两个标准，一是销售期；二是销售率，二者必须同时考虑。

一般说来，一般楼盘的销售期通常为4～8个月，销售期两个月左右即有调价的必要。同时调价的时机还要结合销售率来确定，当销售率达到三成时即可调价。例如，当销售期仅三四周时间即达到30%的销售率时，就有了调价的必要。若三成的销售率经过了很长的时间才达到，此时调价危险性较高。应分析消费者的接受程度，如果销售缓慢的原因在于价格，则维持价格是较优选择。除非希望制造热销的假象，引发消费者的逆反心理。

示例

2011年以来，北京市诸多楼盘采取了调低价格的方法，取得了明显成效。而随着降价带来的成交量的回升，进入4月份的热销时段后，部分前期降价的热销盘则进行了新一轮的价格调整，有些项目开始进行试探性涨价。如位于海淀上地的老项目橡树湾、通州新城的新华联运河湾先后推出了项目的楼王产品。而一些持续关注的购房者发现，项目的开盘均价分别比之前一期涨了2100元和1000元。相比老盘推新涨价，新盘的超低价入市同样抢眼。如位于4号线首站的新盘保利春天里首期开盘最低价11999元/m^2，成本价推盘也换来了当日售罄的销售业绩。

此外，对于楼花来说，工程进度也是确定调价时机的一个标准，随着工程的不断推进，成本不断发生，价格的调整就显得很有必要。从销售策略上讲，楼花销售期的安排一般以工程进度为标准，因此，工程进度与销售期基本上可以合并考虑。

（二）调价的模式

目前，市场上有两种控制“低开高走”的基本模式：工程进度模式和销售推动模式。

1. 工程进度模式

工程进度模式指项目价格调整主要依据工程进展。按工程进度进行价格调整要把握以下几点：

（1）项目开工未久　项目形象尚无法充分展示，价格也最低。此时，采取内部认购方式，其主要目的是试探市场、检验项目定位是否正确。

（2）项目开始公开发售　项目形象包装、卖场包装准备就绪，主力客户即将到来，为确保利润，价格自然要比内部认购期高出一筹；至实景样板间开放（或其他工程进展中标志性时间），工程形象日臻完善，销售高潮已经形成，略略调整价格，客户抗拒心理一般不大。

（3）项目封顶　标志着项目主体完工，购买风险大大降低，项目的大部分优势、卖点大多都能充分展示，至项目完全竣工，项目好坏优劣一览无遗，客户资金垫付时间短，适当调高价格，消费者也能理解。对于分多期开发的大盘或超大盘来说，随着工程不断展开，生活气氛、

居家配套设施的日益完善，一期比一期价高更是常见策略。

2. 销售推动模式

销售推动模式指主要依据销售进展机动灵活地调整价格。

一般来说是在项目聚集了十足的人气后，为进一步制造销售热潮，以调高价格的方式来对犹豫中的客户形成压迫性氛围：项目极为畅销，如不尽快行动，将不得不高价购买甚至错失良机！

（三）不同销售状况下的价格调整策略

1. 旺销状况下的价格调整

旺销是指商品房推出后，客户踊跃购买，市场反映很好，在很短的时间内售出推出单位的大部分，且潜在购买的客户很多。

在旺销状况下，开发商可以适当提高售价，但幅度不宜太高，一般为5%左右，太高则减少客户群，具体比例多少，主要根据初始定价和潜在客户群而定，但有一个原则：既要赚取更多的利润，实现开发商利润最大化，又要保持旺销的销售局面。当然在旺销状况下，也可在较长一段时间内保持售价不变，吸引更多的客户及时购买，在最短的时间内将所有商品房全部售完。

示例

北京国际友谊花园位于北京东北三环与机场高速路交汇处的国际商务社区中心地段，雄踞三元桥西头内侧，紧邻中旅大厦，三面临街，属燕莎商圈。四栋高级公寓及休闲俱乐部组成风格鲜明的独立封闭式小区，是京城最适合居住的外销公寓之一。由于其交通方便（步行15分钟可达燕莎中心，往国际机场12分钟车程，往国贸中心6分钟车程），楼盘一推出，一周即售出50多套，且客户购买势头不减，于是该项目的开发商随即全面提价6%，最后取得了销售业绩与收入同步增长的良好局面。

2. 滞销状况下的价格调整

滞销主要指商品房推出销售以后，市场反映一般，顾客购买并不积极，没有达到预期销售目标。这时，开发商不能简单地降低售价，在分析滞销的原因后，可保持售价不变或价格略微上调，但同时采取一些促销手段，如在保持售价的基础上，适当给予客户一些折扣，或赠送车位（包括优惠售车位），或其他方式。总之，要给予客户其他方面的补偿，增加“人气”以扩大自己的客户群。

【案例7-1】

塞纳城价格定位（节选）

本价格方法的制定主要以对中心区同类型物业实态调研结果和对城市居民住宅开发积累的经验为主要依据，并未直接参照开发商的土地、规划、建设和资金等成本因素。

【理论价值判断】

项目总建筑面积为20万m^2，规划共有1100余户、车位300个、容积率为1.48、建筑密度为25%、绿化率为45%、会所面积为6841m^2、幼儿园面积为1920m^2，户型以三房二厅、四房二厅为主，以二房一厅、五房、复式、叠拼别墅为辅。目前地理位置较偏、交通不便、片区无市政配套。目前金典城5550元/m^2、雅典世纪花园5400元/m^2、御景园5480元/m^2、银三角花园约为5300元/m^2，考虑到地处新兴片区，市民接受需有待时日，因此理论价值判断约为5400元/m^2（一期项目整体均价）。

【推算过程】

据常规经验，决定城市居民住宅价值的主要因素有以下几项：

地块区位：土地价值、周边景观、周围物业种类和档次、兴建居民住宅的成熟度。

社区规划：环境规划、户型、交通组织、外立面风格、配套设施。

市政配套：周边医院、学校、商场、公园、银行、邮局等布局结构。

发展商实力：资金实力、地产开发经验、客户聚集能力、知名度、社会资源综合利用能力、工程进展和管理。

物业管理：物业管理执行标准、服务内容、服务质量。

户型安排：户型的安排是否同市场的需求相吻合，内部结构设计及功能区的划分是否科学、合理。

设备材料：用料是否考究、设备是否先进、有无装修等。

社区规模：大规模的社区更容易引起社会购房人士的关注。同时大规模社区也可以从侧面体现开发商的实力。

营销推广：主力客户群定位、价格策略、入市时机、形象包装、广告宣传、整合推广。

1）地块区位（权重4）。项目地处萍乡市城西铁路以西片区，虽然目前交通、配套设施不够完善，但随着大桥的开通，项目区位、交通、配套优势就会显现出来，但要消费者接受该地段还需要一段时间，因此本项目目前地块价值与银三角花园相当，为5300元/m^2。

2）小区规划（权重4）。项目以法式建筑风格，与现代自然园林有机结合，俊朗的外立面造型，优美的线条，潺潺动人的人工湖，精致的园林小品，时尚气派的商业街，超宽楼距，还有齐全的社区配套，优雅纯粹的户型空间，在规划上与雅典世纪花园相当，为5400元/m^2。

3）市政配套（权重3）。目前尚无生活配套，所有交通、生活配套、市政配套都依赖于绿茵广场一带，因此本项目单价与雅典世纪花园相当，为5400元/m^2。

4）开发商实力（权重2）。由于开发商是第一次从事房地产开发经营，无论资质等级、实战经验与其他开发商相比都有较大的差距，在整个操盘过程中均有较大压力，因此项目单价同雅典世纪花园单价相仿，为5400元/m^2。

5）物业管理（权重3）。好的物业离不开好的“管家”，目前萍乡市房地产对物业管理投入越来越大。由于项目规模较大，且有大量的商业面积，因此一般品牌物管公司都会接受的，如若难度较大，则可以聘请品牌物管公司作为本项目的物管顾问，因此本项目价格相当于同类产品1、2位的均值，为5450元/m^2。

6）户型安排（权重4）。项目以三房、四房为主打户型，面积适当，普遍比市场上平均面积小5～10m^2，在房价越来越高的情况下，维持使用功能不变，降低建筑面积，是降低房价最有利的办法，雅典世纪花园已经开始意识到这一点，因此价格与其相仿，为5400元/m^2。

7）设备材料（权重2）。项目为法式建筑，45%的绿化率，大量的园林小品，配备对讲系统，周界防越等智能化设备，这方面价格可达到同类产品御景园、雅典世纪花园的均值，为

5440 元/m^2。

8）社区规模（权重 2）。项目总用地面积为 200 亩，总建筑面积约为 20 万 m^2，仅低于金典城、银三角花园，因此价格可达到其他几个项目的均值，约为 5450 元/m^2。

9）营销策划（权重 2）。周密、有效的营销策划、项目包装和广告推广，可使项目接近雅典世纪花园，但由于项目规划方案已定，不便于有较大的改动，因此价格约为 5400 元/m^2。

【计算公式】

目标实现价值 = [类比物业均价 a × 权重 a + 类比物业均价 b × 权重 b + 类比物业均价 c × 权重 c + … + 类比物业均价 n × 权重 n]/总权重

【得出结论】项目现实价值：多层 5392 元/m^2 ≈ 5400 元/m^2（一期总体均价）

物业名称	均价/(元/m^2)	地块区位	小区规划	市政配套	开发商实力	物业管理	户型安排	设备材料	社区规模	营销策划
排名		权重 4	权重 4	权重 3	权重 2	权重 3	权重 4	权重 2	权重 2	权重 2
金典城	5580	1	1	3	3	1	1	2	1	1
雅典花园	5400	4	2	5	4	3	3	1	3	2
御景园	5480	2	3	1	5	4	4	4	5	4
银三角花园	5300	5	5	4	2	5	5	5	2	5
凤凰山庄	5460	3	4	2	1	2	2	3	4	3
本　案	5400	等同 5	等同 2	等同 5	等同 4	等同 2	等同 3	等同 2	等同 2	等同 2

【重要说明】

1. 以上数据更多来源于间接渠道，分析结论仅将数据作为参考，实质性结论主要形成于专业经验的积累。

2. 以上分析结论尚未涉及开发商成本要素，仅将物业功能条件作为主要分析前提。

3. 总权数为 26，若分项权数高于规定的权数，属于项目最好的，但有的项目各权数之和高于总权数 26，按实际权数计算。

复习思考题

1. 房地产价格策划的影响因素有哪些？
2. 常用定价方法有哪些？
3. 新开楼盘的定价策略包括哪些？

实践、讨论题

1. 选取你所在城市中某个即将发售的楼盘，搜集有关楼盘卖点的资料和楼盘价格的资料，分析其定价目标、定价方法和策略；将自身角色定位为项目经理，阐述你将采取的操盘计划及理由。

2. 接上题，根据项目定价程序对项目定价和价格调整进行策划，撰写该楼盘的价格策划报告。

第八章

房地产营销渠道策划

【学习目标】

通过本章学习，了解房地产营销渠道的基本概念、类型及其特点，掌握影响分销渠道设计的因素与内容，掌握中间商的类型及中介代理的方式，熟悉房地产经纪人的权利和义务。

【关键词】

房地产　营销渠道　中间商　中介代理

房地产开发生产出来的产品，只有通过各种营销渠道，才能到达消费者手中。因此，如何选择和配置房地产营销渠道，用最有效的方式把房地产产品尽快地转移到消费者手中，是房地产营销策划工作中要考虑的一个非常重要的问题。

第一节　房地产营销渠道的类型与特征

一、房地产营销渠道的概念

房地产营销活动中，多数开发商在生产领域开发出的房地产产品，都是要通过流通领域即各种不同的营销中介将其产品出售给最终消费者，以实现房地产产品的价值和使用价值。在房地产市场中，房地产产品的这种运动是由位于开发商和最终消费者之间的、执行不同职能、具有不同名称的营销中介机构承担的，这些营销中介机构就形成了一条条营销渠道。

所谓营销渠道就是将房地产商品及其所有权从开发商手中转移到消费者手中的途径。取得或帮助实现房地产商品及其所有权转移的所有企业和个人，统称中间商（或称营销中介机构）。

各种房地产商品或同一种商品的营销渠道可以相同，也可以不同。只要是实现从开发商到最终消费者之间房地产商品及其所有权的转移，任何一组与此交易活动有关的营销中介机构，都可称作一条营销渠道。

任何一个开发商对于营销渠道都非常重视，其作用主要表现在以下几个方面：

1）完成了房地产商品向消费者转移这一过程。房地产商品只有通过营销渠道，进入消费领域，才能实现其价值。

2）有利于社会资源的有效利用。房地产能尽快售出，既满足了顾客的需求，又迅速回笼了资金，可以转向下一个项目的开发。

3）有利于提高企业的市场效率。房地产在流通领域中停留的时间越短，销售越快，资金周转越快，经济效益和社会效益越高。

4）具有信息渠道的作用。营销渠道能帮助房地产商收集、传递消费者的需求，以便开发商对进一步的开发建设作出修正。此外，还能帮助开发商收集竞争对手的信息，使企业做到知己知彼，在竞争中占得优势。如某开发商从营销渠道中得知毗邻竞争者特别看重小区绿化信息后，马上修改了小区的规划，减去原规划中的两栋高层，增加了近万平方米的绿地，大大促进了销售。

二、房地产营销渠道流程

房地产产品及其所有权从开发建设领域进入消费领域，必须经过销售这一环节，以完成房地产商品及其所有权的转移。这种转移过程就是渠道的流程。

整个营销渠道流程工作是由不同角色的中间机构或个人承担的，主要包括："实体"流程、所有权流程、促销流程、服务流程、付款流程及信息流程。

1. "实体"流程

由于房地产的不可移动性，也就没有房地产产品的"实体"流动，当然也就不存在任何运输方式。这里的"实体"流程是指顾客购买了房地产商品（实体）从开发商（或业主）手中直接或间接地"转移"到消费者（业主或租赁者）手中的过程。

2. 所有权流程

所有权流程指房地产所有权从开发商手中直接或间接地转移到消费者（业主或租赁者）的过程。

3. 促销流程

促销流程指广告、人员推销、宣传、促销等活动由开发商流向中间商或消费者（业主或租赁者）的过程。

4. 服务流程

服务流程指开发商或中间商为了加快实体流程和所有权流程，而最大可能地为中间商或最终消费者（业主或租赁者）提供一系列服务的过程。例如开通看房直通车、代办房地产产权证件、代办银行按揭手续等。这种流程是实体流程、所有权流程的派生。

5. 付款流程

付款流程指消费者购买实体商品的款项从消费者（业主或租者）流向中间商或开发商的过程。

6. 信息流程

信息流程包括两层含义：一是指开发商和中间商之间相互传递信息以及向消费者（业主或租者）传递信息的过程；二是消费者了解开发商和中间商的信誉和有关房地产产品、价位、物业所处的周边环境信息的过程。

在上述流程中，实体流程、所有权流程、促销流程及服务流程是正向流动的；付款流程是反向流动的；而信息流程则是双向流动的。

三、房地产营销渠道的类型与特点

从房地产营销的具体方式来看，主要有两种形式：直接营销渠道形式和间接营销渠道形式。

1. ***房地产直接营销渠道***（即开发商自行销售）

直接营销渠道是指开发商自己直接将房地产商品销售给顾客，其交易过程为

房地产开发商→消费者（业主或租者）。

直接营销渠道具有以下优点：

1）降低或减少营销成本。开发商自己销售，既可减少营销成本费用，又可以控制房地产的销售价格。

2）了解和把握顾客的需求。产销双方直接见面，有利于了解顾客的需求、购买特点及市场变化趋势，及时调整改进企业的工作。

3）控制营销策划的执行过程。由于开发商熟悉自己的楼盘情况，在宣传和沟通时能较好地把握分寸，不会过分夸耀自己的楼盘，同时可以控制营销策划的执行过程。

4）有利于提升产品和企业品牌。优良的品牌会树立企业良好的知名度和美誉度，进而提高销售业绩。

直接营销渠道有以下缺点：

1）由于开发商推销经验、推销网络的不足，资源不能有效利用，往往会影响销售效果。如开发商直接销售，会分散企业的有限资源和决策层的精力，在分配人手进行销售策划时，往往会顾此失彼，难以有好的销售业绩，导致其资源不能有效利用。

2）开发商内部一般缺乏既懂房地产营销知识，又懂相关法律的高素质营销队伍，不易制定出全方位、完善的营销策略。

直接营销渠道形式有优点也有缺点，但由于委托物业代理要支付相当于售价1% ~3%的佣金，从成本角度来讲，有时开发商更愿意自行租售。

一般情况下，大型房地产企业、房地产市场为卖方市场时，开发商采取直接营销方式。

示例

中建海外地产有限公司在我国香港开发的某中低档写字楼，由于当地的需求很旺盛，公司决定自己租售，结果只用了半个月左右的时间就将大厦的主要部分（写字楼）销售完毕，节约代理费约150万港元，这节约的费用就是公司的利润。而该大厦底层的楼面属于商业经营用途，该公司考虑到自己对业态不很熟悉，自己租售较为困难，就委托了物业代理公司进行租售，也取得了很好的效益。

2. ***房地产间接营销渠道***

房地产间接营销渠道是开发商经过中间环节把房地产商品销售给消费者（业主或租者），其

交易过程为

房地产开发商→中间商→消费者（业主或租者）

间接营销渠道有以下优点：

1）有利于发挥中间商的营销专业特长。中间商往往对本地房地产市场有详尽的了解和研究，拥有一支专门从事销售策划、物业推广，具有丰富销售和管理经验的专业化队伍，从专业上可以保证开发商所开发的项目销售成功。

2）有利于开发商选择合适的中间商，创造更多的销售机会。

3）可以缓解开发商人力、物力和财力的不足，便于开发商合理配置有限的资源，重点致力于项目的开发和工程方面的工作。

间接营销渠道也有缺点，其缺点主要有：

1）目前我国房地产中间商专业素质和职业道德水准差异很大。若选择了素质差的中间商，不能创造较好的销售业绩，就会影响开发商的声誉。

2）增加开发商的营销成本，降低了自己的利润。

间接营销渠道有其优缺点，在我国一线大城市和二、三线城市的房地产营销中已普遍使用。随着社会的发展，社会分工越来越细，它已成为我国房地产营销的重要渠道。

此外，还有“第三种”渠道可供选择。如联合一体销售。由于流通是沟通生产和消费的桥梁和纽带，流通受阻使建成的商品房不能及时销售出去，同时又使有购房要求的居民不能及时买到满意的商品房。因此，鉴于直销和间接营销渠道方式各有优缺点，实际操作中开发商和中间商的配合也存在着不少问题，所以业内人士开发出了第三种营销渠道。第三种营销渠道要求中间商发挥自己的专业特长，对所销售的房地产产品进行全程营销策划，优化营销渠道，而开发商则对销售也给予较大的投入和重视，二者真诚相待，形成利益共同体，这样可集中发挥开发商和中间商的长处，利用整体优势，树立品牌，规范服务，弥补直接营销渠道和间接营销渠道的不足，共同提高房地产商品的销售业绩。如北京望京新城某区的营销工作，就成功地运用了这种渠道模式。

第二节　房地产营销渠道设计与管理

一、房地产营销渠道的设计

所谓营销渠道设计是指为实现分销目标，对各种备选渠道结构进行评估和选择，从而开发新型的营销渠道或改进现有营销渠道的过程。

从决策理论的角度来讲，要设计一个合理、有效的渠道系统，须经如下步骤：首先要确定渠道模式；其次要了解渠道选择中的限制因素；然后是选择具体的中间商和规定渠道成员的权利和责任，并对各种可能的渠道方案进行评估。

1. 确定渠道模式

确定渠道模式即确定渠道长度。所谓营销渠道长度是指产品从开发企业到消费者所经过的环节的多少，即营销渠道层次的多少。顾客的需求正是开发企业渠道设计的目标，而合理、有效的渠道设计，应以确定开发企业所要达到的市场为起点。企业决定采用什么类型的营销渠道，是直接营销方式还是间接营销方式，是一层渠道还是两层渠道，要视具体情况而定。从开发商观点来看，渠道层次越多，渠道长度越长，利润越少，控制渠道所需解决的问题也会增多。当然，选择渠道模式又与确定所需中间商的类型不可分割。

总之，渠道设计的中心环节就是确定到达目标市场的最佳途径，即确定渠道模式。有利的市场加上合理有效的渠道，才可能使企业的成本最小化、利润最大化，并符合企业的长远目标。

2. **了解渠道选择中的限制因素**

每一个开发商在渠道决策中并不是可以随心所欲的，而要受种种因素的影响和制约。这些限制因素包括：

（1）房地产产品特性　由于房地产产品的价值量大，使用年限长，对大多数消费者来说，购买它往往要花费5~15年的经济收入，在作出购买决策时往往慎之又慎；另外，由于房地产的不可移动性，受周边环境的影响很大，而消费者一旦购买往往要长期使用甚至作为财产留给下一代。因此，在项目开发建设过程中就要对产品设计的时尚性、环境优化、市政设施等产品特性方面，与消费者进行很好的宣传、沟通，直接向顾客推销或利用原有营销路线展销，使消费者产生购买的兴趣，则该楼盘的销售已成功了一半。

（2）顾客特性　顾客特性包括现实顾客和潜在顾客的数量、顾客的购买习惯、对服务的要求以及销售的阶段性、市场竞争等因素，这些因素均直接影响分销路线。一般来说，住宅市场现实顾客多，企业可采用直销方式。若市场上潜在顾客多，市场范围大，地理分布广，那么涉足房地产市场的开发商就多，市场竞争就会激烈，就越需要中间商的帮助。如越来越多的开发商喜欢在节假日和房展会上展销，供置业者选购，从而使这种渠道迅速发展。

（3）中间商的特性　渠道设计时，还必须考虑执行不同任务的营销中间机构的优缺点。同时，开发商选择中间商的过程，实质上也是中间商选择开发商的过程，二者是双向选择的。因此，中间商的信誉、资质、所拥有的资源优势以及以往的销售业绩等都会影响到渠道选择。

（4）环境特性　环境特性包括社会文化环境、经济环境、竞争环境等。从微观环境看，开发企业大多尽量避免使用与竞争对手相同的渠道，当与竞争者开发的房地产商品相近时（区位、交通、商品特性、价格、售后服务等）竞争就会激烈，这时渠道选择尤为重要。但在现代同质化商品程度高的情况下，就要挖掘其差异性，实施差异性营销。事实上，绝对没有完全相同的产品，即使是同一楼盘，也存在着楼层、朝向、采光、通风面积等方面的差异，差异性决定了顾客购买时可能会货比三家、权衡再三。

（5）开发商自身的因素　开发商自身的信誉高，财力雄厚，具备经营管理销售业务的经验和能力，在选择中间商方面就有更大的自主权，甚至可以建立自己的销售队伍而不依赖中间商的服务，这种“短而窄”渠道会降低成本、增加企业利润，提升企业的品牌；相反，对于资源贫乏、实力薄弱和营销管理较差的小型企业，应当充分利用中间商，采用较长的销售渠道比较好。

此外，宏观经济形势，新的法令、法规的颁布，或者原有法令、法规的修订，都会直接或间接影响到企业对销售渠道的选择。需要说明的是，上述营销渠道的限制因素只是相对而言，

但决定渠道选择的最终因素还是开发商的营销成本和效益。

3. **确定中间商数目**

确定中间商数目即渠道宽度决策。渠道宽度是指销售渠道的同一层次中使用中间商数目的多少。同一层次中使用中间商数目多，就是宽渠道；反之，同一层次中使用中间商数目少，就是窄渠道。企业在确定每一层次所需中间商的数目时，有三种策略可供选择。

（1）广泛销售策略　即企业在同一销售层次中选择较多的中间商来推销产品。这种策略的重点是扩大市场覆盖或加速进入一个新市场，使众多的消费者能随时随地买到这种产品。一般日用消费品和工业品中的通用设备多采用这种宽渠道，对物业销售不适用。

（2）选择性销售策略　即企业在一定市场范围内选择少数最合适的中间商推销产品。它对住宅物业市场较为适用。一方面，它比独家分销面广，利于企业扩大市场，展开竞争；另一方面，它比密集分销节省费用，并较易控制。

（3）独家销售渠道策略　即企业选择一家中间商来独家推销产品。这是企业经常采用的方法之一。通常双方协商签订独家销售合同，规定不得经营第三方的产品，特别是竞争对手的房地产产品。该策略的重点是控制市场和价格，控制中间商，或者彼此充分利用对方的商誉和经营能力，便于提高服务质量，提高企业的声誉。中间商最喜欢独家销售，因为它排除了竞争，可以得到房地产开发企业的支持，利润较高。但若运用不当，风险也较大。

4. **规定渠道成员的权利和责任**

制定渠道成员的权利和责任时必须慎重，并要得到有关方面的配合响应。在具体操作时，渠道成员拥有哪些权利、承担哪些责任，开发商如何配合中间商等问题，要视各地的实际情况而定。

如对于开发商的权利和责任应包括：给予中间商的房地产产品供应保证（按时交房、入住、产权及其他相关手续办理等服务）、产品质量保证、银行按揭保证、市政配套设施以及物业管理、价格折扣、广告促销协助等；中间商的权利和责任应包括：应向开发企业提供市场信息和各种业务统计资料，保证实行价格政策，不片面夸大和美化所销售的楼盘，达到服务标准等。

二、房地产营销渠道方案的评估

每一个渠道方案都是房地产产品转移到终端消费者的可能路径，开发商所要解决的问题，就是从那些看起来似乎合理但又相互排斥的方案中，选择最能满足企业长期目标的一种方案。因此，开发商必须对渠道方案进行评估。

（一）评估标准

对房地产营销渠道的评估一般采用经济性、控制性、适应性三个方面来评估。

1. **经济性评估**

每条渠道的销售情况及其运作成本都会有所不同。这可从经济性的角度来进行评价。从销售渠道的运作成本来看，大型的开发商大多采用直销方式而不选择间接营销方式，其主要原因在于中介机构收取的费用太高，企业利润会被中间商分享。开发商若采用间接营销方式，由于间接营销渠道拥有的销售人员较多，营销经验丰富，且有自己的营销网络，其佣金的高低取决于销售业绩，因此其销售量有可能比采用直销方式大，但中间商的费用（佣金）往往比开发商自己的营销员薪酬要高，这就增加了开发商的营销成本。

2. **控制性评估**

使用中间商意味着有很多管理控制的问题需要解决。如由中间商代理销售时，中间商是否有欺骗消费者和损害开发商声誉的行为等。另外，开发商与中介机构的冲突如何协调。如开发商认为中间商要求的佣金太高，销售业绩不理想。而中间商则认为开发商期望过高，不了解市场行情等问题，都可以从控制性的角度进行评估。

3. **适应性评估**

对于开发商来说，在处理与中间商的关系时，还有一个适应性的问题。当二者发生冲突或合作不愉快时，除了控制事态的发展，不至于太恶化外，还要积极地与中间商协调和彼此间相互适应，遇到问题及时沟通。

在这三个标准中，经济性最重要。因为企业的目标是追求利润而不是追求控制性和适应性。判别一个方案好坏的标准，不应是其能否导致较高的销售额和较低的成本费用，而是在达到开发商、中间商和消费者三赢的良好格局下，开发商能否取得最大利润，并树立企业良好的商誉。

（二）评价指标

在实际操作中，确定选择哪一种渠道方式，要从房地产业、开发商、中间商经营状况、服务水平等方面进行分析，在此基础上提出供选择的销售渠道形式，最后，从定性、定量两个方面评价，据此选出最优的营销渠道形式。有关房地产营销渠道形式评价指标，可参照表8-1进行。

表8-1　房地产营销渠道形式评价指标

定量方面	定性方面
单位面积房地产开发成本	不同类型的房地产市场竞争情况
单位面积房地产销售成本	与中间商的合作、冲突情况
单位面积房地产积压成本	中间商的发展状况与趋势
房地产商品积压率	中间商的资质、信誉、管理水平
呆死账的百分比	中间商投入力量的大小
销售预测的准确性	中间商对新技术的利用情况
顾客电话询问的人次数	中间商拥有的客户资料情况
顾客来访、询问的人次数	中间商拥有的社会资源
预订记录的正确性	房地产产品特征
降价销售数量的比率	房地产产品定价结构
营销信息传递的能力与速度	开发商、中间商销售推广手段
顾客抱怨的数量及比例	中间商的销售业绩
中间商销售成功率	可能提供的服务

三、房地产营销渠道成员的选择与管理

（一）房地产营销渠道成员的选择

1. 房地产中间商的选择标准

一般情况下，要选择具体的中间商，必须考虑以下条件。

（1）中间商的实力　中间商的实力与信誉包括专业人员素质水平、所占有的市场信息资料、所拥有的设备、经济和社会关系资源以及中间商的信誉等综合实力。因此，所选择的中间商应具备多方面的专业知识和经营能力，还须有一定的经营方向和经营范围。

（2）中间商的人品和信誉　其负责人和主要职员是否有良好的职业道德和信誉，对开发商来说至关重要，其中包括能否为委托方保密，工作过程中是否具有客观、真实、真诚的作风，在房地产交易过程中除佣金外，是否还有其他利益等。如一些代理商采用保底价按比例收取代理费，超出保底价部分按另外的比例分成，就是一种严重违反职业道德的做法。

（3）中间商的业绩　看它以往的销售业绩，主要是看其所代理的项目成功率有多大，而不是看其共代理了多少个项目或成交额有多少。同时，还要看其代理每一个项目的平均销售周期。一般来说，代理商成功代理、分销、策划的小区或楼盘越多，则其从事的楼盘销售成功的可能性就越大。

如某公司代理 10 个项目只有 2 个成功，而另外一个公司代理了 2 个项目均获成功，显然后者的成功率要远远大于前者。

示例

“上海环球国际房地产公司”近几年中在上海总代理房地产业务 50 亿元，其代理业绩显著，形成了自己的特色优势。如该公司总代销龙柏花苑，南区别墅 13 栋一个月内被台、港等客户争购一空，北区 27 栋别墅及 3 栋公寓有百余家买主与之洽谈；总代理的 3 栋 35 层楼的阳明新城，外销 5 个月，售出第一栋的 50%；300 栋的别墅（一、二期工程）共售出 95%。显然，他们的代理业绩使得其在市场中具有很强的竞争实力，深受开发商青睐。

（4）中间商可投入营销工作的资源　对于地方性的代理商，由于其人员、经验和销售网络的限制，一般没有能力代理大型综合性物业项目的销售工作。但大型综合性代理商也未必就能代理所有的大型项目。

示例

北京某国际性物业代理机构曾一度同时代理着北京近 30 个大中型物业开发项目，其中有些同类型项目处于同一地段，其档次、规模都差不多，结果代理费高的项目销售十分火爆，而代理费低的项目成交寥寥无几。究其原因，是代理商在有意地以低佣金作诱饵，垄断同类型物业

的租售市场，并将其主要的人力、物力投入到代理费比例高的开发项目上去了。

（5）中间商的管理和沟通、协调能力　房地产营销涉及的环节很多，中间商应该有一套严密有序的管理制度和管理方法，才能保证工作中不出差错，如遗失顾客合同等。另外，开发与中间商的沟通、中间商与顾客的沟通尤为重要，因此，中间商应具有一定的信息收集、储存、传播交换的能力和较强的公关能力。

此外，还要针对房地产类型来选择中间商。如住宅物业的销售，由于中间商对当地市场及潜在的买家或租客有较详细的了解，常选择当地的代理商代理；对工业和商业物业来说，常委托全国性或国际性代理公司，因为他们通常对大型项目有更丰富的代理经验，且与大公司有更直接、更频繁的接触，当地的代理商有时参加，有时不参加，要具体问题具体分析。

2. 房地产中间商的选择答辩

在选择中间商的过程中，可根据要委托销售的房地产情况要求中间商答辩。下面提供某楼盘的部分答辩内容，仅供参考。

1）（开发商问）根据您（中间商）的经验，您认为本楼盘开盘时，开发商应具备哪些条件？

2）您判断，本楼盘开盘价是多少？至结构封顶时，楼盘的阶段销售均价能达到多少？

3）本楼盘开盘后，价格走势如何？与别的楼盘相比有哪些优势和劣势？

4）您估计，本楼盘的促销费用（如广告）将是多少？这些费用大致上如何支配较合理？

5）根据您的测算，本楼盘至结构封顶时销售率会达到多少？

6）您推断，本楼盘的销售会有哪些大的障碍和困难，是否有其他措施可以弥补？

7）根据您的计算，在顾客分期付款的前提下，本楼盘至结构封顶时可回收的资金总量有多少？实际能到位多少？

8）根据您的计划，本楼盘的销售人员以多少为合适？现场售楼处需要多大面积，如何布置才能使顾客多留驻点时间？

9）根据您的方案，若聘请您为本楼盘的销售总代理或策划，您的最大优势在哪里？如何来实施您的计划？

（二）房地产营销渠道成员的管理——开发商与中间商的双赢

渠道内部，由于利益冲突，会存在开发商与中间商之间的矛盾，冲突若不及时协调和解决，往往会消耗双方的资源，影响开发商经营目标的实现。因此，开发商要注意使中间商的目标和经营方向与自己相一致，共同满足顾客需求，实现开发商与中间商的双赢。

1. 制定渠道控制标准

控制标准应当是评估营销渠道中各营销中介工作绩效的标准体系，具体的指标有销售目标、市场份额指标、宣传效果、信息反馈指标等。同时，还要考虑中途退出或增加的中间商数量和比例、顾客抱怨的数量和比例、中间商对房地产商品的最优控制情况、中间商对新技术的利用等。总之，指标要制定得切实可行，不能脱离实际。

2. 激励中间商

与中间商达成协议后，要经常激励中间商使之尽职，能按时完成任务的，要按照有关协议进行物质奖励和精神奖励。但是，开发商应避免激励过分与激励不足两种情况。当开发商给予中间商的优惠条件，超过他取得合作与努力水平所需的条件时，就会出现激励过分的情况，其结果是销售量提高，而利润量下降；当开发商给予中间商的条件苛刻时，则会出现激励不足的情况，其结果是销售量降低，利润减少。所以，开发商必须确定应花费何种力量和多少力量来激励中间商。一般来说，对中间商的基本激励水平，应以交易关系组合为基础。

3. **支持、协助中间商，提高营销效果**

开发商可以利用多种方法支持中间商。如开展促销活动，对中间商提供强大的服务、广告支持，利用广告宣传推广产品，塑造产品和企业的形象。开发商还应为中间商提供各种补贴措施，如焦点广告补贴，以换取他们的支持与合作，达成利益的统一体。这一点很重要，开发商必须制定详细的措施，争取中间商的广泛参与、积极协作。这既提高了自身品牌的知名度，又帮助分销商赚取利润，激发他们的热情，引导他们正当竞争，从而减少各种冲突，实现开发商与中间商的双赢。

此外，还可以给予中间商资金支持，开展多种营业推广活动，提高中间商推销产品的积极性。

4. **做好中间商的绩效估量工作**

开发商除了激励渠道成员外，还必须定期评估他们的绩效，了解销售中出现的问题，及时消除营销渠道中的障碍，保证销售渠道的畅通。评估的目的在于鞭策后进，激励先进。若某一渠道成员没有完成任务，要找出主要原因，并考虑可能的补救措施。如果是由于所定指标太高，导致没有完成任务，就要及时修正指标；如果是宏观不可控因素引起的，如经济衰退，购买力下降，则开发的项目决策失误；如果是中间商没有尽力，要按协议进行相应的处罚，并要求其在一定的时间内有所改进，否则就要终止合作，更新营销渠道。

第三节 房地产中介代理

一、房地产中间商的类型

所谓房地产中间商是指处在房地产开发商和顾客之间的，从事房地产商品流通业务，促进买卖行为发生和实现的企业或个人经纪人。房地产中间商对于间接营销渠道的建立和扩展优化都具有十分重要的作用。其类型主要包括以下几种。

1. **房地产包销商**

房地产包销商是指拥有房地产商品的所有权和处置权的中间商。这些中间商实力较强，采用的方式是一次性或分期付款买断整栋、整片开发商所开发的商品房，随后再分单元出售给顾客，以赚取买入价和卖出价的差额为利润（扣减经营成本）。他们购置房地产具有投资的性质，经营风险大，销售利润回报也高。

2. **房地产代理商**

房地产代理商是指接受开发商或经销商的委托，从事销售业务但不拥有所有权的中间商。

其销售处主要在销售现场，而且具有整盘营销策划能力和现场销售能力。代理商一般和开发商共同承担营销风险，以获取楼盘销售佣金为利润。

房地产代理商是间接营销渠道的主要形式，可分为企业代理商和个人代理商两种，合称房地产中介。企业代理商是指由多人组成的具有法人资格的代理机构，个人代理商俗称经纪人。

3. **房地产经纪人**

房地产经纪人是指具备经纪人条件，取得房地产经纪人资格证，经工商行政管理部门核准登记并领取营销执照，从事房地产经纪活动的组织和个人。这里的房地产经纪人主要指个人，他们为买方寻找卖方，为卖方寻找买方，通过居间活动，实现交换，从中获取交易中介佣金。

4. **房地产中介商**

房地产中介商是针对散盘（个别单元楼盘），采用网络营销、店铺式营销或上门推销的方式，对顾客介绍楼盘的基本信息并进行简单的包装，以获取楼盘销售佣金为利润。这种方式能否成交，在很大程度上依赖于销售人员的个人突破。房地产中介商可以作为开发商或代理商的分销商。

5. **房地产策划公司**（或策划工作室）

房地产策划公司是房地产代理公司（或策划工作室）与业主（卖方）合作的另一种主要方式，仍属于直接营销渠道。一般是开发商委托代理商进行全程营销策划，由开发商出资提供办公场所及所有宣传推广费用，开发商参与并利用代理商所提供的营销策划方案及拥有的客户网，共同组建一个房地产项目的“销售中心”，进行营销推广。其主要业务是受开发商委托，为其所开发的楼盘提供市场调研、营销策划、销售人员培训、顾问服务等服务工作。现阶段，一般是房地产代理商与房地产策划公司合二为一。

二、房地产中介代理

（一）房地产中介代理的含义

房地产中介是指房地产市场发展到一定程度而出现的一种特殊行业，属于第三产业中有偿服务业。房地产中介服务是指直接为房地产投资、协作、买卖、交换、抵押、典当等市场交易行为而提供的各种居间性有偿服务活动，是房地产市场体系的一个重要组成部分，其业务范围有房地产信息咨询、价格评估、经纪代理、物业管理及房地产信托、律师、公证、仲裁等许多方面，是房地产咨询、房地产估价、房地产经纪等活动的总称。

房地产中介的业务范围相当广泛，从中短期来说，项目营销策划销售代理是代理商（尤其规模大者）的主要生存空间；就长期而言，应以三级及租赁市场为主要经营业务范围。我国有关部门非常重视中介市场的建设，不断简化其有关交易手续，提高其市场信息的透明度。

小观点

房地产中介市场应以三级及租赁市场为主要经营业务范围，其原因主要有：

1）市场因素。房地产市场很大程度上受政策影响，消费者由以往的集团购买为主逐渐转向个人购买为主，且其购买行为更加理性，因而市场竞争激烈。

2）制度因素。现时三级市场尚未形成，二级市场供大于求，买家有很多新房可供选择，而三级市场转让成本高且手续复杂不明朗，加上银行对三级市场按揭态度并不积极，因此，市场空间现时较为狭窄。

3）远景因素。就长远而言，若没有一个健康的三级市场，市场终有干枯的一天。当二级市场把本地购买力大幅消化的时候，而房主又不能从有效渠道出手手头的物业，换房市场不能形成，这样的话，不单是代理商，就连开发商也难以生存。

（二）房地产中介代理的形式

房地产中介代理的形式通常在委托代理合同上有具体的规定，中介代理的形式通常在委托代理合同上有具体的规定，主要有以下几种。

1. 联合代理

联合代理指开发商开发的项目，开发商委托由两家或两家以上的物业代理公司，共同承担项目的物业代理工作的方式。

其具体方法是通过联合代理合约，规定各代理公司的职责范围和佣金分配方式，各代理公司之间有分工、有合作。对于功能复杂的大型综合性物业，开发商经常委托联合代理。

2. 独家代理

独家代理是指开发商开发的项目，开发商委托某一家有销售此类物业经验的房地产代理公司，由其负责项目代理工作的方式。它适合于一些功能较为简单的开发项目，或者综合性物业中的某种具有特定用途的物业。

3. 首席代理和分代理

对于大型综合性开发项目或物业，开发商可以委托一个房地产代理公司作为项目的首席代理，全面负责项目的物业代理工作；然后由总代理再去委托分代理（总代理委托分代理，有时可以自己决策，有时必须征得开发商的同意），负责物业某些部分的代理工作。特殊情况下，开发商还可以直接委托分代理。此时，代理公司的佣金按照各代理公司所承担的责任大小来分配。

4. 买方代理、卖方代理和双重代理

依代理委托方的不同，房地产代理还可以分为买方代理、卖方代理和双重代理三种。

对于买方代理和卖方代理，房地产代理只能从买方或卖方单方面收取佣金；对于双重代理，房地产代理可以同时向买卖双方收取佣金，但佣金总额一般不能高于前两种代理形式，而且双重代理的身份应向有关各方事先声明。

总之，不论是采用哪种代理或代理组合，关键是在开发项目前期就尽快确定下来，以便使房地产代理公司能就项目发展的规划、设计和评估有所贡献。

（三）房地产中介代理的流程

房地产中介代理的范围包括二级市场上的增量房地产，也包括三级市场上的存量房地产。与开发商或小业主的合作形式有独家代理、分销代理，不同的业务范围和不同的合作形式其工作流程不尽相同，下面主要介绍二级市场上的增量房地产代理的流程。

1. 二级市场上增量房地产分销代理（联合代理）流程

开发商将欲租售项目给多家中介代理公司，请他们作为分销代理商，以扩大销售面，并与之签订《分销代理合同》，其运作流程见图8-1。

图8-1　分销代理运作流程

一般来说，分销代理商的工作相对简单，他们不承担营销策划设计工作，只负责寻找客户与促成交易。

2. 二级市场上增量房地产独家代理的流程

这个流程又称为全程营销，也有相当一部分情况是房地产设计、开发建设后接受委托代理销售的，则其流程开始于本流程的“设计、开发建设”之后，见图8-2。

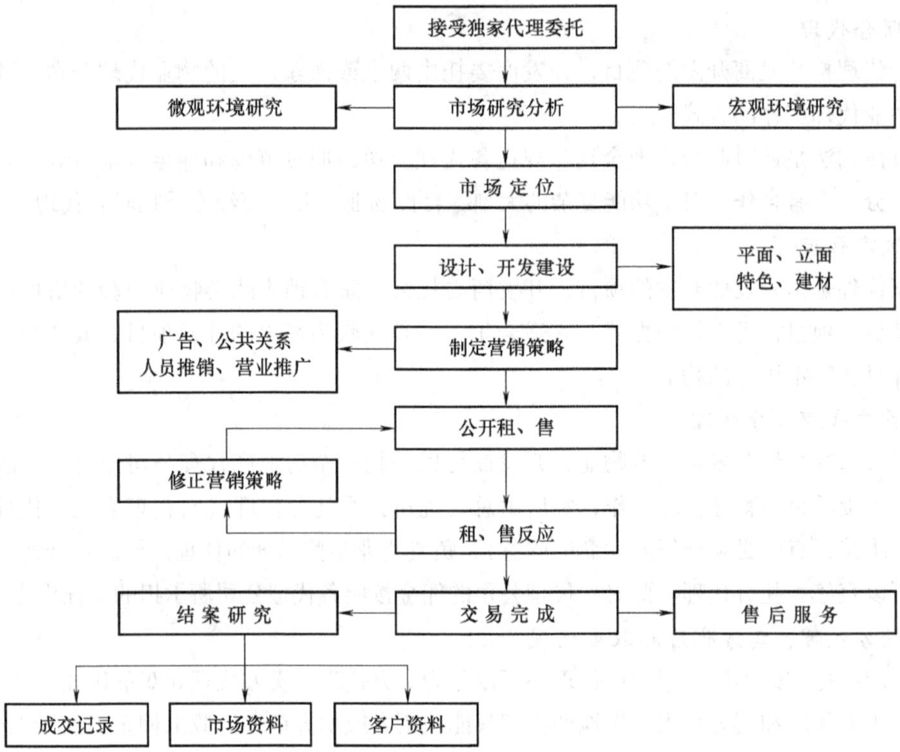

图8-2　独家代理运作流程

三、房地产经纪人

（一）房地产经纪活动方式与经纪收入

所谓经纪即经纪活动，是社会经济活动中的一种中介服务行为，具体是指在市场经济条件下，为促成他人交易而从事的居间、行纪、代理及咨询等有偿服务活动。

经纪人也称居间人，在商业活动中不归属委托方或第三方，完全处于中间地位的中介人。

1. ***房地产经纪活动方式***

我国现阶段的经纪活动一般包括居间、行纪和代理三种方式。

(1) 居间　指经纪人为交易双方提供信息及条件，撮合双方交易成功的商业行为。居间是经纪行为中广泛采用的一种初级形式，其特点是服务对象广泛，但服务的程度较浅，经纪人与委托人之间缺乏长期固定的合作关系。

(2) 行纪　指经纪人受委托人的委托，以自己的名义与第三方进行交易，并承担规定的法规责任的商业行为。在形式上，行纪与自营很相似，但经纪人并未取得交易商品的所有权，他是为委托方的利益而进行活动，作为经纪人，他仅得到委托人给他的佣金。行纪活动的服务内容较深，经纪人拥有的权利和承担的责任也较重。在通常情况下，经纪人与委托人之间有长期固定的合作关系。

(3) 代理　指经纪人在受托权限内，以委托人名义与第三方进行交易，并由委托人直接承担相应的法规责任的商业行为。经纪活动中的代理属于一种狭义的商事代理活动，其特点是经纪人与委托人之间有较长期稳定的合作关系，经纪人只能以委托人的名义开展活动，活动中产生的权利和责任归委托人，经纪人只收取委托人的佣金。

2. ***房地产经纪收入***

佣金是经纪人收入的唯一来源，其性质是劳动收入、经营收入和风险收入的综合体。佣金是对经纪人开展经纪活动时付出的劳动、花费的资金和承担的风险的总的回报。佣金可分为法定佣金和自由佣金。

(1) 法定佣金　指经纪人从事特定经纪业务时按照有关部门对特定经纪业务规定的佣金标准获得的佣金。它具有强制效力，当事人各方都必须接受，不得高于或低于法定佣金。

(2) 自由佣金　指经纪人与委托人协商确定的佣金。自由佣金一经确定并写入合同后，即具有同样的法律效力，违约者必须承担违约责任。

除了法律、法规另有规定外，佣金的支付时间由经纪人与委托人自行约定，可以在经纪成功后支付，也可提前支付。经纪人在签订经纪合同时，应将佣金的数量、支付方式、支付期限及中介不成功时的有关费用的负担等明确写入合同。经纪人收取佣金时应当开具发票，并依法缴纳税收和行政管理费。经纪人为了防止佣金难以收取，或经纪人因资金短缺，而客户又未付款，以致无法积极有效推动代理业务时，可以在签订合同时或在向委托人转交订单时，预收部分佣金或费用，预付佣金之后，如果买方一直未付款项，则从以后应得佣金中扣回。

(二) 房地产经纪人的权利与义务

就经纪人存在的意义来讲，房地产经纪人是以获取佣金为最终目的的经营者，因此，当国家确认其房地产经纪人的资格后，并允许其营业时，就意味着他应当拥有相应的权利和义务。

1. ***房地产经纪人的资质审查***

1) 具备多方面的专业知识和经营能力。如要熟悉有关的方针政策、市场行情等方面的知识以及技术业务知识，还要了解风俗民情等社会学方面的知识。

2) 要有一定的经营方向和经营范围，并有相对固定的场所。物业交易涉及面广，种类繁多，操作复杂，经纪人的活动应根据社会需要和自身特点，确定一定的经营方向，按业务种类和地域，确定一定的经营活动范围。

3）要有正当的社会身份和为活跃物业市场服务的从业目的与志向。

4）要有良好的职业道德。如要客观公正，服务价格合理，要遵守有关的政策和法规等。

小观点

从整个房地产市场来讲，房地产经纪仍然是房地产市场体系的薄弱环节，作用还没有充分发挥，同时也存在一些不容忽视的问题：①房地产经纪机构鱼龙混杂，运作不规范，甚至出现提供虚假信息欺骗当事人、骗取中介费的现象；②房地产经纪人素质良莠不齐，文化程度偏低，缺乏必需的理论知识和实践经验，不适应房地产经纪行业发展对专业素质、信息处理能力和法律意识的要求；③职业道德观念弱，缺乏必要的自我约束，扰乱了市场秩序，影响了经纪行业的信誉。

近两年来，我国《房地产经纪管理规定》的实施，以及房地产经纪人员职业资格制度的实施，尤其是美国的次贷危机所引发的世界性的金融危机，对我国房地产一、二、三级市场影响很大。随着我国房地产宏观政策的调控、《房地产经纪管理规定》和房地产经纪人员职业资格制度的实施，我国政府正积极努力健全房地产经纪市场规则，进一步规范房地产经纪人员、经纪机构的行为。同时，加快诚信体系建设，建立房地产经纪人员、经纪机构信用档案系统，将经纪活动中的不良行为记入信用档案，并以适当方式向社会公示，加强社会监督。

2. *房地产经纪人的权利*

1）依法开展经纪业务活动的权利。取得经纪人资格证后的经纪人，可以受聘于某经纪机构或领取营业执照以个体身份来从事房地产经纪活动，均属合法行为。应当受到国家法律的保护。

2）请求和获得报酬的权利。当经纪人促成房地产买卖双方达成了交易，或为顾客提供了咨询服务等，他有权要求支付合理的佣金，作为他提供劳务的报酬。

3）请求支付成本费用的权利。经纪人在开展活动时，不可避免地要发生一些费用，如交通费、通信费、带客户看房所支付的展示费等。经纪人在完成受托的任务后，有权要求支付这些费用。当然，这些问题最好在签订合同时就明确下来。

4）双方约定的其他权利。房地产经纪人享有委托合同或经纪合同中双方约定的其他权利，这些权利是由当事人的双方在合同中提前约定的。

3. *房地产经纪人的义务*

1）合法经营的义务。房地产经纪人在开展经纪业务时，必须遵守国家的有关法规、法令，严禁违法经营。

2）诚实介绍的义务。在开展经纪业务时，有必要将当事人应当知道的事实如实告知当事人，严禁隐瞒或夸大事实、弄虚作假，损害当事人的利益。

3）尽忠职守的义务。房地产经纪人无论是作为买方或卖方的代理人，都应当对委托方尽忠职守，遵从委托方的意旨行事，履行合同。

4）公平中介的义务。房地产经纪人在从事居间介绍时，对于双方当事人，必须保持其公平的地位，不偏袒任何一方，更不能为了一方利益而损害另一方的利益。

5）接受管理监督并义务纳税的义务。房地产经纪人应当服从当地房地产经纪主管部门的管理，向主管部门报送业务统计报表，并按经纪业务收入的一定比例交纳管理费。也应当接受财政及税务部门的监督，依法向国家缴纳规定的税费。

第四节　房地产项目代理程序与要点

房地产业是一个综合行业，涉及方方面面。以前很多房地产开发公司既是投资商，又是开发商，同时还可能是负责施工的承包商，还可以是销售商，基本上什么都包揽了。随着市场竞争激烈程度的提高，每一方面的精细程度都要求达到非常强的地步，如开发商在营销方面做得再好，也不可能比专业负责客户推广的代理公司做得好。正因为如此，才给房地产服务行业带来了很大的发展空间，这也是社会分工细化的必然趋势。

一、房地产代理公司组织结构和业务开拓

（一）房地产代理公司组织结构

房地产代理公司组织结构一般包括：策划部、投资部、业务开拓部、市场研究部五个部门。市场研究部是先导部门，它向业务开拓部和投资部提供信息，投资部会依据有关资料进行投资评价，以决定是否有投资（接手）的价值，然后由业务开拓部谈定代理合同后，移交策划部进行总体策划。一旦接手项目，公司就相应成立项目策划、销售部门开始运作，见图8-3。

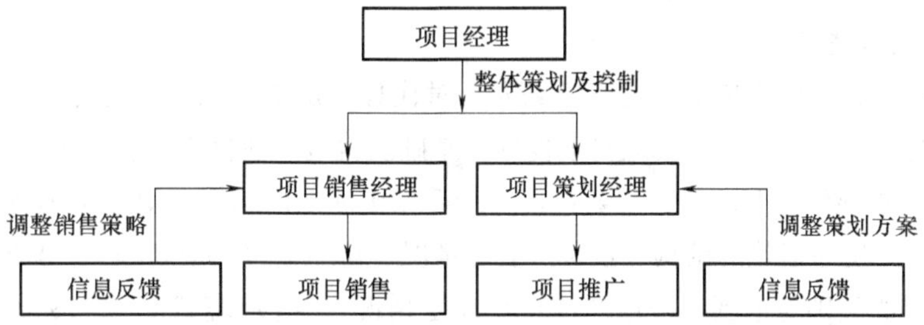

图 8-3　某项目的功能组织结构

（二）房地产代理公司业务开拓

房地产代理公司的业务开拓非常重要，一般由代理公司的业务开拓部负责，它关系到该代理公司的生死存亡。房地产代理公司的业务开拓主要包括以下几个要点。

1. ***寻找房地产代理委托***

寻找房地产代理委托的关键是争取客户。要想赢得客户，最重要的是认真履行合同，合理收取佣金，为客户提供高质量的代理服务，促成代理成功，以诚信获得顾客的信任。因此，从长远来看，代理公司要重视自身的品牌建设，以良好的企业品牌来吸引和稳定客户群，这是业务开拓的根本途径。

小观点

代理商在寻找房地产代理委托时，要把握以下几点：

1）市场调查。业务开拓部要利用企业内部尤其是外部的各种信息资源和人脉关系收集本地或外地有关项目待开发或准备开发或正在开发的信息线索，一般可以通过土地出让市场、追踪老客户等来获取信息。

2）对通过关系获取的外地开发商或本地开发商进行整理、分析，深入了解开发企业的资源状况和实力，开发商获取项目开发的成本，开发商有无自己销售的可能，以进一步确定哪个项目符合自己的代理条件。

3）对于选定的开发商，要进一步了解有无别的代理商竞争，将自己的代理实力和竞争者进行比较，以确定代理该项目的可能性。

2. 房地产代理业务洽谈

房地产代理业务洽谈就是代理商与选中的目标客户（开发商）进行意向性的接触，洽谈有关委托代理事项。因此，代理商业务开拓部在业务洽谈时，要把握以下几点：①先要倾听客户（开发商）的陈述，充分了解客户意图与要求，同时衡量自身接受委托、完成任务的能力。②要查清委托人是否对委托事务具备相应的权利，当委托人是自然人时，还必须确认其具有完全民事行为能力。因此，要查验委托人的有关证件，如个人身份证、公司营业执照等。③要向客户告知房地产代理公司的名称、资格、代理业务优势以及按房地产经纪执业规范必须告知的其他事项。④就经纪方式、佣金标准、服务标准以及拟采用的代理合同文本内容等关键事项与客户进行协商，达成委托意向。

3. 房地产项目查验

房地产项目查验的目的是使房地产经纪人员对代理的房地产项目有充分的了解和认识，做到知己知彼，为以后有效地进行代理打下良好的基础。房地产项目查验主要包括两方面的内容。

（1）房地产查验的主要内容　主要包括：①委托房地产的物质状况（如所处地块的具体位置和形状、朝向、房屋建筑的结构、设备、装修情况、房屋建筑的成新等）。②委托房地产的权属情况（如权属的类别与范围、房地产他项权设定情况）。③环境状况（如标的房地产相邻的物业类型，周边的交通、绿地、生活设施、自然景观、污染情况等）。

（2）房地产查验的基本途径　主要包括：①文字资料了解（如开发商的有关资料）。②项目现场实地察看。③向已入住业主了解使用情况，因为业主往往是房屋质量的第一见证人。

4. 房地产项目代理佣金的确定

房地产项目代理价格对于开发商和代理商都是至关重要的，它涉及双方的利益。目前在我国房地产市场上，常见的代理佣金类型主要有以下两种。

（1）固定费率佣金制　即无论房地产成交价格高低，代理商所获取的佣金都是开发商按房地产销售总额的一个固定费率支付的。而这个固定费率又根据房地产类型以及数量的多少不同，一般为1.5%～4%。固定费率的高低涉及广告费用谁支付的问题。一般来讲，广告费由开发商支付，费率就低，一般为1.2%～2%，有的甚至低到1%；而广告费由代理商支付，费率就高，一般为2% ~4%，有的甚至高达5%。由于房地产项目是不动产，我国房地产佣金费率各地不等。

（2）固定费率加超价分成佣金制　这种佣金制由两部分组成，一部分是无论房地产成交价格高低，都按房地产销售总额的一个固定费率支付；另一部分是在某一段时间内，开发商先制定一个标价，而成交价格中高出标价的部分价格则按比例由开发商和代理商共享，一般是5:5或6:4或7:3开，即开发商的5或6或7。这种方式市场上最常见，它促使开发商和代理商共同努力以谋取高价，达到双赢。它也是代理商的一个主要利润点。

5. 签订房地产代理合同

在明确了双方责权利的基础上，就要签订房地产委托代理合同。签订房地产代理合同时，双方对房地产市场要有个清醒的认识和判断，尤其是要把握房地产价格的走势。然后，对代理合同中的相关条款，如建筑质量、户型设计、建材、园林设计、绿化、建筑进度、佣金比率、价格等要素，双方要仔细斟酌，共同协商确定下来，代理合同要尽可能详细地规定委托代理双方的自身权益、责任和义务。

二、房地产策划代理服务内容

房地产代理服务内容主要包括：营销策划、销售代理、项目销售阶段内容等三个部分。

1. 营销策划内容

（1）市场调查　主要包括：①区域竞争市场调研及动态研究。②SWOT分析，如在同类物业中的地位排序。③建筑规模风格与建筑布局结构，如配套设施、层高、管道布线等。④装修和设备，如保安、消防、通信等。⑤功能设备，如游泳池、健身房等。⑥物业管理，如收费水平、管理内容等。⑦开发商背景，如以往业绩、信誉等。⑧结论和建议，如哪些需要突出、弥补或调整等。

（2）目标客户分析　主要包括：①目标消费者特征分析，如经济背景、经济实力、经营规模、消费者行为特征等。②行业特征，如经营管理模式、承受租金、面积等。③家庭收入消费水平，如付款方式、按揭方式等。④文化背景，如文化层次、可接受的推广方式等。⑤媒体选择，如创意、表达方式。⑥价格定位，如定价方法与策略、成交价格、租金价格等。⑦品牌策略，如形象理念定位、品牌创立及维护、未来趋势的表现与结合等。

（3）项目规划　主要包括：①总平面图的布局建议。②项目规划与产品设计顾问。③建材的使用建议。④景观的设计风格建议。⑤面积配比、格局配比建议。⑥配套设施建议等。

（4）广告策略　主要包括：①广告目标、广告计划的拟定。②广告诉求重点的构想。③广告阶段性的划分和广告周期的安排，包括阶段性的广告主题与广告创意表现。④广告效果监控。电视广告脚本纲要的拟定（按需要）。⑤广告预算的编排。⑥媒体策略，如媒体的选择与媒体组合、软性新闻主题。⑦广告投放频率与费用的估算等。

（5）销售策略　主要包括：①开盘入市策略。②开盘价格策略与未来走势策略。③现场销售形式与手段等。

此外，还有工地布置、现场售楼中心设计、布置、项目VI识别系统等内容。

2. **销售代理内容**

（1）建立销售体系　主要包括：①拟定培训计划及销售讲习资料。②组建项目专案小组。③拟定销售工作流程图等。

（2）销售准备工作　主要包括：①取得销售所需的各种合法文件。②销售所需办公用品的准备。③制定各种合同及相关文件，如销售手册、销售文件等。④销售过程中的法律培训、法律顾问。⑤销售人员服装的设计与制作。

（3）组织销售人员的培训与学习　主要包括：①工程基本知识、市调、销售人员须知等内容。②本案基本资料，如开发商简介、本案优劣势分析与竞争楼盘优劣势表。③项目主题概念介绍与表达、行销理念与技巧等。④销售策略与技巧，如电话接听技巧、产品推介技巧、销售谈判及成交技巧、促销技巧、资料填写技巧、客户心理障碍排除技巧、答客问等。⑤广告表现、广告阶段运作表等。⑥各种销售表格的学习，如来人来客登记表、营业日报表、客户反应与统计分析等。⑦各种工作流程，如按揭办理流程、产权办理流程、入住程序、合同填写说明等。⑧价格策略介绍，如总价与付款方式等。⑨有关法律文件、事务解答。⑩仪态仪表与商业礼仪模拟训练等。

（4）制订销售计划　主要包括：①市场调查分析，如产品、市场、价格定位等。②制定细化的销售策略、价格策略和公关活动策略。③制订销售计划，如筹备期、导入期、销售期、强销期、持续期、持续强销期、延缓期、清盘期等时期的销售计划等。

3. **项目销售阶段内容**

项目销售阶段内容主要包括：①实施广告计划。②现场的管理、接待、洽谈、销售、跟踪。③提供购房销售全过程服务（从签订认购书、收取定金到签订/出售合同，到房地产交易所办理合同登记为止）。④办理购房个人按揭贷款业务。⑤现场杂物处理。⑥电话量、客户量、成交量统计与通报。⑦现场销售情况统计与监控。⑧广告效果统计与分析。⑨销售策略的调整与广告策略的调整。⑩销售形式分析与预测，定期向发展商汇报情况。

此外，项目销售阶段内容还包括，会议安排，如每周例会，主要了解当周销售情况及工程进度通报，会议参加人员主要有项目专案经理、开发商营销经理；月会，主要是进行月度销售工作总结，拟定当月销售计划，调整广告计划，会议参加人员主要有营销总监、策划部经理、策划专员、广告策划人员、专案经理、销售经理等。

【案例 8-1】

房地产项目销售代理合同（文本）

甲方：南京某房地产开发有限公司

乙方：上海某房地产经纪代理有限公司

根据《中华人民共和国民法通则》和《中华人民共和国合同法》的有关规定，甲、乙双方本着平等互利、优势互补、共同发展的原则，经友好协商，就甲方委托乙方负责甲方开发的位于郑州市××区××路的住宅及商业项目（以下简称本项目）的独家策划代理工作，达成以下协议，并承诺共同遵守。

第一条　合作方式和范围

甲方同意于2008年3月15日起正式委托乙方为××项目的独家全权销售代理单位，销售甲方指定的，由甲方在郑州市投资兴建的××项目，该项目为住宅及商业项目，销售面积共计20万平方米。

第二条　合作期限

1. 本合同代理期限为12个月，代理期从本项目满足销售条件（见本协议第六条第一款）并且甲方取得预售许可证及开盘广告刊登之日起计，开盘广告刊登之日不得迟于取得预售许可证5日之内，特殊情况确需调整的须经甲方书面认可。

2. 在本合同有效代理期内，除非甲方或乙方违约，双方不得单方面终止本合同。

3. 在本合同有效代理期内，甲方不得在郑州市（地区）指定其他代理商。

第三条　费用负担

1. 本项目的推广费用（包括但不仅包括报纸电视广告、印制宣传材料、售楼书、制作沙盘等）由甲方负责支付。该费用应在费用发生前一次性到位。

2. 具体销售工作人员的开支及日常支出由乙方负责支付。

第四条　销售价格及佣金事宜

1. 项目销售价格。双方约定本项目销售均价为5200元/平方米，以此基准价格为基础，经甲、乙双方确认，根据栋差、楼层、朝向等做成一房一价表，作为本协议附件，与本协议具有同等法律效力，乙方销售底价必须达到此价格表标准。

2. 销售完成时间。双方约定本项目的销售完成时间为12个月，乙方须在此时间段内完成对本项目的全部销售。

第五条　代理佣金及支付

1. 固定代理佣金。甲方同意在委托期内委托乙方代理销售的本项目在达到第四条规定的销售价格实现销售时，甲方按实际销售回款额的百分之一点五（1.5%）给予乙方作为销售代理佣金。

2. 溢价提成。以一房一价价目表为基础，实际成交价超出价格表以上的部分视作溢价，溢价部分甲、乙双方各得百分之五十（50%）。

3. 甲方同意按下列方式支付代理佣金。

（1）甲方在正式销售合同签订并获得首期房款后，乙方对该销售合同中指定房地产的代销责任即告完成，即可获得本合同所规定的全部代理佣金。甲方在收到首期房款后应不迟于3天将代理佣金全部支付乙方，乙方在收到甲方转来的代理佣金后应开具收据。

（2）乙方代甲方收取房价款，并在扣除乙方应得佣金后，将其余款项返还甲方。

（3）租售佣金结算方式为月结，结付标准以客户正式签订购房合同并已支付首期款，其中首付款的金额不得低于该房总房款的20%，每月最后一天为结算日，每月成交单位有关之代理佣金、溢价提成款甲方须于次月10日前付清予乙方，收到款项后乙方应开具有效发票。

4. 若甲方于委托期内自行销售给买家，则该甲方自行租售之单位计算在乙方之租售业绩之内，该部分之租售额按上述第五条第一款、第二款之佣金计算方法支付佣金予乙方。

5. 乙方若代甲方收取房款，属一次性付款的，在合同签订并收齐房款后，应不迟于5天将房款汇入甲方指定银行账户；属分期付款的，每两个月一次将所收房款汇给甲方。乙方不得擅自挪用代收的房款。

6. 如遇认购者签署认购书后违约，认购者所付定金由甲乙双方五五分成。

第六条　甲方的责任及权利

1. 负责保证本项目销售的合法性，申办有关租售之法律程序，同时向乙方提供有关本项目销售之法律批文副本资料，包括：

（1）开发商营业执照副本复印件和银行账户。

（2）政府有关部门对开发建设××项目批准的有关证照。包括：国有土地使用权证书、建设用地批准证书和规划许可证、建设工程规划许可证和开工证，以及××项目的商品房预/销售许可证、房屋订购书。

（3）关于代售项目所需的有关资料，包括：小区总平面图、各楼层平面图、房屋立面图、鸟瞰图、室内厨卫设施表、装修装配标准（含家具配置图及效果图）、电器配备、楼层高度、面积、规格、价格、其他费用的估算等。

（4）甲方正式委托乙方为××项目销售代理委托书、与银行签订的按揭协议。

上述证照、资料须经乙方确认无误并加注“销售专用”字样后盖章。

2. 全权委托乙方安排本项目销售推广工作，负责本项目销售过程中的有关成本费用，其中包括：

（1）各种广告、宣传及有关销售资料之设计、编辑、制作、派发及发布费用。

（2）与本项目销售直接相关的市场调研、客户座谈等费用。

（3）售楼处、展销会场地及有关设备的设计、建设、装修、租用、布置等一切费用。

（4）提供电话、空调、复印、传真、计算机、打印机等办公设备。

（5）有关项目促销活动费用。

上述费用乙方均需事先提出预算并经甲方书面同意后方可发生。

3. 根据乙方的建议负责确定本项目销售进度、销售报价、付款方式、按揭办理、物业管理内容及收费标准等。

4. 甲方选派工作人员负责与认购者签订《商品房销售合同》，并负责接受客户各类房款、契约盖章、客户催款、银行按揭、产权办理等工作。所有房款及定金须由甲方专门负责收取，甲方人员必须配合乙方销售工作，且必须与乙方在售楼处的员工上下班时间一致。

5. 提供租售所需契约空白文本等，配合乙方租售，并在乙方工作人员陪同客户看房时提供帮助。

6. 甲方保证若客户购买的住宅及商业项目的实际情况与其提供的材料不符合或产权不清，所发生的任何纠纷均由甲方负责。

7. 甲方应积极配合乙方的销售，负责提供看房车，并保证乙方客户所订的房号不发生误打。

8. 甲方应按时按本合同的规定向乙方支付有关费用。

第七条　乙方责任

1. 在本项目的销售代理过程中必须遵守中华人民共和国、河南省及郑州市的有关法规，不损害甲方品牌形象。

2. 负责对本项目的销售工作进行总体策划，包括销售价格定位、付款方式设计、销售对象、时间、付款方式及各种租售渠道等。

3. 负责在现场组建售楼班子，负责本案的现场销控，本部设立项目专案组负责市场信息分析、销售跟踪、巡视及督导。

4. 负责计划、监督制作与销售有关的售楼书、推广宣传单、展览板、认购书、认购须知和其他一切有关销售的资料，以及有关的报刊、电视及电台等媒体广告的设计及制作工作。

5. 按照甲乙双方议定的条件，在委托期内，进行广告宣传、策划。但各种销售宣传推广的计划及费用均需甲方书面同意后方可实施。

6. 承担销售人员的工资、奖金、福利及交通等费用。

7. 代表甲方以甲方名义签本项目之销售认购书，协助甲方统一收取认购者临时定金。

8. 安排有关售后跟进，如协助甲方客户催款、提交详细的租售报告、客户统计分析、媒介分析、策划及销售方面的检讨分析报告。

9. 乙方在销售过程中，应根据甲方提供的××项目的特性和状况向客户作如实介绍，尽力促销，不得夸大、隐瞒或过度承诺。

10. 在甲方与客户正式签署售楼合同之前，乙方以代理人身份签署房产临时买卖合约，并收取定金；乙方不得超越甲方授权向购房方作出任何承诺。

11. 乙方应信守甲方所规定的销售价格，非经甲方的授权，不得擅自给客户任何形式的折扣。在客户同意购买时，乙方应按甲乙双方确定的付款方式向客户收款。若遇特殊情况（如客户一次性购买多个单位），乙方应告之甲方，作个案协商处理。

12. 乙方收取客户所付款项后不得挪作他用，不得以甲方的名义从事本合同规定的代售房地产以外的任何其他活动。

第八条　违约责任及合同终止

1. 委托期的延续或终止须于委托期限完结前30天内由甲、乙双方代表书面决定。

2. 如因甲方工程进度、销售手续等原因，造成乙方无法按时完成各项销售工作，则乙方有权单方面终止合同，甲方应按已实际达成的销售无条件结付全部乙方应得的佣金（含广告费）、溢价提成，承担相应违约责任。如因甲方原因导致客户退房，该套房屋仍视为乙方的代理业绩。

3. 在本合同规定的委托期内，乙方完成本合同所指的销售代理工作且甲、乙双方之间结清一切代理费用后，本合同终止。

4. 若于本合同第一条规定的全程策划代理期内，甲、乙双方中任何一方违约，另一方可提前终止合同，并要求违约方支付违约金计人民币拾万元整，并由违约方承担由此引起的一切法律及经济责任。

5. 若甲、乙双方因履行本合同发生争议，协商不成并导致诉讼，则由本项目所在地法院解决有关司法管辖问题。

第九条　其他

1. 本协议所涉及的项目案名及开发商名称（甲方）以最终正式文件为准。

2. 本协议所涉及的项目数据，以项目最终的测估为准并相应调整。

3. 本合同一式四份，甲、乙双方各执两份，具有同等法律约束力。

4. 所有由乙方事先提出并经甲方书面同意的各项费用预算表作为本合同的附件，一式两份，甲、乙双方各执一份，与本合同具有同等法律效力。

5. 合同内容如有修改，经双方同意后，可另立补充合同，补充合同与本合同具有同等法律效力。

6. 本协议经双方签署，即刻生效。

附件一：本项目可售房源表（略）

附件二：本项目销售计划（略）

附件三：项目房产销售价格表（略）

附件四：本项目宣传推广费用预算表（分阶段提供）（略）

甲方（盖章）： 乙方（盖章）：

代表人： 代表人：

地址： 地址：

签署本合同时间： 年 月 日

资料来源：天下房地产法律服务网 http：//www.law110.com

复习思考题

1. 营销渠道有哪几种类型？各有何优缺点？
2. 影响渠道选择的因素有哪些？
3. 房地产经纪活动方式有哪些？

实践、讨论题

你作为代理商的某一项目营销总监，针对某房地产项目，如何进行策划和销售？

第九章 9

楼盘（小区）形象包装策划

【学习目标】

通过本章的学习，了解楼盘（小区）形象包装的含义；掌握楼盘（小区）售楼部、施工场地、看楼通道、样板房等形象包装的策略。

【关键词】

楼盘形象　看楼通道　样板房　包装

“人靠衣装、佛靠金装”是句很通俗浅显的俗语，人人都明白它的直观意思。楼盘作为一种特殊的产品，在激烈的房地产市场竞争中，实际上更需要包装，以起到强化广告宣传的效果。楼盘的形象包装，不应再是印刷精美的静态文字，而是一种竞争手段的重要体现，是房地产营销实践的利器，是房地产市场竞争日趋成熟化、走向高度发展阶段的一个特征。

第一节　楼盘（小区）形象包装概述

一、楼盘（小区）形象包装的含义

1. 形象包装的含义

大多数物质产品在从生产领域流转到消费领域的过程中，都需要有适当的包装，其目的就是保护和美化产品、方便储运、促进销售。包装工作是整个商品生产的一个重要组成部分。所谓形象是指能引起人的思想和行为的客观印象。就是当人们一听到某企业或某项目时，立刻在脑海中浮现出的对某一企业或项目中的印象。因此，它需要包装来树立其形象。

形象包装是一个抽象的概念，很难用数量来表现，必须借助科学的方法 CIS 来对构成形象的各要素进行系统化和统一化处理，从而使形象具体化和符号化。

2. 楼盘（小区）形象包装的含义

所谓楼盘（小区）形象包装是指为促进销售、倡导新的生活理念，运用一定的技术手段、工具和策略对房地产的内外形象、销售现场形象和概念性地产形象的设计和实施过程。

包装是对楼盘（小区）形象的总体设计，包装的直接目的不是自我表现，而是目标顾客群体为满足自己的需要进行的文化和观念消费。形象也不是空洞无物的，在形象之中，暗含着与目标顾客群体心理需求有着千丝万缕的联系。形象只有指向目标顾客群体的情感和潜意识，才能够被目标顾客群体认可和消费。因而，包装不是一种外在的形式，而是构成形象的过程，是文化产品和目标顾客群体的联结点。

楼盘（小区）形象包装是传播和（或）传达楼盘（小区）形象的识别系统和“名片”，它同样需要借助CIS进行统一化处理，CIS包括理念系统MI、行为系统BI和视觉系统VI三个方面的内容。

需要提醒的是，楼盘（小区）形象包装无论是项目施工期场地、收尾期、售楼部、看楼通道，都和样板房等的包装是交叉和同时进行的，要根据工程进度和项目的营销周期合理安排。

示例

紫荆是自然花卉，而重庆沙区“紫荆花园”项目的策划人则把《齐谐记》中的所载的将“紫荆”誉为“兄弟花”的美丽传说和香港回归等联系起来，从而挖掘出中心理念“紫荆花园，缘起自然”；分理念：“人缘篇：殷殷绿草聚名仕，美善有缘紫荆人”、地缘篇：“一方水土一方情，景色怡人紫荆园”和家缘篇：“风雨人生漫漫路，随缘情归紫荆家”、“缘来如此”，广告刊出后众多同行来电褒扬，市区哗然，“紫荆花园”售楼处门庭若市，并于2002年12月公推为“精品楼宇王”。

二、楼盘（小区）形象包装的作用

1. 促进销售

搞好楼盘（小区）形象包装，有利于提升楼盘档次品味，表现楼盘内涵，传播楼盘品牌，获取买家认可，直接刺激顾客购买欲望，促进销售。若包装不好，会起到反作用，如广州某楼盘由于楼顶是绿色的，好长时间卖不动，原因是使人联想到“绿帽子”，后来该开发商改动了楼顶颜色。

2. 有利于项目的品牌化和树立企业的品牌

通过对项目主题形象、行为规范和项目视觉形象的包装，可以为项目的品牌形象打下良好的基础。同时，包装得好的楼盘，是企业实力的最佳展示，有利于树立开发企业的品牌，加强企业在顾客心目中的良好形象。

小观点

开发商要有品牌意识，要形成自己的品牌。开发商所开发的楼盘以及在开发中的行为方式和推广方式都应该具备长期一致的风格定位，才能成为消费者心目中的品牌。如我国香港的新鸿基、内地的万科等开发商，就非常专注品牌建设，其品牌特点是专于开发精品楼盘，尤其是万科楼盘落款署名时，除了常规的投资商、开发商、建筑设计师外，还专门列有“规划设计师”的名称，它是组成万科地产品牌的个性特征元素之一。有的开发商开发的楼盘很多，但没有或迟迟未发掘出自己的品质定位，也无意识借助专业力量帮助归纳整理，从而难以形成自己真正的品牌价值。

3. **强化及深化广告宣传效果**

楼盘（小区）形象包装是广告的有益补充，是房地产营销策划中不可缺少的一环。项目形象包装得好，可以使项目形象在市场竞争中脱颖而出，在买家头脑中留下深刻的印象，起到强化及深化广告宣传效果的作用。

4. **提升楼盘品位**

楼盘（小区）包装得好，使楼盘的品质发生了重大的变化，就提高了楼盘的品位和档次，进而不断地提升楼盘的价值。

5. **增加楼盘（小区）价值**

由于人们收入水平和生活水平的提高，顾客一般愿意多支付货币来购买功能齐全、舒适方便的产品，所以，良好的包装不仅使顾客获得更多的满足感，而且可以促进销售，并增加楼盘（小区）附加价值。

6. **增加楼盘（小区）的市场竞争力**

包装得好的楼盘由于形象好，会增加顾客的“注目率”，增强顾客的信任和认可度，进而增加顾客的选择率和自发对比率，因而能够增加楼盘（小区）的市场竞争力。

此外，还具有美化楼盘、引领新的生活方式、丰富人们的物质和精神文化等作用。

三、楼盘（小区）形象包装的内容

对于楼盘（小区）形象包装，许多房地产企业在自觉与不自觉中做了许多工作，但各个包装的子系统都是松散的，零乱的，没有进行系统化和整体化，而使整个楼盘的个性色彩不显著，这就需要对整个楼盘的形象包装进行整合，使其能够在一个包装主题下发挥各自的功能和作用。

（一）项目整体形象包装

项目整体形象包装是多方面的，如通过新闻媒介、售楼书、公关促销活动、户外广告、地盘工程形象、企业品牌形象以及系统项目 VI 设计等，体现项目自然地理位置、经济地理位置的优越，规划设计一流，施工质量一流，环境绿化一流，管理服务一流，开发商实力雄厚的高素质、高品味、引领时代生活方式、超前意识的项目整体形象。

1. **开发商形象包装**

通过介绍开发企业的概况、发展历史、企业实力、开发业绩、企业信誉以及企业管理制度、企业标志、员工形象、精神风貌和企业理念等，充分展示开发商良好的形象。

示例

我国台湾华美联合建设公司兴建的九龙大厦即将开盘时，其第一则报纸广告是《又要开会了》，标题下是一幅会议室的图片，图片下是说明性文字：我们为了最近即将开盘的新大厦，不知已经开过多少次会议，对于顾客的任何微小问题，都拿来当大问题……我们都是以最慎重的态度来进行。之后又刊出了第二则广告《精心出细货》，标题下是几位专家在工作的照片，其下是几段说明性文字："这座大厦，由99位专家，经过240天的精心设计，将与大家见面了"。结果，当这些广告刊出一星期后，华美的楼盘全部销售一空。

2. **公关形象包装**

公共关系作为企业有效地展示形象的一种手段和工具，已被越来越多的企业所使用，但是如何结合房地产楼盘营销又是一项新的课题。公关形象包装有两部分内容：一是正面向上的公关，其目的是维护和树立企业与项目的整体形象，也就是锦上添花；二是危机公关，也就是雪中送炭，即当企业或项目形象受到不良影响时，积极地采取措施补救，以维护其形象。对于楼盘适时举办一些公关活动，传达形象是必不可少的。

3. **楼盘（小区）广告形象包装**

有关房地产广告将在第十一章阐述。这里讲的是整个楼盘（小区）的广告风格、广告语言，以及构图的一致性问题，也就是要如何使楼盘（小区）保持一个统一的形象，如楼盘标志、标准字、象征图案、标准色等要素都要在广告中统一体现，它们的组合不能胡乱排列。总之，不论哪种广告，都要按照楼盘（小区）的定位和目标顾客的特点来进行设计，如用什么样的语言风格、设计风格和用什么样的版面、怎么排列才能体现风格，以及投放在哪类媒体上等都要充分考虑，以达到更好的传播效果。不能今天这样，明天那样，否则会使楼盘（小区）的整体形象遭到破坏。

（二）楼盘（小区）外在形象包装

品牌营销是近年来的一个热点，是楼盘形象包装的重要组成部分。楼盘（小区）外在形象包装主要包括以下内容。

1. **体现楼盘（小区）的文化品味**

就楼盘（小区）本身而言，属于硬邦邦、冷冰冰的建筑物，没有生命活力，没有生机。一旦注入文化内涵，注入楼盘（小区）的主题概念，就拥有了生命活力，拥有了生机，就具有较高的文化品味。实际上，楼盘（小区）中每一个组合因素都可以注入文化因素，如楼的形状、楼的布局、花草、房间布局等。因此，应考虑怎样使楼盘（小区）体现出文化品位，用什么样的方式去表现楼盘（小区）的文化品味，如何使文化与楼盘（小区）有机地结合起来等。

2. **使楼盘（小区）品牌化**

品牌是一种身份和地位的象征，楼盘（小区）也是这样。其具体表达形式既是有形的，又是无形的。不同层次和种类的品牌会吸引不同群体的人。

补充知识

楼盘的品牌构成具体有以下几点：

1）楼盘名称。楼盘名称要体现楼盘的特色，反映楼盘的个性；简洁、明了，好听、好记、好念、好写、好认，且具有一定文化内涵。有的楼盘有中文和英文两种名称，但两者名称的含义要一致。

2）楼盘标志。楼盘标志要充分反映楼盘的个性与理念，简洁、明快，不能太复杂。

3）标准字。它是对楼盘名称字体的艺术化处理，是为了更有效地展现楼盘的形象。因此，楼盘标准字体既要能独立运用，又要能够与标志等联合在一起使用，使合与分都能产生良好的效果。

4）楼盘象征图案。它是对标志与标准字的补充，它能起到一定的装饰作用。这种图案运用得较少，只是在一些广告等宣传中才使用到。

5）楼盘色彩。它是楼盘视觉要素基本统一的内容。不同的民族对色彩有不同的要求和好恶，因此，在选定色彩方面要在视觉要素基本统一的条件下，符合目标客户的心理要求。

6）楼盘绿化。楼盘内的布局是靠绿化来进行点缀的，要请园林专家按照整个楼盘的定位来进行配合，真正使楼盘锦上添花。

7）楼盘造型。它是指楼盘的建筑外观形状。建筑物的每一种线条、色彩以及空间比例，都是蕴含着各种含义和思想的一串符号，这是无声的建筑语言，是文化的积淀，体现着一种氛围、身份和思想，人们只能用心灵来感受它。因此，它直接影响到楼盘的销售。

（三）楼盘（小区）内在形象包装

楼盘（小区）的内在形象，是实实在在，摸得着、看得见的，必须进行系统的功能开发与定位。

1. 充分、合理地利用街区功能

如靠近公园、学校、体育场、商场、医院、停车场等地方，应考虑怎样充分合理地利用这些配套设施。由于历史发展的缘故，城市中的每条街道具备的不同状态决定了所开发的楼盘应以什么状态出现，因此，楼盘（小区）自身环境应与楼盘（小区）周围的社区环境相符。

2. 楼盘（小区）区域布局

无论楼盘（小区）所占面积是大是小、位置如何，建筑物、公共设施、绿化等都应有一个科学合理的布局，如何增加其艺术性和文化品位，如何更人性化，如何能更多地接受阳光，如何使车道、人行道更合理、更安全等，都需要一个整体科学的布局。

3. 楼盘（小区）自身形象

它主要指楼盘（小区）色彩、绿化、造型等体现单体和整体楼盘形象的要素。色彩、景致和光，反映了一个城市居民的审美取向和品味，反映了一个城市最基本的精神追求，房地产项目已经成为城市色彩的重要组成部分，那么楼盘色彩设计则显示了开发商的品味和责任感。

示例

杭州绿城桃花源别墅的东区，檐瓦多用浅灰色，墙体采用暖灰色仿清水砖贴面与青灰色仿岩文化石，以呼应园区里缓丘坡地的天然环境。位于凤凰山东麓的金都华府，采用紫蓝色和白色为主色调，凝重的历史感和轻快的现代感构成一种奇妙的节奏，让人联想起江南民居的“黑白灰”和南宋皇城的浮冉紫气。坤和·和家园和西房·云溪香山的外墙选用了30多种颜色的面砖，它们以复杂的矩阵格式在不同楼面之间流动，有时呈明度降低的微暗色区，有时从明黄灰调向米色调转移，瓦色也由深褐色调经过暗灰色调向浅灰色调渐变，形成一种“不确定”的外立面，和周围的山光云影相映，在阴晴晦冥中四时变幻，呈现难以言喻的美感。当人们漫步其中，便会感到和谐而自然变幻的意境。

楼盘的色彩设计应该对整个城市的文脉有所继承，同时也要和所在地段的色彩环境相容相生、保持和谐。总之，楼盘的色彩、绿化和造型设计应避免“视觉污染”。

示例

济南某开发商计划在一处繁华的十字路口转角地带开发一栋高层写字楼，但是该楼的西面恰巧有三栋居民楼。最初的建筑色彩为了突显地标建筑，追求时尚气息，计划采用黑色石材和蓝色玻璃幕墙作为外装修。由于写字楼与居民楼之间的距离很近，因此很多居民抗议这种视觉效果，认为整天推开窗子看到的不是蓝天白云，而是一大片厚重的压抑色彩，心情会十分悲观抑郁，最后开发商不得不改变了原先的设计。

4. 楼盘（小区）的配套设施功能

配套设施可分为公共设施和特有设施，如游泳池、广场、网球场、图书室、商场、健身房、会所、幼儿园、小学等。充分利用公共空间，在不影响交通下，尽可能增加一些供人们使用的设施，以增加人们的购房兴趣。

5. 房型结构的合理化和人性化

随着社会的发展，房型功能也在悄然发生变革。在房型设计中，要树立“以人为本”的理念，运用起居心理学、工程物理学、室内交通学、人群生态学等多门交叉学科，深入研究，谨慎确定室内功能结构，把空气、阳光、绿色引进每套住宅，保证人在其中的方便、舒适、安全。如厨卫的面积适当加大，会客区域的面积趋于合理，厅、卧、贮藏室、车库等面积有效配置。同时，还应从居住的功能与私密性考虑，以人的行为出发，保证内外、动静、昼夜的分区，做到视线、声音的隔绝，以符合住户的心理要求。总之，房型结构设计好，符合当地居民的文化习俗及心理风格要求，不要让面积浪费，从而使每平方米都能发挥应有的价值，肯定会受客户的欢迎。

补充知识

人们在对质量要求的同时，对房型结构也提出了新的要求。

1）要符合当地居民的文化习俗及心理风格要求。

2）要具有未来性和超前性。

3）要更具人性化，增加实用面积，不能让面积浪费。

4）对每个房间都有特定功能的要求，对家用电器及家具的位置设计也有要求。

（四）现场销售形象包装

现场销售形象包装主要包括：销售人员的形象、售楼部的形象和样板房的布置等方面的内容，它是消费者看楼购买的第一现场，是消费者了解和通向项目的最主要的“桥梁”之一，因此，对项目形象宣传、项目的销售推广起着极其重要的作用。详见第二、三节内容。

补充知识

楼盘（小区）的形象包装，必须注意以下几个方面：

1）包装要有真实性。尽管市场上楼盘的形象包装成功的案例不少，但也有许多楼盘的包装过分夸大了其优点，反而造成了不好的印象与感觉，导致销售困难。

2）包装要有目标性。每一个楼盘都有自己的目标客户群，要针对自己客户群的兴趣爱好特点进行包装，给他们一种美好的感觉。

3）包装要有创新性。形象包装千篇一律，没有新意，就失去了包装的价值。

4）包装要有统一性。它是指整个楼盘的包装，因为楼盘的包装是全方位的概念，即理念、风格、色彩、内外等要有统一性，要形成自己的特色。

第二节　施工场地形象包装策略

按照项目建设阶段划分，楼盘（小区）形象包装策略可分为：施工场地形象包装策略（即项目施工期的包装策略和收尾期的包装策略）、现场售楼部的包装策略，现分述之。

一、项目施工期的包装策略

业主和往来人流以及参观者往往都是通过工地围墙与施工现场对项目形成最初的印象和了解，因而工地围墙的概念已不仅仅是“围”墙的概念了，它在某种程度上代表了楼盘的形象，如金地翠园以“翠”为主题，开发商想到以草皮为墙，非常切合主题，令看楼者耳目一新。项目施工期的包装，可以参考以下具体策略。

1）在工地外墙上，写上项目名称、项目的徽标、开发商、代理商、承建单位、设计单位的名字，以及售楼电话等。

2）在工地外墙上，挂上项目施工进度板，明确施工进度，让人看到楼在长高，给人信心。

3）在工地外墙上，插上大量的彩旗。既能营造气氛，更可与周边环境互相区分开。

4）在工地外墙上，进入工地大门两旁挂上标语、对联。

5）在工地空置地块上，作绿化点缀，以提升楼盘形象。

6）施工工地上，建筑材料摆放整齐，工棚整洁。

7）施工队伍，要求衣着规范，文明施工。

二、项目施工期的几种包装工具

1）户外广告看板，立在售楼部、外墙以及主要入口处的大型看板，其内容一般是楼盘名称、楼盘标志、楼盘效果图、交通图、广告语、售租电话等。

2）入口牌楼，在楼盘入口处或主要道路入口处搭建的大型牌楼，通常是灯光铁架拱门，也有具有艺术特色的奇特水泥建筑。楼盘入口处的牌楼常常作为小区建筑的一部分被保留下来，而项目销售结束后把主要道路入口处搭建的牌楼撤掉。

3）致歉公告，常立在施工场地入口处，如，尊敬的客户，本工地因施工，不便之处，敬请原谅。

4）各种指示牌，形状灵活多样，有箭头形、三角形等，对消费者看楼起到导示作用。

5）充气拱门，商业物业、写字楼用得较多，一些大型庆典活动也经常使用。

6）楼盘标志，就是带有楼盘名称的建筑小品。一般放在楼盘的门口，表现楼宇的精神内涵，因此，要切合楼盘的主体和定位。

7）导示旗或小彩旗，挂在楼盘旁边的主要道路两旁，内容为楼盘名称以及楼宇标志。目的是装点现场，营造氛围。对消费者起到提示和导向作用。

三、收尾期的包装策略

收尾期必要的包装，可以在住户和市民中形成良好的口碑效应，为尾楼和下一个项目的开发打下基础。收尾期的包装策略主要包括：

1）树立入住率广告板、放大的销控表，告之目标顾客本楼盘和小区的入住情况。

2）逐步回撤各种包装工具。

3）树立告谢板，公开感谢业主的大力支持，以树立楼盘和企业品牌形象。

第三节　售楼部形象包装策略

售楼部在项目的销售过程中体现出相当重要的作用，其内部装饰要给人以亲切、清新的感觉，进而激发消费者的购买欲望。

一、售楼部的位置选择

售楼部的位置有几种方案可供选择：一是选设在楼盘顶层厅堂内，目的是可以节省成本，但不方便消费者。二是选设在户外建售楼部，目的是方便、吸引消费者，营造热烈的氛围，但增加了成本。户外建售楼部又有两种方案可供选择，一种是紧靠楼盘厅堂搭建，与厅堂内部连为一体，空间上更宽敞，也方便消费者看房；另一种是在主要道路旁建设独立的售楼部，样板房也在户外搭建，一般不会离楼盘太远，这样可以避开施工的影响，还可以弥补样板房朝向、通风和采光的不足。

示例

在距美的花园发售前五个月，一座面积超过2000m^2、高三层、全面演绎地中海风情的售楼部在美的海岸花园东大门落成。售楼部明快的色调、经典的造型、优良的品质，为该楼盘树立了良好的口碑。其内部从座椅、展板、喷画墙、围幔、沙盘模型、超大屏幕彩色电视机、触摸屏系统，到接待台资料摆放等，处处体现出开发商的精品意识和品牌形象，激发着看楼人员的购买欲望。

二、售楼部的功能分区和主要配置

售楼部是消费者直接了解项目的场所，消费者对其包装设计的直观感受将直接影响其对项目的认识和评估，因此，其包装设计尤为重要。售楼部的整体包装设计要根据工程部及装修设计的平面布置安排，既要接近消费者的审美眼光，又要超越消费者的审美眼光。总体要求是宽敞明亮、典雅气派、个性突出。

（1）售楼部的功能分区　售楼部主要分为接待区、洽谈区、模型展示区、音像区（兼做休息区）、办公区、卫生区等。

（2）售楼部的主要配置　其内部摆设主要有：接待台、展板（包括广告板、效果图、说明图）、灯箱广告、楼盘模型、户型设计模式、销售进度表、售楼书、说明书、折页、手袋、礼品、谈判桌椅、屏风、饮水机、大屏幕彩色电视机与音响设备、影视资料、开发商与楼盘各种荣誉获奖证书、装饰的形象墙等。

三、售楼部形象包装策略

1. 售楼部包装

售楼部是激发买家购房欲望的现场第一线，是促使消费者最终下定决心购房的关键环节。因此，售楼部的形象包装应注意两点：一是完善现场环境，营造一种轻松、自由的社区生活环境，以较强的心理暗示方式增强项目对顾客的感染力和诱导力；二是现场环境控制，若售楼处和样板房没有连在一起，那么看楼通道就成为连接展示中心和样板房之间的通道，一些中小规模的楼盘通常由花廊、木桥、莲池等组成看楼通道，构成一道充满韵味的美丽风景。

总之，售楼部在具体包装时，可采取以下策略：

1）树立欢迎牌、气球标语（下面挂有条幅标语）、销售现场导识，给人以喜庆的气氛。

2）有条件的住宅楼盘，可以在售楼部的空闲处，布置一些庭园式小景观，如假山、雕塑、微型花园（可树立草坪保护牌）等，以增加亲和力和温馨感。

3）室外视觉应用规范，如指示牌、欢迎牌、销售现场导识、售楼员衣着服饰颜色与款式等。

4）应附和顾客的心理。售楼处建筑外观风格应与楼盘的主题、档次、颜色、造型等相匹配。

5）室内摆设整洁明亮，如手提袋、售楼书、海报、楼盘模型、小区总体平面图等销售资料宣传品，应摆放整齐，使售楼处家的氛围浓一些，以满足顾客看房需要为目的。

2. 现场管理

售楼处和样板房都是消费者直接接触的地方，因此，对于销售人员的管理以及现场的管理非常重要。如要求销售人员统一着装，经常清理现场，各种物件摆放有条不紊、干净卫生等，都会激发消费者的购买热情。

第四节　看楼通道与样板房形象包装策略

一、看楼通道包装策略

（一）看楼通道

许多业主在买房后对自己购买楼盘的施工进度、工程质量等问题十分关注，由于项目工地正在施工，如果看房通道未疏通，施工单位为了工地管理有秩序，不影响施工进程和质量，因此，对于外来人员进出工地有着明确的规定，即只有经开发商和施工单位双重许可，方可入内。这也是出自对业主人身安全的再三考虑。因此，为了满足业主看房的需求，在不影响施工、保证安全的前提下，使看房客户在进入现场之后，能够系统地完成从泊车到售楼处，到样板间，再到现场看房的一系列过程，就需要精心地设置一条（甚至多条）看房通道。

（二）看楼通道的设置

1）看楼通道是将展示中心和示范单位紧密连接的环节，是一条项目的形象展示通道。一般情况下，展示中心距示范单位不宜太远，应在1~3分钟的步程距离之间。

2）为了保证看房的安全，不影响施工，开辟的“看房通道”和“看房区域”应与危险区域隔开来，以保证业主安全。“看房通道”和“看房区域”一般来说都是封闭的。

3）看楼通道设置和包装要服务于以后开盘活动以及日常销售的需要，维护和提高项目形象，为来访客户营造仪式感、尊重感和迎接感。

（三）看楼通道包装思路

1）包装尘土飞扬的施工环境，隔离可展示区域和不可展示区域，保证看房人员和业主的安全。

2）丰富客户看楼内容，增添销售氛围，服务于销售人员对来访客户的销售讲解。售楼人员带领客户去看房和样板间时，沿途应利用通道中的宣传画面，不失时机地向客户介绍有关项目的卖点，以增强客户的购买欲望。多数大楼盘都采用电动车作为看楼的交通工具，如深圳星海名城、四季花城。而一些中小规模楼盘通常由花廊、木桥、莲池等组成看楼通道，构成一道充满韵味的美丽风景。

3）在包装看楼通道时一定要注意通风、采光，而且要增强看楼通道的附加功能，如将部分展示内容制作成看板予以展示或是将对项目的解说词配好背景音乐在看楼通道中播放等，通过巧妙的处理，不仅可以缓解购房者的不适感，甚至能够起到激发其购买欲望的积极作用。

4）如果看楼电梯用的是临时性的工程电梯，一定要给予适当包装，如利用广告海报、POP旗进行外包，以增强安全感和舒适度。

二、样板房的包装策略

（一）样板房的示范作用

样板房是楼盘的门面，它可以将消费者的购房欲望提高到极限，给感官以强烈刺激，比沙盘模型、说明性展板和透视图的效果要强很多。它在于向每个意向客户展示一个未来的梦中家园，装修到位的样板房可以使许多人产生购房动机。因此，开发商不惜重金搭建样板房，作为该物业的直观形象代言，其目的就是吸引众多的房产消费者，促其产生购买行为。

（二）样板房设置要点

1）样板房应给人一个真正的“家”的感觉。要营造一个真实的居家环境。如普通住宅的样板房以实用方便、间隔合理为准。而高档住宅的样板房就要体现出居家的品味。

2）样板房的数量。其数量要有所控制，从成本上考虑，做几个主力户型的样板房就行了，而且不能把大小户型的样板房做在一起，否则会给人以楼盘档次定位不明确的感觉。

3）注重细节，充分利用每一个细节。

（三）样板房的形象包装原则

由于房屋质量、档次、价位所面对的目标顾客等不同，样板房的包装标准也不同，一般情况下，样板房的包装应掌握以下几点原则。

1. 以不同顾客需求为原则

样板房的装修费用一般可达到房屋自身价值的20%～50%。而不同的目标顾客对房屋的审美观和价值观不同。开发商可根据不同顾客需求，采用不同的装饰材料来包装房屋，如有的开发商不惜重金引进最新的进口材料，在装修材料的使用上力求尽善尽美，以塑造房屋良好形象，凸显其房屋价值，适合消费者的不同价值取向。

2. 以贴近“家庭生活”为原则

样板房内配套设施应有尽有，其家具配备可由家具厂“量身定做”，营造“家”的温馨，增强家的氛围，提高“家庭生活”的视觉冲击力，保证样板房整体的视觉效果。

3. 以虚拟房屋空间为原则

有的样板房在装修中采用强光以及周围壁板的反光效果、天花板的穹宇效果，虚拟房屋空间以增大房屋的空间感受；还有的样板房选用专门定做的较小、较低，但十分和谐配套的家具来强化室内空间利用的整体效果，刺激购买行为。但这种房屋装修效果是一般性装修难以达到的。

4. 以模糊现房、样板房的界限为原则

出于完善装修效果的考虑，样板间一般不设置水、煤气、暖气等管道线路，样板房的居室，尤其是厨房、卫生间就显得十分敞亮。如样板房里不用做上、下水的考虑，因此，房间里也不会出现粗大的下水管和暖气管线，空调也是摆设，用不着穿墙破洞。因此，开发商要模糊现房、样板房的界限，打消或降低购买者对因房子的管道线路而影响实际装修效果的顾虑。

示例

美的海岸花园进入销售准备阶段时，其中很重要的内容就是样板房及营销中心的装饰，样板房的装饰有着很强的示范作用，能潜移默化地引导小区居民的生活方式。开发商专门聘请有名的装饰专家对样板房进行多种风格的设计比较，最后确定为清晰明快的后现代主义装饰风格。在公开发售期间，看楼人员一进入样板房就为其创新的设计、雅致的格调所深深吸引，争相打听装修商的情况，表示买房后要选择这样的风格。

三、样板房的装修、装饰设计趋势

在完成展示中心的装修、装饰之后，样板房的设计、装修构成了销售卖场的另一个闪亮卖点。目前有以下几种市场中非常流行的样板房设计趋势。

1. **时尚化**

样板房在进行楼花销售的阶段是极佳的促销工具。在楼盘形象尚未完全表现出来之前，以现代的装修风格、时尚的室内布置给购房者勾勒出一片想象的天空，以扑面而来的、不容拒绝的现代都市时尚感促进客户接受项目所倡导的生活方式，激发其购买欲望。

2. **智能化**

随着高科技、智能化的不断发展，楼盘智能化也随之不断提高与普及。社区的智能化系统目前已经成为评定楼盘质量的基本数据之一，如何在样板房中展示出智能化部分呢？大而全是不可取的，重点应该放在一些细微之处。

示例

时尚化。华侨城天鹅堡的隔栅木门、怀旧浴缸、木制红酒柜、红酒冰箱等“复古主义”的时尚家具，其所营造的一种怀旧时尚情怀和氛围，毋庸置疑地深深打动了前来参观的购房者。

智能化。丽江花园别墅中室内空间的全智能监控系统、卫生间内的热冷水控制系统、远程自动换气系统、背景音乐等。通过这些细小但又与生活密切相关的高科技功能系统，表现出对整个居家中生活质量的提升与发展。

3. **国际化**

社会不断进步，国际化概念越来越被人们所接受，东西方文明的交流也日益增强。在样板房的装修中也表现出一定的国际化或外来文化内涵。

4. **环保化**

环保理念日渐被各个行业所接受和认同，在房地产行业中更是如此。人居文明成了购房者考虑的重要因素，因此，在装修样板房中多采用各类环保、新型的装饰材料以及天然的木材、石材作为样板房的主要用材，给予购房者一种消费引导，有利于完善项目的社会形象，顺应社会及本行业的发展潮流。

5. **人性化**

样板房是引导、刺激消费的必要条件，它的主要作用就是在商品房未建成前给业主营造一个尽可能完美的人性化的家。因此，其设计常在充分表现物业功能的基础上力求豪华，最简单的方法就是“轻装修、重摆设”。

示例

国际化。颐和山庄别墅中“土耳其桑拿”房的设计，既有利于让国人感受到新文化的冲击，又能有效地激发消费者的购买欲望，同时也引导了新的消费潮流。

人性化。以创造“过程精品”而著称的中海地产，对样板房内家具、家电的使用、摆设常常独具匠心，如在大多数项目的样板房中，儿童房以玩具“飞行棋”为地毯图案、以童话床为卧具等，可玩可用，童趣盎然。艺术地运用一切看得见、摸得着、用得了的实物，给予购房者最直接的刺激，从而促使其购买行为最终实现。

6. **细致化**

在装修样板房的过程中，切莫疏忽一切细节。往往一个小小的疏忽，就能使原本已在购房者心中建立起来的美好形象大打折扣，甚至出现万劫不复的情况。如有些示范单位在装修中往往过分强调厅房的设计，而在厨房、卫生间上就重视不够，厨房、卫生间是每一个家庭必不可少的，其装修设计的好坏常常直接影响到购房者的购买意愿。在设计中强调细致化，如在卫生间增设把杆、在大门入口处设置钥匙盘等。

【案例 9-1】

上海的“小白宫”

上海梅园房地产公司所开发的别墅一开始在销售上表现平平。有意思的是，该公司在上海××路上为自己建造的一栋办公楼却吸引了众多的买家。一些外国大公司纷纷上门商洽，表示愿出高价将这栋楼买下来。该公司经理开始莫名其妙，继而恍然大悟，干脆将该栋楼公开拍卖。这可真是个奇迹。怎么会这样呢？其实是这栋楼的建筑风格使然。

该公司的这栋办公楼乍一看，上海的市民总觉得多少与著名的美国白宫有几分相似之处，于是人们便附会地称之为“小白宫”。

“小白宫”采用地道的欧洲巴洛克建筑风格。其母本是希腊建筑，在设计上非常忠实于母本的结构比例。南立面是该建筑物的标志，其拱顶由六根罗马柱支撑，柱子底部是普林特基座，上部为克林斯柱头和花式额枋，这几个细节一脉相承，奠定了该建筑华丽而庄严的巴洛克基调。拱顶的下腰间用一圈剑兰草图案相系，上腰间由层次丰富的宗教式线脚围绕，这与拱顶的大块面积形成粗犷和细腻的反差，顿生内涵之美。拱顶上方有三株曲架拱一球，如古将银盔上的一颗明珠，威武而有历史感，大球的轴心是旗杆，五星红旗在旗杆上飘扬。

“小白宫”主楼底层有二层，面积较大，三层面积缩小，使楼顶形成阶梯状，这个铺垫为建筑物的第五立面提供了丰富的层次。主楼底层的南立面是与门庭风格一致的罗马柱室内长廊，二层是露天阳台，由间隔排列的亚特兰大男性造型花瓶构成围栏。东墙和西墙是巴洛克山墙，构成门楼的力感。主楼的窗户是铝合金格子方窗和半圆扇面窗相连。窗套上方饰有龙门石狮子徽，霸气十足。

“小白宫”的北立面中部有地块较大的平面空间，七米高的青铜巨鹰在此伏壁而飞，此为画龙点睛之笔，成就了建筑物鲜明的文化个性。

“小白宫”的南面是一片花园，花园以草皮为主，东西各有一棵大雪松，楼前的石板路上镶嵌着四块花圃。庭园灯错落分布，分中、低、高三个空间层次。花园的一边是缀有花饰的秋白色围墙，沿马路的一边是宗教式铸铁雕花栅栏。门房间和车库也是巴洛克风格，和主楼浑然一体。

“小白宫”风格古朴，设施却十分现代，中央空调、灯控、声控，应有尽有，与办公配套的辅楼内有餐厅、舞厅、健身房等。

上海市民崇尚艺术品味，所以“小白宫”一建成，即招来许多人品头论足、照相留念。该建筑物在上海这一城市森林中的地位也就不言而喻了，一些注重形象的企业当然希望能买下它来做自己的招牌。

复习思考题

1. 楼盘（小区）形象包装的内容有哪些？
2. 售楼部形象包装策略有哪些？
3. 样板房包装原则有哪些？

实践、讨论题

1. 结合本地某一楼盘，阐述该楼盘在建设阶段是如何进行包装的。
2. 结合本地某一楼盘，撰写一份楼书文案。

第 十 章

10

房地产促销组合与销售推广策划

【学习目标】

通过本章的学习，使学生了解促销的本质，熟悉房地产促销方式的分类、特点，以及选择促销组合应考虑的因素，掌握销售促进策划程序和各种楼盘的销售推广方式。

【关键词】

房地产　促销组合　销售推广

在现代房地产营销中，房地产企业仅仅拥有一流的产品、合理的价格和畅通的销售渠道是远远不够的，还需要一流的促销。随着房地产市场竞争的加剧，房地产企业之间的竞争是质量战（包括户型）、区位战，更是促销战！没有促销或促销不成功，就意味着企业的项目开发经营前功尽弃。

第一节　房地产促销的本质与作用

一、房地产促销的本质

房地产促销是指将有关房地产企业（或业主）的产品和信息向目标顾客及其对目标顾客的消费行为具有影响的群体进行宣传、说服、诱导；唤起需求并最终促使其采取购买行为的活动。理解房地产促销概念，应了解其丰富的内涵。

1）房地产促销的对象是目标顾客及其对目标顾客的消费行为具有影响的群体。

2）房地产促销的实质是开发商或中间商与现实购买者或潜在购买者之间的信息沟通。

3）房地产促销是对顾客购买行为的激励活动，是一种追求结果的销售行为，是一种竞争手段。

4）房地产促销是一种战术性的营销工具。其手段是宣传与说服，其目的是引起消费者的兴趣和注意，激发其购买欲望，促成其购买行为。

现代促销的沟通手段有四大类：公共关系、广告、销售促进和推销，它们具有各自的沟通特性。如公共关系注重塑造形象、推销形象，协调关系增进感情；广告具有高度公共性质的非强迫性的沟通方式等。可以看出，促销的本质是沟通信息，赢得信任，诱导需求，促进购买与消费。

二、房地产促销的作用

1. 提供信息，宣传沟通

市场交换活动是由买卖双方共同实现的，这种交换活动的顺利进行，要求买卖双方相互沟通信息。卖方如果不了解买方的需求信息，就不可能开发建设市场需要的房地产产品。同样，买方如果不了解卖方的供应信息，就不可能采取购买行动。房地产促销的实质就是开发商或中间商与现实购买者或潜在购买者之间的信息沟通。

2. 刺激需求，开拓市场

顾客需求是有弹性的，当房地产市场高涨时，房地产的保值、增值性增强，就可能拉大市场需求。对于即将开盘或已经开盘的房地产产品，灵活运用促销组合中的各种手段，在很大程度上都可起到激发顾客的欲望、刺激顾客需求的作用，以此达到销售的目的。

3. 突出特色，提升卖点

区别自己和竞争者不同的房地产特性，可以通过促销、展示等活动将这种差异的信息传递给目标顾客，使目标顾客认识到两者在区位、价位、质量、建筑风格、功能、物业管理、付款方式上的不同之处。这些差异之处，就形成了该楼盘的卖点。

4. 促进销售，实现双赢

通过促销达到增加销售（或租售）、提高销租额，是促销的最终目标。毫无疑问，促销是一种竞争手段，受利益驱动，它可以改变顾客的购买意愿和品牌忠诚度，提高销售业绩，从而实现企业与顾客的双赢。

第二节　房地产促销组合

随着房地产市场竞争的日趋激烈和房地产业的理性化发展，过去简单的楼市买卖概念已被淘汰，市场环境的巨大变化和积压楼盘数量的居高不下，使房地产营销已从过去的“消费者请注意”的模式转变为“请注意消费者”的模式。全面引入 4C 理论，对房地产营销组合进行深层次调整和整合，是房地产企业决胜未来市场的关键因素之一。

一、房地产促销与营销组合

（一）房地产（4P）营销组合

营销组合是指企业为了整体营销战略的需要，将各种营销策略和手段组合成系统化的整体战略，以达到最佳的策略实施效果，更有利于实现房地产营销战略目标。

传统的营销组合系统由产品、价格、渠道、促销四个方面的策略组成，简称为 4P 理论，这一理论是由美国的伊·杰·麦卡锡提出来的。1984 年，美国著名的营销学家菲利普·科特勒又提出了 6P，即在 4P 基础上加上政治力量、公共关系，之后又发展到 10P，在 6P 基础上加上 4P，即探查、划分、优先、定位。不管营销组合如何发展，有三点是可以肯定的：一是促销是营销组合中十分重要的内容；二是促销在营销组合中的地位越来越重要；三是促销不是孤立存在的，它必须与其他的营销策略和手段紧密结合才能充分表现出来。这四大要素配套组合的优劣与否，在很大程度上决定了企业在目标市场上的竞争地位和经营特色。

（二）房地产（4C）营销组合的创新

中国房地产市场在经历了十多年的大起大落之后，已进入了一个全新的发展阶段。面对日益残酷的市场竞争，开发商们必须进行经营理念的调整，由原来的 4P 转向 4C，以期决胜未来市场。

所谓房地产 4C 营销组合，即消费者的欲望和需求，消费者获取满足的成本，消费者购买物业的方便性，企业与消费者的有效沟通。

1. 消费者的欲望和需求

消费者的欲望和需求指不要卖你能开发生产的房地产商品，而是卖消费者想购买的商品。

现代社会崇尚个性发展，消费者往往把需要能否得以满足、个性能否得以张扬，作为衡量和选择房地产商品的一个重要标准。具体到房地产营销来看，由于商品房对消费者是一项数目巨大的投资，冲动型永远也不会成为楼市特征，所有的购买者都希望所购房屋能使自己得到最大限度的满足。因此，只有抛弃传统的生产销售观念，研究消费者的真正需求，分析消费者购房动机、承受能力，了解消费的层次、习惯、兴趣，并据此进行设计开发，才能确保项目的最终成功。

2. 消费者获取满足的成本

消费者获取满足的成本指忘掉定价策略，努力了解消费者满足消费需要而愿意付出的成本。

传统 4P 理论中成本加利润等于定价，简便易行而深受开发商所喜爱。但从理论看来，这一定价方式把消费者排在了价格体系之外。事实上，只有消费者愿意付出的成本较为合理，才能使交易成为现实。特别是近几年，房价对广大消费者来说，可望而不可及，一方面是广大工薪阶层对居住条件不满意，但又无力满足购房需求；另一方面是大量商品房的空置积压。因此，房地产开发商把消费者所接受的价格作为决定性因素，来倒推成本搞开发，才能把握购房者的心理价位，使物业的实际价格低于消费者的心理价格，则可以形成销售势能，引发购买热潮；否则，开发的商品得不到消费者的回应，最终结果往往是有价无市，造成楼盘滞销积压。

3. 消费者购买物业的方便性

消费者购买物业的方便性指忘掉渠道策略，思考如何方便消费者购买。

消费者的购房行为是一个程序相当复杂、涉及面较广、跨度时间较长的过程，在这个过程中，消费者投入的不仅是数额巨大的资金，而且还要耗费大量的时间和精力。因此，在考虑渠道这一基本策略时，应尽可能地考虑如何给消费者最大的方便，如何全面清楚地提供信息资料、传播项目信息，开展大规模的住房知识普及活动，设立更多的销售网点或通过互联网进行双向式交流，以及进行全程服务代理，这已成为开发商营销制胜的一大法宝。只有不断完善改进购房服务的每一细节，给予消费者最大限度的方便，才能赢得消费者的认同。

4. **企业与消费者的有效沟通**

企业与消费者的有效沟通指忘掉促销策略，研究如何与消费者沟通。

消费者对区位、楼宇素质、环境等购房要素有着自己的判断标准，开发商不能再局限于单方面的销售促进，而应该注重与消费者的有效沟通，以积极的方式适应顾客情感，建立基于共同利益上的新型关系。过去的销售促进更多地使房地产营销逐渐升级为一些企业之间的竞争，消费者被排除在这一竞争之外，备受冷落，4C 理论则使以消费者为中心的观念得以回归，因而建立和维持与消费者的良好关系便成为企业营销成败的关键。

由上得出，4C 理论主张重视消费者导向，其精髓是由消费者定位产品，其关键在于真正重视消费者的行为反应。因此，4C 理论是建立在 4P 理论的基础上，并对 4P 理论的进一步发展。

顾客是企业生存和发展的基础，市场竞争的实质就是争夺顾客。开发商应该通过建立和发展与消费者的良好关系作为房地产营销的关键变量，采取多种形式与消费者进行有效的双向沟通，完全从消费者的角度安排营销组合策略，才能在市场上树立企业和品牌的竞争优势，才能成为未来房地产市场的赢家。

二、房地产促销方式与特点

房地产企业所运用的促销方式通常有四种，即人员推销、广告、销售促进、公共关系。四种促销方式常用的促销方法，如表 10-1 所示。

表 10-1 房地产促销方式及促销方法

促销方式	人员推销	广告	销售促进	公共关系
促销方法	销售介绍 上门推销 电话推销 现场推销	报纸广告 电视广告 户外广告 售点广告 流动广告 路牌 条幅标语 互联网广告 传单 杂志广告 直邮广告 售楼书 现房装饰	银行按揭 推销竞赛 赠品 价格折扣 展销会 抽奖 承诺 回报销售 先住后买 分期付款 招待会	报告会 记者招待会 公益活动 各种庆典 研讨会 捐赠

1. **人员推销**

人员推销指通过人员与顾客的直接联系、面对面的洽谈，将有关企业和产品的信息传递给顾客，促使其购买。

人员推销是最古老的一种促销方式，也是四种方式中唯一直接依靠人员的促销方式。在人员推销过程中，通过销售人员直接与顾客接触与沟通，可以传达企业和产品的有关信息，并了解顾客的需求，特别具有针对性、人情味和灵活性；还可以与其建立良好的关系，达到顾客介绍顾客的作用。

2. **广告**

广告指房地产开发商或中间商通过付款的方式，利用现代各种传播媒体进行信息传播，以刺激顾客产生需求，扩大销租量的一种促销方式。它可以利用其灵活的表现方式，如把图像（图画）、文字、声音、色彩、气味等精彩地、艺术化地有机组合，连续地、重复多次地进行高度渗透性的信息刺激，将有关信息传给顾客，从而影响其购买决策。

3. **销售促进**

销售促进指房地产开发商或中间商通过各种销售方式来刺激顾客购买的一种促销活动。它是直接针对房地产商品本身采取的促销活动，特别强调利益、实惠、方便的刺激与诱导，具有很强的诱惑力和吸引力。它既可以刺激顾客采取购买行动，又可以刺激中间商和企业的销售人员努力销售房地产。

4. **公共关系**

公共关系指房地产企业为取得公众的信任，提高企业或产品的知名度和美誉度，树立企业或产品形象，运用各种公关工具所进行的公关活动。它与前三种方式最大的区别就是：这种公关活动是由有关新闻单位或社会团体进行的宣传活动。公共关系注重塑造形象，推销形象，协调关系，提高消费者的信任度，解除消费者的戒备心理。

房地产营销的四种促销方式，各有其优缺点，如表10-2所示。

表10-2　促销方式主要特点比较

促销类型	特　点	优　点	缺　点
人员推销	直接性、亲密性、反馈性	推销方式灵活；易于顾客沟通；促销目标明确	接触面窄；成本高；受销售员个人素质影响大
广告	公开性、渗透性、表现性	传播广泛；表现力强；易控制；能多次反复使用	费用高；广告效果难度量；说服力较小；难与顾客沟通
销售促进	时效性、诱导性、生动性	吸引力大；促销刺激直接；产生效果快	易引起竞争；促销效果不长久；过多使用，可能引起反感
公共关系	可信性、长期性、整体性	影响面广；可信度高；积极意义大；社会效益好；易树立形象	针对性较差；企业难以控制

三、房地产促销组合策略及其特点

房地产促销组合是指企业将人员推销、广告、销售促进、公共关系四种方式有效地组合在一起，以求达到最佳的促销效果。

（一）房地产促销组合策略

房地产促销组合策略有两种，即拉引策略和推动策略，企业可根据实际情况选择使用。

1. **拉引策略**

拉引策略指开发商针对目标顾客而进行的宣传和促销活动，主要包括公共关系促销、广告宣传、销售促进等促销手段（图 10-1）。

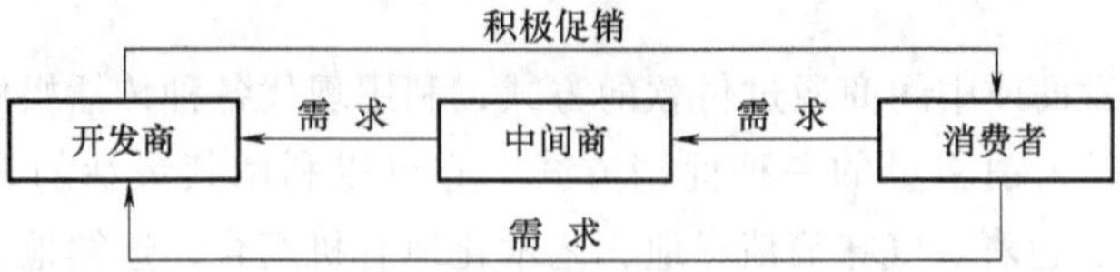

图 10-1　拉引策略

2. **推动策略**

推动策略指开发商运用销售人员将产品直接推销给目标顾客。它要求推销人员有良好的沟通能力、丰富的专业知识和销售经验，同时，对销售人员的人格魅力要求也较高（图 10-2）。

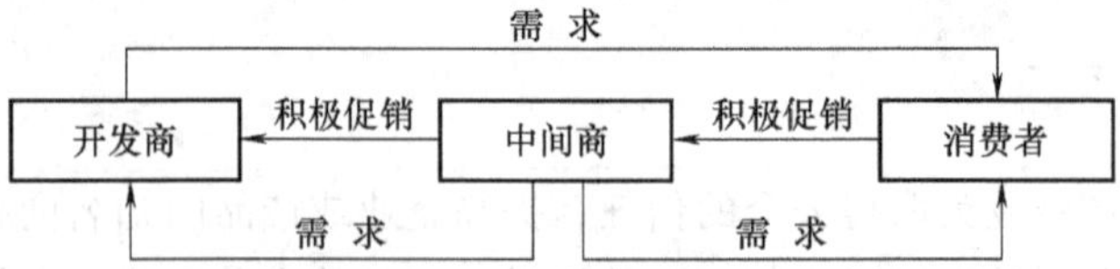

图 10-2　推动策略

（二）房地产促销组合的特点

1. **促销组合是一个有机的整体组合**

随着市场的飞速发展，顾客购买的理性增强了，促销策略也应随之发生变化，企业的视角若集中在单纯的产品促销上，很容易陷入被动的局面。各促销方式是互相制约、互相影响的，是一个有机的整体。企业应根据市场和自己的实际情况，综合考虑使用哪种或哪几种促销手段。

2. **促销组合是一个动态组合**

有的时候，一种效果好的促销手段在环境发生变化后，可能会成为一种效果差的促销手段。由于房地产建设周期较长，企业所面临的内外环境可能发生变化，那么企业所选取的促销组合策略也应随着调整。

3. **促销组合的不同促销方式具有相互推动作用**

不同的促销方式互相配合，能相互弥补彼此的缺点，正向叠加其优点，互相推动，产生良好的促销效果。没有其他促销方式的配合，就不能充分发挥其作用。合理的组合，能使促销作用达到最大化。

4. **促销组合是一种多层次组合**

每种促销方式都有许多种促销手段可供选用，进行促销组合就是适当地选择各种促销方式。因此，房地产促销组合是一种多层次的策略。

四、选择促销组合应考虑的因素

1. **房地产产品特性**

不同的房地产产品特性，其面对的目标顾客不同，所采用的促销组合不同。如别墅就要针对高收入讲究舒适、享受的目标顾客，主要采用人员推销策略；而普通住宅就要以广告、公关、销售促进等为主要促销手段。

2. **市场竞争状况**

现代的房地产市场，楼盘光靠优秀的品质恐怕很难取得较好的销售业绩。因为广大开发商都已充分认识到这一点，“酒香不怕巷子深”的营销理念在这里已很难行得通。如果产品所进入的市场大，目标顾客多而分散，一般采取覆盖面广、辐射力强的促销工具，如广告、公关等手段。同时，还要考虑竞争者的促销策略，综合考虑市场状况，以达到出奇制胜的目的。

3. **房地产建设的不同周期**

房地产产品建设从选址直到建成，一般需要1~2年的时间，这段时间内宏观环境与微观环境都有变化。在建设不同时期，所采取的促销手段也就不同，如建设初期，主要采用广告；而在楼盘开盘前，取得了销售许可证后，这是产品的强销期，就要强化促销效果，各种促销手段齐用，形成一种立体性的攻占市场的霸势，以取得较好的销售业绩。

4. **企业的促销费用**

从全球的广告与促销对比看，促销费用的增长率比广告费用高出3个百分点，以美国为例，1986年的促销费用与广告费用之比为64:36，到1991年，促销费用更占整个市场推广费用的75%左右。可见促销费用之巨大，制约着促销方式的选择。由于促销手段能起到立竿见影的促销效果，所以，企业应根据促销预算，合理地选择促销方式，达到投入少、收入多的效果。

第三节　房地产促销策划

一、房地产促销策划概念

房地产促销策划就是促销组合具有创造性的谋划与设计。它必须同时解决两个问题，即单一促销策划和整体促销策划。

1. **单一促销策划**

单一促销策划是对公关促销、广告促销、销售促进和人员促销分别进行策划，这种策划具有相对独立性和完整性，这必须充分体现各自的促销特性和优势，充分应用各自的促销理论与规律，形成自成一体的促销模式。这种模式有时在某种条件下效果非常明显，一般适用于楼盘的主题概念定位准确，楼盘很有特色，能引导消费者的生活理念，其品牌受到消费者的认可，口碑效应好的企业开发的楼盘或小区。

2. **整体促销策划**

整体促销策划是指公关促销、广告促销、销售促进和人员促销如何最佳配合的策划（即促销组合策划）。主要有：主次配合、进程配合、手段（媒体）配合、内容（信息）配合、主题配合、策略（创意）配合、目标配合等。总之，在各自战略、策划的诸方面都要有机结合，相互推动，形成整体促销合力。切忌各自为政，相互割裂，甚至相互对立。

补充知识

特别说明两点：①单一促销策划的独立性是相对的，而非绝对独立，否则谈不上组合。实际上，在单一促销策划中必须同时考虑其他促销策略的配合关系。②单一促销策划是整体促销策划的基础。整体促销策划犹如一部机器，而单一促销策划是这部机器的零部件。因此，单一促销策划的质量直接影响到整体促销策划的质量。

二、房地产促销方式

我国的房地产业从1997年进入平稳发展阶段期以来，房地产营销渐渐成为业内外人士最热门的话题，其理念逐步被开发商所了解、认识和接受，并运用到实践中指导房地产营销实践，取得了很大成功。但有的开发商却步入了营销的误区，把营销看作是促销手段，把营销策划看做是楼盘即将推出时的促销策划，有的楼盘销售率极低，这与某些开发商没有正确树立房地产营销理念，有着一定的关系。

正确树立房地产营销理念是进行房地产营销策划及实施的关键和前提，近几年来，房地产营销基本理念主要有品牌营销、关系营销、竞争营销、合作营销、诚信营销、文化营销、特色营销、环保营销、网络营销、知识营销十种。能否加速房地产销售，在很大程度上取决于营销策略的运用，营销策略运用得好，就能创出骄人的业绩；反之，即使有一流楼盘，同样会陷入“皇帝女儿也愁嫁”的困境。因此，开发商在运用营销策略时，要做到正确搭配组合、有的放矢。

下面介绍一些近几年出现的房地产（主要是商品房）促销方式，这些促销方式可以与第十三章第二节各种楼盘的销售推广方式结合运用，以提高房地产产品的销售率。

1. 房展会

参加带有官方或半官方性质的房展会，是房地产企业常用的一种促销方式，为多数开发商所钟爱。具体操作方式是制作小型展示牌（每块牌上只展示物业一两项内容，如配套设施、地理位置、环境建设、楼盘结构等分别制作展示牌，以强化记忆）及详尽的物业介绍资料，选择展厅内显要位置摆放展示牌，展厅工作人员要熟悉项目的情况并作统一着装，通过参加统一组织的或单独组织的新闻介绍会，配合媒体广告，以引起社会公众尤其是潜在客户的广泛注意。如果能邀请到社会名流或政界领导莅临展台，则可以增加名人效应和权威性。

2. 设置接待中心展厅

接待中心展厅是购屋者与销售人员接洽的第一现场。布置舒适气派，且设置模型、图表说明的接待中心，可以让顾客产生良好的印象，得到详实的信息。接待中心凸现房地产企业的企业形象，应讲求稳重、整洁和高格调，并选择能力强、反应机智、经验丰富、服务热情、熟悉市场行情及居民习惯的销售人员留守现场，进行产品说明与销售。

3. 建立直销店

房地产销售渠道的另一主要方式是由母公司以连锁的形式在城市内各区域设立直销店，负责市内某区域的销售业务。直销店应设立在交通便利的地点，以方便区域内顾客上门。这种销售方式的优点是人员精简，讲究服务质量，强调企业形象。其缺点是等待顾客上门，缺乏积极性，潜在顾客易被采用人海战术为主的中介公司所拦截，销售额较小。

4. 派员销售

这种销售方式即由企业派大量销售人员到市场主动寻找顾客，即采取人海战术，主动出击。推销人员携带产品说明书、广告传单上门推销。优点是针对性较强，销售效果较好，服务成功率较高。缺点是这种零散的组织形式，需要人员多，管理难度大，而且易因从业人员良莠不齐而侵害消费者的利益，引起购屋纠纷，危害企业形象。

房地产营销人员除了应注意研究市场状况、营销规律，制定有效的房地产市场营销组合策略外，还应具有前瞻性的眼光和市场实际经验的积累，才能达到完美的营销效果。

三、如何撰写促销活动方案

促销策划方案没有固定的模式，一份完善的促销活动方案大致分十二部分。

（1）活动目的　对房地产市场现状及促销活动的目的进行阐述。只有目的明确，才能使活动有的放矢。

（2）活动对象　活动针对的是目标市场的每一个人还是某一特定群体，活动控制在多大范围内，哪些人是促销的主要目标，哪些人是促销的次要目标，这些选择的正确与否会直接影响到促销的最终效果。

（3）活动主题　这一部分是促销活动方案的核心部分，应该力求创新，使活动具有震撼力和排他性，它主要是解决两个问题。

1）确定活动主题。选择什么样的促销工具和什么样的促销主题，要考虑到活动的目标、竞争条件和环境及促销的费用预算和分配。同时，还要明确采取什么促销策略，如降价、价格折扣、赠品、抽奖、服务促销等。

2）包装活动主题。在确定了主题之后要尽可能艺术化地“扯虎皮做大旗”，淡化促销的商业目的，使活动更接近于消费者，更能打动消费者。

（4）活动方式　这一部分主要阐述活动开展的具体方式，有两个问题要重点考虑。

1）确定伙伴。确定伙伴主要是借势壮威，是拉上政府做后盾，还是找媒体来宣传；是自己单独行动，还是和代理商联手。当然，开发商和政府或媒体合作，有助于借势和造势；和代理商联合可整合资源，降低营销风险。

2）确定刺激程度。要使促销取得成功，必须要使活动具有刺激力，能刺激目标对象参与。刺激程度越高，促进销售的反应越大。但这种刺激也存在边际效应。因此必须根据促销实践进行分析和总结，并结合客观市场环境确定适当的刺激程度和相应的费用投入。

（5）活动时间和地点　促销活动的时间和地点若选择得当，会事半功倍，若选择不当则会费力不讨好。因此，在活动时间上，要尽量让消费者有空闲时间参与，在活动地点上，也要方便消费者，且要事前与城管、工商等部门沟通好。不仅发动促销战役的时机和地点很重要，持续多长时间效果会最好也要深入分析。持续时间过短会导致在这一时间内无法实现购买，很多应获得的利益不能实现；持续时间过长，又会引起费用过高而且市场形不成热度，并降低楼盘在顾客心目中的身价。

(6) 各种促销组合的配合方式　一个成功的促销活动，需要全方位的各种促销组合的配合，如选择什么样的广告创意及表现手法，选择什么样的媒介炒作，这些都意味着不同的受众抵达率和费用投入。

(7) 前期准备　前期准备主要包括：

1) 人员安排。要“人人有事做，事事有人管”，无空白点，也无交叉点。谁负责与政府、媒体的沟通，谁负责文案写作，谁负责现场管理，谁负责礼品发放，谁负责顾客投诉，要各个环节都考虑清楚，否则就会临阵出麻烦，顾此失彼。

2) 物资准备。要事无巨细，大到车辆，小到螺丝钉，都要罗列出来，然后按单清点，确保万无一失，否则必然导致现场的忙乱。

3) 试验方案。由于活动方案是在经验的基础上确定，因此，有必要进行试验来判断促销工具的选择是否正确，刺激程度是否合适，现有的途径是否理想。试验方式可以是询问消费者，填调查表或在特定的区域试行方案等。

(8) 中期操作　主要是活动纪律和现场控制。纪律是战斗力的保证，是方案得到完美执行的先决条件，在方案中应对参与活动人员各方面纪律作出细致的规定。现场控制主要是把各个环节安排清楚，要做到忙而不乱，有条有理。同时，在实施方案过程中，应及时对促销范围、强度和重点进行调整，保持对促销方案的控制。

(9) 后期延续　主要是媒体宣传的问题，对这次活动将采取何种方式在哪些媒体进行后续宣传，为尾盘或下一个楼盘打下基础。

(10) 费用预算　没有利益就没有存在的意义。对促销活动的费用投入和产出应作出预算。

(11) 意外与风险防范　每次活动都有可能出现一些意外。如政府部门的干预、消费者的投诉，甚至天气突变导致户外的促销活动无法继续进行等。必须对各个可能出现的意外事件作必要的人力、物力、财力方面的准备。

(12) 效果预估　预测这次活动会达到什么样的效果，以利于活动结束后与实际情况进行比较，从刺激程度、促销时机、促销媒介等各方面总结成功点和失败点。

以上十二个部分是促销活动方案的一个框架，在实际操作中，应大胆想象，力求创新，小心求证，进行分析比较和优化组合，以实现企业的最佳效益和良好的社会效益。

第四节　房地产销售推广策划

一、销售推广的概念与特征

(一) 销售推广的概念

销售推广也称营业推广和销售促进，是指通过采用不属于公关促销、广告促销、人员促销的那些促销活动，用以刺激目标顾客，使其对企业的销售活动产生有利促进或响应，即企业人员对销售有积极性、购买者对产品有强烈购买欲望和要求。

销售推广运用的范围非常广泛，形式多种多样，在很短的时间内可产生立竿见影的效果，甚至引起轰动的销售效应，因而在房地产营销中，被众多企业所重视。

鉴于销售推广手段复杂多样的表现以及销售推广的发展，房地产企业在进行销售促进工作以及对销售促进进行策划时，必须将其进行分类，从而明确销售推广的特点，为企业销售推广策划提供基本准备。

（二）销售推广的类型

一般情况下，销售推广按其作用来分类，可分为以下四种。

1. 刺激购买欲望的销售推广

刺激购买欲望的销售推广指针对购买者的销售推广方式，通常有有奖销售、分期付款等，这种类型的销售推广冲击力强，市场影响大，针对性强。但这种销售推广类型物质利益明显，相对来说，方式单一，企业以让利为代价，副作用大，且管理困难。

2. 建立客户信任的销售推广

这是以扩展企业影响，解答客户疑虑，促进客户依赖和增加购买的销售推广类型，如房展会。它的优点是销售隐蔽性强、规模较大，购买者信任；缺点是销售推广的冲击力弱，见效慢。

3. 调整中间商销售的销售推广

由于中间商可以代理多家开发商的产品，为了尽快销出去有时会损害开发商的信誉，因此，必须也应该对他们进行必要的激励，以调动其销售的积极性。它们的优点是有利于开发商同代理商之间的协调和合作；缺点是管理工作困难。

4. 消除销售障碍的销售推广

开发商的销售障碍可能来自多方面，如销售员积极性不高，项目内各小组之间缺乏应有的配合等。为此，企业可以开展以消除这些障碍为目的的销售推广，如销售收入与销售额挂钩，这些方式激励性强、针对性强，企业管理较方便；缺点是销售成效标准单一，缺乏周全性，费用投入较大。

（三）销售推广的特征

1. 销售推广的优点

（1）即期效应　销售推广历时短暂，影响也是短暂的，其活动的着眼点是立即引起顾客的反应，开发商通过向目标顾客提供短暂的强烈诱惑，诱导顾客迅速采取购买行为。虽然在影响期间具有强烈的刺激和促进，但这种影响很快就会消失。

（2）形式多样　销售推广是由各种各样的促销活动组成的，如样品派送、售价折让、竞赛抽奖、联合促销、服务促销、满意促销等。这些方式各有其长处和缺点，开发商应根据不同的房地产特点、不同的营销环境、不同的顾客心理等条件加以选择和运用。

（3）非连续性　销售推广一般是以让利为代价专门开展的一次性活动，同时开展销售推广活动的费用很高，不能连续不断地经常采用。一般来说，对于大盘的一期工程，开发商往往投入很多促销费用，以提高楼盘和开发商的声誉，树立楼盘和企业的品牌。

（4）冲击效应　销售推广的种种手段通常是精心策划的，它对目标顾客、企业营销人员的刺激是非常强烈的，它能使销售推广的对象有强烈的驱使动力去实现企业期望的目标。尤其是对于持币待购的现实顾客具有很强的冲击效应。

(5) 抗争性强　销售推广已不仅是解决销售困难的应急之策，而是进行竞争的必要手段。尤其是在房地产市场竞争日趋激烈的今天，它的抗争性非常强，是开发商增强竞争力的重要方式。

(6) 灵活性强　对于销售推广的应用和实施，开发商可以根据企业自身情况、市场情况灵活运用，可以对内、对外一起使用，可以短期进行，也可以长期进行。

2. 销售促进的缺点

任何手段的使用都有其好坏两个方面，销售促进在有效开拓市场的同时，对市场也产生一定的反作用，即销售推广也有一定的缺点。房地产销售推广策划必须把握以下这些特性，使销售推广的缺点和反作用力降低到最小。销售推广的缺点主要有以下几点。

(1) 损害楼盘自身形象　一般来说，顾客有买涨不买跌的心理。尤其是房地产，如果一个楼盘长时间使用一种促销方式，更会使顾客认为楼盘因质量问题、或者功能、或者滞销等问题而降价，反而损害楼盘自身形象。因此，销售推广方案推出的时机非常重要，推出的时间不宜太长。同时，加强宣传，消除顾客“便宜没好货”的心理，让顾客了解本楼盘是真诚让利。

(2) 被竞争者模仿　正因为销售推广的效果非常显著，对市场能产生较大的冲击波效应，也最容易被竞争者模仿，各国法律还未见到对销售推广模仿的限定。因此，销售推广的策划，应有创意，先机而得，先声夺人，整合企业的有效资源，力求在短期内取得成功。

(3) 伤害老顾客　销售推广的实质是降价或变相降价。对于后期推出的楼盘，如果采用此促销手段，会使先期购买者的心理产生不平衡，甚至有可能找开发商要求赔偿或退房。本来效果很好的销售促进活动，反而产生很大的副作用。因此，开发商应采取间接的销售促进手段，来达到促销的目的。

二、销售推广策划的原则

销售推广策划除了遵循营销策划原则外，还应该遵循下列原则。

1. 销售手段的差异性

销售手段的差异性指本楼盘要与其他楼盘的营销手法区别开来，避免盲目跟风，重复别人的销售手段，使销售推广策划无创意。

2. 主题思想的统一性

在广告宣传上，不管是硬性广告还是文字包装，都要有一个明确而统一的主题。一个大主题可以分解为若干个小主题，小主题内容可以不一样，但都是为说明大主题服务的。因此，销售推广策划的主题思想要与项目的主题思想一致。

3. 操作手段的连贯性

操作手段的连贯性首先是操作思想不能断、前后不能自相矛盾；其次是时间上不能断，两次宣传间隔的时间不能太长。

三、销售推广策划程序

销售推广策划必须按照规范而科学的程序进行，它依赖于策划工作中各个步骤的完成，涉及这项工作的企业内部人员有：企业营销策划人员、管理负责人、财务人员、市场研究人员、销售人员、人事管理人员等。所有这些人员都是推进销售推广策划按正确方向发展的保证，销售推广方案正是这个活动过程的结果。所以，与其努力追求策划方案，不如认真完成销售推广策划的程序，从过程来保证销售促进策划的结果。这样的策划才有针对性、逻辑性和方向性。

一般来说，销售推广策划程序包括：市场情况的分析和预测、销售推广目标的确定、销售推广方式的选择、促销费用预算销售推广方式中创新的策略、销售推广策划方案的制定、销售推广策划方案的检验、销售推广策划的执行与控制、销售推广策划的效果评估。

1. 市场情况的分析和预测

市场情况的分析和预测是保证销售推广策划正确、科学的前提。因此，要结合项目前期的市场调查，进一步对目标顾客群、市场需求变动进行分析，了解顾客的消费心理、特征、动向，了解主要竞争者的促销策划和竞争者行为。

2. 销售推广目标的确定

市场分析和预测为确定销售推广的目标提供了依据。确定销售推广的目标即对谁促销，是最终顾客还是代理商？达到什么促销目标等。当目标确定后，新的市场分析和预测就要服从于这个目标。房地产营销中，销售推广的目标通常有以下几种：

（1）开盘促销　就是通过开展销售推广活动，来吸引顾客，聚集人气，形成热销势头。

（2）滞销促销　就是通过开展销售推广活动，来摆脱滞销局面，使楼盘由滞销变成畅销。

（3）清盘促销　就是楼盘销售已近尾声，剩下不够理想的房子，通过开展销售推广活动，争取早日脱手，结束销售工作。

3. 销售推广方式的选择

达到同一目标可以有多种方式供选择。选择的主要原则是：①要以顾客的感受来取舍，而不是以企业的好恶、习惯和费用节省来取舍。②根据市场的变动来调整销售推广的方式。

4. 促销费用预算

根据企业选择的销售推广方式，合理预算销售推广方式的活动费用。

5. 销售推广方案的创新策略

创新是企业竞争的灵魂。销售推广方式众多，具体到某一方式时，若没有创新，很难给顾客和购买者以特别的冲击和刺激，也就丧失了销售推广最根本的特征。销售推广方案的创新就是要告诉购买者得到什么实惠，而不是告诉购买者企业采取了什么促销方式。如为您全程服务、有奖销售等方式，这是告诉购买者：企业在怎样销售，而不是告诉购买者将获得什么利益，当然没有诱惑力。

6. 销售推广方案的制定

在销售方案的创新确定后，就要按一定的规则将其文案化，便于指导和检查。一项完整的房地产销售策划通常应该包含以下内容：市场调查报告、销售目标体系、进入市场的时机与姿态、确定销售方式、销售促进计划、促销人员培训、推广成本预算、干扰销售推广的因素分析、执行监控。

撰写销售推广策划方案时，应注意以下问题。

1）对促销让利的幅度进行财务分析。

2）销售推广活动进行的时机，一般选择传统节日或企业庆典时推出，这样可增加喜庆气氛；或者选在楼盘结构封顶、外立面完工时推出，可加深顾客对楼盘的印象。

3）促销活动资金要到位，费用支出计划要仔细预算，量力而行。

4）在促销活动中，人员分工、责任、任务要明确。管理到位、措施得力、赏罚分明。

7. 销售推广策划方案的检验

销售推广一般都有很高的期望值，并且影响很大，一旦出现失误，调整和挽救都非常困难。因此，销售推广活动在正式实施前应进行事前检验。销售推广策划方案的检验包括以下几种：

（1）销售促进目标检验　检查销售推广目标是否与楼盘总体营销目标相一致，检查销售促进目标是否与阶段性营销目标相一致，检查销售推广目标定得是否高或低，能否完成。

（2）销售推广方式检验　检查销售推广方式是否是最佳的，销售推广的诱因是否合适，销售推广的内容和方式是否违反政策或法律。

（3）销售推广创意检验　检查销售推广创意是否能为目标对象所理解和接受，销售推广的信息传递方式是否有效、到位，检查销售推广进入市场的时机与姿态如何。

（4）销售推广方案检验　检查其方案是否可操作，检查让利幅度是否符合奇特经营方针，销售推广的费用是否经济，人员准备情况如何。

8. 销售推广策划的执行和控制

销售推广的执行必须按策划方案进行，也就是说，应该按照具体操作方案来实施，这项工作是以工作组为单位来组织实施和控制的。同时，对执行中出现的各种问题应注意收集、分析和向上汇报，以便及时调整策略并加以控制。有效的控制是关键，是使销售推广工作完善、周全的手段。

9. 销售推广策划的效果评估

销售推广活动效果事后评估，是销售推广活动的一项重要工作，从中可以总结经验和不足，为下一阶段工作提供有价值的依据。房地产销售推广活动效果事后评估的方法主要有两种：

（1）直接观察法　通过观察、记录促销活动推出后售楼处来电、来人的次数，顾客对此活动的态度、评价，来分析顾客对促销活动的评价。

（2）前后对比法　即将开展促销活动之前、之中、之后三个阶段的销售额（量）进行比较，来测评效果。一般来说，可能出现的情况有四种。

1）促销活动初期见效，但时效短（图 10-3）。

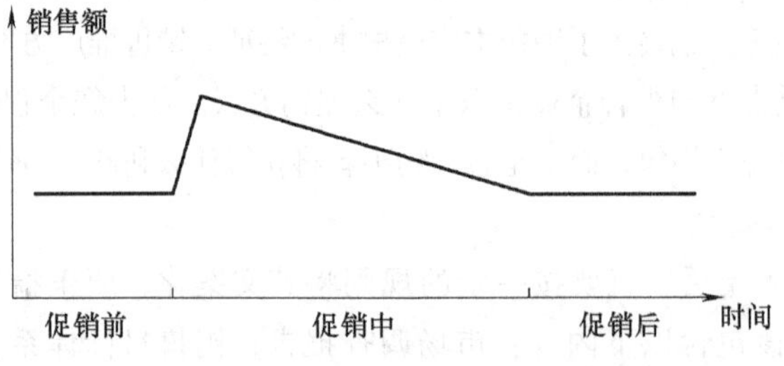

图　10-3

2）促销活动效果明显，而且对以后有积极影响（图10-4）。

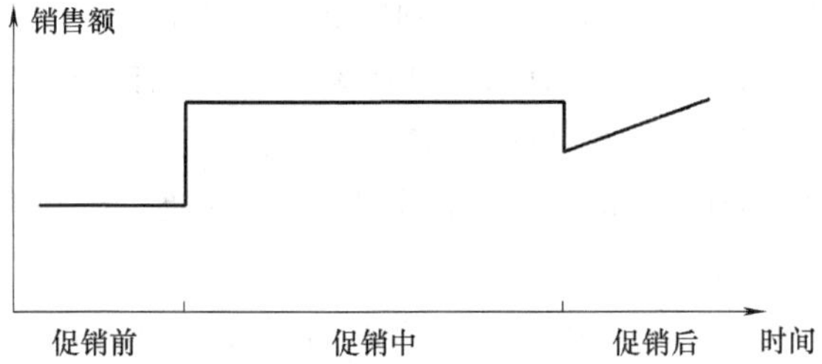

图　10-4

3）促销活动对顾客没影响，促销费用浪费（图10-5）。

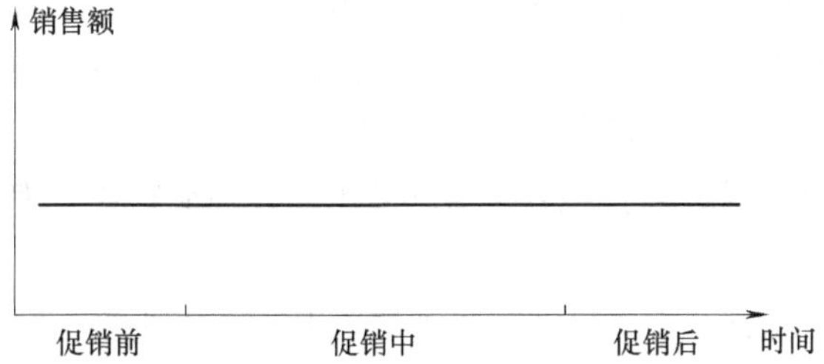

图　10-5

4）促销活动对顾客不但影响不大，而且会带来负面作用（图10-6）。

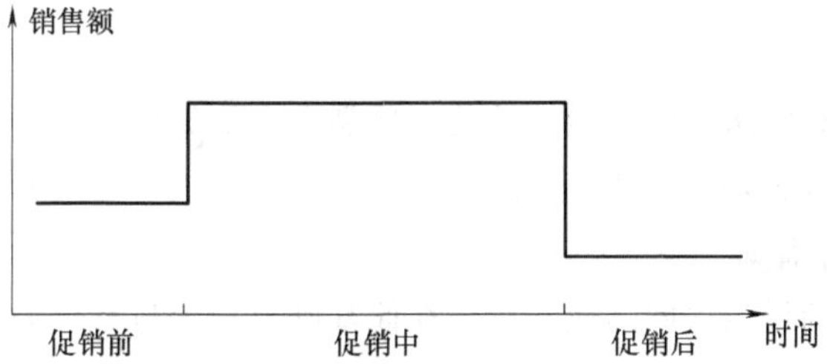

图　10-6

第五节　楼盘的销售推广方式

市场竞争激烈必然产生各种竞争方式，一个成熟的市场不仅需要成熟的买方，而且需要成熟的卖方。所以更多的开发商把精力放在产品上，这也是市场逐渐走向成熟的标志。目前，房地产促销方式很多，本节对商品房、酒店式公寓（公寓式酒店）、写字楼、商铺、酒店的销售促进方式作一简要分析，读者可从中获得一些启发。

一、商品房的销售推广方式

商品房的销售推广方式有房产展销会（包括普通住宅和高档公寓）、现场看楼等。分析开发商的促销手段，大致可分为三类：概念类、产品类和作秀类。销售成功的案例很多，如现代城就属于典型的概念类促销，开发商的聪明之处在于先力推SOHO的新概念，利用年轻人善于接纳新事物的心理倾向来引导消费；“阳光100”则推出“与国外著名设计师对话”的方式，宣称项目请来的是国际设计大师，以产品设计来打开市场。此外，有的开发商主打地段牌、政策环境牌，以达到促销目的。但除了少数项目靠促销手段出奇制胜外，大多数促销仍停留在“表演”的层面，试图以此增加消费者的“印象分”，提高其品牌知名度。

（一）让利型销售推广方式

对于大众住宅，由于购买群体主要为中低等收入者，其消费心理是实惠性的，因此，对这类群体的销售促进方式主要是使用面积、价格及付款方式上的优惠和实惠，切合他们的现实需要和心理特点。目前，大众住宅销售促进方式具体有以下几种。

1. 买房送面积和买房（若干年）免楼盘管理费

买房送面积指一些开发商承诺，顾客买房赠送阳台或厨房或卫生间，即买房时不计算阳台或厨房或卫生间的面积，实际上变相降低房产的价格。

买房（若干年）免楼盘管理费指顾客买房（若干年）免交物业管理费，从而使顾客减少了买房后的一些支出。

其他如买房免公共分摊面积、买房送花园等都是让顾客看到这种优惠是实实在在的。

2. 买房免（代缴）相关税费

买房免（代缴）相关税收是指房产商为顾客代缴买房相关税费，使顾客减少一定的买房费用，提高开发商的得房率，以方便顾客。

3. 抽奖促销

抽奖促销指只要顾客购房，即可参加抽奖，奖品有参加旅游、附赠家电用品等。比较受顾客欢迎的是现金奖项，或者是用作抵冲房款的现金。

4. 竞价销售和限时特卖

竞价销售指由房产商设定房屋的成本价，在此基础上，参与竞价的购房者可以根据市场行情自己定价，三天内无其他竞价对手高于此价，即可签约购房。

限时特卖指在很短的时间内，以低价出售楼盘，造成抢购热潮，吸引顾客购买。

5. 定向让利和限量让利

定向让利指对特定对象（如教师）的购房者大幅度让利，由此既可加速资金回笼，又可控制让利范围。

限量让利则指限制一定数量的房产，公开优惠出售，先购买者可得到一定的实惠（如送家具套餐、装修套餐等），以造成抢购热潮，吸引顾客购买。

6. 一次性付款

这是在卖方市场时最为常见的销售方式，在买方市场时一般多见于那些低价位、小单位的楼盘销售，通常情况下，一次性付款都有优惠。对开发商来说，一次性付款是解决资金危机的灵丹妙药。

7. 分期付款

分期付款又分免息分期付款和低息分期付款，对客户来说免息分期付款最合其心意，而且越长越好。但对开发商来说却很不利，损失点利息是小问题，资金回笼却是大问题，这是在淡市比较吸引人的销售方式。

8. **银行按揭**

银行按揭的正确名称是购房抵押贷款，是购房者以所购房屋之产权作抵押，由银行先行支付房款给开发商，以后购房者按月向银行分期支付本息。银行按揭的成数通常由五成到九成不等，期限由5年到20年不等，在国外还有长达30年的。银行按揭业务在国内才开始不久，但发展非常迅速，这是因为它符合工薪阶层的支付能力，使得市场潜在需求能够迅速转化为有效需求。银行按揭是促进房地产市场活跃的最有效的手段。

9. **售后返租**

售后返租方式指购房者买下物业后将物业返租给开发商，租价和租期由双方议定，同时，购房者也可以选择分期付款。此种方式适合于投资者。

10. **先租后售**

客户可以先租住，到客户认为有能力买下房屋产权时，开发商将如数退还此前的租金总额，并且按租住时议定的房价出售。这是在淡市下常用的有效手段。先租后售的另一种情况是，租住者不一定就是购买者，开发商可以先将物业出租，而后再找购买者，购买者购买后，开发商此前所收的租金总额连同对租额的权利和义务一并转交给购买者，此种情况下的购买者一般都是投资者。写字楼的行销经常采用这种方式，因为已经有了租金回报，投资者很容易算账，因此可以很快作出决定，效率极高，同时，一栋物业可以有两批客户，市场承受面宽广。

11. **以租代售**

以租代售指有意购房者的客户先租住，按月交租金，等租金总额达到当初议定的房屋总价（连本带息）时，房屋产权归该客户所有。这种销售方式对开发商不利，但另一方面其市场承载面却极其广泛。

以租代售或先租后售促销方式有三个优点：①打破了租与售相脱节的陈旧模式，对买卖双方都有好处；②如果租房者想买下所租的房子，先期所付的租金可以转为购房款，相当于分期付款，但又比分期付款或银行按揭方式少了不少的利息，因此比较实惠；③即使租房人不买房，开发商的房子也没有闲置，昔日的包袱变成了财富。

因此，以租代售这种新的营销方式给购房者以较大的选择余地，又为开发商自己开拓出了一种崭新的销售市场。

12. **先试住，后买房**

有意购房的客户可以先试住一段时间，等满意了再买，如果不满意，分文不收，只管搬走。这一销售方式是颇得人心的，尤其对于那些硬件软件都过关的项目，用这一销售方式正好是向客户证明他们所不相信的事情。一般情况下，试住销售普通住房交2万元定金，复式住宅交5万元定金，然后每月只需支付相当于住房房款7成20年按揭月供额的租款，便可入住现楼，在3年以后再决定是否买下这一住宅。消费者在试住期任何时间若想购买，即可将前期所交纳的全部月供房款抵作首期房款，补齐首期后，即可办理产权过户手续，并进入正常的银行供款阶段。

（二）非让利型销售推广方式

相对于让利型销售推广来说，非让利型销售推广负面效应少，有利于楼盘品牌树立，销售激励时间长。非让利型销售推广方式主要有以下几种类型。

1. **承诺型**

开发商对顾客购买房屋作出有保证的、讲究信誉的承诺，使顾客放心购房。

示例

某开发商开发的高档楼盘实行三卡承诺：

1）按时交房保证卡。若2007年12月31日为交楼日，晚一天，按银行双倍利息赔偿。

2）工程质量信誉卡。签订工程质量合同，未达要求可无条件退房，并赔偿银行利息。

3）物业收费承诺卡。物业收费根据政府部门规定标准收取，若超标，住户可拒付。

拥有“三卡”，购房者可以免受迟交楼之苦；免遭劣质房之害；免遇乱收费之累。

2. 教育型

现代社会每个家庭最为关注的事情是孩子的成长。如果住宅小区配套能提供优良的教育设施，会有力地吸引一批购房顾客。

示例

广东顺德碧桂园曾创造过“学校救市”的轰动效应。该楼盘在房地产市场低迷中严重滞销，公司决定以兴办学校为契机，促进楼盘销售。电视广告中，一名成功人士春风得意地回到自己家中，不料开门之后，家中乱七八糟，妻子正在追打自己的爱子。孩子一张张不及格的试卷，令一家人愁眉苦脸。突然画外音插入一个小孩儿清脆的声音：“为什么不去碧桂园学校?”随着碧桂园学校建造和招生成功，楼盘也开始热销。

3. 环境型

有专家认为，楼盘居住环境的景观绿化投资可以带来5倍左右的收益并产生热销。也可在现场售楼处旁边先建造一片与楼盘环境总体设计相吻合的景观绿地，使顾客感受到建造好的楼盘良好的居住环境。

示例

北京某38套联排别墅无人问津，曾被当时的销售部经理认为“无药可救”。公司新任总经理上任后将别墅周围已经做好的绿化全部换掉，聘请园林设计师重新设计、重新施工，环境明显改观。闲置两年多的38套别墅销售一空，成交价格从年初最低时的105万元一套升到以后的150万元一套。据测算，重新绿化的全部费用为20余万元，相当于38套别墅全部售价的0.5%。

4. 健康型

健康是人生最大的财富，买房同时能得到一份健康的馈赠，这是顾客非常乐意接受的。某楼盘提出健康家园的概念，住户的健康是整个小区规划设计的重点之一，户均健康设施面积高达$30m^2$，每年一次邀请资深医生为住户进行健康检查，小区进行住户健康管理。

5. 物业管理型

对于居住型客户来说，买了房子要长期甚至一生都在这里居住，因此，物业管理也是楼盘的卖点和消费者的买点。

示例

深圳万科地产物业管理公司在全国同行业中较早获得ISO9000质量体系认证，其推出的楼盘往往比同类物业每平方米价格高出1000元，顾客仍然趋之若鹜，其中重要的原因就是楼盘优良的物业管理。万科地产各个楼盘游泳池24小时循环过滤消毒，据市卫生防疫站化验，游泳池水每天清晨均达到饮用水标准。一杯游泳池清水可反映万科地产的物业管理水平，使顾客真正感到购买万科地产楼盘“居无忧”。

6. 投资型

投资活动有两个最为重要的因素，即收益与风险。投资风险越高，收益也越高。如果能为投资者提供一个高回报、低风险的投资方式，自然会赢得一批顾客。同样，低投入的投资方式也是投资者尤为欢迎的。这种方式比较适合于商铺、酒店等盈利性物业。

非让利销售推广方式除了上述几种外，还有会所型、评奖型等销售推广手段，其目的是让客户感受楼盘的品级，引发顾客购房兴趣。

二、写字楼、商铺、酒店的销售推广方式

写字楼、商铺、酒店的销售推广方式除了可以采用房展会、建立直销店等房地产促销方式外，目前主要有以租代售或先租后买、售后包租等形式。

以租代售或先租后买前面已经介绍，这里不再重复。所谓售后包租，就是客户购买后，由开发商再把客户购买的房地产包租下来，统一向外招租，客户按月或年收取租金的促销方法。

承诺售后包租的，有产权式酒店、产权式公寓和商铺。

示例

上海某开发商的售楼书写到：“3年包租，租金回报21%，一次性全部返还”，其承诺颇具吸引力。因此，一经推出就出现热销局面。据粗略统计，上海大约共有近20家楼盘采用这种营销方式，主要有万源经典、精英会、大众河滨、金桥凤凰酒店式公寓等。这些楼盘都取得了很好的销售业绩。

售后包租有以下好处：

1）对开发商来说，销售快，资金能快速回笼。

2）对银行来说，按揭贷款10年还清，首付款为40%～50%，相对一般住宅项目而言，按揭比例并不高，期限也不长。

3）对投资者来说，能够有稳定的租金收入，高房价也无所谓，高房价意味着更高的房租。

但是，售后包租的销售推广方式，对投资者而言，投资也是有很大风险的。这种方式隐匿

的风险不但对投资者个人会造成伤害，严重者甚至会影响到整个金融体系的安全。因此，住房和城乡建设部2001年6月1日起颁布的《商品房销售管理办法》，明确规定：房地产开发企业不得采取售后包租的方式销售未竣工的商品房。其出台的初衷就是为了防范楼市泡沫，以防止哄抬楼价。

示例

据报道，某市一开发商于1998年11月开发了某大厦，开发商承诺：买铺包租5年，业主每年可坐收租金12%。此广告一出，吸引了不少投资者，创下了每平方米几万元的天价，开发商则坐收了4亿多元的现金。然而，此大厦在开业不久后，开发商便陷入了财务危机，被迫停工，账户也被法院查封，成为烂尾楼，小业主们只收到了3个月的返租。由于业主大都是按揭的，如果无力续供，将会被法院封铺。至2003年3月6日，有100多位“断供”的业主收到法院的执行通知书。

三、酒店式公寓与公寓式酒店的销售推广方式

酒店式公寓与公寓式酒店是近几年出现的一种物业，它介于传统式的酒店与传统式的公寓之间。

1. 酒店式公寓

酒店式公寓指具有星级酒店服务设施的高档公寓，意为“酒店式的服务，公寓式的管理”，市场定位很高。酒店式公寓的促销策略有购房送会员卡、包租租金回报等。

示例

上海某酒店式公寓就采用了“零付款”的促销方式。“零付款”的主要内容是：凡该酒店公寓的房租者，每月在向房产商支付租金的同时，还可获得房产商每月赠送的等额酒店公寓消费卡，该卡可以在会所十几个消费场所中任意消费；根据与租房者签订的合同，在租期满120个月后（即10年），该楼盘还将自动转至租房者名下。

酒店式公寓在我国最早出现在深圳，后来又出现在上海、北京等地，据统计，目前上海共有75家酒店式服务公寓，北京的数目则较少，它们主要集中在市中心的高档住宅区内。

与传统的酒店相比，酒店式服务公寓最大的特点是：

1）酒店式公寓是类似酒店的公寓，提供传统酒店的各项服务，但比传统的酒店更多了家的味道。

2）兼具传统酒店与传统公寓的长处，更重要的是向住客提供家庭式的居住布局、家居式的服务，真正实现宾至如归的感觉。

3）由于酒店式公寓吸收了传统酒店与传统公寓的长处，投资回报率在8%～10%之间，因

此，备受商务人士的青睐。

2. 公寓式酒店

在酒店式服务公寓出现的同时，还出现了另一种形式的物业，即公寓式酒店。所谓公寓式酒店，简单地说，就是设于酒店内部的公寓形式的酒店套房。

公寓式酒店物业有以下特点：

1）拥有居家的格局和良好的居住功能，客厅、卧室、厨房和卫生间，一应俱全。

2）配有全套的家具电器。同时，能够为客人提供酒店的专业服务，如室内打扫、床单更换以及一些商业服务等，即既有公寓的私密性和居住氛围，又有高档酒店的良好环境和专业服务。

示例

北京建国酒店，它的服务就包括餐饮、娱乐、洗理、游泳、复印、传真、打印、翻译等。再如，北京新都市A座共166套公寓，在开盘后不到一个月的时间内便全部售罄，买者大多是在亚运村商圈工作的“白领”。顾客入住后，每天早上一起床便可以到酒店内的餐厅进早餐；去上班后，房间可以让公寓的服务员打扫；换下来的衣服可以交给酒店的洗衣房；夜间在住所内加班工作，随时可以电话叫餐，酒店餐厅可以把饭菜送到房间；出差订机票，也只需给酒店打个电话便可以解决。

第六节　尾楼与滞销楼盘的促销策划

一、尾楼与滞销楼盘

滞销楼盘与尾楼的概念不尽相同，楼盘滞销指由于开发商初期市场定位不准，或楼盘定价超过其价值，或其他原因，致使楼盘一推向市场就卖不动。楼盘滞销对开发商是一个致命的打击，这种打击使开发商损失惨重，严重者可能导致开发商破产。

“尾楼”即主要战略任务完成后尚未售出的部分。不同的企业、不同的项目、不同的开发目标导致何时才算进入尾楼阶段的认识也不尽相同。对于“银子卖了个金子价”的楼盘来说，可能销售超过了75%以后的都属尾楼，而对于“将金子当银子卖”的楼盘来说，尾楼量可能不超过10%。不管其数量如何，不能在预定时间内被主流消费者所接受购买，就造成了尾楼。

二、影响尾楼与滞销楼盘的销售因素

影响尾楼与滞销楼盘的销售因素很多，归纳起来主要有以下几个方面。

1. 楼盘自身因素

楼盘自身存在着这样或那样的毛病，消费者难以接受，从而影响楼盘的销售。主要包括以下几种因素。

（1）设计问题　建筑产品的规划设计是建立在目标市场确认的基础上，根据市场的需求来制定的，否则就会受到其他替代产品的威胁。其主要表现是：

1）设计产品定位不准，产品功能属性朝令夕改。

示例

某市“国企大厦”，原本是三栋住宅楼，后来改成一栋住宅楼和两栋办公公寓。考虑到当时的写字楼市场较好，增加了这方面的投入。由于从开发到最后建成销售有一段时间，等到实际销售时，写字楼的市场已疲弱，而住宅楼市场旺销，此时再想更改功能为时已晚，尽管该案最后也算处理得圆满，但延长了推广时间，影响了产品利润。

2）设计产品时，中途转变产品功能而留下后遗症。

示例

某市的“京海花园”，原本计划是一栋综合楼，后发现市场上住宅俏热，遂将办公部分改为住宅，整个平面是办公楼的格局，应该说设计单位将目前的平面规划成现在的样子已付出了很多努力，但还是存在着客厅采光、通风不足的缺陷，这时的市场竞争非常激烈，以至于影响到产品销售，影响企业的利润甚至企业的后续开发。

（2）市场定位偏高　有的开发商不能把握市场发展趋势，不重视前期营销策划，产品定位偏离目标顾客，造成产品销售不畅。

示例

1）某开发商开发的“益田名园”，定位高档，户型偏大，且在建设过程中力求精致，选材用料均十分昂贵，同时为创造自身独特卖点，引入一些超前的设计理念。尽管开发商采取了让利原则，但由于整个小区建设成本投入加大，导致价格上扬，抬高了顾客的入市门槛；另外，其重要卖点是绿色概念，在主体建筑已完成的情况下，绿化却迟迟未能到位，难以充分、有效地利用其优势吸引客户的注意力。

2）某市的“达利花园”，是该市最早欧陆风格的高尚住宅。其外观造型、区内的整体规划、室内的装修设计等都是一流的产品，开发商原来的市场定位是海外市场，但楼盘所在区域相对较偏远未能引起海外购房人的足够重视，反倒是潜在的内销市场，却因其定位档次过高而使一些买家却步，失去了应有的客户。其投放市场以后，未能如开发商所愿，推广阻力较大，出现了该产品“叫好不叫座”的被动局面。

2. 开发商营销水平低下，缺乏先进的销售方法和促销手段

（1）楼盘推出时机不当　房地产投放市场也应该具备“天时、地利、人和”，天时好就是要恰当地利用宏观环境和推出楼盘的时机，认清大势，随行就市，在地利和人和都到位的条件下，将产品在此最佳的机会点抛出，以取得最好的销售业绩。

示例

某市开发商开发的“怡景苑”早在2007年下半年就可以预售了，开发商从总体的大势判断出消费者受金融危机的影响会持币观望，开发商没有贸然推出，而是决定封盘待售，延缓建设速度，着力打造楼盘的景观和绿化。2009年，全国经济逐渐好转，开发商借势推出楼盘，在2009年的上半年间楼盘已经封顶进入外装修时才开始推向市场，结果一炮打响，取得了很好的销售业绩。

如果坐失良机，会延长楼盘销售的时间，甚至使楼盘变为死盘。所以选择销售时机也是影响产品是否畅销的重要原因。

示例

2003年，河南某地级市某开发商推出的高层楼盘，其地理位置、景观、档次和质量都很好，户型和楼顶花园在当地受到消费者的追捧，但没有抓住最好的销售季节时机，致使国家宏观调控之后，整个市场衰落，而使该项目进入了持久战，楼盘形成有价无市的局面，直至2007年才逐渐销售出去，开发商为此背上了沉重的经济负担，延长了销售时间，利润受到了很大的影响。

（2）营销推广不力　营销推广手段也是直接影响产品销路的因素之一。随着房地产竞争的日趋激烈，房地产已进入“散户”时代，顾客购房日趋理性化，“酒香不怕巷子深”的营销理念已很难行得通。加上同质化的房地产大量涌现，信息不对称，使顾客对产品的优劣很难区分清楚，这种情形下，如果没有有效的推广手段，就很难打开产品市场，因此，营销手段的运用便显得格外重要，有时甚至成为一个楼盘成败的关键。

示例

深圳某开发商开发的“星河明居”，前期的市场调查使该楼盘定位准确，经与其相当的楼盘比较，寻找到了该楼盘与其他楼盘的差异化特征，于是针对目标客户进行了一系列广告和公关形象宣传，并打出了如免费会所、“一楼两制”装修计划、橱窗、广告、展示等各种营销手段，均可算是当地首创，在很短的时间内该楼盘销售取得了很大成功。

近几年来，一些开发商已经意识到了这个问题，不少开发商已逐渐加大了广告的投入量，产品推广力度较前几年增加了许多，但仍有不少开发商还没有意识到营销推广工作的重要性，直到已开发的房地产开始投放市场时，才寻找代理商、广告商或营销策划机构，稍加包装，就匆匆忙忙推向市场，往往会出现多种漏洞，影响到房地产产品的销路。

（3）开发商缺乏实力　开发商作为项目的实施者，是否具有实力，是影响房地产销售进度的一个重要问题。房地产属于特殊商品，具有投资大、风险大、周期长、资金回收慢等特点。

而有些开发商在投资运作过程中由于资金不到位，没有充足的资金来保障项目工程的顺利进行，影响了工程进度，延缓楼盘交接的时间，造成客户投诉，进而影响产品销路。

示例

东北某市某开发商开发的某楼盘，原本是一个区位较佳的楼盘，又可眺望湖光山色，福水码头为它带来了不少外销商机，但由于开发商的实力不足，延迟交楼时间，以致遭到买家投诉，小业主不愿再追加投资，媒体也不时曝光，开发商续建项目能力减弱，从而影响到产品的销路。

有的开发商尽管广告定位做得好，但由于管理不善致使资金链断裂，最后导致楼盘变成死盘。

示例

“在自己的私家花园里种上一棵常青的桂花树，透过双层生态窗欣赏河景和绿意，使得建筑也成为一个充满人性的绿色城堡。”这是上河城的广告语。风云一时的上河城位于成都市府河边，占地40亩，总建筑面积13万m^2，是成都市首座院宅建筑和标志性建筑物，并以“一座充满回忆的新城”广告定位深挖房地产的人文关怀和历史底蕴。

上河城作为成都府南河政府改造工程，赢得了艺术价值声望。但由于管理不善，上河城因为资金链断裂，被银行全盘托管，至今上河城还是很多业主充满残酷回忆的烂尾城。

（4）整体控盘有失平衡　对于开发商来说，能把楼盘全部卖出去，取得开发商、顾客和社会效益的多重丰收，是一件高兴的事。但如果计划不好，把七成好楼层、好朝向、好景观的楼盘卖掉了，也都卖了个好价钱，剩下的三成楼层、朝向、景观不好的就很难卖出去。因此，楼盘推广要严控房号和有效运用价格这个杠杆，由市场经验丰富的专业人员作适当配比安排，以实现充分体现项目利润的年剩余销售目标。

3. 开发企业的指导思想

（1）“急功近利”的思维方式和行动取向　企业的成功和发展是建立在消费者的基础上的，顾客是企业的“衣食父母”，只有顾客认可你并购买你所生产的产品，企业才有利润，才能发展。但是，有的开发商看到市场需求旺盛，想“捞一把”就走，这种“急功近利”的思维方式和行动取向，是不可取的。据统计，我国有1000亿“豆腐渣”工程，与这种“急功近利”的思维方式和行动取向有很大的关系。在这种心态的驱使下，开发商不重视质量而讲速度，不注重楼盘和企业品牌的树立，当然会影响楼盘销售的速度和数量。

（2）没有形成口碑效应　对于尾楼而言，固然有不少劣势，但更多的是优势。因为楼盘销售已达十之八九，有了规模、成了气候，凝聚了人气。按常理应该是越卖越好，可是尾楼的销售却呈现“梗塞”症状，显然是缺乏口碑效应。

另外，顾客都有尝“鲜”的心态，别人挑剩下来的都觉得不是最好的，“尾楼”也一样，到了后面选择的余地相对不大。所以，一部分购买者就不屑于尾楼，另一部分又觉得尾楼的户型、房型、面积及朝向均不如早买的理想且划算，于是持币待购，等待下一轮更为理想户型的开发，造成尾楼滞销。

一个楼盘如果没有形成口碑效应，不能说不是一个失败。因为不形成“口碑”就可能形成“口咒”，“口咒”一旦形成，就成了“噬咬”楼盘品牌的幽灵，即使投入巨额的广告也会被这股“民间”暗流所抵消，效果就大大打了折扣。

4. 地域性市场限制和消费者的置业心态

（1）地域性市场限制　就目前我国房地产市场而言，尚属地域性市场，一个城市的人很少到另一个城市去购房置业，也就是说楼盘的消化主要得靠当地的市民。对于定位比较高的高档住宅，目标客户是那部分先富起来的人，他们在某一时空段内是相对定量的，当所定位的市场达到饱和时，在短时间内很难得以突破，销售趋势就会呈直线下跌。

（2）选址错误　有的开发商在高档区域开发低档房，使土地资源造成浪费，土地的级差效益没有充分地显现出来；还有的开发商要造“平民区的明珠”，在低档区域造高档豪宅，结果可想而知。这种选址错误是最为典型的缺乏前期策划，对区域因素缺乏考虑的结果。

（3）消费者的置业心态　消费者的置业心态，也是影响楼盘滞销和尾楼难销的主要原因。住房对家庭而言，是一件大宗商品，由于投资额巨大，使用时间很长，购房时会慎之又慎。尤其是高层次的顾客，一般都是多次置业，他们本身已有居所，不急着购买和入住，加上房价比以往所买的都高，所以考虑将是更加全面和理智，其购房置业心态较以前平缓（至少比第一次置业时找个安身之地心态平缓多了）。在这种心态的支配下，有不少客户都会持币观望，一方面“观望”等楼盘降价；另一方面“观望”是等待更好的楼盘出现。

5. 新的竞争对手的出现

房地产是个跨度大、周期长的行业，从打第一根桩到整个小区的落成，快则三至五年，慢则十年八年，甚至更长，这样就形成一个时间跨度差，将会令竞争对手有机可乘，他们抓住落成的小区不易转型的弱点运用“后来效应”以更超前、更人性化的意识介入，瓜分同类市场。

从顾客角度来说，有的客户对于落成的现房缺乏想象空间，反而去追捧那些精美的楼书上吹鼓的更超前、更高档、更有想象空间的期楼。这种“这山望那山高”的消费心态，加上顾客会货比三家，使得尾楼在质量、面积、物业管理、外部环境、价格等方面没有明显的优势，也是楼盘滞销的主要原因之一。

三、尾楼与滞销楼盘的销售策略

楼盘销售接近尾声时，剩下的大都是一些销售较为困难的单元，大多数楼盘销售都是如此，都会或多或少地留下一些尾盘。尾盘与滞销楼盘一直是令开发商和代理商都感到头疼的一件事，因为尾盘数量不多，其营销费用十分有限，尾盘阶段已不可能进行大量的广告宣传。如何用少量的宣传费用卖出最难卖的单位，这是业内人士一直在探讨的难题。这里我们提出一些策略，仅供参考。

1. 降价策略

尾楼一般是朝向、采光、楼层、户型较差的，一些业内人士认为，这种层盘除了降价，没有更多的办法。降价是处理尾盘的一个最常见的方法，也是开发商和代理商用得最多的一种方式。可以说，几乎所有尾盘都离不开“降价”这两个字，尤其是一些开发商急于变现的尾盘，降价可以说是唯一的方式。

降价有多种方式，有的是明降，如广告“大降价、大让利”，或“一口价、统价销售”；有的是暗降，即“隐性降价”。如降低首期款、送装修套餐、“送家电套餐”、免若干年的物业管理费、送花园、送绿化等，这些颇具人情味的降价方式所起的作用非常有效。

采用降价策略尽管有助促销，但也有不少弊端。首先是开发商损失利润；其次是损害前期购买者利益，让他们觉得不平衡，从而伤害开发商品牌形象。因此，开发企业应慎重对待。

2. 重新定位

有些问题不是降价所能解决的，表现在以下几个方面。

（1）改进产品功能　有的楼盘滞销，是由于户型结构存在严重功能缺陷。因为很少有人会花巨资买一套使用极不方便的房子。

示例

某开发商开发的高档小区各户型销售一直很好，在很短的时间内已销售80%，但唯有20套原本看好的四室二厅房屋却成了库存，开发商百思不得其解，市场调查消费者非常看好的户型怎么销不动呢？于是开发商聘请营销策划人员，经再次调查后发现，不少客户认为，该户型房间太多而卧室面积又普遍偏小，于是营销策划人员建议开发商将其改成三房，果然很快售罄。

改进产品这一方式对写字楼和商铺来说，运用较多。但住宅产品户型的改动一般是大面积改小（如复式改为平面）、小面积改大（如打通非承重墙）等。一般来说住宅产品销售到了尾声，改进的可能性是微乎其微，因此较多地采用市场重新定位的方式。

（2）市场重新定位　一般是对产品进行改进，才能维持持续销售期，避免提前进入尾声。

示例

南山金融中心在停工三年后由世联介入，也是对其市场重新进行定位，经调查得知，该项目的周边是一批中小企业主，就是该项目的目标顾客。因此，世联针对这些客户的特点，建议开发商对产品进行改进，如取消集中空调、将面积变小，并编写了一本《完全工作手册》，在该手册里，详细列出了在该栋大厦办企业的种种优势，如周边有哪些政府部门、有哪些运动场所、有哪些酒楼、周边商家的服务范围，给出这些部门、商家的电话号码、联系方式等内容，甚至告知买家在该大厦办公，周末是否必须付空调费这些细节上的问题，最后，开发商仅凭这样一本手册就完成了销售。

3. 创新营销手段

有些楼盘价格降到极限、广告的投入也很大，但依然无人理睬，这时就要换一种思维方式，创新营销手段，以达到销售的目的。

示例

"福源花园"二期就是一个成功的例子。"福源花园"位于保税区旁，优点是周围环境安静，缺点是位置较偏，不太引人注意。二期尾盘销售时曾有过几次降价，均价每平方米降至4900多元，广告也打了不少，但市场几乎没有反应。采用"试住"这一方式后，仅两周时间便完成了销售，55套住宅全部售出，同时单位售价比原来上涨了15%。

4. **制定目标各个击破**

对于剩下的尾楼，开发商与专业策划人员仔细研究，对每一套剩下的房子都进行仔细研究，与周围楼盘比较，提炼出其优点，找出缺点，制定详细的突围计划，会提高销售的成功率。

示例

"碧云天"项目位于深圳市北环路以北，是近几年来最有特色的住宅项目之一，其独特的岭南建筑风格在深圳住宅市场可以称得上是独树一帜，外立面十分引人注目，开发商因有前面的"碧荔花园"的成功，因此，对这个项目持非常乐观的态度，寄予的希望颇高。但结果是碧云天的销售一波三折，前三个月只卖出100多套，后劲跟不上，出现一个停滞期；开发商聘请了专业程度较高的代理商联合销售，采用由卖名字、卖风格，转为卖生活、卖实质、卖功能的策略，共同制定了认准目标各个击破的战略战术，对每一套剩下的房子都进行仔细研究，使销售人员清楚其优缺点，销售成功率大幅提高。

【案例10-1】

拯救缺陷楼盘

拯救缺陷楼盘属于"矫正型"策划，可以说是令开发商和策划人都感到头疼的难题。

"松海苑"是位于武汉经济开发区的一个新楼盘。2002年4月上旬，我们接到了开发商告急的电话，除了开盘短时间内售出三四十套房子外，后来每月只能售出两三套。对于一个第一次进入房地产市场的开发商而言，这意味着面临商海翻船的巨大危险。

通过简单的"把脉"，我们了解到"松海苑"的病因：一是没有进行前期总体策划，根本就没有正确的定位和营销策略；二是规划上有问题，容积率和建筑密度都太高，这意味着绿化环境很差，小区品味难以提高；三是户型设计的问题，有的没有考虑饭厅，有的厨房与厕所面对面，且距离只有几十厘米；四是刚开盘时的营销和价格策略有问题。当初，公司曾经请了一家代理商，该代理商制定了"低价任意挑好房"的开盘价格策略，就是消费者都按一个价格、当然是很优惠的开盘价，随意挑选好楼层、好朝向和好户型的房子。开发商说开盘时"火爆"了一阵子，就是指这个价格政策产生的效应。

听完开发商的诉说，我们知道楼盘现在已经陷入了一个进退两难的境地：想把价格提升到正常价位吧，好房子早没有了；想降价吧，楼盘形象受影响不说，开始购房的人一定会有意见。

一般人们都认为房地产是升值的，而且“松海苑”前期广告还说“升值潜力巨大”呢，怎么这么快就跌了？看来，价不能降，但还要将房子卖出去。

第一步：市场调研，选准策略

搞楼盘策划市场调研很重要，搞楼盘的矫正型策划市场调研更重要。除了了解自己的“缺陷”，更重要的是了解消费者在何处以及他们的真正需求、对该楼盘的看法，同时要了解竞争对手与自身楼盘的优劣势，由此找到解决问题的关键点。

通过调研得知，神龙公司普通工人月收入一般在1300~1500元之间，收入稳定；年龄大多在22~25岁之间，一般未婚，购房一两年后打算结婚者居多；这些工人多半只有中专和技校文化程度，有一些职工在自学；他们基本上来自湖北各地，在武汉缺少亲友；工人的业余生活单调。

根据调研得出的结果，我们确定了“针对性公关，多样化促销”的策略。

第二步：策划造势，扬长避短

缺陷楼盘的营销策划一般要从三个方面来为销售造势：一是从楼盘自身的硬件着手，看地段、户型、配套、环境等有没有值得大肆宣传的优点；二是从楼盘的“软件”着手，在物业管理、销售服务、保修等方面为楼盘创造一些亮点，增加附加值；三是如果改造楼盘的软、硬件配套的成本过高，那就只有运用独特的宣传攻势和最后的价格武器。

在矫正策划中，关键是要提出一个“SBSP”（次优销售主张，这是我们提出的一个概念）。按照我们的理论，任何一种商品不一定存在USP（独特销售主张），但一定有SBSP存在。换言之，以积极的策划找出一个最佳的办法总比坐以待毙好得多。

针对“松海苑”的基本情况，我们将本小区定位于“关心普通劳动者的优价住宅”。确定的SBSP是：变相而适当调价，公关与促销合一，活动与分销并进。

第三步：锁定目标，多管齐下

找出SBSP和制定了正确的策略，矫正型策划只是完成了一半，必须将SBSP所应包含的信息准确、完整地传达给目标受众。

我们锁定的客户群是神龙公司普通职工和武汉经济开发区内其他企业的普通职工。于是，除了在开发区内派发直递广告外，我们还于周末假日在开发区的大门，及人流量极大的“家乐福”超市门口设立了分销点。分销点除有销售人员负责咨询外，周边还分布了一些派单人员向人们派发宣传品，对有意向购房者则安排专车专人送到售楼部洽谈。同时，我们还组织人员在客户到竞争对手楼盘去的必经之路上派发宣传品，实施“终端拦截”。

传播的主题必须体现营销策略和SBSP。4月底我们正式介入“松海苑”项目，在“五一”劳动节的7天大假期间，推出了第一张传单广告。传单上《谁来关心劳动者》的巨大标题立刻吸引了受众，副题“松海苑——劳动者的幸福超市”则有力地补充了主题。在这个广告中，我们提出了三种“幸福套餐”：利用项目在新江汉大学旁边的地理优势，提出了一个给想业余进修的业主提升学历的“幸福教育套餐”；提出帮助业主组织豪华车队并操办婚礼的“幸福婚姻套餐”；免费为业主提供一年保姆服务和2000元子女教育保险的“幸福子女培育套餐”。购房者可以选择三种“套餐”中的任意一种。

应该说，三种“套餐”都精确地瞄准了目标客户的基本生活需求和高级心理需求：年轻的职工很多有上进心，想通过知识改变命运，有进修的需求；神龙等公司的年轻职工大多来自各地，在武汉难以弄到豪华进口轿车作婚礼车，但他们普遍希望婚礼能够气派而让亲友觉得他们在省城工作比较成功；他们结婚后不能丢掉工作在家照顾孩子，他们的父母亲也大多因为还要继续工作或家中子女较多而不能来照看小孩，自然需要保姆。

果然不出所料，该广告创造了7天售楼18套的记录，而以前每月才两三套。开发商的脸上终于露出了笑容。

第四步：一鼓作气，连续促销

在次优销售主张SBSP得到消费者的初步认同后，我们还必须借助波浪式的促销活动“推”消费者一把，以掀起销售的热潮。

对缺陷商品，力度适当的折扣和优惠永远都是能够给消费者以“推力”的利器。但使用价格策略一定要注意节奏，即销售人员应该先强调产品的一些优点，争取消费者认同，然后再谈促销；否则，就会陷入一折再折的“无底洞”，还可能引起消费者的反感和不信任。

我们在第二个月度推出了主题为“谁来关心好朋友”的活动，重点是促进小型“团购”。该活动广告提出，如果已经购房的业主介绍朋友来购房，除了给予团体购买的优惠，还可以享受与被介绍来的朋友一起到“黄山松”、坐飞机到海南看海度假或继续“了心愿”享受“幸福套餐”。广告中一句“邻居中多几个朋友，人世间少许多冷漠”的广告口号，打动了消费者。并且，我们抓住“松海苑”被定为“武汉开发区唯一的黄鹤工程奖候选楼盘”（相当于武汉市优质工程）的机会，进行了新闻策划，通过报纸宣传，增强了项目的可信度。毕竟，在矫正策划中，任何正面新闻宣传都太难得了。

在普遍认为是“火炉”武汉房地产淡季的夏天，我们创造了月度销售量达到了30多套的“神话”！这在缺陷楼盘中是罕见的。

第五步：公关营销，巩固成果

虽然初步取得了较好的销售成果，我们也没有掉以轻心。我们知道，竞争对手正虎视眈眈，消费者也不一定对项目深信不疑，良好的口碑效应还没有形成，这些还得继续“矫正”。

公关营销和关系营销是巩固战果的主要手段。一方面需要销售人员运用良好的工作方法，“多一个客户，多一个朋友”，签完合同后，仍然要与顾客多联系、多沟通，让其做楼盘的义务宣传员，不断提高销售业绩。另一方面，要针对主要的潜在客户群开展一些公关活动。

在推广令消费者感到有较大支付压力的“老大难”户型，即大面积户型时，我们一方面在宣传中突出开发区唯一“黄鹤工程奖”候选楼盘的高质量，另一方面推出“优价买大房，三代喜洋洋”的促销活动，同时赞助神龙公司举办“松海苑”杯职工足球联赛。联赛期间，我们的销售人员在每场比赛结束时还开展了购房咨询活动，提高了项目的知名度和美誉度。这场比赛持续了十几天，受到平时业余生活单调的神龙公司单身职工，即我们的最主要潜在客户的极大欢迎。而开发商仅仅赞助了1.5万元（神龙公司工会支付了一半费用）。但根据测算，该活动至少直接产生了上千万元的销售额，而且还大大增强了项目的品牌亲和力，实在是最经济、最有效的公关宣传活动。

我们还推出了主题为“上帝的意志”的公关活动：请每一位客户设计一种理想的户型及物业管理方式，再从中抽出10名“上帝奖”，各奖现金1000元。实际上，这是为开发商后期项目的户型设计征集意见，以便将来更有效地实施“针对性”开发营销，不再走盲目行动、制造缺陷楼盘的弯路。开发商对我们的战略眼光赞叹不已。

在正确的策略、正确地执行和开发商的密切配合下，缺陷楼盘“松海苑”居然不断升温，一举成为武汉经济开发区最热销的楼盘之一，价格也高于直接竞争对手，而且良好的品牌效应为开发商下一步的发展奠定了良好的基础。我们所得到的最大回报是开发商赠送的一面锦旗，上面写着“销售百分百，策划强中强”。

资料来源：张联雄，《销售与市场》2002 年第 6 期

复习思考题

1. 如何理解房地产营销的 4C 策略？它与 4P 有何区别？
2. 促销组合策略有几种？
3. 各种楼盘有哪些销售推广方式？

实践、讨论题

1. 结合本地某楼盘，撰写一份促销策划方案。
2. 结合本地实际，拟定一份尾楼与滞销楼盘的销售策划方案。

第十一章

11

房地产宣传推广策划

【学习目标】

通过本章的学习，了解房地产广告策划内容，掌握房地产广告表现策略，掌握广告预算和效果评价，学会运用各种宣传推广手段、文案写作的技巧等内容。

【关键词】

房地产广告　广告表现　　宣传推广

房地产产品不但总价高，而且技术含量（指需要消费者加以分析和理解的技术含量）要远高于其他产品。因此，就需要借助广告这种深入浅出、形象直观的方式对房地产进行宣传推广。否则，客户单凭自己的知识结构，很难对房地产产品的性能属性，有一个全面清晰的把握。

第一节　房地产卖点与买点

一、卖点与买点的联系与区别

（一）卖点与买点的概念

所谓卖点，通常解释为在现实的市场环境下，产品相对于竞争对手产品的差异化及优特点。对营销而言，卖点是营销中引发消费者购买欲望的一种销售手段或技巧，具体地说是企业为展示项目的特点而提炼的语言和演示。

所谓买点，简单地说是指对应消费者所想、所要、所购买的产品的核心价值，就是竞争对手所不能满足（有些是在质能上就不能满足，有的是质能上能满足却没有准确地传达给消费者）的对应消费者的特质需求。

（二）房地产卖点与买点的区别与联系

1. 房地产卖点与买点的区别

1）主体不一样。卖点的主体是开发商，是站在开发商的营销立场上的；而买点的主体是消费者，它更多地站在消费者立场上。

2）诉求不一样。卖点是以房地产产品为原点的诉求，如地段、环境、户型、价位等罗列一大堆卖点，用各式各样的卖点将楼盘“包装”起来，有利益说利益，没有利益找说法，说法不够造概念；而买点是以消费者的实际利益和心理利益为出发点的诉求，因此，买点必须与事实相符。

3）着眼点不一样。卖点着眼于现实促销；而买点不仅着眼于现时促销，更重要的是，它赋予企业以营销的远见，能为企业找到真正的竞争优势，乃至未来的发展机会。

2. ***房地产卖点与买点的联系***

1）二者的目标是一致的。即把产品卖出去，以取得较好的经济效益。

2）二者可以互相转换。从卖点到买点的转换，实际也是从产品本位到客户本位的转换，也只有真正创造了客户需要的价值，才能使得楼盘从众多的竞争对手中脱颖而出。

二、传统的项目卖点提炼

“卖点”通常解释为在现实的市场环境下，产品相对于竞争对手产品的差异化及优特点。对营销而言，卖点是营销中引发消费者购买欲望的一种销售手段或技巧，具体来说，卖点是企业为展示项目的特点而提炼的语言和演示。

卖点之所以被很多企业广泛采用，是因为他对销售工作具有明显的推进效果，而且，卖点相对其他销售手段，具有低投入、见效快、易控制、易操作、攻击性强的特点，是销售人员喜欢的。一个产品卖点的生命周期，是以竞争对手推出相同或同类的卖点为终结的。开发商和代理商对项目卖点的提炼不能由产品或消费者单方面或两方面来决定，而应考虑媒体因素、主卖点影响力的大小、地域性等众多的因素，应因时、因地、因事制宜。因此，那些脱离市场需求，忽视消费者的消费习惯，高估自己运市能力的基于竞争的卖点，实质上是一种从自我角度出发，强加给消费者的做法。

示例

某开发商开发的楼盘是一个目标顾客定位为中档偏低收入阶层的项目，但开发商为了给产品增加卖点，以此扩大客户面，便规划设计出了横跨平层、错层、跃层、复式等20余个70～218m^2的户型，更比对手多建设了景观绿化，这些基于产品本位的卖点并没给该楼盘的销售带来好运。试想，中档偏低收入阶层会买200多平方米的大户型吗？那些买得起大户型的人又岂会愿意和只能消费70m^2住宅的人集群而居？那些不切实际的、过多的景观绿化，会加大购房成本和用房成本（物业管理费）。如此上下都难“站位”的楼盘又怎么可能取得理想的销售业绩呢？这种基于产品本位而增加、提炼的卖点，最终却成了拖销售后腿的“难点”。

三、寻找并提炼项目的买点

买点，简单地说，是指对应消费者所想、所要、所购买的产品的核心价值，就是竞争对手所不能满足（有的是在质能上就不能满足，有的是质能上能满足却没有准确地传达给消费者）

的对应消费者的特质需求。

与买点对应的消费者的需求是多种多样的，它们在消费者的需求心理中潜藏的程度也是深浅不一的。同样，竞争对手对买点（或卖点）的诉求角度也是有差异的。但只要我们掌握了买点的基本特征和熟知、熟用寻求买点的方法，就不难找到最适合自己楼盘的买点。

（一）买点所应具有的基本特征

1）买点是消费者最需要的或者是最关注的需求。在房地产市场竞争中，抓住消费者的深层次需求，找到区别于竞争对手，并能与目标客户互动沟通的联结点，是打造消费者忠诚度的、以消费者为中心的现代营销思想。

2）买点是在消费者的需求心理中隐藏不深、比较容易唤起的现实需求。隐藏在消费者心理中的买点（需求）可深可浅。浅的，容易被人察觉，并极可能早已被对手所使用；深的，则可能需要巨大的市场投入和较长的市场教育时间，才能使消费者觉醒。因此，对买点的确立，需要参考竞争对手的表现，并结合企业的资源优势来采取最适宜自己的决策。

3）买点是区别于竞争对手的鲜明特征。如果消费者最关注的买点已经被对手使用，但竞争对手却运用不当，则该买点仍有可挖掘利用的价值；如果对手已经用得很好，已经使自己产品的买点根植人心，就应该在消费者最需要、最关注的因素中寻求其次，以提供对手所不能提供的东西，以满足对手所不能满足的客户，从而成为市场的另一个主流。一旦消费者最需要、最关注的前几个因素都已被强大的对手使用，企业可能就只有两个途径可选：第一，整合对手的买点，提出新观念。第二，对竞争对手使用的买点进行更合时宜、更适宜消费者接受的差异化包装。

4）买点需要强有力的产品质能的支撑。没有根基的买点是虚无缥缈的，项目的买点应该植根于产品的质能，并为营销与策划服务，这是一个企业做品牌，或者是进行短、平、快操作的企业态度的体现，也是对诚信规则的再现。

5）买点具有暗示消费或提示比较的作用。如此，买点才能更好地与消费者形成真正有效的互动沟通，才能更好地赢取消费者资源，才能更有胜算地从竞争中突围。

（二）成就买点的三个基本步骤

对买点的寻找和提炼需要严谨的操作与论证，一般需经过以下三个主要步骤。

1. 周详的调研

调研是了解消费者需求的根本途径。在寻找、整合、提炼买点的市场调研中，我们不但需要对消费者的实际与潜在需求、影响其购买决策的关键因素等问题进行调研，还应该对竞争对手的买点（或卖点）的运用及其效果，对应消费市场的发展走势，《中华人民共和国广告法》及最新的相关房地产法律法规等进行调研。如此，才能为买点的确立提供科学、可靠、详实的依据。

2. 结合调研结果，寻找现实的机会

调研结果一旦出来，买点及其营销策略的确立就容易得多了。但这并不是说，因此得出的买点就可以传扬，因为还得把握合理的市场时机。假如市场时机成熟，还要根据消费需求、消费关注度、竞争者反应、市场形势等寻找适宜的市场切入机会。

3. 进行具有实际支撑元素的包装

包装并不是对基于需求的消费竞争而进行任意妄为的促销和炒作，而是要师出有名、包装

有理。只有这样，才能使消费者认可企业对买点的诉求，不会产生华而不实的感觉，更不会因包装的绚丽而掩盖对消费者有真实意义的买点。

第二节　房地产广告策划

一、房地产广告目标

广告目标是指房地产广告在一定时间内，对特定的目标消费者所要完成的沟通任务和销售目标。

广告目标的确定，必须以既定的营销决策为基础。如决策要求在半年内销售量达到开发量的75%，广告就应以刺激销售量增长为目标。又如，决策要求在一个月内让30%以上的市民知道将要推出的新楼盘的名称，广告目标就应以传播楼盘名称为主线。另外，所面对的目标消费者的情况对广告目标的确定也有重要影响。不同的消费者对企业及房地产的认知深度不一样，确定广告目标时，也要相应考虑分阶段的广告目标。

房地产广告的成功与否，要看它是否能把想要传达的信息与态度在适当的时候，耗费适当的成本传达给目标消费者。如何制定一个确实可行的广告目标，主要考虑以下六个方面的内容：

1）所要卖的楼盘特点是什么？

2）区别于竞争楼盘的特点有哪些？

3）目标消费者是谁？

4）消费者为什么买或不买？

5）想要传达给消费者的信息是什么？怎样才能使其有效传达给目标消费者？

6）用什么样的准则来测定所传达信息的效果？

示例

位于广州新城市中心天河北的高尚住宅区“芳草园”的广告目标是这样制定的：

目标消费者的年龄锁定在28～45岁之间，文化程度较高，家庭月收入在7000元以上，主要倾向于男性高级白领。广告品牌的个性是轻松置业，均价低于同区楼盘1000元；轻松居家，创建天河北路清新地带。

媒介计划考虑在上市期的一个月内，集中兵力，以总销售额1%的广告费用在大众传播媒介上产生集群效应，确立楼盘的形象因素。期待人们看过广告的反应是知道“芳草园”，认识到其独特的产品属性，并感受到价格的适合，产生看楼的想法。

测定广告效果：通过对电话咨询人数登记和现场客流量的多少来测定。

广告目标又可以分阶段实现。不同的消费者对企业及房地产的认知深度不一样，确定广告目标时，也要相应考虑分阶段的广告目标。

示例

大连“海昌欣城”首次公开发售的广告目标就很清晰、易懂。“海昌欣城”的广告分为三个阶段，其传达给消费者的广告信息目标分别是：

铺垫期：以系列广告形式传达海昌欣城的主要特点——国际化社区。具体传达海昌欣城如何荟萃世界的精彩。

发售期：通过价格与形象之间的落差来推动销售。

发售后：建立、巩固海昌欣城在大连的明星楼盘的地位，主要以销售业绩、专家评价、媒介报道为依据。

二、房地产广告市场分析与市场定位策略

（一）房地产广告市场分析

房地产广告市场分析主要包括营销环境分析、客户分析、个案分析和竞争对手分析等。如果在开发前期已将宏微观营销环境分析得比较透彻，则重点放在其他几项分析上；客户分析主要是分析客源和购买动机，如消费者购买是因为楼盘设计合理、地段较好、保值增值、价位合适、交通便利，以及消费者可能拒绝的原因等；个案分析主要是分析某楼盘开发商的实力、小区规划、设计特色、建筑结构、朝向、间隔、价位等；竞争对手分析主要是分析竞争对手实力、竞争楼盘的情况、竞争对手的广告活动等，以吸取别人有益的经验，扬长避短。

（二）房地产广告市场定位策略

房地产广告市场定位策略的目的是使楼盘处于与众不同的优势位置，为受众留下鲜明印象，从而使开发商在竞争中占据有利地位。定位时可根据目标客户群的兴趣爱好，采取价格定位、素质定位、地段定位、时尚定位等策略。当目标市场确定后，哪个细分市场需要广告配合，广告就以哪个细分市场为目标并采取相应的广告策略。

示例

某楼盘（小区）兼有多层和高层住宅，多层深受市场欢迎。其广告可这样安排：楼盘（小区）起步时，为使楼盘迅速进入市场，采用开拓性广告策略，广告结合多层住宅的销售，不断强化楼盘的知名度和客户的认知度；当楼盘（小区）逐步成型时，以说服客户购买，提高市场占有率为目的，采用劝说性广告策略；当楼盘（小区）初具规模，欲推出高层时，以造声势，提醒客户留意认购期为主要目的，可采取提示性广告策略。

三、房地产广告诉求策略

（一）广告诉求点的含义

广告诉求点就是广告本身要告诉受众的内容。受众就是针对项目所设定的目标客户群，广

告的诉求点就是要根据项目不同的客户层面来确定的信息重点，要根据客户的文化背景、需求心理、消费心理、生活模式、行为模式等来确定，只有这样的诉求点，才能实现有效的传播。

一般来讲，房地产广告的诉求点是对产品买点（卖点）的提炼和升华。一个好的房地产广告，其表现形式有着个性鲜明的诉求点，它因此能很容易地被受众接受，并让受众去对号入座。随着房地产产品的生产和销售速度的推进，房地产广告在按照既定的广告计划，以一定的节奏、频率和周期进行促销诉求，针对不同时期所面对的消费者特色，诉求点的选取和表述也各不相同。可以说，利益诉求点是房地产广告的主题，房地产广告找到一个好的利益诉求点便成功了一半。

（二）房地产广告诉求方式

从广义上讲，房地产广告诉求方式通常分为两类：理性诉求和感性诉求。

1. 理性诉求

理性诉求强调消费者对产品和服务实际的、功能性的需求，并强调产品和服务的特征以及消费者拥有或使用该品牌产品的好处或原因。许多理性的动机成为房地产企业进行广告诉求的基础，且广告的诉求方式多集中于产品特征、竞争优势、诱人的价格、新奇特点、市场普及度等。

2. 感性诉求

感性诉求与消费者购买产品和服务的社会和心理需求有关。许多消费者支持其购买决策的动机是感性的。因此，在发售与竞争对手并无多大差别的房地产产品时，开发商会侧重采取吸引消费者情感方面的诉求方式，依靠情感整合的方式描述广告中的人物或家庭通过使用产品和服务而得到的情感满足和收获。许多感受和需求都可以作为广告诉求的基础，如安全、亲情、享受、成就感、舒适、社会地位、尊贵等。研究表明，感性广告比理性广告更容易被受众接受和记忆。

事实上，在许多情况下，房地产广告策划人面临的问题是如何将理性诉求与感性诉求有机地结合起来。只有将两方面因素都考虑进去，才符合房地产产品特征和购买决策过程的特点。因此，大多数成功的房地产广告的特点是既“晓之以理”，又“动之以情”。

（三）广告诉求点的运用

完整地理解和正确运用广告诉求点，还应注意把握以下几个方面。

1）逐渐加强广告诉求中对配套设施的强调。如今的配套设施早已突破家居设计的狭小范围，而是从整个大社区生活着眼，从人们的生活质量着手，力求营造一个“五脏俱全”、能为人们提供全方位便利的生活社区。如“物业管理”、“智能化服务”、“健康空间”、“人性化设计”、“数字化技术”等都是新近出现的新颖的利益诉求点，迎合了人们在精神生活方面的更高要求。

2）增加诉求点的人性化色彩。虽然“环境”、“地段”、“交通”、“绿化”、“质量”等诉求点早已成为项目的一部分，但这些诉求点都是偏重于物的诉求，人们更需要人性化或精神方面的诉求。如，部分广告诉求从家、社区、城市三位一体这一诉求点入手，强调家与家之间的沟通，家与社区生活的融合，从而使小区更具人情味与亲和力。

3）通过独特的楼盘名称加强其自身的品牌形象。开发商希望将自己的品牌信息及楼盘的特征通过楼盘名称婉转地表达出来，从而尽可能使消费者通过楼盘名称来识别不同的开发商。如现代住宅中的“苑”、“花园”、“大厦”、“阁”、“居”、“公寓”、“别墅”等一系列充满诗情画意的楼盘名称使人未入其室便能感受到那种怡人和温馨，体现着开发商对“人”的重视，它使“家”不再是一个冷冰冰的、毫无人情味的空间结构。

（四）房地产广告诉求点的选择

房地产广告中诉求点的多少已成为广告效果的决定因素之一。广告诉求点过少，不能起到较好的广告效果；反之，广告诉求点过多，其内容就庞杂，给人的感觉只能是杂乱无章，不得要领，不能起到引导消费者的效果。

基于此，在诉求点的选择上，要充分考虑主买点（卖点）对消费者心理所产生的影响力。主买点（卖点）的影响力越大，次买点（卖点）就应该或必须减少；否则，就会影响主买点（卖点）的传播效果，削弱其影响力。同时，也应注意将影响力较大的主买点（卖点）以非常鲜明的表达形式表述出来，并以统一的风格展示在所有的广告中。

四、广告主题策略

房地产广告主题是贯穿于广告策划过程的中心思想，是房地产营销策划主题在广告策划活动中所体现的单一小主题。它与项目开发主题、项目营销策划主题不同，不是与之相互矛盾，而是对项目营销策划主题与项目主题概念的辅佐和支持，是企业进行广告策划的目标指向。良好的广告主题可以使受众产生强烈的共鸣，从而使之产生感情和理性上的认同。

（一）广告主题句

广告主题句是广告宣传中的核心语句，它以一句言简意赅、琅琅上口的语句概括出广告诉求的要点，其重要地位是显而易见的。

成功的房地产广告都有脍炙人口的主题句。

示例

“福力·千禧花园——生活张开翅膀”；“中海雅园——健康特区”；“逸景翠园——绿色生态，果林下的幸福时光”；“金地格林小镇——我的小镇，我的家”；“星河湾——心情盛开的地方”；“中海怡翠山庄——都市里的田园度假村”；“鹏兴花园——看山、看水、看鹏城”；“桃源居——都市人的桃源梦”；“金地翠园——叠翠空间、悠然天地”；“半山海景别墅——悠悠山海间，我心自高远”；“东海岸——生活到东海岸去，诉求滨海生活”等。

广告主题句的修辞应十分考究，雅与俗都要恰到好处：首先，主题句要有新意，语出惊人，切忌使用套话或沿袭其他优秀广告用语；否则，只能受到受众的排斥或淡化楼盘的特色。其次，主题句的修辞要表述得体且不失真实。

示例

亚运新新家园的广告主题句是“我和邻居，没共同语言”，乍一看，让人吃惊，仔细品味画面，主人公和林木、野花、小鸟为邻做伴，尽享大自然的丰厚馈赠，捕捉现代人厌倦喧嚣、回归自然的心态，可谓回味无穷。再如，广州奥林匹克花园的广告语“运动就在家门口”，使该地产的独到之处跃然纸上。因此，在勾勒广告主题句时一定要将独到之处以鲜明的手法表露无遗。

（二）广告主题安排

一般来讲，一个楼盘总有几个主要诉求点，几个次要诉求点。除了说明书外，几乎任何一种媒体形式的每次内容表现，都是以一个主要诉求点结合几个次要诉求点来加以展示的。实际操作中，归纳总结出来的几个主要诉求点往往轮流作为广告的主题来强打，当其中一个主要诉求点被选为主题时，其他的几个主要诉求点则与次要诉求点一样，有选择地作为广告主题的专一表现，可以最大限度地吸引目标客源。精心安排的广告主题轮流展示，则可以保持楼盘的常新常亮。

广告主题表现艺术性很强，有时，广告主题的选择好像并没有涉及产品的主要诉求点，而是和都市的四季变化、热门话题和生活习俗等密切相关。其实，这样的广告不是没有主题，而是主题相对隐蔽，创作者试图以亲和的姿态和近距离的角度来吸引客户，间接地引导大众对产品的兴趣。

此外，广告主题的轮流安排也不是无序的，它和广告周期的安排和诉求点的内容紧密相连。如在产品引导期和公开期，广告主题多以产品的规划优势和楼盘的地段特征为主，让一个新兴的事物尽快为客户所注目和了解。到了楼盘的强销期和持续期，价格攻势往往成为广告的主要内容，通过价格上的优惠折让和某些服务方面的承诺促使成交量迅速扩大。

五、房地产广告媒体策略

（一）广告媒体的选择

房地产广告不同于其他广告，其特色在于除了正常的广告媒体（NP 稿、电视、海报、DM）之外，还要使用大量的户外广告（POP 广告）。无论使用哪一种媒体，其最基本的原则就是有效、经济，而如何以最低的成本通过最好的途径向目标受众传达有关的房地产信息，是广告能否达到预期效果的关键。

1. 项目规模大小与媒体选择

如果项目的规模较大，开发的时间较长，则需要在公交站点、主要交通位置等地方设立大型固定的广告位。在市区高大建筑物、公交车等载体发布广告，会长期被人认知。如深圳万科就同时在深圳的上述几种载体上发布广告，天天与市民见面，令其项目家喻户晓；百仕达花园则在深圳深南大道上的两个高层建筑物顶上树立巨大的广告牌，无论白天黑夜，令市民远远就能看见，且一立就达 3 年之久，其持续效果较佳。

2. 楼盘档次与媒体选择

楼盘的档次决定目标客户群的身份层次。因此，在媒体选择上，大众化的楼盘只需选择大众媒体即可；而高档次的楼盘，就要选择一些高收入一族可能会涉猎的专业性较强的媒体。如深圳《投资导报》就是经理人、老总级的人物常读的报纸，针对这群人消费的房子就应适当在该报纸刊登广告，以加深他们的印象。

3. **项目所在的区位与媒体选择**

项目的区位往往体现目标客户的区域。因此，要根据项目的所在区域有针对性地发布广告。如深圳的宝安和龙岗两区大多数购楼者均为当地人，因此两地的楼盘在做广告时就常选择当地的有线电视台和具有针对性的直邮广告，既节省了费用，又立竿见影。

4. **开发商的财力与媒体选择**

开发商雄厚的资金实力是开展主体广告攻势的先决条件。如果开发商所投入的广告资金雄厚，应尽可能把目标客户一网打尽；如果资金有限，当然就要选择阅读或收视（听）最广的媒体重点发布广告，尽量节省费用。

（二）广告媒体安排

1. **广告媒体在“纵”的方面的安排**

一般来讲，一个楼盘从开始预售到最后一套房屋卖出，可以规划为一个完整的营销周期，由筹备期、公开期、强销期和持续期四个部分组成。每个营销周期的长短并没有严格的限定，短则两三个月，长则一至两年。对销售总量在几十万平方米以上的社区型大盘，因为持续时间长，每个不同的时间段，会有若干个相对独立的营销周期。每个营销周期的广告媒体的安排如下。

（1）筹备期　广告运用仅为一些新闻报道、户外媒体和印刷媒体。大量售前的准备工作，如售楼处的搭建、样板房的建设、看板的制作、大量的海报以及说明书的定稿印刷等，占据了工作的主要内容，人员销售只是配合企业内部进行的少量认购工作。

（2）公开期　楼盘被正式推向市场，广告媒体的安排转向以报刊媒体为主，适量的报纸广告配合人员推广，卖场渐渐热络起来。户外媒体和印刷媒体此时已经制作完工，因为其相对固定性，除非有特殊情况或者配合一些促销活动，一般改变不大，工作量也小。

（3）强销期　大量报纸广告、户外媒体和印刷媒体结合有力的营销推广（如人员拜访、电话追踪、派送邮寄等）推向市场，各种促销活动层出不穷，创造销售高潮。

（4）持续期　各类广告媒体的投放开始偃旗息鼓，销售上的广告宣传只是依靠前期的一些剩余的户外媒体和印刷媒体来维持，此时的工作是对前期积累客户的消化吸收和一些事务性的收尾工作，工作平稳，广告量也相对平稳。若这个营销周期只是整个销售过程的一部分，则该阶段的工作还应包括对此次销售策略的修正和检讨，努力为下一个营销周期的到来作准备。

2. **广告媒体在“横”的方面的安排**

就“横”的方面而言，其广告媒体的安排也贯穿于营销周期的四个阶段，且于产品强销期的时候要求特别高。

示例

上海某单价 8000 元/m^2 的楼盘，它的媒体组合的理想三维广告空间是这样设计的：客户坐飞机回上海，在座位上看到《东航杂志》中的楼盘广告，下飞机后坐汽车回市区，在虹桥路上则看到同样内容的户外看板。晚上翻开《新民晚报》，该楼盘的广告也赫然在目，第二天听早上广播新闻，同样的信息又飘然而至……视觉、听觉的多重刺激，将最大限度地挖掘和引导目标客源，以配合业务人员的推广行为，创造最佳的销售业绩。

六、房地产广告节奏安排

广告节奏的安排，一般是按广告的类型来安排的，主要有以下几种。

1. 集中型广告节奏安排

集中型广告节奏指广告集中于一段时间发布，在短时间内迅速形成强大广告攻势的一种方式。

集中型广告安排的好处在于，能在短期内给予消费者强烈而有效的刺激，以达到广告的预期效果。但其广告的费用集中于一段时间使用，发布时机的选择显得相当重要，若广告未达到预期的效果，则很难再进行补救。

房地产企业常在商品房开盘前后（预售前后）、楼盘封顶之际或完工入伙时采用这种方式。

2. 连续型广告节奏安排

连续型广告节奏指在一定时期内，均匀安排广告的发布时间，使广告反复在目标市场出现，以逐步加深消费者印象的一种方式。

许多房地产企业从项目开工到完工入伙整个房地产建设及销售期间内，采用连续型的广告时间节奏安排，其优点在于不断地刺激消费者。但其往往不可能每次都能达到刺激消费者的目的，且广告预算也决定了其广告时间安排无法进行大规模、长时间的广告攻势。

3. 间歇型广告节奏安排

间歇型广告节奏指间断使用广告的一种方式，即做一段时间广告，停一段时间，再做一段时间广告，反复进行。

房地产企业常在项目开工时、预售开始时、楼盘封顶时、竣工入伙时这几个可能出现销售热潮的时机使用此类广告。间歇型广告的使用也要注意广告发布的时机，注意销售相对于广告的滞后性，还要考虑消费者的遗忘速度，若遗忘速度快，则应使广告间歇时间短；反之可以长一些。

示例

广州珠江新城“星汇园”，无论有没有新楼盘推出，都会连续地在电台投放特约报时广告，在主干道悬挂醒目的大型户外广告“月亮之城，未来之城，星汇园”，给消费者留下深刻的印象。——（连续型广告节奏）

广州番禺祈福新村在新楼盘推出或有重大活动时（如“祈福光辉十周年”庆典），就会在广州的各大媒体作有影响力的广告，其中总少不了在广州电视台的黄金新闻时段（晚上6：30～7：00）插播高频率的广告。——（间歇型广告节奏）

4. 脉动型广告节奏安排

脉动型广告节奏集中了连续型和间歇型的特征，既在一段时间内不断保持广告发布，又在某些时机加大发布力度，形成广告攻势。

房地产企业一般在公开期和强销期使用，它能够不断刺激消费者，还能形成短期的购买欲望，但广告费用相对比较高。

此外，各类节假日以及舒适的季节等也是制定营销周期的重要时间考量点。因为此时人们出行方便，楼盘宣传有话题，容易形成人气鼎沸的旺销局面。

第三节　房地产广告预算与广告效果测定

一、房地产广告预算

（一）广告预算的内容

所谓广告预算，是计划一段时间内（通常一年）广告规模和范围的主要手段，它为今后广告运动所需费用提供预先的估算和参考资料。企业在广告预算时考虑的内容主要包括以下几项。

1. **广告调查费用**

广告调查费用主要包括：广告前期市场研究、广告效果调查、广告咨询费用、媒介调查费用。

2. **广告制作费用**

广告制作费用主要包括：照相、制版、印刷、录音、摄影、录像、文案创作、美术设计、广告礼品等直接制作费用。

3. **广告媒体费用**

广告媒体费用主要指购买报纸和杂志版面、电视和电台播出频道和时段、租用户外看板及网络媒体等其他媒体的费用。

4. **其他相关（间接）费用**

其他相关（间接）费用，主要是与广告活动有关的公共活动、SP 活动等费用。

（二）广告预算的影响因素

在确定房地产广告预算前，要考虑以下因素。

1. **竞争程度**

广告预算首先取决于房地产市场的竞争状况。竞争激烈、竞争者数量多时，需要较多的广告费用投入；反之，则少。

2. **广告频率**

国外学者研究发现，目标沟通对象在一个购买周期内需要接触 3 次广告信息才能产生对该广告的记忆；接触次数达到 6 次一般被认为是最佳频率；当广告频率超过一定限度，一般认为 8 次以后，将会产生负影响。但有时也不一定受这些具体数字的约束，更有甚者，企业通过这些广告频率的负面影响来提高楼盘的知名度。

示例

广州顺德碧桂园在推盘时就分别在香港有线电视翡翠台、本港台和广东省的各大电视台每天晚上18：00～23：00的黄金时段插播30次的高频率广告，且不同时期的广告目标不同，高频率的广告当然也意味着投入数目不菲的广告费用。尽管此举招来观众的抱怨，但“碧桂园”却成了一个家喻户晓的名字。

3. **房地产的销售进度**

对房地产企业要销售的某一特定楼盘来说，销售总量是固定的。销售刚开始时，往往广告预算较高；当销售进度达到近一半时，许多企业往往投入最多的广告支出；但当销售接近尾声时，广告预算就很低了。

4. **企业的品牌**

一个知名的品牌所需投入的广告费用可以远远少于一个普通的企业产品。既然是知名的品牌，就无须再为提高企业的知名度而花费巨额的广告费用，而只需告知消费者企业有楼卖的信息，消费者可能就会争先恐后地来购买了。如广州赫赫有名的“合生创展”公司开发的楼盘，广告费可能仅需其他楼盘的几分之一就可以把楼卖出去。

（三）制定广告预算的方法

房地产企业制定广告预算最常用的方法往往来自实践和经验。实际操作中，可以运用多种方法制定预算，具体制定广告预算的方法有以下几种。

1. **量入为出法**

量入为出法指企业根据自身的承受能力，在生产作业领域分配完资金后剩余多少钱就用多少钱做促销宣传。由于项目开发投入资金量大，在打广告以前，企业资金状况往往比较紧张，于是多采用这种方法。但这种安排预算的方法比较盲目，完全忽视了广告对销售量的影响，所以在某种程度上存在着片面性。而且，采用该方法的公司一旦遇到困境，首先削减的就是广告预算和支出。

2. **销售额百分比法**

销售额百分比法是一种以销售额为依据制定预算的方法，即企业根据目前或预测的销售额的百分比决定广告费用的大小。

示例

大连海昌欣城的广告取得了很好的广告效果，其广告预算采用的是销售百分比法。预算媒介投放费用占销售金额的1.5%（共555万元人民币）。其中报纸广告约占媒介费用的35%，电视广告约占15%，电台广告约占3%，公关促销活动约占15%，广告品制作、印刷约占10%，展销会设场占12%，外地市场占10%。

3. **竞争对等法**

竞争对等法指按竞争对手的大致广告费用来决定本企业的广告费用支出，其预算常与竞争者的销售额百分比保持一致。这种方法也是房地产企业较常使用的方法，优点是充分考虑到竞争对手的策略，局限是忽视了企业自身的问题，并假设了相同的预算支出会产生相同的促销效果。而事实是不同的企业所需预算有很大差别，不同的创意和媒体选择，促销效果也大不一样。

4. **目标任务法**

目标任务法是企业首先确定其促销目标，根据所要完成的促销目标决定必须执行的工作任务（各种媒体上的广告），然后估算每项任务所需的促销支出，这些促销支出的总和就是计划促销预算。这种方法的优势是以目标为依据做预算，针对性强，解决实际问题能力强；局限性是需要更多技巧，而且任务的内容和成本的确定带有明显的不确定性

在决定广告预算时，不同的房地产企业应根据本企业的特点、营销目标与营销战略，选择合适的促销预算决定方法，作为企业比较合理的广告预算。

（四）预算费用的编排

就房地产销售而言，广告预算大致应该掌握在楼盘销售总金额的1%～3%之间。大的公司因为有充足的资金保证，往往是根据计划来确定预算的。而大部分中小型企业，因财力有限，广告预算基本上是量力而行，有时甚至是阶段性滚动执行，销售结果一旦不尽人意，广告预算便停止执行。

小观点

从广告周期上看，在销售的筹备期，因为包括接待中心、样板房在内的大量的户外媒体、印刷媒体等的设计制作的工作量相当大，再加上其他的准备工作，所以广告费的支出比较大，一般约占总预算的30%～50%；到了公开期，报刊媒体的费用开始上升，其他的销售道具因为已全部制作完成，很少再产生费用；进入广告强销期，报刊杂志，广播电视的广告密度显著增加，广告费用又陡然上升，另外，为了推动销售上台阶，穿插其中的各项促销活动又免不了，因此大量的广告预算是必不可少的。这个时候的广告预算约占总量的40%；接近持续期，广告预算则慢慢趋近于零，销售也开始结束。

二、房地产广告效果测定

所谓广告效果，指广告信息通过各种媒体传播之后，在社会上或者对消费者所产生的影响和对企业带来的效果。因此，广告效果体现为社会效果、经济效果和心理效果三个方面。从企业角度看，它直接关注的广告效果是通过广告活动能给企业带来多少经济效益。

1. **房地产广告社会效果的测定**

房地产广告的社会效果，主要表现在广告对消费者产生的社会影响。它包括两种。

（1）广告推出前　广告人对广告所产生的社会效果进行评估，采用专家综合意见法，由专家对广告的语言、表现及手段等诸要素，从法律规范，伦理道德、文化艺术、传统习惯、宗教信仰和社会风尚等不同角度进行测定，并对产生的社会效果进行评估。

（2）广告推出后　广告人对其社会效果的测定，可采用来函反响统计测定。具体做法是：以广告推出后不同顾客所作出的各种反应为依据，要求企业把广告宣传后收到的来函认真登记，并以此分析用户接受广告宣传的反响。

2. **房地产广告销售效果的测定**

广告销售效果即广告的经济效果，是以销售情况的好坏直接判断广告的效果。它集中地反

映出企业在广告促销活动中的营销状况，广告销售效果的测定是衡量广告活动的中心环节。一般运用统计学有关原理与运算方法来测定，主要有以下几种。

（1）广告效果比率法　指销售额的增加率与广告费的增加率之间的比率关系，即在销售额量不变的情况下，广告费增加率越小，表明广告经济效果越好。

（2）广告效益法　为了考察广告之后增加的销售额，可计算单位费用销售增加额，即每元广告费与广告之后销售增加额之间的关系。这种方法能较实际地反映出广告经济效果。广告效益的得数越大则广告经济效果越好。

（3）广告费比率法　指每百元销售额支出的广告费用，广告费比率越小，则广告效果越大。

3. 房地产广告心理效果的测定

广告心理效果是指广告目标经过特定的媒介传播后，对消费者心理活动的影响程度。广告心理效果的测定，是以广告的收视率、兴趣与欲望、产品知名度等间接促进销售的因素为依据，测定受众对广告的印象，以及引起的心理效应。房地产广告的心理效果测定大致分为房地产广告心理效果的事前测定、房地产广告事中测定和房地产广告事后测定三种。

（1）事前测定　指在广告作品尚未制作完成或正式发布之前，广告人对广告作品进行评估，它包括：专家意见综合法、消费者评定法、检查表测定法（又称采分法）、言词反应法、概念测定法、节目分析法等。

（2）事中测定　指对广告推出后所产生的效果进行的评估。这种测定为及早确知该广告消费者的反应，广告的效果以及作为下一步广告策略及表现调整的参考。事中测定的方法主要有函询法、询问法、隔日回忆测试法等。

（3）事后测定　指在整个广告活动结束后，进行总评价和测定。事后测定法包括广告推出过程结束后，立即进行评估；推出过程结束后，经过一段时间才进行测定。它包括：认知测定法、视听率测定法、回忆测定法、识别法、态度测定法、销售反应法、综合测定法等。

房地产产品的广告效果通常是在广告投放后的当天就能直接在来电来访上得到体现。事实上，大部分房地产项目都已经能通过客户的第一次来电的渠道建立广告效果跟踪制度，来访人数和来电数量已成为广告投放效果的重要标准。

示例

如某项目位于城市边缘地带，是低密度住宅的代表，于当年4月开盘，到10月为止，在推广上花费近480万元，主要的两大项支出为平面广告费用和展会费用。其广告效果体现在：

1）稳定的来电来访总量。尽管该项目因广告渠道选择的不同，导致每个月的费用支出发生波动，但新客户的来电、来访总量始终维持在800～1100组的水平。这些客户成为当月成交的基础，更重要的是，无论他们是否最终购买，但是通过良好的现场包装以及销售人员高水平的服务，他们还将成为新的传播源，为下一阶段的新客户来电来访奠定基础。

2）来访渠道的变化反映项目的整合传播质量。推广费用在5月、9月、10月形成波峰，7月则是投放的低谷。通过各种手段形成良好的综合传播。考察这种综合传播的手段则是分析来电来访客户的渠道，尤其是来访客户的信息渠道。表 11-1 为该项目在 7 个月里新客户来访的渠道构成。

可以看到，项目早期的客户来源中，路过的客户占到将近一半。随着项目的推进，无论是比例还是数量都呈下降趋势。展会后到访的客户主要与“参展”这一动作紧密相连，因此，其比例数字忽高忽低，状似波浪。

表 11-1　某项目在过去 7 个月里新客户来访的渠道构成　(%)

渠道 \ 月份	4 月	5 月	6 月	7 月	8 月	9 月	10 月
广告后直访	8.77	16.97	22.31	29.75	33.05	25.00	29.46
朋友介绍	11.78	18.76	21.94	23.42	20.92	21.47	21.04
路过	44.61	44.71	33.39	31.86	30.33	32.88	29.66
电话后直访	5.02	12.37	11.39	11.71	14.02	10.33	8.22
网络	0.00	0.20	0.42	0.57	0.00	0.27	0.00
展会后到访	29.82	6.99	10.55	2.69	1.68	10.05	11.62

通常认为，来访客户中，以路过的客户质量最低；展会后到访的客户质量较高，但是展会不可能成为支撑一个项目的长期客户来源。因此判断一个项目是否进入良性广告循环，最重要的是广告后直接到访、电话到访、朋友介绍到访。可以看到这三条信息渠道呈整体上升趋势，其中广告后直接来访与电话后到访的总和从最初的 13% 上升至最高 47%，一般情况下稳定在 30% ~40% 之间。朋友介绍到访的比例是项目整体形象塑造和口碑传播的最重要指标，在该项目上，这个比例很快稳定在 20% 左右。

第四节　房地产宣传推广策划要诀

一、报纸媒体

（一）报纸广告的特点

报纸是房地产广告最常用的主流媒体，中国市场与媒体研究 2000（简称 CMMS2000）调查的 20 个城市居民总体中，通过报纸获取房地产信息的人占 60.2%，并且 49.9% 的人经常阅读报纸及杂志中的广告。由此就不难理解，报纸是房地产信息发布的主要载体。

报纸广告的特点是：①覆盖面广，读者稳定，遍及社会各阶层；②时效性强，反应及时；③信息量大，符合房地产广告信息传递的特点要求；④覆盖一定的区域或行业，针对性强；⑤制作灵活，费用相对较低。其缺点是：时效短、转播读者少。

（二）报纸媒体的选择

报纸种类繁多，各有不同的阅读人群，会产生不同的效果。广告投放者一般不会选择全部本地区的各大报纸，而是通过广告费用与广告效果的比较来选择发行量较大的报纸。策划人一般用每千人（户）成本、目标顾客群的特点来确定主要的投放报纸，取其低者。

示例

上海某开发商通过对上海市4家报纸一般版面各篇幅黑白广告价格和每千人（户）成本的分析（见表11-2），综合投放价格与发行量，从每千人（户）成本来考虑，确定了基本的投放顺序为：新民晚报、解放日报、文汇报和新闻报。从实际的投放来看，也印证了这个分析结果。某楼盘在当年5月18日的广告投放量比例为：新民晚报4316550元、解放日报908000元、文汇报154000元和新闻报（晨刊、午刊和晚刊）265000元。

表11-2 广告价格与成本 （单位：元）

整版	半版	1/4版	直板	通栏	半通栏
新民晚报 （千人成本）	112000 （80）	56000 （40）	28000 （20）	30000 （22）	15000 （11）
解放日报 （千人成本）	15000 （300）	75000 （150）	42000 （84）	326000 （52）	13000 （26）
文汇报 （千人成本）	145000 （362）	72500 （181）	38000 （95）	24000 （60）	12000 （30）
新闻报 （千人成本）	50000 （250）	25000 （125）	13500 （67）	10000 （50）	5000 （25）

（三）报纸媒体的具体操作要点

（1）明确广告目的　主要确定广告的类型、广告欲达到的目标和有关建议。

（2）根据广告目标确定广告的具体报纸类型　通常开盘期和强销期为造声势，广告涉及面广，投放报纸种类多。在持续期内一般只在发行量大的报纸上投放，在保证一定效果的同时降低成本。

（3）广告频率和日程安排　通常是一个星期、一个月内作一次同样的广告或者是微变的广告，反映该时段内的楼盘动态、营销状况或卖点，出现的次数和日程安排都要严格控制，少了不奏效，多了浪费。

补充知识

报纸广告日期的排布应从属于项目的营销周期。

1）开盘期。开盘前期以告知型为主，配合现场POP广告和户外固定性广告的制作。开盘期报纸广告范围扩大，表现为数量多而且刊登报纸种类多，伴随着开盘期庆典活动和促销活动，此时应以告知型和促销型为主，广播、杂志、直接邮寄等其他媒体广告开始出现。

2）强销期。当强销期来临的时候，大量的报纸广告继续推进，各种类型都有展现，同其他各种广告媒体互相配合，促销攻势全面拉开。

3）持续期。持续期相对较长，广告量较平稳，其间随着工程进度的推进、SP活动的开展以及节庆日的到来会有一些大的广告配合，直至销售完毕。此时多采用间歇型和脉动型，软硬广告兼施。

需要注意的是，持续期内即使销售已完毕，为迎接下一期开盘或公司的另一个新盘问世，广告还要平稳继续，但多以软广告形式出现。

（4）广告版面、投放位置和版面的考虑　广告版面主要有整版、半版、1/4 版、直版、通栏和半通栏。位置主要在新闻下和报头，广告版还有上下之分，同时涉及具体的版面。这些都要根据广告目标和成本来决定。

（5）广告设计和表现　所有的策划终将落实在具体的画面、文字和言语中。因此，其设计和表现要真实，一期广告只能有 1 个主诉求点和 1 ~ 2 个次诉求点，不能太多。

补充知识

广告设计和表现要突出以下几点：

1）标题要醒目、表达清晰。广告效果 50% ~ 100% 是大标题的力量。

2）文案要主次分明、言简意赅，且突出重点，语言流畅。

3）色彩易识别。色彩可以是企业色或楼盘的专用指定色，贯穿在该楼盘的整个营销周期内的报纸广告中。

4）画面要真实，不能引起消费者歧义的联想，在建中的楼盘广告应注明是效果图。

二、电视媒体

（一）电视媒体的特点

电视以其视听双重功能的特性，成为发展速度最快、竞争最激烈的广告媒体。电视广告的优点有：①覆盖面广，收视率高，诉求能力强；②表现手段灵活多样，具有很强的吸引力和视觉冲击力；③其信息不受时空限制，及时迅速；④选择性强，可以在不同地区、不同时期、不同时间段播放电视广告。其局限性主要是：费用高昂，诉求重点不够明确。

（二）电视媒体的选择

为了丰富观众的业余生活，各地电视台都推出了很多电视频道，各有不同的收视率，产生不同的广告效果。广告投放人一般会选择收视率高的电视频道，通过赞助某热播连续剧、某一活动、主持人采访等形式来插播房地产广告。其广告片时间一般是 10 秒、15 秒、30 秒、45 秒或 60 秒，时间越长费用越高。广告一般放在中午、晚上等收视率高的时间段。同时，还可以把广告刻成光盘与楼书、单页以及礼品等派发给目标观众。

（三）电视媒体的具体操作要点

（1）明确自己的重点　项目的卖点很多，如环境、户型、园林、位置等，切忌什么都想张扬但最后什么也表现不出来。因此，只有项目的卖点少，广告才能有穿透力。一般而言，5 秒的广告只能有一个诉求点，15 秒的广告只能有一个主诉求点、一个次诉求点，而 30 秒的广告只能有一个主诉求点、两个次诉求点。

（2）开发商与制作公司通力合作　当开发商或代理商确认了脚本和报价后，要积极参加拍摄中的各种会议，保障后勤协调工作。

(3) 有效是广告的唯一标准 不要认为高雅的广告片就能受到观众的欣赏，通俗就会反感，要根据消费者的兴趣爱好来确定广告片的雅俗、直白和含蓄。要选择合适的电视台和时间段，加强对目标受众的捕捉，提高广告的效果。

补充知识

电视广告的制作分工很细，一般由广告人负责构思，由制作公司负责拍摄、剪接、配乐、配音、计算机特技、动画等工作。大致如下。

1) 构思文稿和脚本。一般而言，在接到客户服务部的新工作演示文稿后，策划总监会指派文案与美术指导共同负责。

2) 客户确认。有的叫做卖桥，指创作人演绎自己的作品，让客户认可。有的会像演戏般演绎自己构思的作品，有的会用大量图画或视频参考材料，甚至会把构思剪辑或拍摄成广告片，让客户更易明白。

3) 报价。构思的点子很多时，由于预算的制作费昂贵而令广告夭折。预算的制作费主要包括拍摄费、后期制作费（包括剪接、计算机效果、配乐、配音等），以及广告公司费用。

4) 制作会议。会议由创作人、导演与客户参加，由导演就广告片的处理手法、选角、服饰、道具、拍摄地点、灯光、配乐等与之沟通讨论，待意见统一后才正式开拍。

5) 送检。由电视台自行审查通过后，再交由客户审片。

6) 拍摄与后期制作。拍摄完毕后，后期制作初步校色，剪片师先剪出毛片，待创作人满意后再加上音乐及配音样本，然后送客户批阅，通过后进行正式的配乐、配音，最后再就配乐、旁白及音效进行混音，成片后再经电视台和客户最后审批，才可与观众见面。

三、售楼书

一般开发商在开始对外预售商品房时都制作印刷精美的资料，用来介绍楼盘特点、交通、规划设计、房型、配套、装饰、设备等情况，市场上称之为“售楼书”。

（一）售楼书的制作原则

从性质上说，“售楼书”是一种宣传资料。上海市房地产转让办法明确规定，广告宣传应真实、准确，否则，造成他人损失的，应当承担相应的民事责任。因此，售楼书对房地产开发企业是有约束力的，企业实际交付给购房者的房屋必须与其提供的售楼书内容相一致。

1. 真实可信的原则

作为成功的开发商，首先应该对自己的项目、自己的客户群体、自己的信誉负责任。所以，售楼书的内容必须真实。从法律角度看，售楼书是开发商对客户在某种意义上的承诺，其内容、数据都应该是严肃认真的，任何夸张、虚伪和差错都是不明智的和不允许的。售楼书设计完成后，开发商不妨请自己的律师审查一遍，防止出现法律偏差与纠纷。

2. 全面详实的原则

项目质量是最基本的，开发商应首先创造一流的信誉与项目，其次才是制作一流的售楼书。

售楼书是楼盘销售信息的集合，它主要面对的是客户，客户希望了解楼盘全部的和详细的信息，开发商也应该借此把楼盘的卖点信息通过楼书传达给消费者。因此，楼书所告之的信息必须全面详实。

（二）售楼书的内容要点

从开发商宣传自己楼盘和客户的购买心理以及成功的售楼书文案等各种角度来看，售楼书大致应包含以下12项内容。具体在制作售楼书时，这些内容并非全部都有，要根据实际情况酌情增减。

1. 楼盘的地理位置

楼盘的地理位置是客户第一关心的问题，因此，应在售楼书的显要处予以标明。位置图应尽量准确，表现出交通条件、周边商业、教育与物业环境。

2. 项目的规划设计

项目的规划设计包括小区规划、规划理念、规划特点、楼盘建筑设计者、设计理念、建筑特色、环艺绿化风格特色等。随着人们对生活品味日渐高层次的追求，消费者日益重视建筑内部和外部空间的处理、建筑风格、建筑外立面特点，因此规划设计也是售楼书介绍的重点部分。

3. 小区的配套内容

这部分往往是开发商强调的内容。如小区会所、购物条件、健身设施（旅游馆、网球场、健身房等）、教育设施（幼儿园、中小学校等）、娱乐设施、社区交往场所等。

4. 物业楼盘的景观

售楼书中最好有一张体现小区物业特色的效果图，表现建筑物外立面、环境绿化、小区景观、交通组织等内容。在售楼书的其他位置，可以补充给出建筑物局部立面，表现阳台、飘窗等最具特色的细部处理。如是现房，采用现场照片来表现物业楼盘的实际景观，这对销售会有较好的作用。

此外，售楼书上的立面图、效果图表现的建筑外墙颜色与展会上楼盘模型的颜色应保持一致，不能相差太远。此事虽小，却往往会给客户留下开发商随意改变的印象。

5. 楼盘的结构特点

应在售楼书中阐明建筑的结构体系（剪力墙、框架剪力墙、是现浇混凝土还是钢结构等）、结构抗震特点、层高（结构层高或楼层净高）等，这些都是客户关心的内容。

6. 楼盘平面图

有些开发商在售楼书中只提供单独的户型图，没有整个楼座的平面图。这样对客户很不方便，因为客户无法比较和了解同一平面内各户型的相互关系、电梯楼梯的位置，所以，有必要在售楼书中提供标明各个户型的楼盘平面图。

7. 户型平面图

很少有开发商会拿出没有户型平面图的售楼书，但缺少各房间的面积指标却是常见的。建议一定要给出每一户型中各房间的面积指标，并注明是销售面积还是使用面积。

8. 价格表

考虑各销售阶段房价的调整与变化，价格表可作为附件出现。另外，付款方式和物业管理收费标准也应说明清楚。

9. **车位与车库情况**

除高标准别墅外，车位是否充足、车库出入口位置、车库形式等都是客户选择商品房时越来越关心的问题。

10. **楼盘各种设备的说明**

开发商应对楼盘和小区的各种设备如采暖、通风、空调、电梯、给水、安防、智能化、供电、通信、热水、燃气等配套设备的形式与标准给予明确的承诺。

11. **楼盘的装修标准**

楼盘的装修标准包括以下内容：

（1）说明楼盘的室内装修标准　如户内装修的内容、具体部位的装修标准（如户内门窗的材质、品牌；外窗玻璃的层数、颜色与隔音性能等）、洁具品牌、上水管线材质、厨房设备等。如是精装修，则更应给予具体说明。

（2）说明楼盘的外装修及公共部位装修标准　如外墙材质、饰面材料；入口大堂、每层公共走廊、电梯前室、楼梯的装修标准等。

12. **特别说明**

建设一个小区就是为客户们设计一种生活，打造一种社区文化。成功的开发商，不仅要为客户建造优质的硬件环境，更要在项目之初就策划好为客户提供怎样的软件环境，为入住的业主提供什么样的服务，服务的内容与标准、物业公司的信誉与业绩、社区文化的内涵与特色，以及他们的邻居是谁等。因此，如果有成熟的设计不妨在自己的售楼书中给予特别说明，以强调项目的特色。

（三）售楼书的制作要求

1. **设计考究**

售楼书不仅是销售信息的载体，更是沟通开发商与消费者的桥梁。怎样捕捉客户的目光是开发商普遍关心的问题。因此，楼书的设计要精美、考究、有个性、有特色，这是吸引客户的重要手段之一。成功售楼书的语言应该是优美、朴实、深刻的，切忌广告色彩太浓；楼书的插图、照片要精炼、到位，切忌漫无边际、张冠李戴、过分夸张。如明明是经济适用房的售楼书，却非要印上法国宫廷的雕塑，凡此种种过分的夸张行为，不但起不到吸引客户的作用，反而会使客户们远离楼书中描绘的海市蜃楼。

2. **携带方便**

售楼书要开本大小适中、便于携带、字体清晰、与纸张颜色的反差大。很多开发商花了相当多的资金来制作售楼书，售楼书的确也很精美，可是有一点被忽视了：售楼书开本做得很大，公文包装不下，客户携带非常困难；有的开发商甚至选择用很大的单页铜版纸来印制楼书，很像广告画。试想一下，客户怎样把它带走？怎样阅读？还有的售楼书特意采用深颜色底色和很小的暗色字体来印制，年轻人尚要花费九牛二虎之力去猜测，老年客户朋友又怎能看清楚？

总之，开发商要努力通过售楼书宣传自己的项目，尽量满足客户了解楼盘与社区各种情况的需求。

四、户外广告

房地产户外广告主要包括：路牌、霓虹灯、招贴、灯箱、宣传条幅以及车身广告等，企业常把这些户外广告布置于城市的主要交通路口、人群汇集地、产品所在地等处。

户外广告的优点是：①广告展示时间长；②表现手段灵活，针对性强；③可以利用光电技术使户外广告更吸引人，费用比较低，不太受竞争对手干扰。经调查了解，在房屋预购总体中，34.1%的预购者经常注意户外广告，这说明户外广告对有购房倾向的人群具有较好的广告效果。

本教材以车身广告为例说明之。

（一）车身广告的特点

公交车是我国城市中最重要的交通工具，与人们日常生活息息相关，每天穿行于城市的机场、车站、宾馆、市中心、居民小区等地方，成为一种渗透力极强的户外广告媒体。在诸多的户外广告媒体中素有“城市流动广告”之称，它具有以下特点：

（1）可移动的户外媒体　其传播方式是主动出现在受众的视野之中。从人的注意力角度讲，移动的物体总是比较容易被注意到，到达率高。

（2）多方位、近距离接触消费者　其有效可视范围大于270度，从根本上消除了视角盲区。通常情况下，受众可同时接触到两个广告位，有效增加接触机会，确保广告的实际到达率。另外，车身广告的高度位置正好与行人视线持平，可以将广告信息近距离地传播给受众，可视机会大。

（3）广告发布面积巨大，有效传播距离远　单层车上画面面积大于$30m^2$，双层车超过$70m^2$，堪称移动的巨型广告牌，可以带来强大的视觉冲击效果。据测量，车身广告最大有效可视距离达到70~75m，即使在恶劣气候下，从30m外小角度观看，广告画面依然清晰可见。

（4）高接触机率和稳定的接触频次　公交媒体线状交叉成为网络，覆盖城市各个区域，带来广阔的广告覆盖范围，并完整有效地接触目标人群。

（5）较低的千人成本（CPM）　据统计数据表明：在全国主流媒体中，杂志的平均千人成本最高，为20.8元，其次是电视广告，20.64元，报纸广告为10.28元，电台广告为4.43元，车身广告为1.19元。所以，在所有媒体中，车身广告的平均千人成本最低，最具有竞争力。

（二）车身广告的具体操作要点

（1）发布线路　选择投放线路时，要根据不同楼盘的品位、消费者的特点有针对性地选择，让目标消费者有更多机会看到广告。

（2）发布时期　按照开盘时期和工程进度可以提前发布、同期发布、有针对性地发布，具体要与其他媒体结合运用。

（3）车身广告与其他广告排期的配合　长期车身广告配合间歇式投放的电视广告，以达到长期维持品牌知名度的目的；在没有电视广告投放的情况下，用间歇式车身广告来维持楼盘知名度；长期电视广告与车身广告同时叠加投放，以期一定时间内达到最大的广告效果。

五、夹报、传单与海报广告

房地产传单海报广告主要指通过人员散发关于企业或楼盘介绍的印刷品，散发地点常根据房地产目标消费者层次的不同，选择闹市街头、商店门口、办公楼聚集地以及住宅区等地。

夹报、传单与海报广告的优点是：①费用低廉，比较灵活；②由于通过人员散发，广告触及面较广，且广告带有一定的强迫性，对加强宣传印象有相当的效力。其缺陷为：①由于夹报、传单与海报广告一般不为人重视，尤其是传单，常常是拿了就扔，因此，广告宣传品的散发要有一定的连续性和持久性；②传单和海报广告的散发也会受到市政及环卫部门的限制。

本教材以夹报广告为例阐述之。

（一）夹报广告的特点

夹报广告就是把客户的广告宣传页夹在报纸里面，以1+1投递的方式，随着报纸送到客户指定范围内的广告对象手中。它是一种价格合理、信息丰富、印刷精美、受众广泛的广告媒体，具有以下特点：

（1）灵活高效、针对性强、到达率高　由投递员根据客户的要求，以1+1夹寄的方式投递，保证准确及时，使用户易于接受，无陌生感，广告接受率高。

（2）投入低，性价比高　夹报印刷、投递费用低，可以根据客户要求指定投放时间、投放数量和投放对象，到达率高。

（3）信息量大　夹报形式上设计精美，不受规格和尺寸的限制，具有强有力的视觉冲击力，让夹报广告不会淹没在泛泛众多广告中，使广告效果尽得彰显。

（4）可随报进入高档社区和各大写字楼　很多高档社区禁止直投人员进入，即使进去了，进行投递时物业管理人员也会进行干涉，造成高档社区商品信息的空白。夹报可完全弥补这一缺点。

此外，夹报还具有发行规范、收效快、可监控、可预测等特点。

（二）夹报广告具体操作要点

（1）夹报设计要讲究　有的客户拿到报纸后，连走带翻，看到夹报顺手就扔了，这样就没有广告效果了，还影响环境卫生。因此，夹报设计要有吸引力，印刷精美。如某楼盘夹报，题目非常新颖，第一句就是“你如果丢掉它，就等于丢掉了8888元”，这样自然会吸引读者看下去。

（2）与报亭和当地报社搞好关系　报亭、投递员是夹报传递的直接参与者，与他们搞好关系，让他们积极参与，会提高广告的效果。

（3）夹报与其他广告媒体的配合　根据项目的营销周期，夹报要配合其他媒体进行宣传，从整体来提高广告的效果。

（4）选择投放对象　投放夹报时，要分析订购报纸的客户是否与楼盘的客户属于统一类型，就是要对大的目标客户群进行投放，做到有的放矢。

六、DM 广告

DM 广告，又称为“直接邮寄广告”，即通过邮寄、赠送等形式发放楼盘介绍书、房源说明书、宣传小册子等广告，将宣传品送到消费者手中、家里或公司所在地。

（一）DM 广告特点

（1）针对性强　传播对象完全可以根据自己的意愿决定，即可以有针对性地选择目标对象，以提高广告的针对性，做到有的放矢，减少浪费。

（2）“一对一”地直接发送　DM 是对事先选定的对象直接实施广告，减少信息传递过程中的客观挥发，使广告效果达到最大化。

（3）灵活性大　在广告内容上不受广告发布时间、媒体面积等方面的限制，可以对楼盘或房源进行详细的介绍，可以自主选择广告时间、区域，灵活性大，更加适应善变的市场。

（4）广告制作简便、费用较低　相对于售楼书和其他广告媒体，DM 派单制作简单、费用较低。在设计上，从信封到内部的印刷品均应该做到准确、形象、美观、有鲜明的个性，减少目标消费者对此类广告的排斥心理。

（5）广告效果客观可测　可以根据派发的 DM 广告数量，以及消费者来访和来人量进行统计分析，广告效果预测比较客观，广告投放人可根据这个效果重新调配广告费和调整广告计划。

（二）DM 广告具体操作要点

（1）广告内容要真实　向客户传达的楼盘质量、品位、景观等内容不要过于夸张。

（2）选择广告对象　选择的广告对象要与目标顾客一致，要与邮政部门配合好。

（3）DM 广告要与其他媒体配合使用　DM 广告形式不拘，有利于第一时间抓住消费者的眼球。但必须与其他媒体配合，才能达到最大的广告效果。

示例

上海恒积大厦“新赚钱时代”的广告，是以 100000 万元人民币征求 100 种投资方法，引起人们对投资的广泛注意，并收到 5248 封来信。随后推出了大量版面的报纸广告和进行大批量的 DM 派送。报纸广告颇有创意，如一则整版广告标题是“给四角与找一元”，促使人们产生投资回报 250% 的联想。DM 信封的一段话也写得巧妙：“怎样赚得快？赚得稳？赚得轻松？拆封见喜！”信封拆开，图文并茂的 DM 很有鼓动力。

七、售点广告

房地产售点广告主要指房地产销售处或楼盘销售现场的广告，可分为室外售点广告和室内售点广告。室外售点广告包括：广告牌、灯箱以及售楼处和楼盘上拉的横幅、条幅等；室内售点广告包括：售楼处内的楼盘、小区模型、照片及电子显示屏等。

售点广告能有效引导和促进消费者对本楼盘特色的认识，树立售点及楼盘的形象，加深消费者的印象，是最重要的广告促销媒体。售点广告已经引起开发商或代理商的重视，开发商或代理商努力制造售点广告强力诉求的效果，引发上门或路过的消费者产生了解楼盘的欲望，提升售点的现场媒体效果。

八、网络媒体广告

网络媒体广告，主要是指利用计算机联结而形成的信息通信网络作为广告媒体，采用相关的电子多媒体技术设计制作，并通过网络传播的广告形式。其传播内容是通过数字技术进行艺术加工和处理的信息，广告活动主体通过互联网传播广告信息，从而使人们对其产品、服务或观念等得以认同和接受，并诱导人们的兴趣和行为，以达到推销其产品、服务和观念的目的。

与传统媒体和传统媒体广告相比，其最大优势不在技术上，而在心理上。对网民的研究表明，消费者之所以点击广告，心理因素是主要动因。网络广告是一种以消费者为导向的个性化的广告形式。消费者拥有比传统媒体更大的自由。他们可根据自己的个性特点，根据自己的喜好，选择是否接收，接收哪些广告信息。一旦消费者作出选择点击广告条，其心理上已经首先认同，在随后的广告双向交流中，广告信息可以毫无阻碍地进入到消费者的心理中，实现对消费者的100%的劝导。

（一）网络媒体广告的特点

（1）覆盖范围广泛　网络联结着世界范围内的计算机，它是由遍及世界各地的各种网络按照统一的通信协议组成的一个全球性的信息传输网络。因此，通过互联网络发布广告信息范围广，不受时间和地域的限制。从广告角度看，作为广告媒体，其传播信息的范围越广，接触的人越多，广告效应越大。从广告用户市场看，用户市场遍及世界各个角落。

（2）信息容量大　在internet上广告主提供的信息容量是不受限制的。广告主或广告代理商可以提供相当于数千页计的广告信息和说明，而不必顾虑传统媒体上每分每秒增加的昂贵的广告费用。网络上一个小小的广告条后面，广告主可以把自己的公司以及公司的所有产品和服务，包括产品的性能、价格、型号、外观形态等等，认为有必要向自己的受众说明的一切详尽的信息，都可以制作成网页放在自己的网站中。可以说，费用一定的情况下（为在别的网站上存放广告条而交），广告主能够不加限制地增加广告信息。这在传统媒体上是无法想象的。

（3）视听效果的综合性　网络是伴随着新科技发展起来的。网络广告由于先进的科技，具有了传统媒体在文字、声音、画面、音乐、动画、三维空间、虚拟视觉等方面的一切功能，实现了完美的统一。与传统媒体相比，网络广告在传播信息时，可以在视觉、听觉、甚至触觉方面给消费者以全面的震撼。

（4）实时性与持久性的统一　网络媒体具有随时更改信息的功能，广告主可以根据需要随时进行广告信息的改动，广告主可以24小时调整产品价格，商品信息，可以即时将最新的产品信息传播给消费者。并且网络媒体也可以长久保存广告信息。广告主建立起有关产品的网站，可以一直保留，随时等待消费者查询。从而实现了实时性与持久性的统一。

（5）广告投放准确　网络广告的准确性包括两个方面：一方面是广告主投放广告的目标市场的准确性。网络实际是由一个一个的团体组成的，这些组织成员往往具有共同爱好和兴趣，无形中形成了市场细分后的目标顾客群。广告主可以将特定的商品广告投放到有相应消费者的站点上去，目标市场明确，从而做到有的放矢。而信息受众也会因广告信息与自己专业相关而更加关注此类信息。另一方面体现在广告受众的准确性上。上网是需要付费的，消费者浏览站点的时候，只会选择真正感兴趣的广告信息，所以网络广告信息到达受众方的准确性高。

（二）网络媒体广告具体操作要点

（1）确立网络广告目标　网络广告的目标应建立在有关目标市场、市场定位，以及营销组合计划的基础之上，通过对市场竞争状况的调查分析，确定明确的广告目标。当然，在公司的不同发展时期有不同的广告目标，如对于产品广告，在产品的不同发展阶段，广告的目标也可以区分为提供信息、说服购买和提醒使用等不同形式。

（2）确定网络广告预算　除了交换广告等免费推广方式以外，网络广告通常是要付费的，在某些情形下，费用还很高。因此，为实现一定的广告目标，需要认真做好广告预算。常用的广告预算模式有：量力而行法、销售百分比法、竞争对等法、目标任务法等。

（3）广告信息决策　即根据广告的目标、公司的发展阶段、产品生命周期、竞争者状况分析等信息，确定广告诉求重点，设计网络广告。

（4）网络广告媒体选择　做出了广告信息决策之后，就要为广告投放做准备，其中最主要的任务就是选择网络广告媒体。主要步骤包括：确定所期望的送达率、频率与效率，选择需要的媒体种类，决定媒体的使用时机以及特殊的地理区域等。

（5）网络效果监测和评价　它不仅可以对前一阶段广告投放的效果做出总结，还可以作为下阶段调整和改进广告策略的重要依据。而网络广告效果的最直接评价标准是显示次数和点击率，即有多少人看到了此广告，并且又有多少人对此广告感兴趣并点击了该广告。

补充知识

房地产网络广告除了一般的网络广告形式以外，还有其自身特殊的广告形式：

1. 楼书。房地产网络广告的楼书最具有特色，其内容相当丰富，声、画、字俱全。

2. 信息发布式广告。目前所有的房地产门户网站或一般网站都具有免费或收费的楼盘信息发布系统，开发商可以在上面发布楼盘的信息，其最大的优点是便于浏览者迅速、有条理性地了解最多的楼盘信息。主要表现为文字、户型等。

3. 整网站广告。这种网络广告最为昂贵，其信息容纳量几乎包含整个房地产项目的内容，消费者可以全面了解楼盘信息。一般来说，开发商委托某著名房地产门户网站，建立几个自己楼盘的Web页面，并且在门户网站的显眼处做好图片或文字连接，让浏览者点击进入查看楼盘页面。当然广告主也可以建立自己的Web服务器和独立的域名，制作自己独立的网络广告网站，但这种费用更高。

4. 通栏广告。为了适应房地产广告信息发布量大的特点，现在比较流行的房地产网络广告是大的横幅广告，这种横幅广告要比一般的480×60大小的广告要大得多，一般是横贯整个网页页面，高度也一般达到了120像素。

5. 擎天柱广告。这种广告与通栏广告有异曲同工之妙，同样是为了满足房地产广告信息量比较大的特点。只是这种广告是竖着位于网页的某一边。

当然，房地产网络广告还有其他很多形式，如 logo 广告，banner 广告。而这些广告形式都与其他行业的网络广告没什么大的差异，这里就不多讨论了。

九、短信广告

短信广告顾名思义就是通过发送短信息的形式将企业的产品、服务等信息传递给手机用户，从而达到广告的目的。它是基于通信服务商直接提供的短信接口实现与客户指定号码进行短信批量发送和自定义发送的目的。随着中国手机用户的快速增长，手机短信作为“第五媒体”的地位，已经得到广泛的认同，与传统的媒体广告相比，短信广告拥有庞大的受众群体。因此，短信广告正在越来越受到商家企业的青睐。

（一）短信广告特点

（1）速度快　其传播不受时间和地域的限制，全国任意省市都一样；发送数百万手机用户，均可在发送完毕后马上接收到广告信息。而且发布广告内容可以随时更改，保证最新信息在最短的时间内传播给消费者。

（2）分众性、回报高　短信广告直接影响到最有消费力的一族，且同一产品可根据不同的接收对象轻松传递不同的广告信息，以求最大限度激发客户的购买欲。

（3）精确性　它可以直达接收者手机进行“一对一”传递信息、强制性阅读、时效性强，100%阅读率，在媒介与人接触的有限时间中，能提高人与广告的接触频率。

（4）蔓延性　其散播性强、速度快，一分钟即时发送，一瞬间万人传播。接收者可将信息随身保存，随时咨询广告主，需要时可反复阅读，并可随时发送给感兴趣的朋友。

（5）灵活性　广告主可根据产品特点来选择广告投放时间，甚至可具体到某个具体的时间段内发布。

（6）互动性　它可以让机主与销售终端互动，与大众媒体互动，通过这些使短信用户参与到商业互动中，短信广告使人们参与互动的机会大增。

（7）低成本　短信广告的发布费用非常低廉，与传统媒体动辄上几十万甚至上千万的广告费用相比，短信广告的成本几乎可以忽略不计。而通过短信平台提交短信广告，比直接用手机发短信息更便宜，大大降低了广告主的广告发布成本。

（二）短信广告具体操作要点

（1）制作短信广告内容　短信广告以 1 条短信容量为最佳，因此在选择短信广告时，应注意设计短信内容，做到重点突出、内容全面，吸引力较强。

（2）选择较好的服务商或软件提供商　在这里要确定服务商提供的目标人群数据库是否精准、服务商短信发送到达率是否有保障等因素。

（3）选择发送时间　通常是在上午的 11：00—12：30、下午的 17：00—18：00、晚上的 20：00—21：30 三个时间段为最佳。

（4）评估短信效果　在短信发送后，及时做好短信效果统计，即统计多少受众是被短信吸引而关注公司业务的，为公司下次决策提供经验。

示例

以下是两条典型的房地产短信广告：

××社区即将面市，户型73平方米两房至120平方米三房，售价仅40多万起，即时登记获额外优惠。专线********。

××楼盘周六举行“迪士尼欢乐夏令营”，精彩游戏、丰厚奖品与您共度周末。××山景150-300平方米洋房同期热推。热线：********。

十、其他宣传推广形式

除了以上媒体之外，还有很多宣传形式，如折页、杂志、电台、软文、水电票据等，只要能直达客户或能让客户看到、听到的手段都可以用。这里不再一一阐述。

第五节　房地产广告文案写作与广告布局设计

一、广告文案写作

广告文案写作是将广告信息诉诸文字的过程。从广告的内容上看，任何一个完整的房地产广告作品，都包含题材、主题、标题、正文、插图五个部分。在确定了广告题材和主题之后，文案写作的重点就是如何安排广告的标题、正文、附文、插图的内容和形式了。

1. 房地产广告的标题

广告标题也称标语，它是广告文稿的精髓。其作用是概括和提示广告内容，帮助消费者一目了然广告的中心思想，既起到提示作品主题实质的作用，又起到吸引消费者的兴趣，活泼和美化版面的作用。为了让顾客一眼就明白广告意图，标题应一语道破广告能为消费者带来什么好处。也有些标题间接宣传产品的特点和功能，用词讲究，具有艺术性，使人过目不忘。好的广告标题语能积累企业或楼盘的无形资产。如一听到“运动就在家门口”，人们会想到广州奥林匹克花园，一听到“五星级的家”，人们就会想起广州碧桂园。

在房地产广告方案中，确定标题是广告写作的主要程序之一，写作时要掌握以下几点要求。

（1）坚持标题的准确性　它是撰写广告文稿的基本要求。定标题一定要与文稿相符。深圳招商海月花园的一句“海风一路吹回家”，不仅表明滨海大道的开通使从市区到该项目无比便捷，更让人体验沿着深圳湾，吹着海风回家的幸福和温馨。

（2）标题要体现主题思想　揭示广告主题是撰写标题的主要任务。如广州丽江花园的“一方水土一方人，美善相随丽江人”，体现了丽江花园高素质的住户和人性化的社区居住环境。

（3）标题要开门见山、画龙点睛　尽管标题只有几个字，但是要给人以丰富的联想、深邃的意境。如深圳怡乐花园的“远看山有色，人来鸟不惊”，以如诗如画的生活美景对购房者产生巨大的吸引力。

(4) 语言生动活泼、富于创意　标题用词要贴切，不生搬硬套，故弄玄虚。如深圳大世界商城“好地段 + 低价格 = 投资上选”，言简意赅，突出了楼盘的地段和价格优势，表明是投资的首选。

(5) 标题不宜过长　广告标题最好控制在12个字之内，有专家认为超过12个字的标题，读者对它的记忆力会降低。

(6) 标题的分量是承诺　最具有推销力的标题是承诺——给读者能带来什么利益。在标题中要尽可能回答你的潜在顾客所关心的问题。如深圳鹿鸣园“大房、大厅、大花园，鹿鸣园大大的不一样”的三“大”满足了购房者对房子间隔和环境的要求。

(7) 信息性标题领潮流　能为人们提供最新信息的标题是最容易引起人们注意的标题。所谓新信息，是指广告标题中加上新闻性的消息，诸如新房型的推出、新技术及新材料的使用等。如银河世纪经典的“错层，创意来自美国山地别墅”，着重宣传错层新房型的推出，极大地引起了业内外人士的注意。

(8) 标题要安排在醒目的位置上　标题的字体要区别开副题和正文的字体，一般用大号字为宜。要把标题与图画视为一个整体，力求两者相互都起陪衬和烘托的作用，以增强整个广告的效果。

2. 房地产广告文案正文

所谓广告正文，是指广告文案中处于主体地位的语言文字部分。其主要功能是解释或说明广告主题，将在广告标题中引出的广告信息进行较详细的介绍，对目标消费者展开细部诉求。

广告正文可以使受众了解到各种希望了解的信息，受众在正文的阅读中建立了对产品的兴趣和信任，并产生购买欲望，促进购买行为的产生。广告正文的主要表现内容如下。

(1) 解释和证实利益点　对标题中提出或承诺的房地产产品或其利益点给予解释和证实。

(2) 说明和介绍　对广告中开发企业及其开发商的观念、项目、提供的服务、功能、个性等方面进行说明和介绍。

(3) 表现广告中的企业、商品、服务、观念等的背景情况　如商品由什么企业开发建设，该企业在同类企业中的位置等，甚至是商品制造过程中的有利于商品形象建立的趣闻逸事。表现商品的背景是为了形成品牌效应，或使消费者产生放心购买的心态。

(4) 告知受众获得房地产商品的途径、方法和特殊信息　这里的特殊信息，也可以是折扣、奖励等信息。在直接的销售促进的广告配合中，其折扣等特殊信息可以在标题、正文等各部分中给予表现。一则产品形象广告中，折扣等特殊信息只能在广告正文中或广告附文中进行表现。

在广告正文中可以表现的内容是很多的，而在具体的一则或一系列广告文案中要表现哪些内容，关键是要看广告的起因和目的。

3. 房地产广告附文

所谓房地产广告附文，是指在广告正文之后向受众传达企业名称、地址、购买商品或接受服务的方法的附加性文字。因为是附加性文字，它在广告作品中的位置一般总是居于正文之后，因此，也称随文、尾文。

房地产广告附文的具体表现内容大致分为：品牌名称；企业名称；企业标志或品牌标志；

企业地址、电话、邮编、联系人；购买商品或获得服务的途径和方式；权威机构证明标志；特殊信息如奖励的品种、数量，赠送的品种、数量和方法等。如需要反馈，还可运用表格的形式。

二、撰写房地产广告文案应遵循的原则

（一）广告文案写作的一般原则

广告文案写作的一般原则主要有：不论广告采用何种媒体形式，文案通常是越简洁越有效；最好仅有一个或两个主要构思，文案从头至尾要自然流畅、相互呼应；多次提及品牌名称和主要的消费者利益；对顾客的行为有强大的感召力；广告风格在产品的生命周期过程中不应有大幅度的变化。

（二）常用的广告文案的写作原则

1. 印刷广告文案

印刷广告正文必须详细准确，支持标题，具有可读性和趣味性。文案的长短要视营销目标而定，可利用副标题和图片解说词来增强广告语言的可读性。

如果消费者从广告画面能够自然联想到自己，广告可以激发更多的想象。如前面提到的深圳招商海月花园的广告。如果广告画面图片含有与产品密切相关的信息，在高度参与购买的情况下，广告画面对品牌偏好的影响就更大。

2. 电视广告文案

撰写电视广告文案时，一般要充分利用这一媒体的视觉特性，使用表演、特写等手段，广告镜头衔接得越紧密，广告越有说服力。由于电视广告时间短，不容易传达很多信息，简洁就是至关重要的。要反复出现品牌名称、产品形象，这样能够给观众留下深刻的印象，并且成功的电视广告的关键因素仍然是品牌产品能带给顾客的利益所在。西安某公寓电视专题脚本见表 11-3。

表 11-3　西安某公寓电视专题脚本

镜　　头	解　说　词	背景音乐	备　　注
一个徘徊在闹市的人，无目标地向前走	无解说词	汽车的鸣笛和人声的嘈杂	跟焦拍摄
各个休闲娱乐场所和人流	城市是繁华的，繁华到你的眼睛根本不能跟得上霓虹闪烁的节拍；城市是拥挤的，拥挤到你很难看到城市原来的模样；城市是贫乏的，贫乏到你甚至没有属于自己的一个空间	快节奏的吉他	跟焦拍摄以人流、车流、霓虹灯为主
涌动的人流、街头唱歌的孩子	疲惫无奈的都市人，行色匆匆之间容易忽视自己，也容易忽视别人；他们被这个社会挑剔着，也同样在挑剔着这个社会。做自己喜欢的事情已经成了生活中的一个奢望	吉他声音逐渐拉低，配合街头孩子们弹唱的歌声逐渐扬起	特写、剪辑的片断比较凌乱和繁杂
重新回到前面那个人的背影	如果厌倦了这种没有感动、没有空间、没有尽头的烦躁的生活，那么不如来宏林名座，这里有和你一样的年轻的都市人，他们同你一样理性、同你一样忙碌、同你一样渴望都市的自由	许巍《情人》的前奏	背景简单、干净尽量表现都市宁静的另一面
咖啡店等休闲娱乐场所的年轻人	就如同这个城市接纳了你的热情和激扬，这里也一样接纳你的慵懒和安逸。就像一杯珍珠奶茶，浓浓的奶香间，偶尔的一粒珍珠，最值得回味与咀嚼	许巍《情人》	
字幕	宏林名座 · 宏林建设	同上	

3. **户外广告牌文案**

户外广告牌的信息必须在短短几秒钟内被传达出去，词和画面必须简短有力，开门见山。人们没有时间去欣赏细微精妙的广告。户外广告牌字数越少，越能给人留下深刻的记忆。户外广告牌更倾向于宣传产品，创意上一般与众不同。

三、广告的布局设计

布局设计是指在广告制作之前，把所有要点合理组合的活动。一个布局可以是相对不完美的形式；一个初步的设计也可以是符合制作需要的详尽综合的设计。许多广告公司选择比较初步的布局设计，为制作过程中创造力的发挥留有余地。

进行布局设计时，要对广告的不同组成部分，如标题、图例、文案、认证标志等在页面上的定位安排作出决策。

1. **印刷品广告布局**

对于印刷品广告布局一般要考虑以下5个要点。

（1）平衡　即各要素的分布要令人赏心悦目，留下和谐的视觉印象。

（2）对比　即利用不同大小、形状、密度及颜色进行对比，以增强可读性，更加吸引人们的注意力。

（3）比例　即物体与背景的关系要成一定的比例，要协调，而不能楼盘很小而背景很大。

（4）视觉运动　标题、图例、文案、认证标志的顺序应尽量符合视觉运动的最合理的顺序，当然，在有些情况下，打破常规也有必要。

（5）统一　使平衡、对比、比例、视觉运动等优良性质结合起来，以使思维、表象和设计在布局中完美统一。

布局设计越简单明了，越井然有序，广告本身越清楚易懂，广告越能达到完美统一。在许多情况下，巧妙地利用“空白”，即使广告一大片版图上空空如也，也能收到简洁的效果。

2. **电视广告的布局设计**

电视广告的布局设计可以是一种比较初级的形式，只有一些艺术素描和提示性文案；也可以是一种比较复杂的形式，力图表现每一个细节，如演员们该说什么话、场与场之间如何过渡、认证标记的位置、背景音乐、特殊效果等。当然，在广告的实际拍摄及随后的编辑过程中，广告制作指导还会有选择性地进行一些改动。

第六节　房地产广告语集锦

优秀的广告语往往能为品牌销售鸣锣开道，唤起关注，引发欲望，促成购买。

一、房地产广告语的类型

广告语是广告创意表现的一部分，必须遵从市场的整体策略。比较典型的广告语有两种类型：

（1）强调商品的优点　如历德雅舍：“国际典范，超然生活”；广地花园：“都市人的生态家园”；珠江帝景：“每天的水岸心情”这几则广告语，均明确地道出了楼盘最主要的优势卖点。

（2）促使读者采取行动　如长城锦绣华庭：“纯商务，宜投资”和波尔多庄园：“生活就在不远处”这两则广告语，对消费者采取行动无疑将会起到推波助澜的促进作用。

二、房地产广告语的创作要点

（1）体现创意　广告语是广告创意的概括、提炼和升华，它往往以极简练的精辟语句对广告内容作出独出心裁的总结，对产品信息进行强化，以此体现创意的精髓所在。如保利百合“爱家的男人住百合”，就是针对懂得忙里偷闲享受生活的恋家男人，在该人群大受女士消费者青睐的当下，瞄准女士芳心而射出的有效利箭。

（2）强调主信息　通过强调主信息，可以帮助受众深化品牌印象，提高品牌知名度和美誉度。如天誉华庭·伊顿十八“居优越之上”，就是以“优越”作为核心概念，强调该楼盘在设计风格上的独特之处；还有鼎极“以人文，丈量豪宅江山”；银河世纪经典“错层，创意来自美国山地别墅”等均为此列。

（3）熟悉性　广告语较长不容易记忆，较短也未必就能记住，关键在其是否具有独特性，能够让客户熟悉并记忆。如弘基·书香园“高雅，是咖啡的心境；高贵，是名画的表情；高尚，是时代的风景；在这里，人生开始一段美丽的旅行”。该广告语较长，但诗意盎然，读后给人印象深刻，难以忘怀。

（4）结构对称、押韵　受古代诗词的影响，人们长期认为语言对仗押韵才易于记忆，所以广告界历来非常重视广告语的押韵。如海口新世界花园度假村：“海市盛楼新世界，世外桃源幸福岛”。

（5）注重品牌层面　如果各种特点、优点被对手挖掘一空，可以寻找潜在的优势、潜在的标准。如华贸中心“巨擘——东长安街百万平方米建筑集群”，就是借东长安街最醒目的标志性建筑之势，用“巨擘”打造品牌；企业一号公园“智慧之园，财富之源”则是将品牌性格确定为：睿智的、领袖气质的、有远见的、国际的、人性化的、稳重的；还有广州奥林匹克花园“运动就在家门口”的广告语则提倡了一种健康的生活方式。

（6）注重消费者层面　关注消费者所偏爱的需求，可从建筑风格、环境规划、交楼标准、园林设计、配套服务等方面，提炼出“好房子的标准”。如思念·果岭山水“择隐山水，淡定天下”，为灯红酒绿、物欲横飞的喧嚣都市斟上了一杯清心茶；冠德·丽池国宝“不做总统，就做生活的国王”就很平实；万科“建筑无限生活”站在新高度的起点上，为企业品牌带来附加价值。

（7）注重市场层面　也称为竞争环境层面，是要我们把目光放到市场中去，用竞争的观点看同类竞争者在说什么、做什么。如森林半岛“永不落幕的森林派对”，就是在地面普遍硬化、绿地园林稀少的现代都市中，凸显自身“森林”优势，展开有效竞争的好创意。

三、房地产广告语创作要领

（1）力求简洁　浓缩就是精华，去掉不必要的修饰，越简练越好。如东方新世界“凝聚梦想的传奇”；蓝调街区“蓝色是一种信仰”；伊顿十八“居优越之上”；金碧华府“天下无双”；倾城之恋“我有我方向”等广告语，均简洁有力。

（2）单纯明确　传达的概念要单一、明确。如时代玫瑰园“新解构生活”；龙力·天润苑“景色于外，境界于内”；碧桂园“给你一个五星级的家”；丰乐花苑“合适的才是最好的”等广告语，均一目了然。

（3）言之有物　避免空洞的套话，语句要有独特性。如太阳城“建筑承载生活方式”；建业新天地·桂圆“桂花深处有人家”等广告语，均言之有物。

（4）生动有趣　形象生动、充满情趣的广告语更容易打动人心。如锦江国际广场“坐拥黄金旺铺，钱进私人账户”；星河湾“心情盛开的地方”；翔名园“关注环境，关爱孩子”等。

四、房地产广告语鉴赏

天阔：她有气质，您有品位，7至36楼一样山水。

万邦都市花园：寻找生活的美丽。

汐岸国际：生活不在家，生活在选择。

阳光100：为了年轻的中国，为了中国的青年。

汇文名邸：DIY——空间听从结构。

汇景新城：70年代的华侨新村。

汇景新城推出的延展推广系列广告语：都市中心听得到瀑布的绝版山水；都市中心森呼吸的绝版生态；都市中心独立领地的绝版地位。

仁恒翠竹园的“用现房扫盲”系列广告语：挑高4.8米，是酒店厅堂的“海拔”，也是这里客厅的“身高”；TOP星空跃层别墅，眼界决定世界。

国际商会大厦：商务超国界，抢先赢未来。

江鑫花园：深港两地生活无边界。

创世纪海滨花园：超前30年美丽家园。

明月清泉：小隐于野，大隐于市。

珠江帝景：每天的水岸心情。

保利百合：爱家的男人住百合。

白云高尔夫·荷塘月色：自然生活哲学。

智邦家园广告语：白沙小夜曲，智邦新人家。

香格里拉：到香格里拉寻梦，去城市花园找家。

怡景阁：君临天下，气度非凡。

三水一生：有爱，还要有家。

东海水漾人家：守候家的温馨。
临安吴越山庄：绿山、绿水、绿风、醉眼、醉心、醉翁。
六合天寓：尺度，决定视野，改变生活。
紫竹人家：享受生活每一天。
碧桂园：给你一个五星级的家。
新亚洲花园：大亚洲、大花园。
六和源：一栋洋房，一江春水，一种人生。
百好花园：住得好，才是真的好。
名城左岸花园：人生是河，幸福是岸。
贺田尚城：与风景同居，与风尚同居。
凤凰城：白领也可以住别墅。
国立·山水苑：生活就在山水间。
中都青山翠湖：那山，那湖，那森林……。
桐安雅居：梧桐树下健康。
白云高尔夫（荷塘月色）：自然生活哲学。
交运山庄：交运山庄等您回家。
澳门花园：海景、电梯、洋房。
波尔多庄园：生活就在不远处。
圆龙园——品味园林，品味生活。
翠海花园：把公园搬回家。
鸿荣苑：状元地段，状元楼盘。
九月森林：树是回家的方向。
水榭香堤：潺潺岁月，恋恋生活。
锦绣人家：城市黄金分割点。
滨江苑：璀璨江景得意居。
名都花园：鸟语花香纯水岸。
绿色家园：房在林中，人在树下。

广告语在推销商品、提高经济效益的同时，不能忽略其社会效应，注意尽量不要让广告语引起争议，或带来负面影响。如长沙媒体上出现的配有身穿内衣的性感女郎图片的房产广告中："突破三点，大得让你心动！""位置不同，价格不同，享受不同"的广告语就引起了不小的争议。

【案例 11-1】

广告策略部分（节选）

一、总体目标

在明确市场定位的前提之下，通过一系列的推广活动及广告攻势，在短时间内将楼盘以"高起点、高品质、生态健康型社区"的形象呈现在消费者面前，从而实现理想的销售结果。

二、实施计划

1. 主广告语确定（2004年6月10日前）

2. 制定完善的CI手册（2004年8月20日前）

VI部分：

- 项目视觉形象识别系统。
- 户外广告牌、大桥两侧道旗、市内接待中心导视牌、门楣广告牌。
- 宣传单张、折页、楼书、DM单张、户型单张、三维动画等。
- 各功能分区牌及提示标语，如经理室、签约室、财务室、小心地滑等。

BI部分：

- 服务识别系统章程性文件（如五证、开发商资质、营业执照等）。
- 行销队伍的章程建立和业务培训（销售管理章程，客户接待制度等）。
- 员工的职业和形象概念培训计划（销售人员各阶段培训计划表）。

3. 销售现场布置

（1）示范单位布置：工地设交楼标准房一套，精装修样板房做1~2套。

（2）销售中心布置：现场销售大厅装饰高档典雅，体现项目素质，共分为五个功能区：接待区，洽谈区兼影视播放区，模型展示区，休息区，办公区。

市内接待中心布置则设置接待区、洽谈区、模型展示区、办公区四个功能区，装饰上更注重营造温馨典雅的“家”氛围，以增强项目的亲和力。

（3）项目围墙广告：现场销售中心两侧采用反映生活方式的墙体喷绘画，如购物、运动、休闲等的形象广告。其他围墙广告可考虑采取油漆绘制，内容包括案名、主打广告、属性定位、精英团队、副标题广告语等。

4. 推广方式

（1）SP活动　①大桥通车即项目奠基仪式，同时举办诚意认购活动，发放VIP卡；②项目正式开盘之日，举行大型表演及抽奖活动；③业主嘉年华活动会；④五一、十一、春节及相关时间节点的促销活动；⑤项目主体封顶、入伙等促销活动。

（2）广告宣传　①报纸广告，《××日报》覆盖××市及周边三县二区，是××市党政报，但其发行量较大。《××广播电视报》覆盖××市及周边三县二区，发行量较大，家庭订阅居多，因其为周刊，所以广告操作不灵活。②电视广告，××电视台1、2套，广告成本偏低，但收视率也低。③户外广告牌，××绿茵广场黑天鹅宾馆外墙150m^{2}左右的大型户外广告，北桥“工”字路口附近150m^{2}广告牌。④流动车体整车广告，101路、103路、99路、18路车。⑤DM单张投递广告，配合各大促销广告及楼盘强势卖点宣传时所用。⑥道旗广告，沿昭萍西路至工地现场，特别是大桥两侧。⑦主要活动时用到的跨街条幅及布幔广告。⑧另外有针对性定点宣传，主动出击是一种最好的方式。

三、广告诉求

1. 广告语集锦（一）

塞纳名城六大生活主张：

1）都市生态生活主张：塞纳名城是阳光的、绿色的、自然的、生态的。占据横龙山脉连绵山体，拥有赏心悦目的无敌山景。横龙山庄、休闲山庄、水上乐园触手可及，推窗见景，美景尽收眼底。

2）都市国际生活主张：塞纳名城采用法兰西建筑风格设计，唯美纯粹的穹顶、法式观景台、360度落地窗，诠释“建筑是凝固的音乐”的真正内涵，演绎国际建筑的流行式。

3）都市便捷生活主张：塞纳名城巨资打造的长兴立交，一桥横跨东西，几分钟直达绿茵广场，交通、娱乐、休闲、购物、子女就学极其便利，尊享市中心区一级生活配套，可谓距繁华很近，与清幽更亲！

4）都市健康生活主张：塞纳名城逾7000m^2健康会所，健身中心、台球室、乒乓球室一应俱全，让你在家门口享受运动的快乐，与此同时，横龙山脉大片森林释放出大量负离子清新空气，远离城市的喧哗、噪声、灰尘，这里每一处都是鲜氧，生活在此的你当然可以尽享天伦。

5）都市价值生活主张：塞纳名城隶属规划中的长兴片区高尚住宅区，为片区内第一大盘，社区拥有高起点的建筑规划，一流的环境设计，齐全的社区配套。加上政府宏观调控，使得片区土地供应紧缩，塞纳名城必将成为片区内房产升值“原始股”，当然是即买即升值。

6）都市贴心生活主张：塞纳名城重金打造一套齐全的智能化物业管理体系，一流物业管理公司的加盟，贴心式的服务水准，构筑一道安全、周到、贴心的社区服务网。

2. 广告语集锦（二）

1）一桥横跨东西，改变的岂止是生活……

2）距繁华很近，与清幽更亲！

3）聆听大自然的天籁之音，感悟生命健康的优雅极致！

4）山水结伴，绿茵新邻，宁静与繁华之间，由我自由把握！

5）便捷而富足——从容的都市生活！

四、广告阶段及媒体组合

1. 拟采取五个阶段（主要针对一期工程）

第一阶段：造势期　　时间2004年8月28日至2004年9月27日

第二阶段：试销期　　时间2004年9月28日至2005年2月27日

第三阶段：强销期　　时间2005年2月28日至2005年7月27日

第四阶段：成熟期　　时间2005年7月28日至2005年12月27日

第五阶段：扫尾期　　时间2005年12月28日至2006年2月27日

2. 建议及目标

第一阶段要建立立体推广构架，从围墙广告、软性文章、户外广告等综合媒体对目标进行全方位的信息传递，以在短期内扩大知名度，锁定目标客户。

试销期和强销期活动以报纸广告、公交广告等硬性广告为主，辅以电视广告，同时配合相应的销售和开发新闻，以不断建立信任感。

成熟期和巩固期以报纸广告为主，适当缩小版面，减少频次，持续巩固。

扫尾期主要以报纸广告、DM单张、清盘活动等方式进行扫尾。

3. 媒体组合及推进时间

户外广告期限为两年，车体广告期限为一年，电视广告每日3次按周或按月播放。具体安排见表11-4。

表11-4 媒体组合及推进时间

内容＼时间	7月	8月	9月	10月	11月	12月
××日报	★	★★	★★★★★	★★		★★
×广播电视报	★	★	★	★		★
公交车广告	◎	◎	◎	◎	◎	◎
DM直邮		★	★★★★★	★		★
户外广告	◎	◎	◎	◎	◎	◎
电视广告	★	★	★	★		

五、广告费用预算

1. 总体预算

我们按照项目总销售收入的1.5%来计，则总投入费用为300万元，由于项目是开发商在×市的第一个项目，同时也因项目规模影响，此项目必须走品牌开发路线，另外商业部分是本案利润最大的部分，花费在商业部分的宣传费用也将较大。同时出于对竞争对手"金典城、御景园、雅典世纪花园"的考虑，这些盘在下半年均是一个强销期阶段，加上本案也将于9月中旬入市，因此下半年的广告投入费用相对较大，约为总预算费用的25%以上，即75万元以上（沙盘、户外广告、售楼车、印刷费、各类活动费不含在此费用之中）。

【备注】 ① 报纸广告费用预算截止到2004年12月31日。

② 各大媒体的使用情况根据后期媒体效果评估后作具体调整，现阶段只按地级市一级常规入市推广方式宣传。

2. 媒体使用开支预算

（1）报纸媒体费用 ××日报（主导媒体）182000元（折后价）；××广播电视报（辅助媒体）70000元（折后价）；DM直邮广告（辅助媒体）48000元（折后价）。

（2）电视媒体费用 442800元（折后价、包括制作、创作费）。

一期工程年底前媒体费用合计约76万元。

具体费用明细见表11-5。

表11-5 2004年下半年广告媒体使用计划表

时间	内容	媒体计划								合计费用/元
		××日报		××广播电视报		DM直邮		××电视台		
		版面	价格/元	版面	价格/元	版面	价格/元	版面	价格/元	
7.14	售楼部开放告示	整版彩色	28000							
7.16	售楼部开放告示			整版彩色	20000			45秒 30×3	110700	
8.23	诚意认购活动告示	1/2彩色	14000							
8.27				整版彩色	20000	整版彩色	6000	45秒 30×3	110700	

（续）

时间	内容	媒体计划								合计费用/元
		××日报		××广播电视报		DM 直邮		××电视台		
		版面	价格/元	版面	价格/元	版面	价格/元	版面	价格/元	
8.30	诚意认购火热进行中	1/2 彩色	14000							
9.7	项目建筑与园林篇	1/2 彩色	14000			整版彩色	6000			
9.14	项目户型与配套篇	1/2 彩色	14000			整版彩色	6000			
9.21	项目户型与配套篇	1/2 彩色	14000	整版彩色	20000	整版彩色	6000	45 秒 30×3	110700	
9.25	开盘告示	1/2 彩色	14000			整版彩色	6000			
9.27		1/2 彩色	14000			整版彩色	6000			
10.8		1/2 彩色	14000							
10.15	一期强势热销广告	1/2 彩色	14000	整版彩色	20000	整版彩色	6000			
11.15	三维动画持续一个月播放							45 秒 30×3	110700	
12.18	元旦即一期主体封顶促销	1/2 彩色	14000							
12.25	元旦促销活动	1/2 彩色	14000	1/2 彩色	10000	整版彩色	6000			
			182000		90000		48000		442800	762800

备注：① 此广告计划为一期本年年内广告投入总费用。

② 各强销期广告投入密度相对较大，在销售淡季可将各报纸投放日期错开，或将××日报与××广播电视报的刊登时间相互错开，从而避开两份报纸同时在一天刊出。

③ 电视广告贯穿整个销售期，电视广告按每天每次 15 秒需 410 元计。

④ DM 单张在地级市有着强大的市场份额，由于价格低廉，图文并茂而受欢迎，此计划中按每一万份价格为 6000 元。

⑤ 报纸广告按现行最低价计，日报彩版整版 28000 元、广播电视报彩整版 20000 元。

⑥ 依上述③、④点，广告合计总费用约 76.3 万元。

3. 户外广告费用计划

（1）户外广告　200000 元（包括创作、设计费，期限为 2 年，分别为绿茵广场附近 1 块、工地现场 1 块，共 2 块）。

（2）道旗　100000 元（包括创作、设计费，期限为 1 年，发于通往项目的大桥两侧）。

（3）公交车广告　90000 元（公交 2、5、8 路三条线路，每条线路各 2 辆，按一年 1.5 万元/辆计）。

（4）购置售楼车　200000 元（按全顺 17 座计）。

（5）小礼品　折叠雨伞500份、圆珠笔（3种）各1000份、钥匙扣1000份共3种，约30000元。

本项费用小计：62万元。

4. 销售工具费用

广告公司整合推广费用　120000元（全程参与设计，以下宣传品费用均为印刷制作费用）。

（1）售楼书　规格：315mm×220mm，40P，封面封底采用200g铜版纸，字压模，内页采用185g铜版纸。数量：2000份，费用20000元。

（2）单张　规格：420mm×297mm，2P，225g铜版纸，正面履光膜；数量：10000份，费用15000元。

（3）折页　规格：420mm×297mm，8P，200g铜版纸，正面履亚光膜；数量：3000份，费用10000元。

（4）纸袋　规格：276mm×336mm×80mm，225g铜版纸；数量：2000份，费用7000元。

（5）户型插页　规格：297mm×210mm，2P，5种共10个户型，157g铜版纸；数量：5000份，费用13000元。

（6）展板　规格：1.2m×0.8m，8块，单面背胶喷绘，费用2400元。

（7）模型　大沙盘规格：3m×4m，比例1:125，数量1个，费用60000元。

长兴片区总体规划模型：2m×2m，比例1:1000，费用40000元。

户型模型规格：0.8m×0.8m，比例1:25，数量6个，费用18000元。

（8）三维动画影视宣传片　4分钟，240秒，按每秒500元计，约120000元。

本项费用小计：42.54万元。

5. 前期主要宣传活动费用

长兴片区规划展、××城市发展论坛、诚意认购活动、盛大开盘仪式。

频次：4次；费用：100000元；主要支出：赞助费、礼仪、演出、小礼品等。

本项费用小计：100000元

6. 市内接待中心装饰、物件配置、租金等费用。

租金10000元/月，租期1年，费用12万元。

装饰费用：5万元；

办公桌椅、背投、计算机、复印机等约4万元。

本项费用小计：210000元。

7. 不可预见费用：50000元。

截至开盘后，所有户外、媒体、促销、印刷、模型等费用总计216.84万元。

资料来源：深圳天驷行投资策划有限公司

【案例11-2】

小传单创造大业绩

当目标消费群的“实体”概念逐步具体和明确之后，我们选择的广告是派单。具体做法如下：

1）重新创意设计了以“鲁铁就像这块砖”为主题的宣传单页，由专业人员到附近区域做登门派发和讲解；针对竞争对手多且完全同区域和价格无优势的状况，我们以建筑质量和企业实力为创意出发点。宣传单页正面为感性文案：

“如果我们不说，也许您永远都不会知道，

鲁铁1号用的砖是粉煤灰蒸压砖。

这种砖有很多的好处：保温、隔热、吸音、强度高；

但它也有个大缺点：价格高——比普通砖每块要贵将近2毛钱！

我们用了，而且我们并没有把因此增加的费用转嫁给消费者，

由我们鲁铁自己承担了！

也许一块砖说明不了什么问题，

但哪一个楼盘不是一块砖一块砖地建起来的？

我们觉得，如果楼房本身的建筑质量上不去，

其他任何东西都无从谈起！

为了能把每一个项目做好，

我们下了很多工夫，费了很多心思，

哪怕把工夫下在您根本看不到的地方，

因为我们知道好房子不是吹出来的，

是干出来的！

恰如这块砖，鲁铁人正默默付出、认真承诺着……”

我们还为鲁铁公司全新导入了企业推广理念：实力兑现承诺，执着铸就精品。在今后的时间里，这句话将运用在鲁铁公司自身和楼盘的全部宣传推广中。

2）推出“鲁铁房产铁路系统推广展示月”活动，3人左右的活动小组，携带展架、展板及宣传资料，到各铁路机关、单位、铁路宿舍登门推介。

售楼处的重新装修和装饰也是必要的。工作全面展开3个月之后，总计发放宣传单页约12000份，实际签单75套，而所消耗宣传单页的总费用是2000多元。

而在同期，济南市两大主要平面媒体广告价格为：

报刊名称：《齐鲁晚报》；版面规格：1/4版（通栏）；发布式样：8cm×23cm，套红普通内页版位；版位价格：约23000元。

报刊名称：《济南时报》；版面规格：1/4版（通栏）；发布式样：8cm×23cm，套红普通内页版位；版位价格：约16000元。

在鲁贤家苑和一方雅居两个项目的推广中，基本都是以派发单页唱主角，辅以条幅、路牌等工具，均实现了较为理想的销售业绩。其中，鲁贤家苑项目已处于“清理”阶段，我们推出了以“尾盘集中赢”为主题的促销性质宣传单页，经过鲁贤项目组全体人员的努力，实现销售近150套、总额近4000万元的好成绩；而一方雅居项目虽然是在济南市场的淡季11月份开始销售，且处在重重包围之中（500米范围内在售项目10个），但仍取得了月均12套的好成绩。

至此，在4个月（总共10个销售月：鲁贤家苑4个月、鲁铁1号3个月、一方雅居3个月）

内，以派发总价值8000余元的宣传单页为代价，实现了代理销售额7330余万元的总业绩。具体结果见表11-6。

表 11-6

楼盘名称	建筑面积/m^2	销售均价/(元/m^2)	主要传播方式	费用/(元/份)	总印量/万份	单页发放量/(份/月)	房屋成交量/(套/月)
鲁贤家苑	约40000	1990	宣传单页派发	0.15	3.5	7500	36
鲁铁1号	约20000	2480	宣传单页派发	0.18	3	4000	25
一方雅居	约30000	2580	宣传单页派发	0.14	4	5000	12

以上表格中所列内容，是我们公司2002年度在济南代理销售的三个楼盘的部分数据。这三个楼盘分别分布在济南西部、北部和南部三个区域。它们的共同点都是规模不大、市场定位中等，因而在我们的实战操作中也出现了共性的部分，其中最突出的一点，即用极少的宣传投入取得了极佳的销售业绩。

通过这三个楼盘的精心运作，我们在派单技巧的运用上有以下收获想与大家交流和分享：

(1) 标准派单说词　在派单中，视觉和听觉的结合才能达到最佳的传播效果。我们是有针对性地发放并附带讲解，制定了15秒、30秒、2分钟标准推介说词（即用最简洁的语言将楼盘的最大卖点进行了概括），在将单页传递的同时，进行尽可能的讲解。

(2) 派单点的选择　现在大部分楼盘的发单还是“街头拦截”式，这种方式已越来越成为大家所厌恶的对象，不仅丢弃率极高（75%以上）以致影响市容，而且也不科学。

(3) 业务代表的培训　在幸福园营销公司，有专门的培训和管理规程来使业务代表们尽情发挥，有潜力的会被提升为置业顾问。如一名业务代表曾经连续5个月拿到7000元以上的薪水，但他仍然在踏踏实实地派单。

(4) 宣传单页的印量　这里面有很大的经验成分，但也并非无规律可循。需要操盘者对楼盘销售周期、目标客户群特性、来客成交比例等数据推断准确。

(5) 单页的内容与反馈　对于一张价值1角多的单页而言，能引起目标客户的兴趣，使其打个电话咨询一下，这个单页就是成功的。首先，不能将太多的内容全“浓缩”到小小的单页上面；其次，咨询电话打进来之后，客户能否到现场看房或成交，就是楼盘品质和售楼人员的水平问题了。另外，对于反馈效果不能重“量”而轻“质”，在鲁铁1号这个项目上，单页发放的来电、来客数量都不大，但质量极高、意向极准，也许创造了济南房地产营销中的一个奇迹，2002年11月至2003年1月之间的3个月内，每派单160张成交一个客户。

派单是营销推广中极微小、极简单的部分，但就是这样一个微小的部分，若运用得当亦会有大大的收获，况且看似简单、实则学问多多。

资料来源：郑振飞，济南智盟时代营销策划有限公司总经理，2003年

复习思考题

1. 房地产广告的目标有哪些？
2. 房地产广告策划人员如何结合产品和媒体特点进行广告创意和策划？
3. 你对于项目买点和卖点的说法有什么看法？如何创造并提炼房地产产品的买点（卖点）？

实践、讨论题

以某一开发项目为模型，试进行房地产广告的全案策划。

第十二章 12

房地产活动推广策划

【学习目标】

通过本章的学习，了解房地产活动推广策划的概念与分类；明确房地产营销活动推广策划的指导思想；掌握房地产营销策划的基本原理和程序。

【关键词】

房地产　活动推广　开盘庆典　入伙答谢

房地产活动推广策划就是房地产公关活动推广，是开发商通过借势和造势手段，展示和维护企业和楼盘形象的一种有效促销工具。与房地产宣传推广策划相比，它具有双向沟通的特征，因此，已被越来越多的企业所使用。

第一节　房地产活动推广与借势营销

房地产开发企业的经营效果尤其是营销效果的好坏，除了受产品的质量、价格、服务、顾客和代理商等内外部因素的影响外，与企业或楼盘的形象也密切相关。

一、房地产活动推广的原则

房地产活动推广具有树立和维护开发商良好形象、提高其知名度、协调企业内外关系，以及促进企业效益的提高等作用。其活动推广的原则有以下几点。

1. 不可贪大求全

现代社会是信息爆炸社会，各种商品的信息和消息纷至沓来，消费者能看到、听到和记住的信息很少，这种现象日趋明显。房地产活动推广宣传要想发挥效力，就应该使要传播的信息言简意赅，让消费者记住。否则，传达的信息越多、越复杂，被感知、理解和记住的信息就越少。

2. 宣传引导

活动推广的目的在于树立和提高企业和楼盘的形象，宣传楼盘的卖点，促进销售。因此，宣传过程中传递的信息要围绕主题反复宣传，不要脱离主题。通过座谈会、联谊会、节庆活动、社会赞助等，与公众进行有效的沟通，培养公众对企业、楼盘的感情，赢得公众对企业、楼盘的理解与支持。

3. **整体性与连续性**

公关宣传类似于广告，但又与广告不同，最大的不同是公关宣传是由媒体进行宣传工作，因而公关活动要从整个楼盘的销售周期来把握，注重整体性和连续性，不要为了这次多促销一些楼盘而失去原则，不要过分夸张宣传自己的楼盘优势。每次的活动推广主题如开工典礼、开盘活动、竣工庆典等，都要吻合项目总的主题概念，与其他广告宣传主题方向一致，且相互印证补充。

二、房地产借势营销

借势营销是将销售的目的隐藏于营销活动之中，将产品的推广融入到一个消费者喜闻乐见的环境里，使消费者在这个环境中了解产品并接受产品的营销手段。具体表现为通过媒体争夺消费者眼球，借助消费者自身的传播力，依靠轻松娱乐的方式等潜移默化地引导市场消费。借势营销集新闻效应、广告效应、公共关系、形象传播、客户关系于一体，已经当之无愧地成为了企业产品推介、品牌展示、建立品牌识别和品牌定位等营销活动的首选策略。

一些楼盘的开盘活动、销售活动，采用电视、广播、报纸、户外等广告，进行地毯式轰炸，宣传画、宣传册以及各种夹页、传单满天飞，活动现场很热烈，活动很热闹，节目也不少，也很聚集人气，如花几十万赞助一次晚会、不惜重金聘请名人现场表演等，仔细琢磨一下，就会发现活动形式并没有与活动主题有机结合起来，形式并不为内容服务。活动本身和企业以及产品的宣传并没有多大关系，自然就不能为楼盘销售造势，除了浪费企业的金钱，不会有更多的收获。这不但不能达成预先的宣传效果，还降低了活动品味，影响了其品牌形象。如七八月是传统的销售淡季，而我国很多楼盘在2008年8月前后，借助在我国举行的奥运会，同期举办和奥运相关的活动，而且开发商此间给出了真正的优惠，奥运营销就起到了很好的促销效果。

示例

湖北华凯实业推出了“参加奥运竞猜，可拿购房大奖”的盛大活动，2008年8月8日前，市民只需到华凯·丽江泊林售楼部填写“竞猜资料单”即可，竞猜内容是奥运会中国代表团所获得金牌数目。8月30日上午开奖，一等奖5名，获奖者购房可抵房款10000元；二等奖15名，可抵房款6000元；三等奖20名，可抵房款4000元。对于老客户，分别设立一等奖3名，二等奖5名，三等奖8名，相应免收12个月、6个月、3个月的物业管理费。现场参与开奖的市民，将获赠精美礼品奥运福娃。其结果是，7月份该楼盘的销售量比6月翻了一番。

其他如阳光水岸开展了“迎奥运，送福娃，赢商铺大奖”活动；融侨华府在奥运会期间推出了“奥运金牌大猜想”活动，获奖业主可获得82008元的现金大奖；武汉万科推出了送奥运纪念明信片的活动；武汉天地推出了以“武汉天地奥运嘉年华”为主题的活动；扬州的帝景蓝湾项目推出了获奖业主可获赠一枚极具收藏价值的珍藏版奥运火炬活动；深圳的泰华阳光海开展的“奥运主题月”活动，对购房者给出多重优惠。

三、楼市中常用的造势销售手段

（1）预约　开盘前夕，开发商将有购买意向的客户统统登记在册，待到开盘当日，召集所有预约客户前来售楼处集中签约，如果预约客户较多，还需分时分批，排队等候签订预售合同、缴付房款。这种手段可带动更多客户买房，开发商不惜花重金造势。

（2）排队　往往众人排队的气氛会吸引新来的看房者也加入到抢购队伍中。

（3）摇奖　预先登记并缴纳少量诚意金的客户，待开奖时间一到，买家进入指定的摇奖现场，当场摇奖、唱名、宣布幸运买主。与前两种方式相比，这种方式操作起来成本很高。但通过摇奖，中奖的购买者也会感觉机会来之不易。

（4）会员制　一般没拿到预售许可证的时候，开发商采用这种方式能有效地锁定一批稳定的客户群。对于这种方式，前期的专题中已经有所涉及，此处不再赘述。

（5）价格全透明　这是最“笨”的一种手法，有点硬碰硬的意味。开发商将房管部门的商品房销售价格规定明文张贴，而且细致到每户面积多大、单价多少、总价多少，甚至取消销控，将有无售出也明确标出。这种做法比较适合于有品牌号召力和实力的开发商，当然，房子的品质必须好。

第二节　开盘前的市场预热与内部认购活动

房地产活动推广内容很多，包括各种销售节点、公关活动和真正的促销活动。严格来说，这些活动都和销售有关，其目的都是为了更好地实现销售。

一、开盘前的市场预热

（一）市场预热的方式

楼盘在正式入市前，需要一段时间进行市场预热。多数楼盘都是开盘前两个月左右开始预热，这样可以集中企业优势资源猛烈轰炸，使有限的宣传资源投入不至于分散而造成浪费。楼盘预热的方式一般有两种：

（1）通过硬广告预热　如工地围墙、户外路牌广告等。

（2）通过软广告预热　即利用新闻炒作、系列报道的手法做宣传。

（二）市场预热具体操作要点

补充知识

常用的市场预热话题有以下几种：

1）炒作项目的地域板块。如果有这方面的题材应抓住不放，如深圳的地铁沿线、口岸板块、红树湾板块、东海岸沿线、坂田板块、香蜜湖板块，都曾成为媒体热炒的话题。

2）炒作项目的概念。如这几年轮番登场的E概念、海景概念、Townhouse概念、豪宅概念、情景洋房概念、SOHO概念、小户型概念、水景社区概念、教育社区概念、郊居概念等。

3）炒作开发商的品牌。仅限于真正品牌的企业，如万科、中海、金地、招商、华侨城、百仕达之类。如李嘉诚的和记黄埔在深圳做第一个房地产项目黄埔雅苑，还没有盖一寸楼，已经被业界炒得热火朝天，第一期在打桩之前就被认购一空。

（1）把握市场预热的节奏　预热可慢慢热，从微风细雨到狂风骤雨，这样做的效果是递增的。但不能忽冷忽热，否则就会使效果冲减。如有的项目一开始就先声夺人，轰轰烈烈地宣传一阵子之后，忽然就销声匿迹，等到一年半载之后再卷土重来，消费者心目中的印象早已淡漠，又需从头开始，那些前期宣传费用等于白花了。

（2）通过活动的方式进行市场预热　这种方式容易吸引消费者的注意力。

示例

深圳红树湾某项目和梅林关口某项目采用选美的方式来吸引社会公众的注意。这两个项目评选出来的美女最后都成为项目的售楼小姐，她们貌美年轻，才艺双全，也是楼市上最养眼的话题，令众人津津乐道。

广州一个项目在市场预热过程中请出几位专家学者，以房地产权威人士的身份出席电视论坛，对该项目的销售价格进行预测。在对该项目的地理位置、内在素质、户型结构、园林景观做过综合分析之后，几位专家一致认为该项目的售价应当比较高，远远高于同地段的同类型楼盘。这种预测给楼市造成一种先入为主的印象。许多人忐忑不安地等待着开盘。然而，开盘当天公布的售价却远远低于专家们预测的价格。消费者大喜过望，欣喜若狂，随即抢购一空。

（3）预热期不能太长　长久的等待会使潜在的消费者慢慢流失。多数消费者都认为，为了可以一生享受的好房子，值得再等三个月，但如果让消费者等两年、三年，则许多人会掉头去寻找其他楼盘，毕竟好房子并不是独此一处。

二、内部认购活动

（一）内部认购活动的意义

近年来，很多开发商在尚没有获得“商品房销售许可证”等有关证件前，在正式开盘销售之前，经过一段时间的市场预热之后，在小范围内推出“内部认购”的方式来销售商品房，一方面可以筹集资金，另一方面可以试探市场反应，它对制定价格和销售策略有极其重要的意义。

（二）内部认购活动具体操作要点

（1）收取诚意金　所收诚意金从几千元到上万元不等，豪宅项目一般收到两万元，一般住宅只收3000～5000元，开发商只开收据，不开发票，且写明这笔钱可以退还。但近年来常见的做法是：如果消费者决定正式购买，则预交的诚意金五千元可以折抵购房款两万元。

（2）为正式开盘销售打基础　内部认购期间，销售人员一般会告诉消费者一个较高的含糊价位，以此来试探市场。如果市场反应激烈，认为不能接受，则开发商会斟酌再三，正式开盘时的价格通常会稍低于这个试探价；反之，如果市场反应平淡迟钝，或者表示可以接受，则开发商通常都会略高于这个试探价开盘。

（3）优惠政策要到位　为鼓励更多的消费者认购，一般开发商都会制定很多优惠政策，给内部认购期交足诚意金的客户以相当的优惠措施。所以，现在的购房客户都在内部认购期踊跃认购。

小观点

内部认购期究竟派出多少VIP卡可以锁定胜局，一般认为应该在推盘量的两倍左右。如项目推出500套房源，内部认购期登记1500个，基本上就可以保证在开盘之后迅速销售一空，甚至“开盘即为封盘日”。因为大多数楼盘的解筹率会在30%左右，每300个交过诚意金、领到VIP卡的客户，大约会有100个最终成交。

第三节　开盘庆典活动与新闻发布会

一、开盘庆典

（一）开盘庆典活动的意义

楼盘建设中，开发商在取得了“销售许可证”之后，可以合法对外宣传与销售了，为正式推向市场需要开展一个盛大的活动。开发商都极为重视开盘庆典活动，项目在这一天公开亮相，关系到项目营销的成败，也直接影响到开发商的品牌声誉。

（二）开盘庆典活动的具体操作要点

（1）造势活动　近几年来的开盘活动形式多样。如举办新闻发布会、招待酒会、歌舞晚会、请名人到场。此外，还有如领导讲话、舞狮助兴、揭幕剪彩之类等。如深圳碧海云天项目开盘时，请来美国前总统克林顿发表一席演讲，轰动一时；某楼盘开盘时举行大献血活动，由总经理带头，人人为社会作贡献。这种活动既吸引了眼球，又不花钱，而且充分体现了开发商的社会责任感。

（2）重视开盘活动的细节　开盘活动的细节是零乱而琐碎的，需要具有极强责任心的人去落实，项目的开盘是对销售系统、广告系统、行政后勤系统的一次检验，需要开发商、代理商、建筑公司、广告商等多种部门的协调配合。如果配合不好，容易闹出一些笑话，严重的会影响销售。

示例

深圳有的楼盘开盘时，在消费者涌入售楼处交款时才发现刷卡机是坏的，不得不派人去银行求援，害得大批消费者排长队等候，怨声载道；有的楼盘在宣布开盘之后却发现忘了配备手持的麦克风，结果现场人声鼎沸，销售人员喊哑了嗓子，也无法维持好秩序；有的楼盘开盘现场没有停车位，来宾的车辆就在路边违章停放，正好又遇上交警巡查，结果所有来参加庆典的特邀嘉宾在尽兴而归时都发现车头上贴着“违章罚款通知单”；有的楼盘开盘活动是在临时搭建的露天舞台上举行的，当日遇上大雨又没准备雨伞，结果所有特邀嘉宾都被淋成“落汤鸡”，弄得大家尴尬万分。

（3）活动要有创意　开盘庆典活动有创意才能吸引眼球，才能引起消费者的注意。

示例

深圳安联大厦开盘庆典举行了一个“共创精品承诺签字”活动，由开发商、代理公司、建筑设计公司、监理公司、建筑施工公司、物业管理公司、园林景观公司、按揭银行、玻璃幕墙公司、灯光工程公司、电梯公司等十二家企业的总经理或代表人在现场巨大的“共创精品承诺书”上签名，造成轰动效果。这十二家企业都是相当有知名度的品牌公司。开发商安联公司虽然只是做第一个项目，但站在这个强者联手的平台之上，足以让自己成为一个巨人。

（4）维持好解筹选房现场　开盘当天除了庆典仪式之外，最重要的就是解筹选房。解筹现场是个比较混乱的场面，客户选房、交定金、签购房意向书、领取礼品……这些环节要充分考虑操作细节。如选房时让客户按顺序分批进入售楼处里选房，每批少则五人，多则十人，客户在买了房之后，会向售楼人员了解更多的信息，这样，前面的客户没有走，后面的客户又一批批涌进来，造成现场拥挤。因此，在制定销售执行方案时，一般应规定每批客户在售楼处里停留的时间。

（5）销控板的填写要内外协调　当售楼大厅里某个客户选定了一套单元之后，大厅内的销控板要及时填写售出记录，大厅外面等待区的销售板也要立即把这个信息反映出来，因为外面等候的人量客户必须掌握这些信息，一旦他们原先准备买的单元已被别人买走，他们就得退而求其次，另外选择一套。否则，就会延长选择的时间。

示例

在解筹选房现场，一旦某位客户选定某套单元，交钱购买，销售经理就会在麦克风上大声宣布“祝贺某某先生（或某某女士）选定某栋某号房!”全场销售人员一起热烈鼓掌，营造出十分激动人心的氛围，甚至有的楼盘是十面大鼓一起擂响，声势热烈。一方面，对成交的客户是个祝贺；另一方面，对那些等待选房的客户也有明显的心理影响。

二、新闻发布会

（一）新闻发布会的特点

新闻发布会又称记者招待会，是一个组织直接向新闻界发布有关信息，解释组织重大事件而举办的活动。它具有形式正规隆重、沟通活跃、传播面广（报刊、电视等）、集中发布（时间、人员和媒体集中）等特点。作为一种常用的发布信息的手段，它常和楼盘的封顶仪式或开盘庆典结合起来使用。有的楼盘甚至以此作为主要的宣传手段，不定期举行，节省了很多广告费用。

（二）新闻发布会具体操作要点

（1）地点与时间选择　一般在高档宾馆的宴会大厅举行，有些楼盘在项目售楼大厅举行。发布会时间不宜过长，否则参加者容易疲倦。内容紧凑、形式生动的新闻发布会，能给人留下深刻的印象。

（2）内容要做精心准备　包括发给各媒体的新闻通稿、记者自由提问时哪些问题要做标准答案、请柬的格式文字、红包等，任何一个细节都不能疏忽。一般做法是开发商做开场白，规划师讲解小区总体规划的基本思路，建筑师讲解外立面的造型风格和内部户型平面结构，然后园林设计师讲解景观园林的艺术魅力，物业管理公司阐述自己的管理手段。

（3）充分准备好记者的提问内容　开发商组成一个团队来回答记者的提问，成员有规划设计、建筑设计、工程施工、园林景观、物业管理甚至按揭银行等，事先和主流媒体的记者沟通好，了解提问的方向和回答的路径。这样，无论记者提哪方面的问题，都有专人负责解答，有条不紊。

（4）营造氛围　氛围营造和主持人的关系很大。要邀请既精通房地产专业，又具有鼓动性，能够把新闻发布会的气氛搞得热烈而隆重的人士主持，才能够吸引人。否则，如主持人老气横秋、态度保守，会议会没有生气；如主持人不懂房地产，满口外行话，也会把会议搞得变了味儿。

第四节　房地产形象代言人的选择

现在的形象代言人不绝于各类媒体，最常见的就是企业和产品的形象代言人，几乎稍有点名气的演艺界人士都成了某产品的形象代言人，同样，房地产界也采用了形象代言人。

一、房地产形象代言人的类型

房地产形象代言人的类型主要有四种：

1. **名人明星**

我国房地产市场经过十几年的发展，变得逐渐成熟。消费者从原来的只要房子，到挑地段、挑户型，再到今天的看环境、看品牌，消费者的眼光变得越来越理性。特别是一些高档房地产和高尚社区，开发商为了把楼盘卖出去，一直在寻找卖点或探索新的促销方式，于是就聘请明星和名人作某项目的形象代言人。由于名人和明星所特有的亲和力，能迅速提高楼盘的知名度和形象，既凸显了楼盘的品质，又达到了促销的目的。

示例

深圳东海花园请来了香港影星任达华做形象代言人，任达华一句“在世界各地，我都有房子，在深圳，我选择东海花园”看似平淡无奇的广告语，却把东海花园的物业质素完美地体现出来了；还有北京东四环的都会华庭与东三环的乐澜宝邸音乐·家，分别聘请了何静、郭峰两位演艺界名人作为其形象代言人；潘家园的御景园则请来著名男模程俊作为形象代言人。

2. **房地产业界专家**

房地产是一种特殊的商品，对于个人而言交易额巨大，所以，消费者购买房地产时非常理性。而聘请房地产业界专家作形象代言人，消费者更容易对专家认可的建筑质量、户型设计、物业管理等产生信赖感，因而产生购买行为。

3. **普通人物或传统人物形象**

消费者最忌讳的就是华而不实，而选择普通人物或传统人物形象作为形象代言人会使消费者备感亲切，可节省广告成本。它一般适用于中等档次的住宅。

示例

2004年上海卢湾区房展会上，上海永业集团启用了40岁左右、身体微胖、看上去精明干练、细心周到、朴实可靠，又稍微有点憨态、笑容可掬的“阿福”作形象代言人，他具有上海男士的基本特征，让人觉得朴实可靠，稍微有点憨态的表情让人觉得很有亲和力。而“阿福”本身就是江苏、上海等地象征“平安、富贵”的传统形象。结果，该楼盘取得了很好的销售业绩。

4. **业主形象代言人**

名人明星作为房地产形象代言人，很多时候是一种概念，而选择业主作为该楼盘的形象代言人，因为他们既是业主，又是形象代言人，他们能把客户的需求感受、想法反馈给开发商，起到一个很好的沟通桥梁作用。选用业主作为形象代言人实际上是给客户优惠，也降低了营销成本。

示例

北京珠江绿里（珠江绿洲三期）刊登广告欲寻找形象代言人，但寻找的形象代言人限定为该楼盘的业主，即开发商从购房业主中抽选出几个家庭，中奖的业主将获得16万元的房款优惠，同时充当该楼盘的业主形象代言人，担当起该楼盘的宣传责任。结果一位获奖的业主原先选了一套不到$70m^2$的房子，后来改选了一套$100m^2$的房子，居然抽到了16万元业主形象代言人的优惠；而另一位业主则在获奖后当即决定换一套大房子，以提高生活质量。

二、房地产形象代言人的选择

选择房地产形象代言人时，要注意以下几点：

（1）符合当地的特点和消费习惯　不同地区的消费者有不同的文化背景，都有着本地特色的消费特征。如深圳作为移民城市，年轻人居多，又与香港相邻，以时尚现代为主要消费特征。因此，选用的形象代言人要具有普遍的地域性，要符合当地的审美习惯。

（2）吻合项目的市场定位　选用的形象代言人如不能代表楼盘的特有品质，对楼盘的销售会起到很大的副作用。如针对工薪族客户群，选择专家或普通人作为楼盘的形象代言人可能就比选择明星或名人的效果要好。

（3）要有成本和风险意识　开发商都重视广告效应，但广告成本居高不下，如请明星做形象代言人，其出场费、包装费以及前期广告制作费就不是一个小数目，但其广告效果如何却是未知数。归根结底，消费者购买的是房子与生活方式，而不是广告。

第五节　公关活动与入伙答谢

一、公关活动

1. 公关活动的目标

公关活动的重心是公众、媒体、政府，其目标是提高知名度和美誉度；而促销活动的重心是消费者，其目标是提高销售额和市场占有率。成功的公关活动能持续提高企业和楼盘的知名度、美誉度，并在一定程度上促进销售。

2. 具体公关活动操作要点

（1）活动形式多样　开发商通过参加社会公益活动、资助社会公益事业来赢得公众的好评与称赞，从而树立企业的良好形象。如开发商赞助某项体育比赛、赞助文艺表演、赞助各种知识竞赛、举办各种专题报告会等。公关活动有开发商自己举办的，有和政府相关部门联合举办的，也有和媒体联合举办的。

（2）选好赞助对象　赞助活动的范围很广，凡是能为企业带来利益的事业都属于赞助的范围之内，如公共交通、文化艺术活动、教育事业、社会福利事业等。当然，作为开发商，选择赞助的对象，最好是与其本身的业务活动有一定的关联，有助于知名度或声誉度的提高。因为，作为一个企业，本身就承担着三项社会责任，即向社会提供合适的产品或劳务，保护社会环境和消费者的利益，还必须为社会服务。其中，后两项责任可以通过服务公众的义务活动来达到。

示例

深圳星河国际楼盘开展的公关活动，鼓励市民向红十字会自愿献血，并在献血的市民中抽奖，由开发商赠送一套住宅。这次公关活动与一般开发商所开展的活动不同，是在激励社会责任感，而不单纯是拿楼盘促销。

西安某高档豪宅项目，分析目标客户都在40岁以上，这个年龄层有一定的怀旧情结，对一些老歌有浓厚的感情。于是开发商举办了一场怀旧歌曲演唱会，果然吸引了大批目标客户，对楼盘的销售起到了间接的促进作用。

（3）开发商不要太深地介入事务性工作　开发商只出赞助费，不要太深地介入琐碎的事务性工作；否则，会把自己拖垮了。因此，凡是需要长期投入的公关活动，都应该尽可能避免。

（4）重视品牌效应　真正懂得做公关活动的开发商，完全不用把公关活动与楼盘销售联系在一起，只求品牌效应即可。

示例

深圳某楼盘，锁定的目标客户群是年轻夫妇和小宝宝的三口之家，经调查发现，这个年龄段的夫妇最关心的是幼儿教育，所以，该楼盘请来著名的幼儿教育专家举行专题报告会，同时举办幼儿身心健康大赛活动，吸引了相当多的目标客户，当天就成交几十套房子，公关活动的效果几乎与促销活动等同。

二、各种公关促销活动

促销活动一般在持销期和尾盘期使用较多。但现在由于市场竞争激烈，一些楼盘自始至终都在使用促销手段，以求在竞争中赢得消费者。促销活动的具体操作有以下要点。

（1）针对目标消费群的喜好促销　促销活动要针对消费者的爱好，不能偏离消费者。一般来说，中高档楼盘的促销以欧洲游、澳大利亚游之类做奖品，吸引力并不大，如果是赠送固定停车位，倒会让很多人动心；而中低档楼盘的客户对价格优惠就极为敏感。

示例

某楼盘以青年白领为主要目标客户，开展促销活动时用中国古典的《四书》、《五经》做奖品，虽然品位不凡，但年轻人对此不感兴趣，参加者寥寥无几。而另一个楼盘以小型家用电器做奖品，就吸引了众多客户参加。在促销期，该楼盘又推出了两个百分点的优惠，结果7天就卖掉80套房子，几乎相当于3个月的业绩。

（2）重视消费者的买点　针对初次置业者的楼盘，要分析消费者最关心的问题，就是消费者的买点，往往会激发其购买欲望。

示例

深圳某楼盘是小户型公寓，其目标客户全是初次置业者，开发商认为，这些人最关键的问题是拿不出一大笔钱付首期款，而他们按揭的能力很强，并且对自己未来的赚钱能力比较自信。（深圳几乎每一个按揭客户都会问同一个问题：将来我有钱了，能不能一次性把剩下的购楼款全部付清?）针对这种情况，开发商采取低首付（甚至零首付）的办法，只要交一两万元，就可以入住，慢慢交按揭。至于首付的那笔款，先由开发商垫付，在两三年内分期还清，算是无息贷款。这种方法很见效，一大批并不富裕的年轻白领成为该楼盘的业主。

(3) 年节促销借气氛　我国的年节喜庆的气氛很浓，开发商一般要带出喜庆来，要根据具体的年节采取具体的做法。我国年节很多，如春节、元旦、植树节、五一劳动节、六一儿童节、端午节、七一建党节、八一建军节、教师节、中秋节、重阳节、国庆节，此外还有引进的情人节、圣诞节、父亲节、母亲节等。常见的年节促销方式其实还是打折优惠，如买房送彩电、送空调、送冰箱、送洗衣机、送微波炉，总之，只要是送，都很受欢迎。

示例

时值春节，深圳某楼盘举行“自己给自己打折”活动，消费者自己去转轮盘，轮盘上标有一、二、三、四、五等奖的各色区域，最后箭头停在哪个区域，就获哪一个奖。既有碰运气的成分，也有自己参与的兴奋感，很受消费者欢迎。

三、入伙答谢

严格来说，一个楼盘到入伙的时候，这个楼盘的销售应该已经完成或基本完成了。对大盘来说，由于其分期开发、运作周期长，往往一期入伙时，二期正在热卖，三期尚未动工。因此，开发商的任务并没有结束，应该看做是销售过程中的重要节点，需要认真对待。

入伙答谢是一个简单的仪式，大多是在售楼大厅里摆放一些冷餐、水果、点心之类的食物，邀请入伙的业主一起来聚餐。开发商代表简单致词之后，由物业管理公司唱主角，宣布有关入伙的具体手续，也有保安人员表演的队列训练、徒手操之类的节目，或请来小乐队演奏，由少量演员表演歌舞。让业主和未来服务于他们的物业管理人员、保安人员、保洁人员有一个彼此认识、交流沟通的机会，为以后的和谐关系打下基础。

示例

深圳某楼盘在春节前入伙，开发商派出物业管理人员，给每户入伙的业主都送去水果篮，并通知业主，春节期间物业管理处全体人员值班坚守岗位，如有下水道不通之类的问题可以随时打电话。结果是从大年三十到初四平安无事，刚过大年初五，各家都打电话反映问题，管理处的修理工忙个不停。管理人员挺纳闷儿：怎么这么凑巧，一过初五就都出问题？仔细一问才知道：其实各家的问题早已出现，有些在大年三十、正月初一就出了问题，但物业管理人员和业主亲如一家，业主都不好意思让修理工在过大年的时候干脏活累活，宁肯自己忍受几天不方便，等过了初五再说。

【案例 12-1】

“弄海园”浪潮行动公关企划方案

一、前言（略）

二、传播目标

1）营造鲜明、独特、良好的企业形象，沟通大众情感。

2）树立准确、有效、超凡的诉求理念，实现占位意图。

三、表现策略

如前所述，弄海园的宣传从“移情别恋”到“限制入关”；从“十万大军登陆”到“新八大关”，尽管有着文辞超乎大陆民众欣赏习惯、立意易于误解以及创意犯忌（以同类其他名称树立自己理念）等不足，但其所形成的强有力的宣传攻势不可否认，如果其以后的宣传既能延续往年攻势、尽量保持以往宣传特色，而在创意构思上又能立足于清晰准确理念的建立、业内应有定位的占领以及社会公众导向的顺应等方面，则定会给人以棋高一着，更为求实之感。（文案及创意、设计稿件等待方案通过后专项提出。）

四、诉求对象

1）主体：市南区景线“五一”外游的所有家庭。（旨在借娱乐的时间针对所有能娱乐的家庭。）

2）《青岛晚报》读者群（关心社会、重视信息的大众）。

3）青岛电视台《青岛新闻》、《黄金时刻》的收视观众；青岛有线电视台连续剧的收视观众。（关心青岛变化，乐于娱乐的居民家庭。）

4）青岛经济广播电台和青岛人民广播电台的听众。（白天能乘专车进行郊游的高消费家庭。）

五、发布策略

基于活动形势的新颖性和影响范围的广泛性相结合；活动效果的轰动性和活动投入的低廉性相结合等方面的考虑，本次活动以立意新颖为立足点，选择的媒体既能共同形成室外大媒体的冲击效果，又能被接受者认可，因而具有相当大的亲和性，易于目标对象进行情感沟通。

另外，主要媒体虽限于一定区域发放，但由于媒体的随身性特点，活动结束后媒体影响面将渗透市内五区，从而又具有较强的持续效果。

六、媒体选择

1）红色中型带把娱乐用气球：2 万个（印有企业标志或娱乐项目名称，持有家庭总人数约 10 万人）。

2）红色印有弄海园标志或娱乐项目种类的马夹背心和太阳帽约 300 套。

3）扎有红色绸带的弄海园小型面包车：4 ~5 辆。

4）沿海景线公共车站防雨亭广告牌。

5）青岛晚报：通栏两次。

6）青岛电视台、有线电视台。（电视广告片以活动表现为主线，逐一介绍弄海园综合娱乐项目。）

7）青岛经济广播电台、青岛人民广播电台。（广播广告抒情感人与活动相呼应。）

七、计划实施

1）4月30日，青岛晚报：内容重新营造企业形象，提示明天弄海园行动，但不注明具体行动内容。

2）5月1日上午10时，自中山公园正门至莱阳路、荣城路、延安一路和南海路等五处，由身穿广告马夹的人员（约200名）无偿发放气球，争取一小时左右在区域内形成整片具有轰动冲击力的红色气球群。

3）上午11时，4~5辆广告车：由摄影师跟车，分头抓拍气球发放和温馨的家庭欢乐场面（事先选好模特穿插人群之中）；广播广告（两台同时）随之发布。

4）中午12点，剪辑30秒的电视广告片。

5）下午2点，青岛晚报发布系列广告。

6）晚6点45分至7点45分，青岛电视台、有线电视台相继播放电视广告。

八、障碍分析

由于本次活动构思新颖、规模超前，具体事务与动用媒体复杂，使其在实施过程中具有较大的难度，这些都是影响活动顺利进行的障碍；如果方案通过，执行公司必须使所有步骤逐一落实，并预先准备相应补救措施，才能确保行动成功。

九、费用预算

本次活动总费用合计5万元人民币，企划公司负责承担如下项目的费用：

1）2万个气球的成本及印刷费。

2）200个广告背心的设计制作费。

3）报纸广告，晚报两次通栏的发布费。

4）电视广告摄制、编辑、发布费（3次）。

5）广播广告录制、发布费（时间跟活动进行，约2~3小时）。

6）整个活动的企划、推动及人员组织、劳务等其他费用。

备注：①防雨亭修改费不在此列；②本公司为使活动效果更理想，如果增加系列报纸广告的数量和电视广告的次数，则发布费用亦应由贵公司另行追加。

十、方案效果评估

本方案有明确的思路，切实可行的执行方案，而且运用了先进的形象公关传播方案，为对本案的实施效果进行评估，我们采用了三种评估方法：美誉度评估、公众形象评估、活动效果评估。

资料来源：张海鹏，焦点房地产网，2003年；作者单位：青岛小虫创意专案工作室

复习思考题

1. 楼盘的市场预热活动方式和操作要点有哪些？
2. 开盘活动要注意哪些事项？
3. 如何为楼盘选择形象代言人？

实践、讨论题

结合本地实际，拟定一份楼盘的开盘活动策划方案。

第十三章 13

房地产销售策略与技巧

【学习目标】

通过本章学习，熟悉对房地产销售人员的素质和能力的基本要求，掌握房产销售策略与技巧，了解购房签约的有关内容，掌握房地产纠纷的解决方法。

【关键词】

房地产　销售策略　销售技巧　房地产纠纷

目前，我国房地产开发和概念的炒作十分盛行，消费者处于从不成熟消费走向成熟消费的过程，市场竞争十分激烈。由于开发商对资金的需求和严重依赖性等特点，需要营销人员在房地产营销中掌握较为有效的销售策略与技巧，以加快房地产产品的销售和资金回笼的速度，保证较高的投资收益率，最终完成企业预定的目标任务。

第一节　销售人员的素质和能力

开发商通过房地产营销策划方案的实施，来吸引消费者选择购买，整个营销过程和营销质量的高低，在很大程度上取决于销售人员的素质和能力。

一、销售人员的素质

房地产销售人员的素质主要包括以下几个方面。

1. 礼仪修养

（1）个人形象　销售人员的个人形象蕴涵着公司的企业文化，折射出企业的形象，在某种程度上也代表着楼盘的形象，它能够拉近与顾客的距离，减少顾客的疑虑，提高亲和力，进而促使顾客产生购买行为，达成交易。因而，销售人员应有整洁的仪表、亲和力较强的仪容；有主动积极、面带微笑、亲切诚恳的态度；有进退有序的规范的礼仪；有流利的口才、收放自如的交谈能力等。

（2）电话礼仪　在通信高度发达的今天，电话常常是销售人员与顾客交谈的主要沟通手段之一，电话礼仪也是销售人员应具备的素质之一。通过电话给客户留下良好的印象，有利于销售工作的开展。因此，接听电话要采用正确的接听方式和礼貌用语。如接听电话时，一般先主动问候“这里是某某花园或公寓，您好”，而后开始交谈；在与顾客交谈时，声音一定要自然、亲切、柔和，让顾客感到愉快并愿意进一步取得联系，并设法取得企业想要的信息。

（3）接待顾客时的礼仪　良好的仪容和着装，诚恳的微笑能给客户较好的第一印象。因此，接待顾客时应注意和客户目光的交流，既可了解客户心理活动，又符合国际惯例；同时，还应注意引领客户看房时及客户离开时的礼仪。如顾客进门时，销售人员应立即上前，热情接待，主动招呼，以提醒他人注意。

2. **知识结构**

房地产营销人员应有较强的求知欲和广博的知识。丰富的房地产知识是营销人员做好房地产销售的重要条件。一个好的房地产营销人员不仅是熟悉本行业的行家，而且要熟悉当地社会的风土民情，具有广泛的社会知识。销售人员的专业知识主要包括以下内容。

（1）房地产企业相关知识信息　房产销售人员应熟悉房地产开发企业或房地产销售代理企业的历史及其在同行业中的地位；房地产企业发展历程、企业文化；房地产企业已开发的产品、品牌、社会知名度等。了解本企业的优势，可以增强销售人员的信心。

（2）房地产开发有关知识信息　它主要包括房地产的地点、交通、位置、环境、总建筑面积、占地面积、容积率、建筑物覆盖率、绿化率；房地产产品的结构、功能、用途、价格、得房率及物业管理等知识；竞争楼盘的有关情况、本楼盘的卖点，以及与其他竞争对手的产品优劣比较。销售人员只有对产品的认识多于顾客，才能解答客户对产品的使用、功能等方面提出的各种问题，才能增强销售人员成功推销房地产产品的信心，增加成功地说服客户作出购买决定的机会。

（3）顾客有关的知识信息　顾客有关的知识信息包括：购房者的购买动机、购买心理和购买习惯；谁是购买决策人，影响购买决策者的人有谁，在购买者家庭中扮演什么角色和地位，其家庭收入情况如何。此外，还包括其支出模式，以及购买的方式、条件、时间、偏好等有关信息情况。掌握了上述知识信息，可帮助销售人员做好销售工作。

（4）房地产产业和市场行情有关知识信息　为了更有效地工作，销售人员必须掌握产业和市场内的当前商情和顾客活动的趋势，目前顾客情况如何、怎样才能增加购买量、潜在用户在哪里、潜在的销售量有多大，以及国家有关房地产政策法规等规定，房地产企业占有的市场信息有多少，对市场变化发展的趋势预测准确性如何等。

（5）房地产销售有关法律法规等知识信息　房地产营销人员应了解民法、合同法、商标法、广告法、税法、反不正当竞争法、消费者权益法、城市房地产管理办法、房地产销售管理办法等知识。

3. **敬业精神**

销售人员是房地产企业与顾客间沟通联系的桥梁，是企业文化、社区文化和楼盘主题概念传播的窗口，并肩负着不断开拓新顾客维系老顾客的重任。因此，销售人员应热爱本职工作，具有企业的使命感和迫切完成销售任务的责任心，具有坚韧不拔的进取精神与扎实的工作作风，具有一种勇于进取、积极向上的敬业精神，才能扎扎实实地做好销售工作。但是，销售人员的工作往往困难重重、环境艰苦，有时甚至遭受顾客的白眼，所以，销售人员更应该积极发掘销售机会，掌握好适当的销售时机，尽可能促成顾客购买。

4. **心理素质**

房地产销售人员应具备自知、自信、自尊、自爱、乐观开朗、坚韧奋进的心理素质，了解自己的职业、了解客户、了解企业，才能开展好销售工作。乐观、豁达、越挫越勇的性格和良好的心理素质，是优秀的销售人员必备的基本素质之一。

5. **职业道德**

职业道德是指从事一定职业劳动的人们，在特定的工作和劳动中以其内心信念和特殊社会手段来维系的，以善恶进行评价的心理意识、行为原则和行为规范的总和。房地产销售人员除掌握必要的专业知识和其他知识外，还应该具备良好的职业道德素质，如守法经营、以诚为本、恪守信用、尽职尽责、团结合作等，良好的职业道德是房地产销售成功的要件。

6. **身体素质**

销售人员在销售旺季每天要接触大量的人员，客户离开后还要对当天的客户各种信息和有关资料进行归类整理、统计和分析，这些信息对企业非常珍贵。因此，必须有好的身体素质，才能精力充沛，充满信心地应对繁忙的工作。

二、销售人员的能力

房地产销售人员的能力主要包括以下几种。

1. **创造能力**

销售人员需要有较好的创造力和坚强的信念，对行业、企业和市场了解得越深，就会越有创意。任何时候，销售人员都不能使对方有受到强制的感觉，因为，与销售人员相对的客户，本来就有一种抗拒感。若顾客有了这种抗拒感，再加上受强制的感觉，销售人员就很难与顾客进行有效的沟通交流。因而有人说，杰出的推销员，给客户的是期待而不是强制。

2. **判断及察言观色的能力**

由于房地产市场环境和顾客凸显的个性日益复杂化，而且受许多因素的制约，这就要求销售人员在销售过程中，要具有极大的灵活性，要有敏锐的观察能力，因人而异地选取推销方式，并随时观察顾客对推销陈述和推销方式的反应，揣摩其购买心理的变化过程，有针对性地改进推销方法，提高推销的成功率。

3. **自我驱动能力**

推销，简单地说，就是将产品卖给顾客。它是一项专业性较强的工作，很多人之所以无法成为出类拔萃的推销员，主要原因是无法战胜自己。要成为一个成功的推销员，首先要做到不服输，这并不意味着跟别人较量，而应该跟自己较量，战胜自己，确立绝不言败的个性及精神。

4. **人际沟通的能力**

销售人员必须有沟通能力，能在很短时间内缩短与客户之间的距离，找到谈话的共同点，同时让客户接受自己，让顾客愿意将自己的想法和意见说出来，彼此形成良好的合作关系，就离成功近了一步。

5. ***从业技术能力***

销售人员应熟悉房地产市场交易法规、程序，具有策划和组织小型促销活动的能力，具有一定的文案写作能力，具有丰富的房地产市场知识并能灵活运用的能力，能为消费者提供合意的方案，能针对不同类型的消费者从不同的角度作不同的介绍，对房地产市场信息能作出正确的分析和判断，如此才能为客户提供优质的服务。

6. ***说服顾客的能力***

销售人员要能熟练地运用各种推销技巧，成功地说服顾客。同时要熟知推销工作的一般程序，了解顾客的购买动机和购买行为，善于展示和介绍产品，善于接近顾客，善于排除顾客的异议直至达成交易。

此外，销售人员还应树立双赢理念，做好置业顾问。由于销售人员代表企业利益，同时也要为顾客着想，重视顾客利益，因为满足顾客需要是保证销售成功的关键。

三、销售人员的职责

房地产销售人员的职责主要包括：

1）认真贯彻执行公司销售政策。

2）为客户提供一流的接待服务。

3）熟悉房地产基本常识和所销售产品的详尽知识。

4）在规定的时间内完成销售指标。

5）宣传园区，提升品牌形象。

6）执行销售业务流程所规定的全部工作。

7）建立良好的人际关系，积极收集反馈意见。

8）开展市场调研工作，为公司收集第一手市场资料。

9）负责按揭资料的准备。

10）积极挖掘潜在客户。

11）努力向上，坚持学习。

第二节　房地产销售程序与销售策略

一、房地产销售程序

在房地产项目进入销售阶段时，应做好销售准备工作和销售实施工作。

（一）房地产销售准备

1. ***房地产项目合法的审批资料准备***

房地产项目应准备《建设工程规划许可证》、《土地使用权证》，预售商品房要准备《商品房预售许可证》，现房销售应准备《商品房现售许可证》等资料。如果委托中介机构代理销售，还应准备正式的《代理销售委托书》。

2. **销售资料准备**

（1）宣传资料的准备　包括形象售楼书、功能楼书、折页、宣传单等房产销售的宣传资料。

（2）客户置业计划准备　楼盘在推向市场时，不同的面积单位、楼层、朝向、总价等都不会相同。因此，应事先制订出完善的客户置业计划，这样客户可以了解自己的选择范围。

（3）认购合同准备　置业者选中了自己喜欢的房子，但还没有签订正式房产买卖合同前，须交纳一定数量的预定款性质的费用来确定其对该房号的认购权。因而应事先准备好认购合同等资料。

（4）购房须知准备　房产属于大宗消费品，购买过程复杂，为明晰置业者的购买程序，方便销售，事前应制定书面购房须知。购房须知内容包括物业介绍、可购买对象、认购程序等内容。

（5）价目表与付款方式一览表准备　价格策略制定完成后要制作价目表，使每套房子的单价、总价一目了然。同时准备付款方式一览表，如一次性付款、按揭付款、建筑分期付款等。

（6）其他相关文件　可根据项目自身来确定，如办理按揭指引、须交税费一览表、办理入住指引等相关文件或资料。

3. **销售人员准备**

为保证销售工作能顺利完成，必须保证销售人员的数量与素质。对招聘的销售人员，要进行系统的售前培训工作，以提高其素质和能力。

4. **销售现场准备**

房地产现场准备是销售前准备工作非常重要的一环。有意向购买的客户自接到楼盘销售的信息后，会来到现场参观，现场状况将直接影响其购买行为。一般情况下，售楼现场应做好售楼处的设计布置，看楼通道的安全畅通，样板房的精装修等工作；另外可做一些户外广告牌、灯箱、导示牌、彩旗等，以营造现场喜庆的氛围。

（二）房产销售实施工作程序

为了确保销售工作有序、快捷、准确地进行，通常销售工作依如下程序开展。

1. **客户接待与谈判**

该项工作由销售人员负责，负责此项工作的销售人员必须按照有关规定进行。其他财务、工程及物业管理方面的专业人员，可在销售经理指示下及销售人员的请求下协同工作。

2. **定金收取及认购合同签订**

该项工作由销售人员与财务人员配合完成，认购合同由财务人员统一保管，在使用前由销售人员按顺序号领用，然后才能通知收取定金。

定金必须由财务人员直接收取并开具收据，财务人员在收取定金时，必须做好房号的再次核实，以及认购合同的核查工作，然后即刻做好账目记录，这些记录包括房号、收取金额、合同编号、业主姓名、联系地址及电话等。

3. **交纳首期房款、签订正式楼宇买卖合同**

认购合同中一般都约定首期房款交纳的具体时间。约定时间到达前 2 日，由销售人员负责提醒客户预备首期款，并将反馈情况向财务人员通报，并在到期日配合财务人员做好收取工作。

首期款直接由财务人员收取，同时向客户开具收据及付清首期证明。若客户选择首期分期付款的，同时还要签订《首期分期付款协议》，完成后须做好账目记录。

凭《付清首期证明》，工作人员原则上应立刻与客户签订正式楼宇买卖合同，并向顾客说明余款交纳期限及银行按揭事宜。

在整个过程中销售人员应做好客户接待、指引工作，并协助做好有关事宜解释工作。

4. 缴纳余款或办理按揭

该项工作由财务人员及专职人员负责完成，销售人员须做好客户接待、指引工作，在销售经理指示及有关专职人员要求下配合完成有关工作。

5. 其他售后服务

其他售后服务包括已购房顾客的回访、顾客提出有关申请的跟进与落实、项目入住手续的协助办理等。在这些服务过程中，销售人员必须树立“一次生意、终生客户”的宗旨，将顾客发展成为忠实顾客，为以后创造新的销售机会，同时还可以树立企业良好的形象。

二、顾客购房心理与房产销售策略

顾客的消费行为是其心理活动的外在表现，即顾客的行为是受其内在心理活动的支配和制约的。

销售人员经常与顾客打交道，顾客不同，顾客的偏好、性格不同，则其购买行为也不同，其心理活动也具有不同的特点。销售人员只要对症下药，就可以节省许多交易时间成本。下面介绍一些常见的顾客购房心理类型与房产销售对策，以供参考。

1. 理智稳健型顾客

（1）心理活动特征　考虑问题冷静稳健，不容易被销售人员的言辞所打动，对于项目的疑点，他们一定会详细了解，不会有半点含糊。

（2）销售对策　在销售过程中加强对房屋本质、开发商信誉及房屋独特优点的介绍，而且说辞必须有理有据，从而获得顾客的理解和信任。

2. 小心谨慎型顾客

（1）心理活动特征　这类人由于做事过分小心，无论大事小事，哪怕是一块玻璃、一个开关都在顾虑之内，常常因为一个无关大局的小事而影响最终决定。

（2）销售对策　销售人员应该在销售过程中通过几个细节的介绍尽快取得对方的初步信任，加强其对产品的信心。当其考虑的问题远离主题时，应该随时创造机会将其导入正题。在其交纳定金后，更应该“快刀斩乱麻”让其签约，以坚定其选择。

3. 沉默寡言型顾客

（1）心理活动特征　这种人往往做事谨慎，考虑问题常常有自己的一套思路，并不轻易相信别人的话，外表严肃，反应冷漠。

（2）销售对策　在介绍产品的特点以外，应通过亲切的态度缩短双方的距离。通过多种话题，以求尽快发现其感兴趣的话题，从而了解其真正需求。如客户表现厌烦时，可以考虑让其独自参观，并不时留意，在其需要时进行介绍。

4. **感情冲动型顾客**

（1）心理活动特征　这种人天性易激动，容易受外界怂恿与刺激，一旦激动起来，则很快就能作出决定。

（2）销售对策　从一开始就不断强调产品的特色和实惠，促使其快速决定。当顾客不想购买时，更应该应付得体，以免其过激的言辞影响其他顾客。

5. **优柔寡断型顾客**

（1）心理活动特征　内心犹豫不决，不敢作决定。可能是第一次购房，所以经验不足，害怕上当受骗。

（2）销售对策　销售人员必须态度坚决而自信，通过信而有证的公司业绩、产品品质、服务保证等赢取顾客信赖，并在适当的时机帮助其作决定。

6. **盛气凌人型顾客**

（1）心理活动特征　由于具有一定的政府背景或经济实力，习惯说话趾高气昂，更喜欢以下马威来吓唬销售人员，并拒人千里之外，以此显示自己与别人不一样。

（2）销售对策　应及时稳住立场，态度不卑不亢，在尊敬对方的同时也应该适当恭维对方，从而寻找其“弱点”，创造销售机会。

7. **求神问卜型顾客**

心理活动特征：由于迷信，常常会将决定权交由“神意”或随行的风水大师。

销售对策：尽量通过现代的观点配合其风水观，强调人的价值，并引导其选择科学的居住方式。

8. **敏感型顾客**

心理活动特征：这种人比较敏感，听风便是雨，事事容易往坏处想，任何小事都容易刺激到他，其实也是表现了其心里没底，需要帮助。

销售对策：开始时必须言行谨慎，多听少说，仪态庄重严肃，在取得信任后以有力的事实说服对方，不要做过多的描述。

9. **借故拖延型顾客**

心理活动特征：这种人可能是随意看看，不能立即决定，或者根本就没有购买的打算。但是也有可能是有购房意向，不过生性迟疑，习惯于借故拖延，推三阻四，企盼更大的优惠出现。

销售对策：在介绍过程中不断试探顾客不能决定的原因，并设法解决，但要掌握分寸，可以让一些小利，并让其产生我方一再让步的感觉，不好意思再推托。

三、房地产销售中的策略运用

1. **探询性策略**

当房屋销售人员对购房顾客的需求情况并不了解，无法确定诉求的重点时往往采用这一策略。这时，销售人员可以先用多种话题探询一下顾客，在吸引其注意的同时，掌握他的兴趣所在以及属于哪种类型的消费者等。在准确了解顾客的反应后，就可以采取相对应的房地产营销措施，比如强调房地产的实际效用、内在质量、价格优势、交通方便、保值增值等。只要引导购房顾客说话、表达他的愿望，房产买卖就成功了一半。因此，房产销售人员往往花较多的时间、精力放在探询顾客上。

2. **针对性策略**

针对性策略的运用是建立在原有的调查、经验基础上，或通过探询性策略已了解顾客的需求，方可采取针对性策略。销售人员针对顾客的实际情况，有目的、有步骤地宣传、展示和介绍商品，使顾客产生购买欲望。比如顾客追求教育配套，就可以多谈周围的学校、教师素质，以打动对方，实现交易。

运用针对性策略，销售人员一定要始终体现出诚意，当顾客感到销售人员真的是在为其出谋划策而不是推销房产时，交易也就成功了。

3. **诱导性策略**

诱导性策略指销售人员运用能激起顾客某种需求的说服方法，诱导顾客进行购买的推销策略。

有时顾客在和销售人员的交谈中，一些潜在的需求一下变得很强烈，甚至产生了一些从未考虑过的需求，最后自觉地加入到购买行列中。诱导性策略是一种“创造性营销”，要求销售人员运用高超的营销艺术与技巧，去诱发顾客产生某方面需求，并激发这种需求，然后再不失时机地推出房地产产品，来满足这种需求。

第三节　房地产销售技巧

一、现场销售

顾客来到销售现场，现场销售工作便开始了。首先应做好现场接待准备，接着接待客户。

（一）现场接待准备

1. **理念准备**

一个不好的销售员，天天在等顾客；一个优秀的销售员，天天在与老顾客打交道。售楼人员最值钱的是他们的顾客名单及电话，销售人员要做顾客的朋友，做他们的理财顾问，与他们一起探讨楼市的未来，为他们安全、快捷地办理各类手续提供方便等。销售人员还要不断地学习新知识，取人之长、补己之短，提高综合判断能力，学会从顾客的谈话中判断顾客的实际需要和真实想法，切忌以貌取人，因为，很难以衣着去判断他的身价、身份，所以销售人员必须平等待人。

2. **形象准备**

销售人员应着统一的职业装，并佩戴员工号牌，统一佩戴在左胸处，不得任其歪歪扭扭，因为得体的衣着能给人自信和尊重感。身体、面部、手部、口腔必须清洁，头发要常洗，保持整齐。

3. **开场白准备**

良好的开端是成功的一半。从见面或接到客户咨询电话时，销售员讲的每一句话都是打破僵局的开场白。说得多、问得多、了解就多、机会就越多。与初次见面的陌生人交流，会涉及你的工作范围和职务，成功的自我介绍可以让你更快地与陌生人缩短距离，而精心准备的开场白会给顾客留下良好的第一印象。

4. **资讯准备**

销售人员要争取做一名专家，了解每年的供应量、开发量、竣工量、销售量、积压量，了解房产的价格走势，了解竞争楼盘的产品功能定位、定价、销售方式和促销策略，了解市场上畅销的户型及销售率，信息掌握得越多，越有利于说服客户，让客户信服。

（二）现场接待客户

现场接待客户的七个环节如下：

1. **礼貌地迎接客户**

售楼人员在售楼处入口笑迎客户，道声“你好，欢迎光临”等礼貌用语。同时留意客户开什么车，几个人来等情况，以适时调整接待方式。

2. **安顿客户**

安顿客户可以分几种情况。

（1）“自助式”服务　若客户进入接待中心并说随便看看，则听君自便。但售楼人员应在与客户2m的距离范围内，随时向有疑问的客户提供咨询。

（2）“一对一”服务　一般情况下，客户一个人来售楼处的极少。若售楼人员与客户是一对一的服务，那么，安顿客户看完有关展示后坐下来，是留住顾客的重要一步。之后，给资料、倒水并开展详细的咨询与问答。轻松、详细、周全、聊天的咨询气氛是这个时候最重要的。其他售楼人员应在倒水、资料、背景音乐等方面提供协助。

（3）“一对多”服务　若售楼处客户较多，一个售楼人员必须同时接待两个甚至两个以上的客户时，安顿客户则是最重要的一环。道歉，递资料、书刊报纸应在一分钟内完成。不过请注意，倒水的水温是：冬天用最热的温度，夏天用温热的温度，春秋用较热的温度，目的是让客户不能一口气全喝完，否则售楼人员就成倒水的服务员了。倒完水安顿好客户后，应及时返回原接待的客户面前，继续介绍和详细洽谈。这时要注意，10分钟左右一定要返回原来安顿的客户面前，再道一声对不起，并及时为他新倒一杯水，这个往返的动作直到正式开始与这位客户洽谈为止。

安顿客户的目的，是尽量不要让客户受冷遇。人手不足时，现场售楼人员也一定要互相协助，集体行动，注意团队合作，共同完成任务。全员销售的精神将发挥明显的作用。

3. **了解客户**

说得多，问得多，了解就多。调用售楼人员的洞察能力、综合判断能力，从客户零散的信息中把握他的实际需要：是换房，是第一次买房，还是买第二套房等。询问、了解客户的需要，可以掌握第一手顾客资料，以便随时调整营销策略。

示例

张先生一家三口居住在某花园小区，父母要来同住，房子太小已不够居住需要，但张先生不想离开现在这个小区，便想在附近购买一套小房子。销售人员向他推介一套59m^{2}的住宅，并告诉他仅余5套，张先生在其家人的催促和参谋下，购得了这套住宅，了却了一桩心事。如果张先生原来房子较小，因为孩子大了想换一套大房，属于二次置业，则可以推介120m^{2}的住房，并细陈该楼盘的卖点及优势，以刺激其购买欲望。

4. **留住顾客**

有时客户要货比三家，这时最重要的是设法留住顾客。

示例

客户到售楼处看房，因有不同看法或因选择性太多，不可能第一时间就明确马上买房，说要考虑考虑，这不要紧，留时间给他考虑。但要记住，一定要让客户留下电话、姓名，同时销售人员要把名片递给他，确保这次洽谈的第一印象。送客时礼貌地问："如果还有什么地方讲得不清楚，请与我联系！欢迎再次光临！""如果对我的服务有什么不满意，请指正！感谢光临！"送走客户后，要及时清理洽谈处的纸屑等杂物，以保持洽谈处的整洁，然后将客户咨询情况登记在"客户登记表"上。

5. **签署协议**

客户购房意向确定后，应及时签署认购协议和销售合同，收取定金，落袋为安，以免节外生枝。签署协议的关键点是，协议的条款应尽可能合情合理，既照顾客户的利益，也要学会保护自己。其中交房日期的条款应更为谨慎，因为入住时间是最大的纠纷。

6. **办理其他事项**

客户签了名，交付了有关款项，留了身份证等有关复印件，剩下的手续，销售人员应主动替客户办理，如按揭、登记等服务，让客户体会到买得放心、办事顺心、住得安心的服务宗旨。如果不能全部办理，可协助客户办理，告知预先准备的证件、资料，提醒客户办理时间等。

7. **售后服务**

售后服务包含三层意思，一是继续为客户完成各项服务承诺，办理各项事务，保质保量；二是让客户享受专业的地产服务咨询；三是建立自己的客户档案，将最有可能的各类客户进行分类。在各种节假日向他们邮寄贺卡，让新老客户时时想到销售人员，想到销售人员的服务，想到购买房产的公司，这是销售人员追求的目标。优质的售后服务，可以为楼盘和开发商赢得良好的口碑效应。

（三）现场销售应注意的问题

现场销售应注意的问题很多，现列出部分问题，供读者参考。

（1）客户共享楼盘资源　如果遇到两个以上的客户对同一房屋有意向，应遵循成交优先原则，先交预定款费用者先得。

（2）折扣控制　销售经理是负责具体楼盘销售组织的，应严格控制优惠折扣，业务人员一概不得承诺各种额外折扣和优惠条件，要据实推介。如遇特殊情况，应向销售经理提出，由销售经理请示后确定。

（3）现场接待顺序　现场接待客户应询问是否已接受公司其他同事服务，如果没有，由接待售楼员负责现场接待；如果已进行过客户登记或进线电话登记，谁接待时间在前，由谁负责。现场的控制由销售经理负责。

（4）客户登记，随时跟进　销售人员应人手一本客户登记簿，及时简要地记录自己接待的客户以及每次跟进的情况。

（5）注意发扬团队协作精神，互谅互让，尊重同事的劳动。

二、带客户看房技巧

销售人员一定要亲自带客户看房，同时注意使用规范用语“请随我来”或“请往这边走”。在路上是和客户进行沟通的好机会，不要冷场，要主动进行情感沟通，如果称呼得当，可以拉近彼此的距离。通过这种沟通可了解客户需求面积、预选楼层、能承受的价格、家庭结构、职业、现居住条件、想要改善的方向，还可探寻其是否看过其他楼盘，有何评价，尽量多说，让客户始终被你吸引，找到销售的突破口。

举止上，销售员要走在客户前，主动替客户开门、操作电梯，小处见真情。

介绍样板房时，应突出此户型的卖点，如没有浪费面积、比较实用、总价合理、日照时间长、视野好和面临小区景观等，让客户切实感受自己所选的户型的特点，增加客户购买欲望。

通过带客户看房，一路边走边谈，如果利用得当，很可能和客户成为朋友，为以后的买卖作铺垫。但要注意，介绍过程中，如客户认为本案不如其他某某楼盘时，只能强调本楼盘的优势，强调凡事不可能十全十美，但不得诋毁其他楼盘。另外，待看的路线应事先规划好，注意沿线的整洁与安全。

三、谈判成交技巧

售楼是一个以业绩定输赢，以成败论英雄的工作，交易不成万事皆空。你销售中其他工作做得多好，只要与顾客不能达成交易，就毫无意义。售楼人员要与客户达成交易，要技巧性地诱导顾客下定购买决心。

（一）营造和谐的谈判氛围

和客户谈判，要注意拉近彼此关系，用感性推动客户，用理性打动客户，不可否定、打击客户，要诚意地赞扬客户，把客户说得高尚一些，营造愉悦的谈判气氛。

（二）针对客户利益谈判

通过对客户的接待和接触，销售人员应把握顾客的主要利益诉求点，有针对性地进行谈判。

补充知识

在售楼实践中，谈判应强调以下四点：

1）向客户介绍楼盘最大的利益点。

2）征求客户对这一利益的认同。

3）当客户同意楼盘这一利益点的存在时，向客户提出成交的要求。

4）注意谈判中应总结一下房屋如何能满足客户的需要、房屋能带给客户的利益，以及该房子与其他房子的区别之处。

（三）强调房屋的保值增值

买房也是一种投资行为，作为投资就要讲它的回报率，谁都希望自己的房子升值。决定房子升值的因素有哪些呢？因为土地具有稀缺性和不可再生性的特点，随着人口的增加，房屋需求量也不断增加，随着人们收入水平的提高，建设用地的减少，以及政策方面的因素，住房价格总体趋势会上扬。

例如，可以这样向客户说："现在人们一般不会去银行存款，有钱会去投资，投资股票风险太大，所以大多数人会选择投资房地产，如果日后您做生意需要资金的话，完全可以拿这套房子到银行贷款，这套房子是您的流动资金，也是您生意的保障。"

（四）面对房子不满意的谈判技巧

嫌房之人即是买房之人，正是因为客户有购买欲望才更挑剔。因此，应了解客户的不满，一一解答客户的疑问，争取客户。

1. "户型结构不合理"

任何商品的设计都是有一定道理的，这和市场定位有很大关系。可以让客户说出他的个人好恶，如"您认为这户型该怎样改？""是不是××样的？"等。同时，使用带有感情色彩的语气，诸如"您的家"、"您的主人房"、"您的小饭厅"，这样可以使客户产生参与意识，让客户觉得这些结构还有可取之处。

2. "我的朋友买了你们的房子，结果真倒霉"

听到这样的话后，应立刻作出反应，如"我是头一次听说这情况，我想马上跟您这位朋友联系一下，问问他的意见，然后再和公司商量，看我们该怎么办。"

3. "小区配套设施太差"

听到这样的话后，可以用价格、周边配套来弥补。如"周围100m内配套设施应有尽有"、"您能告诉我您希望有什么配套设施吗？"有的客户会提出不常见的配套设施。此时可回答"对，那些东西我也喜欢，但对您到底有多大意义？难道那东西值得整个小区业主花上几千元买回来吗？"

4. 对价格不满

对价格不满时可采取比喻法谈判策略。"请您看看我这支笔值多少钱？3元。那另外一支呢，为了给您一个准确的答案，您可以先研究一下它的结构。从表面上看，您很难看出这两支笔的本质差异，但看过它的结构后，您会发现哪支笔更适合您使用，或者说，这两支笔带给您的感觉完全不同。"

（五）提问引导成交技巧

当销售人员向客户详尽地讲解完楼盘的概况并回答完顾客的疑问后，就要主动提出成交的要求。"先生，您最喜欢这套房子的哪些方面？""您认为这套房子怎么样？"当客户说"我需要考虑一下”，你可以说“买不买房是一件小事，考虑得周全一些是应该的，您主要担心哪些问题？”销售人员也可以设计一些客户感兴趣的题目吸引客户，如地理位置、面积、住房条件、总价、交通等。若客户想听亲友的意见，你可以回答：“如果说您的朋友告诉您不要买，而您同意他们的观点，因此错过这套房就太可惜了！”

有时，销售人员也可使用假设成交的技巧。如销售人员提出：“我看得出，您非常喜欢这套房子”，如果客户没提出不同意见，就意味着生意到手了。同时，在成交完之后，还可以不经意地提及他的亲朋好友，以期他成为一名义务宣传者，为公司拓展更多的客户资源。

因此，不要在客户拒绝后就与此顾客“拜拜”。顾客拒绝成交，是出于对自我利益的保护。在客户没有完全明白在购买行为中能得到什么利益点后，不要再一次提出成交的要求。

谈判后无非会出现两个结果：成交或失败。如果失败，你可以对客户的拒绝装着没听见，继续向客户介绍一个新的利益点，再次征得客户的认同和提出成交的要求。有时，甚至提出四五次成交要求后，客户才肯最终签约。经验表明，韧性在售楼的成交阶段是很重要的。甚至，在向客户几次提出成交要求遭到拒绝后，眼看成交无望后，仍不要气馁。

小观点

谈判的关键在于：主动、自信、坚持。

1）售楼员应假设谈判成功、成交已有希望，主动请求客户成交。一些售楼员患有成交恐惧症，害怕提出成交要求遭到客户拒绝。这种担心失败而不敢提出成交要求的心理，使销售一开始就失败了。

2）要有自信的精神与积极的态度，充满自信地向顾客提出成交要求。自信具有感染力，售楼人员有信心，客户才会被售楼员感染，客户有了信心，自然能迅速采取购买行动。如果售楼人员没有信心，会使客户产生疑虑。

3）要多次向客户提出成交要求。事实上，一次成交的可能性会很低，但事实证明，一次成交失败并不意味整个成交工作的失败，客户的“不”字并没有结束售楼工作，客户的“不”字只是一个挑战书，而不是阻止售楼员前进的红灯。

（六）成交落实技巧

谈判的最终结果要定房，促成定房态度要亲切，不紧张，要顺理成章，可以这样说：“如果您没有其他问题，可以定房，定房号只是表示您的诚意，重要的是您有买到这套房子的机会，如果不定房，明天可能就没有了，因为其他的售楼员也在介绍这套房子，房子没有了，您还商量什么？退一步讲，您实在不满意，我可以马上退还您的订金。现在您看，这套房子怎么定，怎么付款？”

第四节　房地产销售常见问题及对策

房地产现场销售过程中，销售人员直接面对客户，一个细微的过失往往会造成一次交锋的失败。在坚持客户与公司“双赢策略”原则、努力提高成交率的同时，销售人员销售技能的不断完善，则是锁定客户、现场成交成功的阶梯。本教材罗列了一些最常见的问题及对策，以避免销售中发生失误，供读者参考。

一、销售人员常见的自身问题及对策

（一）产品介绍不详实

1. 原因

1）对产品不熟悉。

2）对竞争楼盘不了解。

3）迷信自己的个人魅力，特别是年轻女性员工。

2. 对策

1）楼盘公开销售以前的销售讲义，要认真学习，确实了解及熟读所有资料。

2）进入销售现场时，应针对周围环境，对具体产品再做详细的了解。

3）多讲多练，不断修正自己的措词。

4）随时向老员工和部门主管请教。

5）端正销售观念，明确让客户认可自己时应把握好的尺度，房屋买卖才是最终目的。

（二）任意答应客户的要求

1. 原因

1）急于成交。

2）被个别别有用心的客户所诱导。

2. 对策

1）相信自己的产品，相信自己的能力。

2）确实了解公司的各项规定，对不明确的问题，应向现场经理请示。

3）注意辨别客户的谈话技巧，注意把握影响客户成交的关键因素。

4）所有载以文字并列入合同的内容应认真审核。

5）应明确规定，因逾越个人权责而造成的损失，由个人负全责。

（三）未作客户追踪

1. 原因

1）现场繁忙，没有空闲。

2）自以为客户追踪效果不大。

3）销售员之间协调不够，害怕重复追踪同一客户。

2. 对策

1）每日设立规定时间，建立客户档案，并按成交的可能性分门别类。

2）依照列出的客户名单，大家互相协调，主动追踪。

3）电话追踪或人员拜访，都应事先想好理由和措词，以避免客户生厌。

4）将每日追踪的情况记录在案，分析客户考虑的因素，并且及时报告现场经理，相互研讨说服的办法。

5）尽量避免电话游说，最好能邀请顾客来现场，可以充分借用各种道具，以提高成交概率。

（四）不善于运用现场道具

1. 原因

1）不明白，不善于运用各种现场销售道具的促销功能。

2）迷信个人的说服能力。

2. 对策

1）了解现场销售道具对说明楼盘的各自辅助功能。

2）多问多练，正确运用名片、海报、说明书、灯箱、模型等销售道具。

3）营造现场气氛，注意团队配合。

（五）对奖金制度不满

1. 原因

1）自我意识膨胀，不注意团队合作。

2）奖金制度不合理。

3）销售现场管理有误。

2. 对策

1）强调团队合作，鼓励共同进步。

2）征求各方意见，制定合理的奖金制度。

3）加强现场管理，避免人为不公。

4）个别害群之马，坚决予以清除。

（六）订单填写错误

1. 原因

1）销售人员的操作错误。

2）公司有关规定需要调整。

2. 对策

1）严格操作程序，加强业务训练。

2）对于软性诉求，甚至可以通过适当退让，要求客户配合更改。

3）想尽各种方法立即解决，不能拖延。

（七）一屋二卖

1. 原因

这是不应该出现的销售问题。

1）没做好销控对答，现场经理和销售人员配合有误。

2）销售人员自己疏忽，动作出错。

2. 对策

1）明确事情的原因和责任人，公司另行处理。

2）先对客户解释，降低姿态，口气要委婉，请客户原谅。

3）协调客户换户，并可给予适当优惠。

4）若客户不同意换户，报告公司上级部门，经同意后，加倍退还定金。

5）务必当场解决，避免诉诸法律。

二、客户常见的问题与对策

（一）客户喜欢却迟迟不作决定

1. 原因

1）对产品不了解，想再作比较。因房产价值大，客户又很难全部了解产品，因此，即使选中了合意的房产，也总担心买贵了，或者还有更好的，想再作比较，因此犹豫不决。

2）同时选中同一小区中的几套单元，因此而犹豫不决。也可能在不同小区选中了几套不同的单元，难以决策。

3）想付定金，但身边钱很少或没带。

2. 对策

1）针对客户的问题点，尽可能地向其详细解释。

2）若客户来访两次或两次以上，对产品已很了解，则应力促使其早作决定。

3）缩小客户选择范围，肯定他的某项选择，以便及早下定签约。

4）定金无论多少，能付则定；经客户允许后，可以上门收取定金。

5）暗示其他客户也看中同一套单元，或房屋即将调价，早下决定则早安心。

（二）下定后迟迟不来签约

1. 原因

1）想通过晚签约，以拖延付款时间。

2）因事务繁忙忘记了。

3）对所定房屋又开始犹豫不决。

2. 对策

1）下定时，约定签约时间和违反罚则。

2）及时沟通联系，提醒客户签约时间。

3）尽快签约，避免节外生枝。

（三）退订或退房

1. 原因

1）可能受其他楼盘的销售人员或周围人的影响，也可能是家人反对，因此而犹豫不决。

2）客户的确不喜欢。

3）因家庭发生突变或其他不可抗拒的原因，使客户无法继续履行承诺。

2. 对策

1）了解客户的退房原因，尽量挽回，设法帮助客户解决相关难题。

2）肯定客户的选择，帮助客户排除干扰。

3）按程序退房，各自承担违约责任。

4）暗示房屋热销并且升值。

（四）优惠折让

优惠折让可能有两种情况：

1. 客户一再要求折让

（1）原因

1）销售过程中，有些销售人员急于成交，暗示有折扣。

2）可能是因为知道先前的客户成交有折扣。

3）可能是因为客户有讲价习惯。

（2）对策

1）立场坚定，对产品的品质有信心，坚持价格的合理性。

2）价格拟定应预留足够的还价空间，并设立不同的折扣空间，由销售人员、现场经理和各等级人员分级把关。

3）大部分预留折让空间，还是由一线销售人员掌握，但应注意逐渐退让，让客户知道还价不易，以防客户无休止地还价。

4）为成交而暗示有折扣时，应掌握分寸，切忌发生客户无具体行动，而销售人员主动让价的情况。

5）若客户确有困难并且很有诚意，销售人员应主动提出合理的折扣。

6）定金收取越多越好，便于掌握价格谈判主动权。

7）关照享有折扣的客户，因为具体情况不同，请勿大肆宣传客户所享有的折扣。

2. 客户间折扣不同

（1）原因

1）房地产公司会在不同的销售阶段，采取不同的折让策略。

2）有些客户是销售人员的亲朋好友或关系客户，所以给予的折扣不相同。

（2）对策

1）内部协调统一折扣给予的原则，特殊客户的折扣要有统一解释。

2）给客户的报价和价目表，应说明有效时间。

3）尽可能了解客户所提异议的具体理由，合理的要求应尽量满足。

4）不能满足客户的要求时，应耐心解释其中的原因，谨请客户谅解。

5）态度要坚定，但口气要婉转。

（五）签约问题

1. 原因

签约过程中可能遇到以下问题：

1）签约人身份认定、相关证明文件的操作程序和法律法规认识有误。

2）签约时，客户在具体条款上讨价还价。常见的问题是：面积的认定、贷款额度及程序、工程进度、建材装潢、违约处理方式、付款方式等。

3）客户想通过挑毛病来退房，以逃避因违约而承担的赔偿责任。

2. 对策

1）仔细研究标准合同，通晓相关法律法规。

2）兼顾双方利益，以“双赢策略”签订条约细则。

3）耐心解释，强力说服，以时间换取客户妥协。

4）在职责范围内，研讨条文修改的可能性。

5）对无理要求，按程序办事，若因此毁约，应各自承担违约责任。

第五节　房地产销售控制

一、房地产销售控制

由于房地产与其他消费品不同，其生产周期很长，当市场需求变化后，供给是不可调节的，只能以销控来实现微调。因此，销控是实现项目利润最大化的捷径。如果某项目的市场需求把握不准或是规划设计不科学，那么能够挽救项目的就只能是营销策划和销售控制。

房地产销售控制主要包括：销量控制、价格控制和时间控制三种。

（1）销量控制　在整个销售过程中，应该始终保持有好房源，分时间段根据市场变化情况，按一定比例面市，这样可以有效地控制房源。而且当后期的好房源面市时，由于正处于价格的上升期，还可以取得比较好的经济效益。

（2）价格控制　价格控制又分为两种：①“低开高走”价格策略的销售控制。分时间段制定出不断上升的价格走势，按照“逐步走高，并留有升值空间”的价格原则进行控制。这样既能吸引投资，又能吸引消费。因为楼层差价的变化不一定按直线型进行调整，而是按心理需求曲线变化，即随着心理需求的变化呈不规划变化。②“高开低走”价格策略的销售控制。市场定位为需求弹性较小的高收入人群，其特点是阶段性高额利润，速战速决地回收资金，其适用范围为实力信誉颇佳的大公司，有新、奇、特概念的高附加值的物业。

（3）时间控制　销售期一般分为四个阶段：开盘前准备期、开盘初期、销售中期、收盘期。以时间为基础，根据不同的时间段，如依据工程进度等进行时间控制，确定与之对应的销量和价格，并且围绕该时间段的诉求重点进行营销，以便掌握什么时间该控制什么，以及如何去控制，从而产生协同效益。

销量控制、价格控制、时间控制三者紧密结合，相互协调，产品在谁手中，谁就能控制价格，随着时间的推移，不断地将价格按不同的时间段进行调整，并根据不同的时间段放出不同的销量。那么整个销售过程就是一个比较完美的销售控制过程。

二、房地产销售控制的具体内容

房地产销售控制要掌握好以下具体内容：

（1）销控表　以直观的方式显示单个楼盘的销售进展情况，可以提供需要了解房间的详细资料及销售情况，并可以根据选择的模拟付款方式生成付款时间表和按揭供款表，方便客户进行详细了解和分析。

（2）销控总表　以直观的方式显示所有楼盘的销售进展情况，在掌握全局的同时，也可以查看房间及业主的信息。

（3）销售登记　管理和登记套房销售的情况，包括认购资料、合同资料、产权资料、付款资料等。现在一般利用计算机来完成合同资料的录入，然后通过网上申报的方式将合同资料上传到国土资源局进行合同登记，并取得预售合同。

（4）换退房管理　管理销售过程中换退房的处理及查询。

（5）催交欠款　处理销售过程中的楼款催交及欠款催交事项，并可以打印清单。

（6）成交客户管理　登记和管理成交客户的详细资料，以方便公司对成交客户进行分析和了解，从而最大限度地提高对成交客户的服务质量。

（7）销售统计　将公司的销售情况进行统计，并以图形方式直观显示。

（8）销售统计报表　查看和打印销售过程中需要的各种报表，房地产公司可以根据自己的需要来制定各种报表。

复习思考题

1. 销售人员应具备哪些能力？
2. 简述房产销售与顾客的心理特征。
3. 房地产销售控制有哪些具体内容？

实践、讨论题

把全班分成若干个小组，每组 6 ~ 10 人，选择本地某一在售楼盘，进行销售实战模拟。（两个组模拟销售团队，另几个组则模拟看房人员，在模拟的售楼中心进行实战训练。）

第十四章 房地产销售相关知识

【学习目标】

通过本章的学习，要求学生了解房地产销售相关基础知识，掌握办理购房签约和个人购房抵押贷款的相关程序；掌握房屋买卖过程中房屋产权登记等相关知识。

【关键词】

房地产销售　购房签约　抵押贷款　房地产纠纷

房地产销售的过程是买卖双方交换房地产产品和价值的一种经济活动过程，是一种特定的法律行为，其交换的结果是引起房产所有权和土地使用权的转移。房地产销售人员必须熟悉房地产销售相关知识，才能促成房地产交易，完成销售任务。详细内容请参考有关课程，本章只作简要介绍。

第一节　购房签约

房地产销售最后的成果就是签订购房买卖合约，开发商交出房地产产品，用户支付价款，房地产交易过程的结束以最终进行产权登记为准，接着是售后服务工作。

一、商品房买卖合同

所谓商品房买卖合同是指在房产交易双方之间建立买卖关系的协议，即房屋所有权人依法将其房屋及其占用范围内的土地使用权转移给买受人，由买受人向其支付相应价款，明确相互权利义务关系的约定。

商品房销售时，房地产开发企业和买受人应当订立书面商品房买卖合同。

二、商品房买卖合同内容

由于商品房价值大、相关规定多、购房人相对信息量小，所以对一些房屋买卖中的相关事项应全面考虑。因此，2000 年，建设部、国家工商行政管理局对《商品房购销合同示范文本》进行了修订，并更名为《商品房买卖合同示范文本》，购房人和开发企业可自愿使用合同示范文本，以避免过后产生不必要的大量纠纷。《商品房销售管理办法》规定，房地产开发企业应当在订立商品房买卖合同之前向买受人明示《商品房销售管理办法》和《商品房买卖合同示范文本》；预售商品房的开发商，还必须明示《城市商品房预售管理办法》。

依据商品房合同示范文本，商品房买卖合同主要包括以下内容：

1）当事人名称或姓名和住所。

2）商品房基本情况。

3）商品房的销售方式。

4）商品房价款的确定方式及总价款、付款方式、付款时间。

5）交付使用条件及日期。

6）装饰、装修标准承诺。

7）供水、供电、供热、燃气、通信、道路、绿化等配套基础设施和公共设施的交付承诺和有关权益、责任。

8）公共配套建筑的产权归属。

9）面积差异的处理方式。

10）办理产权登记有关事宜。

11）解决争议的办法。

12）违约责任。

13）双方约定的其他事项。

房地产开发企业、房地产中介机构发布的商品房销售广告和宣传资料所明示的事项，当事人应当在商品房买卖合同中约定。

补充知识

消费者购房签约应注意的事项：

1）合同书中应注明与开发商谈定的付款方式与时间。

2）开发商交付房屋的日期和预期交房条件要明确。

3）对购置房屋的面积要注明销售面积（含分摊的公用面积）、实际使用面积。政府规定面积误差（即当初购买时的面积与最终交屋时的实测面积误差）在 ±3% 以内均属正常，开发商多退少补。

4）应提出天然气或煤气的准确通气时间。

5）应明确提出产权证发放到手中的准确时间。

6）除签署正式合同外，为了更清晰地阐述协议内容，往往还会让客户再签署一份补充合同，主要目的在于表明由于某些特定原因造成不能按期交房的免赔责任，以及面积丈量误差的免赔责任。

三、商品房买卖合同计价方式

商品房销售可以按套（单元）计价，也可以按套内建筑面积或按建筑面积计价。

建筑面积是指房屋外墙（柱）勒脚以上各层的外围水平投影面积。商品房建筑面积由套内建筑面积和分摊的共有建筑面积组成，套内建筑面积部分为独立产权，分摊的共有面积部分为共有产权，买受人按照法律、法规的规定对其享有权利，承担责任。按套（单元）计价或者按套内建筑面积计价的，商品房买卖合同中应当注明建筑面积和分摊的共有建筑面积。

示例

某商品房是102m^{2}的三室一厅，若按套计价，每套售价30万元；按套内建筑面积82m^{2}计算，单价为3700元/m^2，则总价为303400元；按建筑面积102m^{2}计算，单价为3000元/m^2，则总价为306000元。开发商可任选一种计价方式销售。在促销活动中，优惠的房屋可按套销售，按套（单元）计价的现售房屋，当事人对现售房屋实地勘查后可以在合同中直接约定总价款。按套（单元）计价的预售房屋，开发商应当在合同中附上所售房屋的平面图。

一般情况下开发商按建筑面积销售，现在很多人则提倡按套内面积销售，以给购房人更大的透明度。不论用哪一种计价方式销售房屋，房屋产权登记方式必须按建筑面积方式进行，按套、套内建筑面积计价，并不影响用建筑面积进行产权登记。

四、商品房买卖合同误差的处理方式

按套内建筑面积或者按建筑面积计价的，当事人应当在合同中载明合同约定面积与产权登记面积发生误差的处理方式。

合同未作约定的，按以下原则处理：

1）面积误差比绝对值在3%以内（含3%）的，据实结算房价款。

$$面积误差比 =（产权登记面积 - 合同约定面积）/ 合同约定面积 \times 100\% \qquad (14\text{-}1)$$

2）面积误差比绝对值超过3%时，买受人有权退房。它又分几种情况：①买受人退房。开发商应当在买受人提出退房日起30日内将买受人已付房价款退回给买受人，同时支付已付房价款利息。②买受人不退房。若产权登记面积大于合同约定面积，面积误差比在3%之内的房价款由买受人补足；超出3%部分的房价款由房地产企业承担，产权归买受人。如合同面积为100m^2，产权面积为105m^2，其中3m^{2}由买受人补齐，2m^{2}由开发商送给购房人。③买受人不退房。若产权登记面积小于合同约定面积，面积误差比绝对值在3%（含3%）以内部分的房价款由房地产开发企业返还买受人；绝对值超过3%的房价款由房地产开发企业双倍返还买受人。如合同面积为100m^2，产权面积为95m^2，其中3m^{2}的房价款返给买受人，另外2m^{2}的房价款双倍返给买受人。

按建筑面积计价的，当事人应当在合同中约定套内建筑面积和分摊的共有建筑面积，并约定建筑面积不变而套内建筑面积发生误差以及建筑面积与套内建筑面积均发生误差时的处理方式。

五、商品房中途变更规划、设计的规定

房地产开发企业应当按照批准的规划、设计建设商品房。商品房销售后，房地产开发企业不得擅自变更规划、设计。经规划部门批准的规划变更、设计单位统一的设计变更导致商品房的结构形式、户型、空间尺寸、朝向变化，以及出现合同当事人约定的其他影响商品房质量或使用功能情形的，房地产开发企业应当在变更确立之日起 10 日内，书面通知买受人。

买受人有权在通知到达之日起 15 日内作出是否退房的书面答复。买受人在通知到达之日起 15 日内未作出书面答复的，视同接受规划、设计变更以及由此引起的房价款的变更。房地产开发企业未在规定时限内通知买受人的，买受人有权退房；买受人退房的，由房地产开发企业承担违约责任。

六、商品房的交付

1. 关于延期交付

房地产开发企业应当按照合同约定，将符合交付使用条件的商品房按期交付给买受人。未能按期交付的，房地产开发企业应当承担违约责任。因不可抗力或者当事人在合同中约定的其他原因，需延期交付的，房地产开发企业应当及时告知买受人。

2. 关于商品房质量、设备及装修

房地产开发企业销售商品房时设置样板房的，应当说明实际交付的商品房质量、设备及装修与样板房是否一致，未作说明的，实际交付的商品房应当与样板房一致。

3. 关于“两证”

销售商品住宅时，房地产开发企业应当根据《商品住宅实行质量保证书和住宅使用说明书制度的规定》，向买受人提供《住宅质量保证书》和《住宅使用说明书》。

4. 关于质量保修

房地产开发企业应当对所售商品房承担质量保修责任。当事人应当在合同中就保修范围、保修期限、保修责任等内容作出约定。保修期从房屋交付之日起计算。

商品住宅的保修期限不得低于建设工程承包单位向建设单位出具的质量保修书约定保修期的存续期；存续期少于确定的最低保修期限的，保修期不得低于确定的最低保修期限。非住宅商品房的保修期限不得低于建设工程承包单位向建设单位出具的质量保修书约定保修期的存续期。

补充知识

在正常使用下，开发商最低保修项目和保修期限如下：

1）地基基础和主体结构工程在合理使用寿命年限内承担保修。

2）屋面防水工程3年。

3）墙面、厨房和卫生间地面、地下室、管道渗漏1年。

4）墙面、顶棚抹灰层脱落1年。

5）地面空鼓开裂、大面积起砂1年。

6）门窗翘裂、五金件损坏1年。

7）管道堵塞2个月。

8）供热与供冷系统和设备1个采暖期或供冷期。

9）卫生洁具1年。

10）灯具、电器开关6个月。

其他部位、部件的保修期限，由房地产开发企业与用户自行约定。

在保修期限内发生的属于保修范围的质量问题，房地产开发企业应当履行保修义务，并对造成的损失承担赔偿责任。因不可抗力或者使用不当造成的损坏，房地产开发企业不承担责任。

5. 关于退房、赔偿

因房屋质量主体结构质量不合格不能交付使用，或者房屋交付使用后，房屋主体结构质量经检验确属不合格，买受人请求解除合同和赔偿损失的，应予支持。

因房屋质量问题严重影响正常居住使用，买受人请求解除合同和赔偿损失的，应予支持。交付使用的房屋存在质量问题，在保修期限内，出卖人应当承担修复责任；出卖人拒绝修复或者在合理期限内拖延修复的，买受人可以自行或者委托他人修复。修复费用及修复期间造成的其他损失由出卖人承担。

第二节　住房抵押贷款

一、住房抵押贷款的含义

由于房屋价值大，使用寿命长，属耐用品，因此对于大多数中低收入者一次性购买比较困难。而住房抵押贷款则提供了一种“花明天的钱圆今天的梦”的机会。房地产抵押是房地产信贷中的一种抵押担保方式，俗称“按揭”。

住房抵押贷款是指购房者购置房地产时，首先交齐首期付款，然后将要购买的房地产作为抵押品以不转移占有的方式向银行申请贷款，在贷款期限内按约定偿还贷款。当购房者还不上银行贷款时，银行有权依法以抵押的房地产拍卖所得的价款优先受偿。

补充知识

住房抵押贷款与其他贷款形式不同，主要体现在下列几个方面：

1）购房者用购买的房地产作为抵押向银行申请贷款，是银行提供贷款的最起码条件。房地产作为抵押品是购房者按合同规定如期还贷款本息的担保物。

2）借贷双方签订借款合同的同时，也要签订抵押合同及委托扣款协议。

3）借贷双方具有双层关系，即债权债务关系和受押出押关系。贷方既是债权人，又是受押人或抵押权人；借方既是债务人，又是出押人或抵押人。

4）债务人不按期偿还本息，称为违约。在这种情况下，银行有权取消房地产的抵押赎回权，可以拍卖房地产，将所得的款项优先抵偿未偿还的贷款本息，剩余款项仍然交还购房者。

二、住房抵押贷款的要素

住房抵押贷款的成数、借贷期限和利息是住房抵押贷款内容的三大要素。

1. 住房抵押贷款的成数

住房抵押贷款成数是指贷款额与楼价的比率。

银行通常不给购房者相当于房价款百分之百的贷款，而要求购房者自己支付房价款的一定比例的现金，即首付款，其余的向银行申请贷款。

目前，国内一般一手楼最高的住房抵押贷款成数为 8 成，也有 7 成的，国外一些银行对于资信好的购房者，也有 9 ~ 10 成的；二手楼一般的住房抵押贷款成数为 6 成。

2. 借贷年期

年期指住房抵押贷款分期偿还的期限。

贷款期限对于借款人有正负两个方面的影响：一方面，借款期限越长，借款者的利息负担越重，使最终的房价也越高；借款期限越短，利息负担越轻。另一方面，借款期限短，借款人每期偿还的债务金额相对越大。

目前，国内住房抵押贷款一手楼一般最高的年期为 30 年，国外一些银行可达到 50 年。

3. 利息

借款人在借贷期限内不仅应当偿还贷款本金，而且应支付银行贷款利息，住房抵押贷款利率为银行同期贷款利率。住房抵押贷款利率的高低主要取决于银行存款利率和政府对住房抵押贷款的金融政策。

三、住房抵押贷款的基本条件

1. 基本条件

在具备以下几个基本条件时，银行可代购楼者将贷款支付给销售开发商或买房业主。

（1）银行同意给予贷款额度　银行接受开发商申请，同意给予所申请项目的住房抵押贷款额度。

（2）购房者有完善的购房手续　购房者与开发商或买房业主签订房地产买卖合同，并支付首期购房款，办理住房抵押贷款相关手续。

（3）购房人办理住房抵押贷款需提供的资料及同时具备的条件

1）个人身份证明。个人住房贷款对象为具有完全民事行为能力的自然人，具有城镇常住户口或有效的居留身份。已婚提供配偶身份证及结婚证明，未婚者提供未婚证明；未成年人购房，须提交其监护人的身份证、户口本。

2）个人收入证明。单位收入证明、存款证明等，有稳定的职业和收入，信用良好，有按期偿还贷款本息的能力。

3）住房抵押贷款申请书。

4）房产权属证明复印件。

5）《房地产买卖合同》及首期付款收据。

6）抵押承诺书。

7）过户后的房地产证原本。

8）房屋财产保险单正本。

9）买卖双方在借款银行开立的存折账号。

（4）担保手续　由银行认可的资产作为抵押或质押，或由有足够代偿能力的单位或个人作为借款保证人。有的银行对于当地户口居民二手楼提供住房抵押贷款，信誉好的也可以不用担保人担保，只要有资产作为抵押即可。

（5）评估报告　所购住房价格基本符合银行或银行委托的房地产估价机构的评估价值。

2. 约定条件

银行、售房者或担保公司和购房者三者之间的约定条件有：

1）售房者和购房者签订的《商品房买卖合同》。

2）银行与售房者、购房者签订的《借款合同》、《住房抵押贷款合同》、《委托扣款协议》。

3）银行与售房者签订《住房抵押贷款承诺书》。

《借款合同》、《住房抵押贷款合同》是售房者、购房者和银行签订的规定银行向购房者提供住房抵押贷款过程中三方权利义务的协议，是购房者获得住房抵押贷款的关键性法律文件。

四、办理住房抵押贷款程序

1. 办理住房抵押贷款申请

购房者在确认自己选择的房产得到银行住房抵押贷款支持后，应向银行或银行指定的律师事务所了解银行关于购房者获得住房抵押贷款的规定，准备有关法律文件，并填报《住房抵押贷款申请书》。

补充知识

具体贷款手续主要有以下几条：

1）双方签署《买卖合同》。

2）对产权及房产交易的合法性进行公证。

3）由银行指定机构受理住房抵押贷款业务申请，并出具房地产评估报告。

4）对借款人进行各项资格审查、认证。

5）银行作出是否提供住房抵押贷款的答复。

6）银行向符合要求的按揭申请人出具“住房抵押贷款承诺”。

7）买卖双方到房地产管理部门办理房产过户手续。

8）申请人出具抵押承诺书。

9）申请人与银行签订《住房抵押贷款合同》、《委托扣款协议》、《抵押合同》。

10）办理抵押登记手续。

11）买方按房产评估值进行全额投保。

12）银行按买楼人提供的账号将贷款划到卖楼账户。

13）买方按照住房抵押贷款合同还本付息。

2. 银行审核购房者的有关资料

银行受理购房者贷款申请后，银行工作人员受托借款申请书及规定的文件后，将按银行规定的工作程序进行调查、核检，从民事主体资格、还款能力等方面对购房者进行资格审查，以确认是否符合规定条件。确定具有偿还能力后，同意提供住房抵押贷款。

3. 办理签约、抵押登记、保险手续

银行通知借款人持本人身份证在规定的时间、地点办理保险、公证等手续。然后，双方签订借款合同、抵押合同、借款人承诺书。

购房者、开发商和银行持《住房抵押贷款合同》及购房合同到房地产管理部门办理抵押登记备案手续。对期房，在竣工后应办理变更抵押登记。在通常情况下，由于住房抵押贷款期间相对较长，银行为防范贷款风险，要求购房者申请人寿、财产保险。购房者购买保险，应列明银行为第一受益人，在贷款履行期内部的终端保险，保险金额不得少于抵押物的总价值。在贷款本息还清之前，保险单交由银行保管。

4. 开立专门还款账户

购房者在签订《住房抵押贷款合同》后，按合同约定，应在银行制定的金融机构开立专门还款账户，并签订《委托扣款协议》，授权该机构从该账户支付银行与住房抵押贷款合同有关的贷款本息和欠款。

5. 支付贷款

住房抵押贷款手续办理完毕，购买的房地产权证明文件抵押在银行，其贷款由银行将借款人贷款资金以借款人购房款的名义划入开发商或原业主账户，直接支付给卖方。

6. 还款

买房借款人根据借款合同的约定按月分期向银行偿还本息。由于不同地方的银行的住房抵押贷款手续及程序可能会有差别，上述内容仅提供参考，具体执行按当地银行规定办理。销售人员应当熟悉从业所在地银行住房抵押贷款的有关规定和程序。在办理住房抵押贷款手续时，向购房者解释清楚，并协助购房者办理相关手续。

五、住房抵押贷款的还款方式方法

个人住房抵押贷款的还款方式分为等额本息法、等额本金法、等额递增还款法、等额递减还款法、到期还本还款法和本金归还计划还款法等还款方式。由于贷款方式的不同决定了月还款数额、本息支付总额的不同，这在一定程度上会影响到借款人对实有资金的使用、投资和收益情况，甚至影响到借款人的日常生活水平等问题，因此根据还款能力合理地选择还款方式，已成为贷款人优先考虑的问题。而目前我国银行最常选用的方式是等额本息法和等额本金法。

1. 等额本息法偿还的计算公式

等额本息还款法，购房抵押人每月偿还相等的金额还贷款本息。

其计算公式为

$$A = P\frac{i(1+i)^n}{(1+i)^n - 1} \tag{14-2}$$

式中 A——每月偿还等额本利和；

P——借贷本金总额；

i——贷款月利率；

n——还款总期数；

$i(1+i)^n/[(1+i)^n-1]$——资本回收因数。

例如，赵某购买一套商品住宅，成交价格为50万元，首期付款为房价的30%，余款向银行抵押贷款。该贷款的贷款期限为10年，贷款年利率为6%，采用按月等额还款方式偿还。则每月的偿还金额为多少？

已知：向银行贷款总额 $P = 50 \times (1 - 30\%) = 35$ 万元，月实际利率 $i = 6\% \div 12 = 0.5\%$，$n = 10 \times 12 = 120$

$$A = P(A/P, 0.5\%, 120) = 35 \times 0.0111 = 0.3885 \text{ 万元}$$

该购房人每月的偿还金额为3885元。

等额本息还款法的特点是利率固定不变，借款人在贷款期间内每月等额还贷款本息，即贷款的本金和利息被平均分摊到各个月中。

2. 等额本金法偿还的计算公式

等额本金还款法，购房抵押人每月等额偿还本金，贷款利息随本金逐月递减。其计算公式为

$$a_t = P \div n + P \times i \times \frac{n-(t-1)}{n} \tag{14-3}$$

式中 a_t——第 t 期月付款额；

n——按月计算的贷款期数；

P——贷款额；

i——月利率。

例如，某人向银行贷款50万元，假设贷款年利率为6%，贷款期限为15年，采用等本金还款方式，则第10个月的付款额应是多少？

已知：向银行贷款总额 $P = 50$ 万元，月实际利率 $i = 6\% \div 12 = 0.5\%$，$n = 15 \times 12 = 180$

则：$a_{10} = 500000 \div 180 + 500000 \times (180 - 10 + 1) \div 180 \times 0.5\% = 2777.78 + 2375 = 5152.78$ 元

该购房人第10个月的偿还金额为5152.78元

等本金还款抵押贷款的特点是在贷款期内均匀地偿还本金，每期按剩余本金余额和约定利

率支付利息，每期的还款总额逐期递减。

销售人员在进行销售服务时，应帮助购房人选择适合客户的还贷方案，制定住房抵押贷款与还款计划，通过多种还款计划的计算与选择，根据购房者的支付能力，帮助其确定一种理想的住房抵押贷款成数与贷款年限。在计算住房抵押贷款还款计划时，如选择等额本息还款法，为了方便购房人计算，一般都按照贷款银行提供的住房抵押贷款等额还款月供系数表进行计算，见表 14-1。

表 14-1　住房抵押贷款等额还款月供系数表

年　　限	月利率（%）	系　　数
3	4.425	0.0301102785
5	4.425	0.0190135876
10	4.650	0.010892310
15	4.650	0.0082133486
20	4.650	0.0069241352
25	4.650	0.0061887420
30	4.650	0.0057281846

银行为了使贷款人直观了解计算步骤，方便操作和计算，还制定了商业性贷款利率及万元还本息金额表，如表 14-2 所示。

表 14-2　住房商业性贷款利率及万元还本息金额表

年限	月数	月利率（‰）	年利率（%）	月还款额/元	本息总额/元	总利息/元
3	36	3.975	4.77	298.67741	10752.38692	752.38692
5	60	3.975	4.77	187.66042	1259.62519	1259.62519
10	120	4.2	5.04	106.26114	12751.33682	2751.33682
15	180	4.2	5.04	79.28789	14271.81976	4271.81976
20	240	4.2	5.04	66.21647	15892.01818	5892.66726
25	300	4.2	5.04	58.69229	17607.68735	7607.68735
30	360	4.2	5.04	53.92689	19413.68075	9413.68075

如一套总价为 40 万元的住宅，购买方选择了 7 成 20 年的住房抵押贷款付款方式，需要贷款 28 万元，每月偿还本息的数额为

$$(28 \times 66.21647)\text{元/月} = 1854\ \text{元/月}$$

补充知识

住房抵押贷款手续中，银行收取的费用主要有：

1）商品房转让手续费：每平方米 3 元。

2）房屋保险费：总房款的 0.08% × 贷款年限。

3）抵押手续费：总房款的 0.08%。

4）公证费：贷款额的0.1%。

5）登记费、工本费、代办费：400元。

6）银行按揭合同工本费：40元。

六、住房抵押贷款的风险

住房抵押贷款对借款人来说是件好事，但也存在一定的风险，借款人应当具有风险意识，注意防范住房抵押贷款的风险。其中主要风险有以下几方面。

1. 无力继续偿还贷款本息风险

购房者有可能在住房抵押贷款购房的还款期内出现经济困难而一时难以偿还住房抵押贷款本息。因此，在申请住房抵押贷款时，借款人应该对自己目前的经济状况与未来的还款能力作出正确的判断。根据自己的条件选择合适的贷款额度、还款年期与还款方式，并留有一定的余地。

2. 房屋贬值风险

导致房屋贬值风险的原因很多，有政治动荡、经济危机等不可抗力因素，也有人为违约与质量因素。要求抵押房屋进行财产保险，是防范这种风险的主要措施，对银行和购房者都有必要。

3. 利率变化风险

未来利率会发生什么样的变化，这是难以预料的，借款人要有思想准备。

4. 房屋处理风险

房屋处理过程中，银行为尽快收回自己的贷款，很可能不顾购房者的利益，低价拍卖房屋。购房者在签订购房住房抵押贷款合同时，应当注明监督权。监督权包括对拍卖底价的认可、招标活动的参与、公告发布问题、估价单位的选择、估价拍卖费用问题等。

第三节　房地产产权登记

一、房地产交易的行政性收费

行政性收费是房地产行政管理机构或授权履行行政管理职能的单位，为加强对房地产的管理所收取的费用。行政性收费是房地产行政管理机关及其所属事业单位为社会或个人提供特定服务所收取的费用。房地产行政管理范围涉及的方面较多，其行政、事业性收费的种类也很多。主要有以下几个方面。

1. 房屋产权管理收费

房屋产权管理收费属行政性收费，主要包括登记费、权证费。

2. 房屋买卖管理收费

房产买卖管理收费属行政性收费，包括买卖登记费和买卖手续费。房产登记费是买卖双方成交到房地产管理部门申办买卖手续登记收取的费用，房产管理部门审查买卖双方条件后，批准成交，然后收取房产买卖手续费。

3. **房屋租赁管理收费**

房屋租赁管理收费属于行政性收费，包括：房屋租赁登记费、房屋租赁手续费或租赁签证费。

4. **房屋评估费**

房屋评估费是房屋管理部门对房屋进行估价，向产权人或委托估价人收取的费用。

二、房地产产权登记

我国《城市房地产管理法》规定："国家实行土地使用权和房屋所有权登记发证制度"。

（一）房地产权属登记种类

房地产权属登记分为总登记、土地使用权初始登记、房屋所有权初始登记、转移登记、变更登记、他项权利登记、注销登记7种。

1. **总登记**

总登记是在一定行政区域和一定时间内进行的房屋权属登记，相当于房屋的普查。

2. **土地使用权初始登记**

土地使用权初始登记指以出让或划拨方式取得土地使用权的，权利人应申请办理土地使用权初始登记。

3. **房屋所有权初始登记**

房屋所有权初始登记指新建房屋申请人或原有但未进行过登记的房屋申请人原始取得所有权而进行的登记。

4. **转移登记**

转移登记指房屋因买卖、交换、赠与、继承等原因致使权属发生转移而进行的登记，权利人应当自实施发生之日起90日内申请转移登记。

5. **变更登记**

变更登记指房地产权利人因法定名称改变，或是房屋状况发生变化而进行的登记。

6. **他项权利登记**

他项权利登记指设定抵押、典权等他项权利而进行的登记。

7. **注销登记**

注销登记指房屋权利因房屋或土地灭失、土地使用年限届满、他项权利终止、权利主体灭失等而进行的登记。

房屋在销售过程中，开发企业或销售代理商往往提供协助服务，方便客户提高效率。

补充知识

申请房地产权属登记应同时具备以下四项条件：

1）申请人或代理人具有申请资格。权利人为法人、其他组织的，应使用法定名称，由其法定代表人申请；权利人为自然人的，应使用其身份证件上的姓名；共有的房地产，由共有人共同申请。如权利人或申请人委托代理申请登记时，代理人应向登记机关交验代理人的有效证件，并提交权利人的书面委托书；设定房地产他项权利登记，由相关权利人共同申请。

2）有明确具体的申请请求。

3）申请登记的房地产产权来源清楚、合法，证件齐全，没有纠纷，且不属于被限制转移或被查封以及违章建筑的房屋。

4）属受理登记的登记机关管辖。

（二）房地产权属登记程序

1. 受理登记申请

申请人向房屋所在地的登记机关提出书面申请，填写统一的登记申请表，提交有关证件。登记机关自受理登记申请之日起7日内应当决定是否予以登记或其他。

2. 权属审核

权属审核指房地产权属登记机关对受理的申请进行权属审核。

3. 公告

公告不是权属登记的必经途径，对可能有产权异议的申请，权属证书遗失的，须进行公告。

4. 核准登记、颁发房屋权属证书

综上所述，了解房地产税费和权属登记的相关内容，可以更好、更便捷地为购房人提供直接或协助服务。

第四节　房地产纠纷的解决

房地产纠纷是关于房地产权利、义务的争执，主要是关于房地产所有权、使用权、经营管理权，以及买卖、租赁等引起的经济权益争执。

近年来随着房地产商品的供给量大增，房地产的买卖纠纷也逐渐增多，其中不少是因为房地产企业的不适广告、销售人员的乱许诺、销售程序混乱、违规销售、房地产产品质量低下造成的。因此，房地产企业导入市场营销理念和操作机制，既能维护房地产企业的信誉和房地产消费者的利益，也使得房地产市场能够健康地发展。

房地产交易纠纷属于民事纠纷，协调这类纠纷的方法主要有调解、仲裁、诉讼等几种方式。

1. 调解

调节是指人民法院和人民调解委员会协调民事案件和轻微违法行为引起纠纷的一种方法。

调解必须根据法律和政策进行。人民法院的调解，是审判机构对案件的调解，协调协议对双方当事人具有强制性。

2. 仲裁

仲裁是指当事人之间的争议由仲裁机构公正判决。

房地产仲裁，要求房地产买卖双方在合同中必须有仲裁的意向，选定一个仲裁委员会，并指出具体仲裁范围，如关于房地产所有权、使用权、赠与、交换等具体事宜。仲裁一般“一裁定终局”。如果当事人不履行义务可要求法院强制执行。

3. **诉讼**

诉讼通常是指国家司法机关在当事人及其诉讼参与人参加下，按照一定的方式和程序，解决具体争议的活动。

房地产交易纠纷的诉讼是通过法院的审判活动，解决房地产交易纠纷的一种形式，属于民事诉讼，由民事法庭受理。诉讼程序包括起诉、审判、执行。

复习思考题

1. 商品房买卖合同应包括哪些条款？
2. 住房抵押贷款应注意哪些风险？
3. 住房抵押贷款的办理程序有哪些？

实践、讨论题

把全班分成若干个小组，每组 6 ~ 10 人，选择本地某一在售楼盘，进行商品房销售合同签订实战模拟。（两个组模拟销售团队，另几个组则模拟购房人员，在模拟的售楼中心进行实战训练。）

附　录

星海知音人家前期营销策划方案

一、房地产环境

（一）政治环境（略）

（二）经济环境（略）

（三）法律环境（略）

（四）广州房地产环境

广州是华南的中心城市，地处中国改革开放的前沿阵地，房地产环境明显优于其他城市。

1. 社会文化环境

广州是一个千年古城，有着悠久的历史文化积淀，工商业的发展借改革开放之风，走在了全国前列，社会风尚、人文精神有了很大提高，也推动了居住文化的繁荣，这为房地产的发展创造了良好条件。

2. 技术环境

广州的房地产经过几十年来的发展，已经成为全国典范，也是全国房地产最活跃的城市。无论是开发技术、建筑技术、营销技术还是管理技术，都达到了一个理想高度。然而正因为房地产技术的提高，在广州市范围内房地产的竞争自然非常激烈，在技术条件相差不大的情况下，如何抢占市场、铸造品牌就更显重要。

3. 自然环境

"云山珠水"是广州的两大自然资源，也是市政府构筑生态山水城市的主要依据。近年来在省市政府的努力下，广州的生态山水城已初见成效，相信政府为配合国际花园城市的发展，将会对房地产采取一系列的措施，也就是说，对房地产开发会有新的更高的要求。

4. 人口环境

广州是一个外来人口众多的大都市，外来人口越多，越有利于房地产的发展。全国许多地方高级人才都涌向广州，这既有利于广州的经济与城市建设，更为广州带来了许多新生置业群。

二、环境机会与威胁分析

（一）环境机会分析

社会文化环境的提高、国际花园城市和生态山水城市的定位以及外来人口的增长，为广州房地产业的发展带来了许多优越条件。随着社会经济的发展，市民对住房的要求也越来越高，追求舒适、享受人生的观念越来越强。在此大环境下，项目所在地白云区这些年来也在大力改善投资和居住环境，道路的整合性贯通也在启动。以前白云区被称为广州的后花园，现在花都撤市改区，白云区后花园的地位消失了，但中心城市地位得到了提高。

（二）环境威胁分析

随着房地产技术环境的提高，房地产的竞争将会日益加剧。纵观整个市场趋势，广州的房地产市场竞争已经进入比规模、比实力、比理念的阶段，一些不具备经济实力、缺少先进理念的开发商将被淘汰出局。有人说广州房地产的竞争到了白热化程度，本人认为：目前广州的房地产竞争还仅是进入了热身阶段，真正的残酷性甚至是毁灭性的竞争还未到来。前些年，外资进入房地产的比例不低，估计在经济一体化进程中，外资进入广州房地产的比例会越来越高，那时的竞争才会进入白热化阶段。估计未来几年内，广州的房地产市场将会出现重新洗牌的大变革，新一轮的竞争格局将会到来。

经过前面的分析，可以看到，①广州的房地产现状是供大于求，空置房比例有增无减，只有那些具有特色的楼盘才能取得良好的销售业绩。②楼盘出现了严重的两极分化现象，好的特别旺销，中间层及差的举步维艰。

三、开发主题

主题确立：开发以音乐为主题的住宅。

确立理由如下：

1）从社会人情方面来看，现代的人们平时惜时如金、行色匆匆，在这商品经济社会里，人情被冲淡了，但人作为一个感情动物是不可能没有朋友和对精神文化的追求的。但是社会现实让人们对精神的追求受到压抑，大都感叹“世态炎凉，人情如纸”。即使是住在同一个住宅小区里，也是屋门紧闭，连邻居是谁也不知道，给人一种“老死不相往来”的凄凉感。平时人们只猫在自己的小窝里，少了交流与沟通，下班后的生活，除了小家庭的温暖外，再也找不到大家庭、小社会的温暖。

基于以上分析，如果开发以音乐为主题的住宅小区，就可以通过“音乐”这个载体将一个屋檐下互不相识的邻里聚合在一起，达到人际沟通的目的。因为音乐是现代人的一种最为普遍的共同追求，音乐没有国界、种族之别，是人类的一种共同的“世界语”，从“欲取名琴弹，恨无知音赏”的名句中，我们就可以看出，许多人是通过音乐寻找知音的。音乐可以让人们走在一起，使心与心的距离不再遥远，人情也不再淡漠。音乐可以形成一种浓郁的亲情，将你我他连在一起。

2）从艺术追求方面来看，音乐可以升华灵魂、陶冶性情。正因为音乐具有这种神奇的效果，所以音乐成为人们一种共同的艺术追求。

此外，现代家庭中，家长对孩子的素质教育非常重视，这从许多楼盘大打“教育牌”的举动中就可见一斑。所以很多中高收入家庭，为了从小就培养孩子的艺术天赋，在孩子只有几岁的时候，便为孩子请来钢琴教师，教孩子弹钢琴。

因此，开发音乐住宅，就正好满足了人们对艺术的向往与追求，也为他们追求艺术创造了有利的环境和条件。尤其是在广州这种经济发达的城市，人们在物质上得到满足之后，更看重精神上、艺术上的享受。另外，开发音乐住宅正好吻合了“建筑是凝固的音乐”这句经典名句，同时也是对这一名句的有效延伸与诠释。

3）从新闻角度来看，音乐住宅在广州属于空白，仅此一点就足以形成房地产界的新闻点，不仅会受到新闻界的重视，而且会受到社会的广泛关注。一日之间就可家喻户晓，创造知名品牌。

4）从策划角度来看，策划的精髓就是找出社会需求（空白），然后满足它。音乐艺术是一种社会的共同需求，但目前在广州无法得到很好的满足。广州虽然有一个星海音乐厅，但仅是供成人欣赏，无法满足孩子的教育需求。并且星海音乐厅固定在一个场所，广州又如此之大，平时听场音乐会很不容易，且音乐会收费不低，在一定程度上制约了工薪族消费。如果开发一个音乐住宅，就无异于将星海音乐厅搬回家了，而且还兼具教育功能。

四、名称设置

名称确立：项目名称建议采用“××·星海知音人家”，简称为“星海知音”。

名称释义如下：

名称中之所以融入“××”二字，是为了突出集团公司的品牌。因为××集团迄今尚未开发过商品房，而集团公司在未来几年中计划将房地产开发定为龙头产业，对于一个新介入房地产开发的公司来说，在首个楼盘命名中，融入公司名称，有利于让消费者在一开始就记住公司名称，公司名称随着楼盘推广的展开，将会与楼盘本身一样深入人心。在开发第二个楼盘时，人们对“××”这个名称就不再会感到陌生了。

名称中的“星海”一词，主要是取著名音乐大师冼星海的名字，冼星海这个名字在中国已经家喻户晓，同时主要是为了呼应策划主题——音乐住宅。用“星海”这个名字，可以达到望文生义的效果，让人仅从名称上就对楼盘的定位与性质、开发理念等有一个大致了解。

名称中的“知音”一词，喻示同住在该小区的人，不仅仅是邻居这层关系，而是都可以通过音乐这条纽带成为真正的知音。在人情每况愈下的今天，“知音”二字会给人一种特别的亲切感，让人耳目一新。另外，取自“姜子牙摔琴谢知音”这个尽人皆知的典故，隐喻以音乐会友之意。广义上喻示，凡是星海知音的买家、支持公司的人们及关注我们的社会各界人士皆是我们的知音。更为重要的是，在广州的楼盘命名中，没有类似的名称，我们这样命名，显得别具一格。从名称的内涵和外延上来说，很容易形成记忆点。

五、开发商基本情况

（一）开发商概况

1. 以往开发情况

××集团开发的该项目，属于首个项目，以前没有商品房的开发经验，对市场及房地产格局的把握相对较弱。

2. 美誉度

××集团以前是以建筑业为主导产业的，在房地产开发上的美誉度几乎为零，但是在建筑领域享有较好的美誉度，而建筑与房地产是血肉相连的，开发商在建筑业的美誉度对接盘的建筑质量及建筑设计方面将会产生较好的辐射作用。虽然该项目是第一个项目，但楼盘的建筑质量及设计将会给买家增强信心，在附加价值的提升上将会起到重大作用。

（二）开发理念及文化（略）

（三）项目概况

星海知音占地3万m^2，总建筑面积约12万m^2，区内为16层的小高层住宅，靠公路一排住宅的首层为商铺。户型为中等户型，小区内人车分流，共分两期开发，首期推出6栋。

地处黄石西路，后面是农村，属于城乡接合部，与富力阳光美居相对，紧邻未来的白云新城。

六、市场分析

（一）市场调查

1. 基本情况

在广州市有600多万的外来人员，其中包括白领打工一族、外地驻穗机构、小型创业者（个体户）。广州本地常住人口中还有一大批的白领人员（其中包括国企职员）、公务员，本地常住人口也高达500多万。据本人在南方日报工作时的调查显示，广州的购房者占总人口数的5%。按这一比例计算，广州尚有50多万人员需要解决住房问题，其中包括首次置业者和重复置业者。

广州的楼盘供大于求，除了少数楼盘卖得较好外，大部分的楼盘都在慢慢消化，并且广告宣传费越来越高。如果楼盘没有找出或者制作出独特的卖点，楼盘推向市场后就完全可能陷入僵局。加上本楼盘周边大环境和小区内环境都算不上好，而对面又有一个强劲的对手先于我们推向市场，这一切都是楼盘营销的不利因素，一旦处理不当，就会拉长营销周期，人为增大了成本，降低了利润。

2. 消费者情况

（1）消费者分类及分布　白领阶层、政府机关工作人员、企事业单位职工、个体户等。

（2）消费者特点　这些消费者都属于中等收入阶层，消费特征是平时花钱比较谨慎，希望物有所值，更多的是选择银行按揭方式买楼，因为他们手中的钱并不是很宽裕。但其中的个体户则有所不同，这类人更多的是从投资角度来看问题的，他们中有很大一部分人是重复置业者，买来的楼自住的不多，而是以出租形式获得回报。

（3）消费者购买行为和心理

1）白领阶层和企事业单位的职工买楼的目的主要是为了改善居住环境，以自住为主，自住者在买楼时比较看重居住环境、文化氛围、交通情况，因为自住讲究的是舒适。这部分消费者平时是上班族，如果交通条件不好，就会给他们带来工作的不便，所以说交通是他们的一个首选因素。

2）政府机关工作人员和个体户中，投资行为比较强，政府机关工作人员，条件稍好的早就有了住房，但其中有一部分住房是国家分配或者是房改房，这类房子没有选择的余地，因此大部分政府工作人员对现有住房不满意，不满意的因素有地理位置、住房内外环境、楼盘建筑设计、配套设施等，因而他们有了住房也希望购房，目的是改善居住条件。

3）政府工作人员中，也有一少部分人买房是为了投资。以投资为目的的消费者，比较看重地理位置、价格，因为这两方面的因素会对其投资回报产生直接影响。

（4）购买诱因的设置　针对自住者的诱因应放在小区环境、楼盘本身的素质、附加值及价格上。针对投资者的诱因应放在价格、交通、附加值上。

3. 竞争情况

楼盘周边有富力阳光美居、汇侨新城、白云高尔夫花园、祥景花园、又一居、翠逸家园、时代花园、绿景花园等楼盘（见附表1、2），但星海知音的最大也是最直接的竞争对手是富力阳光美居。阳光美居于2001年10月1日开售，销售成绩不错。主要原因是富力这个品牌在购房者心目中形成了一个良好的品牌形象。其楼盘的外观也别具特色，看上去像是高层别墅，加上其美式生活理念的深化，对白领一族很具诱惑力，但该楼盘主要是吸引自住者，其价格定位也较低，目的是吸引买家进入，造成旺销的定势，以带动后期的销售。

附表1　周边楼盘价格情况一览表　（单位：元/m^2）

序号	楼盘名称	起价/元	均价/元	最高价/元	装修情况	层　数	楼花/现楼
1	富力阳光美居	3300	3900	4200	毛坯房/简单装修	多层、小高层	准现楼
2	白云高尔夫花园	3472	4389	5306	毛坯房	多层、小高层	封顶
3	汇侨新城	4006	4923	5738	高级装修	多层、小高层	现楼
4	祥景花园	3586	4224	5255	毛坯房	多层、小高层	现楼
5	又一居	5025	5511	6238	简单装修		封顶
6	翠逸家园	4952	6610	6700	毛坯房		内部装修

分析：由以上几个楼盘可以看出，起价的均价为4056元、均价为4926元、最高价均价为5527元，价格最高的楼盘是翠逸家园。

附表2　周边楼盘卖点一览表

序　号	楼 盘 名 称	卖　点	销　售　率
1	富力阳光美居	美式动感社区	
2	白云高尔夫花园	开启生态新城的中央大门/生态绿色家园	80%
3	汇侨新城	5亿元完善八大生活配套，汇侨成熟魅力冠广州	第二期

（续）

序　号	楼盘名称	卖　　点	销 售 率
4	祥景花园	白云山下，祥景人家	75%
5	又一居	机场一号名宅	新推盘
6	翠逸家园	舒适无价	

（二）市场研究

从以上情况可以看出，阳光美居是我们的头号竞争对手，而其开售价比附近几家楼盘起价的平均价格每平方米低了700多元，而阳光美居的卖点，在附近甚至是整个白云区都是有别于其他楼盘的，比较新颖，加上富力这一品牌的效应，其竞争力远大于星海知音。而且，阳光美居早在10月1日就已经开盘了，在时间上已经占了先机，等到本项目开盘时，阳光美居在市场上已经有了一定影响力，并且抢走了一部分的买家。

此外，从规模、配套等方面来看，我们也无法与汇侨新城、白云高尔夫花园、祥景花园等楼盘相比，综合各方面因素，我们的竞争力明显低于附近的楼盘。

基于此，如果我们找不出一个很独特的卖点，就无法与以上楼盘抗衡，价格也卖不上去。

熟悉房地产的人士都知道，房地产进入了概念化时代，一个好的概念完全可以产生良好的经济效益。广州奥林匹克花园就是因为一个运动概念而唱响广州的。而开发音乐主题住宅，就是一个独一无二的卖点，并且是市场空白和社会的共同需求。

根据市场调查，许多人士均认为音乐住宅是个很有创意的策划主题，一旦推出会在广州形成一个较大的反响，会得到消费者的认同。

（三）市场特性

广州房地产市场，客观地说，现在进入了消化期，但是如果有先进开发理念的楼盘，仍然可以抢占市场先机；反之，没有特色的楼盘其销售就陷入了“挤牙膏”的困境。

从目前广州的房地产市场来看，在策划创意上超前的楼盘几乎没有，奥林匹克花园虽然是个超前的策划，但因为有广州奥林匹克花园、番禺奥林匹克花园和南国奥林匹克花园等多个楼盘相继推出，其新颖性已经大打折扣。大部分的楼盘打的都是生态、环境、价格、位置、配套等没有新意的老牌，市场上缺乏亮点。如果我们推出音乐主题住宅，就为沉闷的房地产市场制造了一个全新的亮点。这势必受到市场的广泛关注。市场呼唤别具特色、新颖的楼盘。

（四）竞争者排队

1. 上线位

以价格为参照的有翠逸家园、又一居、汇侨新城。这几大楼盘价格目前偏高，与星海知音的价格有一段距离。

以地理位置为参照的有白云高尔夫花园、祥景花园、榕溪花园、紫荆花园等。这几个楼盘在地理位置上离星海知音相对较远。

以卖点为参照的有汇侨新城、白云高尔夫花园等。汇侨新城以成熟配套来吸引买家，白云高尔夫花园则以生态为卖点。与星海知音的卖点完全不同。

2. 同线位

以价格为参照的有阳光美居、祥景花园、白云高尔夫花园。这几家楼盘价格相对较低，与星海知音离得较近。

以地理位置为参照的有阳光美居、汇桥新城、绿景花园。这几个楼盘就在星海知音附近，会对星海知音的销售构成直接威胁。

以卖点为参照的有阳光美居、又一居、翠逸家园、白云高尔夫花园。这几个楼盘的卖点与星海知音有些共同点，容易形成竞争局面。

3. **下线位**

该类竞争者有绿景花园、阳光美居、海德花园、黄石花园、榕溪花园等。前两个楼盘的价格目前偏低，且地理位置又十分接近，尤其是绿景花园，虽然该楼盘很小，竞争力也不强，但因其价格低也容易吸引一批贪图便宜的买家。阳光美居就在星海知音的对门，威胁很大。

（五）竞争格局辨认

（1）领导者　如汇侨新城。该楼盘开发时间早，是个成熟的生活社区，无论是配套、规模还是小区文化，在当地一带堪称领导者。开发商实力及品牌在广州影响较大。

（2）挑战者　白云高尔夫花园、祥景花园。这两个楼盘在规模、实力等方面与汇侨新城可以一比。

（3）追随者　如紫荆花园。

（4）补缺者　如阳光美居。该楼盘倡导的美式动感社区在附近一带算是比较独特的卖点。

（六）主要竞争者的市场表现

周边楼盘无论是在营销手法还是竞争策略上，都没有特别的优势。汇侨新城是以规模和配套取胜的，白云高尔夫是以环境生态为诉求的，唯一有点不同的是阳光美居，该楼盘的开发理念及卖点是“美式动感”，因为美式住宅在附近还没有，加上其品牌的优势，容易引起市场关注，因为人们总是喜欢关注新生事物。

在竞争优势方面，阳光美居有富力这个著名品牌及比较新颖的卖点；汇侨新城有成熟配套的优势；白云高尔夫花园有紧邻白云山的优势。目前这几家楼盘在市场上的表现及反应都不俗。

（七）周边同类项目市场分析

周边同类项目大都是以白领阶层和个体投资者为主要销售对象，市场结构也基本相似。在市场规模和市场环境方面，汇侨新城、祥景花园和白云高尔夫花园相对较大，其中又以汇侨新城为首。阳光美居因推出市场不久，其市场规模和市场环境相对较弱，见周边物业分布图（略）。

（八）星海知音人家优劣势分析

1. **总体上的优势**

星海知音楼盘本身几乎没有什么优势，无论是从开发商业绩、地理位置、配套设施、环境绿化还是楼盘本身的建筑设计等，都不具备特别的优势。

就楼盘建筑质量而言，虽然集团属下的建筑公司是个老牌建筑商，但是其他楼盘不少是请国内甚至国外的著名建筑商建筑的，而质量没有很直观的表述，是看不见摸不着的，顾客要住一个较长时间，才能知道楼盘建筑质量是好是坏。

就内部设计而言，广州也有很多楼盘设计非常科学、合理、实用，像中国海外公司的设计在广州是比较有名的，新近推出的楼盘汇景新城，仅一张设计图就花了1000万元，是国外的一家著名公司设计的。建筑外观和内部设计只有等消费者来现场看过才有个大致了解，而对那些未亲临现场的买家就失去了诱惑力。在这种情况下，就使得我们不得不在策划上做文章。

就楼盘保值增值而言，楼盘所处区域升值潜力较大，一旦周边环境和市政设施得到改善，升值空间还是较大的。目前该地域楼盘价格偏低，买家容易接受。

2. 市场营销优势

（1）卖点优势　经过策划，确立开发以音乐为主题的住宅，这样就有效地将原本与房地产无关的音乐嫁接到房地产上来了，人为地为房地产制造了一个特别的卖点，也叫开发理念。而这种卖点正好填补了广州音乐住宅的空白，一经推向市场，将会引起轰动性的效应。

（2）教育优势　音乐住宅本身就兼具有教育与艺术鉴赏功能，为住户及其子女学习音乐知识、欣赏音乐艺术提供了机会和舞台。

（3）新闻优势　因音乐住宅在广州首开先例，任何一个新生事物的诞生都会受到新闻媒体的关注，届时会有很多媒体主动找上门来做免费宣传，可以节省一笔广告开支。

（4）品牌优势　有利于塑造开发商品牌。

（5）地域优势　紧邻未来的白云新城，远眺白云山，多路公交车途经楼盘，地铁二号线的即将开通也将带来机会。楼盘建筑外观采用了流线型设计，具有很强的美感，户型以70m^2左右为主，正好适合白领阶层的购房意向。

（九）市场机会点（有利因素）**与障碍点**（不利因素）

1. 市场机会点

1）借“五·一”节开售，正好可以充分利用节假日购楼高潮的机会，在现场聚集人气。

2）地铁二号线在2002年底开通。

3）白云区政府计划迁至黄石街一带，这里将成为白云区的政治、经济、文化中心。

4）机场将于2003年搬迁，改建成规模庞大的白云新城。

5）白云区政府拟在白云大道与广园路的交汇处兴建景泰文化广场，黄石路口至同泰路口为饮食长廊。

6）省政府近日给房改房松绑，放宽了房改房上市的限制。

2. 市场障碍点

1）竞争对手强劲，像阳光美居、汇侨新城、白云高尔夫花园等楼盘，既上规模又上档次，且开发商实力雄厚，形成了一定市场知名度。

2）在开售时，白云区的各项功能尚未展开，如白云新城的建设、地铁二号线尚未开通等，这在一定程度上制约了销售。

3）开盘时小区内环境及配套设施的建设尚未完善，缺乏整体形象和可观看性，楼盘本身也是楼花，会降低买家信心。

4）地理位置偏差，处于城乡接合部。

5）周边环境欠佳，后面便是农村，脏、乱、差随处可见。人流复杂，降低了居住安全系数。

6）周边市政配套不完善，给住户带来诸多生活上的不便。如缺乏大型购物商场、娱乐休闲场所、酒店、银行等。同时，交通拥挤，进出不便。

7）文化教育严重滞后，附近没有什么名校，文化氛围也较差。

8）周边大盘云集，且都是颇具知名度的开发商，竞争残酷，需求总量也在缩小。

七、项目定位

（一）产品定位——中档精品楼盘

将楼盘定位于中档精品楼盘的理由是：该地区周边环境（经济环境、人文环境、市政环境、教育环境）偏低，小区规模也不大，楼盘本身的建设及其用材也属于中等级别。如果定位为开发高档物业，首先是价格卖不上去，而且该地区的居民也只能接受中等偏低价位的楼盘。

（二）市场定位

主市场（目标市场）——白云区范围内的工作人员及本区域内的居民。定位的理论支持点如下：

根据房地产的地域性强和不可移动的特点，通常来说，一个楼盘的目标客户群，以楼盘为圆心，以5公里为半径画圆。目标客户就在这个圆圈范围内。

副市场（辅助市场）——白云区以外的其他区域人员。定位的理论支持点如下：

人们有一个共同的特性，那就是在消费时，如果有一定特色的消费场所或者商品，通常愿意舍近求远。像芳村的驴肉一条街，人们就愿意长途奔波，专门跑去芳村吃驴肉，原因就是芳村的驴肉有特色。楼盘营销也一样，在特殊情况下，可以打破“五公里定位论”的常规，如果一个楼盘有了独一无二的卖点和开发理念，其目标客户的范围就广得多。像顺德碧桂园，远离市区不说，而且根本就不属于广州概念盘，但其70%的买家来自广州市区。星海知音的音乐主题住宅在广州独树一帜，因而凡是在广州工作或生活的人员都可能是星海知音的潜在客户。

（三）诉求定位

1. 诉求点设定

1）让音乐像阳光一样洒满人间。

2）我家就是音乐学院。

3）相信你也不能忍受没有音乐的生活。

2. 设定理由

因为我们的开发理念和主题是音乐，所以诉求应该紧扣音乐做文章。第一条强调音乐是一种高雅艺术，但不是每个人都可以随时随地获取，而在星海知音人家，音乐就像阳光一样洒满了人间；第二条是强调音乐住宅给住户带来的方便与自豪，住进星海知音，就像住进了音乐学院一样；第三条是强调音乐对于人们生活的重要性，人可以没有丰富的物质，但不能没有对艺术的追求。

八、营销策略

（一）楼盘策略

1. 楼盘概念

主题音乐精品住宅小区。

2. 包装规划

1）如果条件允许，建议楼盘外观建筑仿造造型精美的乐器。比如将房顶的造型设计成琵琶状、小提琴状、钢琴状，将楼盘的墙柱仿五线谱状等。这样更有助于直观地传达音乐概念。在其他公共场所，也分别放置不同类型的音乐器材的小型模型。

2）在会所内腾出一个空间场所，做音乐器材、设备陈列室，购置一整套音乐器材和设备，陈列其中，深化、演绎音乐主题。

3）在会所内腾出一个空间场所，做音乐教室。每周举办一次音乐知识讲座。

4）在小区入口处，设计一座巨大的钢琴雕塑，一位淑女端坐在钢琴旁弹钢琴。该雕塑同时是一个音乐喷泉，各种色彩的水柱，形成音乐的五线谱状。

5）小区内的小道，建议修成各种音乐器材形状，比如笛子形状之类的。

6）广场中央设置一个冼星海或者贝多芬的塑像。

7）在楼盘竣工后，在房顶上设置两个霓虹灯乐器巨型模型，两个模型之间是楼盘名称“星海知音人家”。

8）小区泳池造型也仿一种乐器造型。

9）小区内临街商铺，为配合音乐主题住宅，可以考虑开发成为乐器一条街“乐器专业市场”，与音乐住宅相得益彰。

（二）价格策略

1. 定价思路

目前楼盘所在区域尚较偏远，该地域楼价普遍偏低。从前面的市场调查与分析中可以看出，目前周边主要楼盘起价的均价为4056元/m^2、平均价的均价为4926元/m^2、最高价均价为5572元/m^2，价格最高的楼盘是翠逸家园。而星海知音的最大最直接的竞争对手阳光美居，起价为3300元/m^2。星海知音的定价思路应该以阳光美居作为参照标准。

2. 价格确定方法

阳光美居的卖点虽然比较新颖，但这是相对周边几大楼盘而言的，相对整个广州市来说，就很平凡，因为打欧美牌的楼盘在广州很多，不足为奇。但阳光美居的最低价定在3300元/m^2。而星海知音虽然没有阳光美居的开发商品牌好，但星海知音制造了一个全广州独一无二的卖点——音乐主题住宅。根据营销法则，一个新颖的概念是无价的。但是，为了稳重起见，同时为了打败阳光美居而快速抢占市场，以达到后来者居上的目的，建议起价也定为3300元/m^2。然后再根据销售情况作出价格反应策略。

3. 项目具体定价策略

不同楼层、不同朝向、不同景观、不同户型的单位分别采取不同价格。

1）按楼层定价。我们的楼盘是带电梯楼，按楼层定价的方法是：3楼以下每低一层，价格就递减；每上一层，价格就递增。但是最顶层不是价格最高的楼层，因为人们不喜欢顶层单位，价位最高的楼层是顶层的下一层。

2）按朝向定价。正南向最高，正东向、东南向、正西向、正北向和东北向依次递减。

3）按景观定价。

外景——指小区以外的大景观。可以近观山林或者河流的，价格最高，远观山林或河流的次之。

内景——指小区内景观。可以观望小区园林、泳池的价位最高，不能观望小区内景观但视野开阔的次之。

4）按户型定价。空气对流、无暗房、间隔科学实用的户型价格较高，反之偏低。

具体每个单元的价格，另行确定。

4. 付款方式与价格政策

一次性付款的给予95折优惠，按揭付款的98折优惠（暂定）。

（三）促销策略

1. 促销方法选择

选择现场促销、展销会促销、广告促销、活动促销、人员直销、销售跟进与服务、物业管理促销、新闻促销、优惠促销九大方式分步进行。

2. 促销形式与主题

（1）优惠促销　在内部认购阶段进行。价格比起步价每平方米低200元，但仅限50套（对外做广告说50套，实际只拿出10套），该特惠房均拿出那些朝向、景观、楼层等较差的单位。

内部认购建议采取两种方式进行，一种是对内内部认购，即针对本集团员工、老板的亲朋、相关政府单位的职员。建议认购价以2980元/m^2为宜，根据尾数定价法和心理定价法的原则，2980与3000两者虽然数字相差不大，但在消费者看来有着很大的差距，前者人们在口头上习惯于说2000多元，而后者人们就会说是3000多元。这样一看，两组本来相差不大的价位，却变为相差1000元了。所以建议采用2980元的价位。凡公司员工购房，均可获得这一优惠。为了解决公司员工购房困难，可以采用首期款由公司贷款方式进行，这样每月支付的费用就不大，公司员工都可以买得起。公司职员向公司贷的首期款，也采取分期支付方式还贷。

另一种是对外内部认购，对外内部认购按优惠促销方式进行。

这里需要注意的是：在内部认购阶段，由于房屋数量有限，认购者众多，无法满足需求，为了达到一种较好的效果，可以采用摇珠方式进行。凡购房者亲临现场排队拿取购房号码，然后将所有号码放在一起摇珠，摇中的即可获得特惠房。为防止冷场，营造人气，可发动全体职员前往售楼现场，另召集各新闻单位记者前来现场，制造热闹气氛。

（2）著名主持人与你实话实说　在正式开盘的当天进行。将中央电视台的著名主持人请来楼盘现场，请房地产专家、音乐学院教授、建筑专家和公司总裁共四位嘉宾，另外在广告中邀请社会各界人士（已购房者和潜在购房者优先安排入场）约100～300名做现场观众，主题定为：你如何看待音乐住宅。再邀请广州各大传媒参加，请电视台现场转播。形成一种新闻热点，借新闻传媒传播活动的意义。

（3）与星海音乐厅联合在现场举行一场音乐会　在开盘的第二天进行。请音乐名家、音乐系学生、知名演员登台献艺。凡购房者及潜在客户均免费入场，意在营造销售气氛。凡入场者均填妥一份个人资料表（包括购房意向表），为公司建立一个客户信息库。同时在现场举行抽奖活动。

（4）举行购房投资讲座　在开盘的第三天进行。请香港商界名家冯两努先生亲临现场举办“购房投资技巧”讲座，免费入场，意在吸引市民对星海知音的关注，并营造现场人气。

（5）人员直销　在内部认购前即展开。找一批在校大中专学生或者由本公司售楼员组织成立一个人员直销小组，在广州市区内，主要在白云区范围内对大中型企业展开地毯式全面搜索，做到服务（销售）上门，联系到企业最高层领导，说服企业领导以配房作为员工福利，为每一位高级职员配一套住房，由企业负责交首期款，由本公司提供特价优惠。开发商再为团体购房者专门配备一部中巴，作为上下班用。人员直销意在争取集体购房，变零售为批发。即使不成功，也起到了很好的宣传作用。

（6）专卖销售　由公司挑选出具有一定特色的单元进行专卖。在第二轮营销周期中进行。比如挑选出一房一厅或泳池概念单元（即全面向泳池的住房），在广告中打出：“因过去的一段时间里，前来现场购房者纷纷打听泳池单元房，本公司为了满足部分购房者需求，特地精选出10套泳池房，在今明两天进行专卖，并以特惠价发售。”此法可以制造升值、旺销的气氛。

3. 促销对象

准购房者、潜在购房者、已购房者。主要针对白领阶层人士。

4. 促销方案

略（具体实施方案待该总方案确定后再另定）。

5. 广告计划

见附件。

九、入市策略

（一）入市时机

1. 内部认购时机选择

建议定在2002年4月中旬。比正式开售提前两周，给购房者一个认识了解的阶段以便购房者在正式开售时落订。

2. 正式开盘时机选择

建议定在2002年5月1日。广州市民除了一部分外出旅游者，在家度假而又有购房意向的家庭，一般都会选择在这个时候踩盘。最近几年，广州市民把节假日看楼当成了一种新型的度假休闲方式，也叫近距离旅游。平时没有事就会去各楼盘走走，因为每个楼盘都值得欣赏，优美的环境、美丽的建筑、艺术的雕塑等常常让人留连忘返。并且现在很多楼盘为了促销，常常会送一些小礼品，吸引了不少人。

（二）应对措施

有关内部认购和正式开盘的具体操作方案，包括现场气氛的营造与管理方案，另行制定。

（三）效果预测

通过一系列促销活动的连环展开，加上广告及新闻稿的刊发，音乐主题住宅将会达到深入人心的良好效果，“星海知音人家”完全可以在开盘结束的短短一周时间里家喻户晓，甚至成为街谈巷议的公众话题。原因很简单，因为音乐主题住宅在广州首度登陆，新生事物的出现，一定会备受瞩目。此外，我们的促销策略，也都是广州的楼盘所没有采用过的，非常新颖。

十、销售服务

服务理念：生活艺术化，艺术生活化。

服务口号：让音乐像阳光一样洒满人间。

服务方针：创造新生活，真诚你我他。

服务目标：让人人都积淀音乐艺术才华。

十一、总体费用预算

报纸广告费用：223 万元
不可预测费：50 万元
推广费用：××万元
促销费用：50.8 万元
公关费用：10 万元
费用总计：338.8 万元

十二、效果评估

如果在操作上比较到位，没有出现差错的话，估计在正式开盘结束后，售出率在 50% 左右，如果乐观的话，可能达到 80% 以上，甚至全部售出。

附件一

“××星海知音人家”广告主题设定、投放时间及费用预算方案

序号	广告主题	主题表现	投放时间	投放媒体	投放数量	费用预算/万元
1	千呼万唤不出来	这是一幅悬念广告，意在引起大家的注意及猜想。表现手法可以考虑以一位端坐在楼盘顶层一张形似钢琴的座椅上的艺术女性怀抱琵琶的侧面剪影来表现，女人的头上盖着一方红纱巾，露出半边姣好的面容。旁边打出主题词。再用另一种字体打出“你知道她是谁吗”将楼盘标志及热线电话打出。前 50 名打进电话者，每人送一份小礼品	在内部认购前刊出	广州日报	1/3 版	18
				羊城晚报	1/3 版	
2	猜出来了吗？她就是星海知音人家	广告告诉读者，上次千呼万唤不出来的就是星海知音人家。广告中以淡淡的小字号字体登出前 50 名获得礼品者名单，这些名单成为整幅广告远景式背景，字一定要淡化，看起来似有还无。广告中登出楼盘的立体外观，并阐述音乐主题的内涵和外延。突出楼盘特色。要有位置图	在前一幅广告刊出的第三天刊出	广州日报	1/3 版	18
				羊城晚报	1/3 版	
3	星海知音人家内部认购今天正式启动	内部认购广告。主要是向公众传达一个信息：广州首个音乐主题住宅今天正式特惠内部认购。仅限 30 套，超低价认购。广告中告诉读者，自前两次广告刊出后，许多人士为了得到广州首个音乐住宅的超低价单位，纷纷来电或亲临现场要求订购，因本盘到今天才正式启动内部认购，无法全部满足广大购房者的要求，共 30 套。先到先得	在正式内部认购当天刊出	广州日报	1/2 版	34
				羊城晚报	1/2 版	
				都市报	1/2 版	
				信息时报	1/2 版	
4	谢谢	答谢广告。广告内容主要对内部认购做一次总结，因内部认购数量有限，无法满足众多的购房者，但在此向关心支持星海知音人家的各界朋友致以诚挚的谢意。谢谢两字以楼盘外立面、样板房、配套设施图片组成，以特大号字刊出	在内部认购后刊出	都市报	1/3 版	13
				信息时报	1/3 版	
				广州日报	1/4 版	

（续）

序号	广告主题	主题表现	投放时间	投放媒体	投放数量	费用预算/万元
5	让你久等了——星海知音决定于5月1日正式开售。神秘人物在5月1日莅临星海知音现场	报信广告。提前将开售日期告诉消费者。广告画面建议采用营销部提出的一份开售申请报告为主要画面，报告书上有集团公司总裁签名同意的批示，报告内容要看得清楚，大意就是“有许多人士看好星海知音，多次来到现场询问开盘时间，并且有人愿意提前交纳定金，为了不让这些热切的购房者久等，现提出要求在5月1日正式开盘”之类的字样 广告中以神秘人物的背影作为次画面，告诉读者，5月1日有一位大腕级神秘人物将要莅临星海知音人家。广告同时展示楼盘特色	在开盘前一周刊出	广州日报	1/2版	26
				羊城晚报	1/3版	
6	央视著名主持人与你面对面“实话实说”	广告告诉读者，开盘日央视著名主持人将亲临现场与嘉宾及200位观众实话实说，并签名售卖畅销书《不过如此》。广告同时征集央视著名主持人所主持节目的现场观众200名，免费进场，但当天落订者及已落订者优先进场。节目主题定为：你如何看待音乐住宅（暂订）。然后在广告的一角打出冯两努在现场举行免费“购房投资操作技巧”讲座、举办音乐会、免费派发图书的消息。吸引大家届时前往现场	在开盘前两天刊出	广州日报	1/2版	17
				都市报	1/2版	
7	星海知音人家正式开盘：今天开售了	广告突出价格：开售的超低价，借此机会同时再推出30套特惠单位。突出音乐主题住宅。并告诉大家，自今天起连续几天均有大型活动	开盘的当天刊出	羊城晚报	1/2版	30
				信息时报	1/2版	
				广州日报	1/2版	
8	音乐艺术篇	讲一个音乐世家的故事，突出他们对音乐艺术的执着追求与向往，点出主题：音乐应该生活化、家庭化、应该走进每个家庭之中，让每个人都成为富有音乐艺术细胞的人	在开盘的第二天刊出	都市报	1/3版	10
				广州日报	1/4版	
9	质量篇	广告突出开发商自己的建筑水平，将公司建设的样板工程及过往业绩列出，以使建设楼盘的质量充分体现出来。可以考虑向购房者发放质量保证卡，规定在多少时间内出现质量问题，由开发商负责免费维修并赔偿一定数额的质量款，为了取信于买家，质量保证卡可以请公证处公证	在开盘的第四天刊出	都市报	1/3版	10
				广州日报	1/4版	
10	设计篇	广告突出楼盘的外立面及内部间隔设计的超前。可以用“仅为了设计稿就召开了120次研讨会议，前后共修改了300次之多”之类的词汇，目的是为了精益求精	在开盘的第五天刊出	都市报	1/3版	10
				广州日报	1/4版	
11	假如没有了音乐……	广告画面一片漆黑，在左边掀起一角，露出明媚的阳光。在漆黑处打出“假如没有了音乐……”意思是，假如没有了音乐，就像生活中没有了阳光一样一片黑暗。突出音乐对于人生的重要性。在露出阳光的地方展示楼盘的特色，并用小字向读者再次致感谢辞	在开盘的第六天刊出	都市报	1/3版	10
				广州日报	1/4版	
12	特色专家	拿出泳池盘或全一房一厅或全二房二厅，总之这次推出的单位全部是一种类型的，以突出专卖主题。专卖给人的感觉是，很有特色、大家都喜欢并且是精品类的户型，否则就不会专卖	在开盘后的下一周的第五天刊出	广州日报	1/2版	27
				晚报	1/3版	
				都市报	1/2版	

附件二

工作开展计划及要求

为了配合营销进程，现对整体开发及相关工作提出如下建议和要求。

序号	工作项目		要求效果	要求理由	完成时间	配合部门
1	工程方面	楼盘建设进度	条件允许的情况下，希望在内部认购时，发售楼盘的屋顶外观（包括最上面一层住宅）应装修完毕	主要是增强现场可看性。因为如果楼顶未进行外装修，就无法树立现场形象，购房者来到工地没有可看的东西	在内部认购，也就是4月中旬前完成。万一时间来不及，最迟也要在正式发售即5月1日前完成	工程部
		小区内环境	将首期推出的六栋楼盘的周围环境全面完工			工程部
		配套设施	建议先将比较简单的靠近首期楼盘的配套设施建设完成	因为买家对新开发商的信心不足，加上广州不少开发商承诺的配套设施最后到交楼时都没有兑现。此举主要是为增强买家信心，让买家来到现场看得见摸得着		工程部
		围墙	将南面和西面的围墙全面竣工。建议围墙采用音乐五线谱造型，每隔一段距离放一个音乐器材的造型，与音乐主题相呼应	塑造工地整体形象和良好气氛		工程部、销售部
		售楼部			在内部认购开始前一周完工，包括内部装修及展板装饰	工程部、销售部
		模型	建议制作总体规划模型（包括楼盘立体模型）一个、户型剖面模型每种户型一个	供购房者了解楼盘情况	在内部发售前制作完成	销售部
		样板房	每种户型各制作一个样板房，样板房要充分体现出艺术特征，最好每个样板房内各放置一两种乐器	供购房者参观了解楼盘情况	在内部认购前装修完成	工程部、销售部
2	销售前期准备工作	看楼车	购置两台中巴作为看楼专车，每天往返市区（具体行驶路线另定）	方便离楼盘现场较远的购房者，争取客源，提高销售服务水准	在内部认购前确定行驶路线并在车身上喷涂楼盘服务水准	销售部
		售楼部布置	将售楼部大厅的装饰板（画）及模型的摆放工作做好	塑造售楼大厅形象	在内部认购前完成	
		销售工具	将卷尺、计算器、售楼人员工作服、进入样板房的公用鞋、公用饮水器、洽谈台椅、音响设备等购置齐全	工作中使用	内部认购前完成	

参考文献

[1] 中国房地产估价师协会. 房地产基本制度与法规 [M]. 北京：中国建筑工业出版社，2003.
[2] 刘洪玉，丛培经. 建筑市场与房地产市场营销 [M]. 北京：中国建筑工业出版社，1999.
[3] 叶剑平. 房地产市场营销 [M]. 北京：中国人民大学出版社，1999.
[4] 兰苓. 现代市场营销学 [M]. 北京：首都经济贸易大学出版社，2003.
[5] 李东. 房地产市场营销 [M]. 上海：复旦大学出版社，1999.
[6] 中国房地产估价师学会. 房地产经纪实务 [M]. 北京：中国建筑工业出版社，2003.
[7] 钟育赣. 市场营销策划 [M]. 北京：中国商业出版社，1997.
[8] 吕一林，李蕾. 市场营销学 [M]. 北京：中国人民大学出版社，2000.
[9] 曹春尧. 房地产营销策划 [M]. 上海：上海财经大学出版社，1999.
[10] 傅浙铭，张多中. 营销八段——市场定位方略 [M]. 广州：广东经济出版社，1999.
[11] 赵春雷，戴均弟. 市场营销学 [M]. 长春：长春出版社，1999.
[12] 企文. TOP 营销管理学核心教程 [M]. 北京：北京出版社，1998.
[13] 胡其辉. 市场营销策划 [M]. 大连：东北财经大学出版社，1999.
[14] 曹宏亮. 开发商应树立三个营销观 [J]. 湖南城建高等专科学校学报，2000 (6).
[15] 曹宏亮. 房地产市场宏观环境分析 [J]. 湖南城市学院学报，2003 (1).
[16] 乔治 · E · 贝尔齐. 广告与促销 [M]. 大连：东北财经大学出版社，2000.
[17] 曹宏亮. 湖南省房地产企业市场营销现状分析与对策研究 [J]. 湖南城市学院学报，2003 (3).
[18] 祖立厂，范应仁. 市场营销学 [M]. 北京：科学出版社. 2007.
[19] 毕军贤. 微观经济学 [M]. 北京：科学出版社. 2007.
[20] 吴平. 广告策划 [M]. 北京：中国建筑工业出版社，1999.
[21] 戴承良. 房地产营销实务 [M]. 上海：东方出版中心，2000.
[22] 陈放. 房地产策划 [M]. 北京：知识产权出版社，2000.
[23] 李亚雄. 物业营销 [M]. 北京：高等教育出版社，2003.
[24] 潘蜀健. 房地产项目投资 [M]. 北京：中国建筑工业出版社，1999.
[25] 潘蜀健，陈琳. 房地产市场营销 [M]. 北京：中国建筑工业出版社，2003.
[26] 贾士军. 房地产项目全程策划 [M]. 广州：广东经济出版社，2003.
[27] 叶万春. 企业营销策划 [M]. 北京：中国人民大学出版社，2004.
[28] 国宁. 房地产营销与策划 [M]. 北京：中国商业出版社，2003.
[29] 周帆. 当代房地产策划方案解读 [M]. 广州：广东经济出版社，2003.
[30] 周俭. 城市住宅区规划原理 [M]. 上海：同济大学出版社，2008.